普通高等教育“十一五”国家级规划教材

21 世纪高职高专精品教材 ◆ 现代秘书系列

总主编 范立荣

秘书双式速记

(第四版)

MISHU SHUANGSHI SUJI

主 编 吴士健 耿凤华

中国人民大学出版社
·北京·

第四版前言

时间是一维的，是勇往直前的。而人生的价值、物质与精神财富，就是人们的行动、智慧和实践与时间融合之后的成果。就某种意义而言，速记就是一定的从业人群在一定的职业范围，去追逐时间，追踪思维成果，创造物质与精神财富以及人生价值的重要手段。

本教材介绍的“双式速记”是指拼音速记法和汉字速记法两种速记方式的结合。拼音速记是根据《汉语拼音方案》和符号学原理制定的，符号单纯而系统，笔画规范而灵活，易学易写、易读易用、运笔轻盈、流利美观，可以快速、准确地记录和传递语言信息；汉字速记法以汉字草书法为基础，笔画简洁，表意性强，具有一看就懂、一学便会、即学即用的特点，被人们称为现代大众化书写技术。只要肯学，就可用较短的时间，让您创造书写速度的奇迹。

两种速记方式集于一书，学习者可根据实际情况，或单独学习一种方式，或两种方式兼学。既可急用先学，又可渐进积累，做到学用结合，边学边用，以用促学，以学促用。

我国正处在中国特色社会主义新时代。为了适应新时代的要求，本教材力求从实际出发，既注意基本知识的简洁介绍，又注重基本技能的模拟训练，以求拉近学与用的距离，具有较强的实用性；同时，练写所引用的文件或材料以及常用词、常用词组、常用语句、格言和某些短文等，力求讲好中国故事，反映当代人的新思维、新思想、新概念、新用语，因而本书还富有知识性和与时俱进的时代感；此外，本书以实际案例为基点，专题设置了速记应用与训练篇，简要介绍了速记应用的含义、特点、范围、类型和方式，便于初学者了解与掌握速记活动与速记稿整理的具体方法，因而本书又具有实践上的操作性；为适应对速记人才短时间培训之需和各界朋友自学之需，本教材配有以速记应用为主要内容的PPT课件，简洁、系统地介绍了完成各项记录任务的方法和速记技能，特别是汉字速记技能的具体运用，也因此，本教材还具有教学手段的可视性和人才培训的快捷性。

当代社会，节约时间、提高效率是每个人都竭力追求的目标。速记作为一种可以随时随地记录语言、传递语言信息的快速书写技术，具有任何现代办公设备都不能替代和难以比拟的优越性。因此，现代人掌握速记技术就像掌握计算机和互联网技术一样重要。速记不需要奢华的条件、豪华的环境，只需一支笔和几张纸，即可适用于一切领域、一切组织和一切场合的记录活动，去记录讲话、摘抄资料、起草文稿、记事备忘，快速追踪语言、追踪思维活动、传递信息。可以说，速记是秘书人员、司法人员、媒体记者以及相关文字工作者的随身技能。

如果你掌握了速记，你就多了一份求职的资本、竞争的本领，多了一个成功的机会，毕生受用，其乐无穷。

本次修订以党的二十大精神为引领，全面贯彻党的教育方针，落实立德树人根本任务，推进习近平新时代中国特色社会主义思想进教材、进课堂、进头脑，力求成为培根铸魂、启智增慧、适应时代要求的精品教材。同时，为适应新时代的教学要求，随着课程的进展，重点对速记符号所代表的词义，以及引用的相关语句、练写文件和材料进行了较大幅度的修改、调整或撤换。

本教材不仅适用于大中专院校的速记教学，也可供各界自学者之用。谨望教材能为您带来效率，带来机遇，带来快乐，助您实现梦想。

由于时间及学识所囿，不妥之处在所难免，谨望各界朋友予以指导。

编者

目　录

第二篇 汉字速记法

第三篇 速记应用与训练

第一章
速记概述

速记，是文字的辅助性工具，不仅符号简单，略法便捷，书写迅速，而且用具简便，易于操作，可应用于一切记录场合。它是一种快速而准确地记录语言信息和传导语言信息的书写技能。因此，要成为快速记录的高手，应当学会和运用速记。学习这一章，要着重了解和领会速记的一般知识，包括速记的含义、特点，速记的基本原理，速记的应用范围，手写速记与记录语言新技术的关系，以及学习速记的方法等。为较快地进入学习速记的境界，还应用一定的时间练习速记的基本笔法。

第一节　速记的含义和特点

一、速记的含义

什么是速记？我们先看看下面运用速记法写下的两个语段：

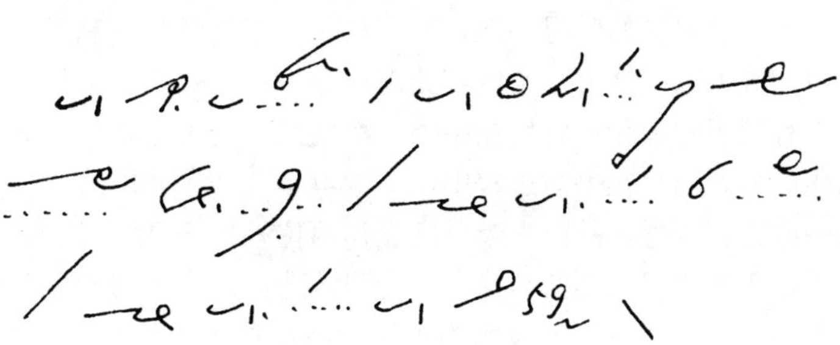

时间待人是平等的，而时间在每个人的手里价值却是不同的，用分来计算时间的人，比用时来计算时间的人，时间多59倍。

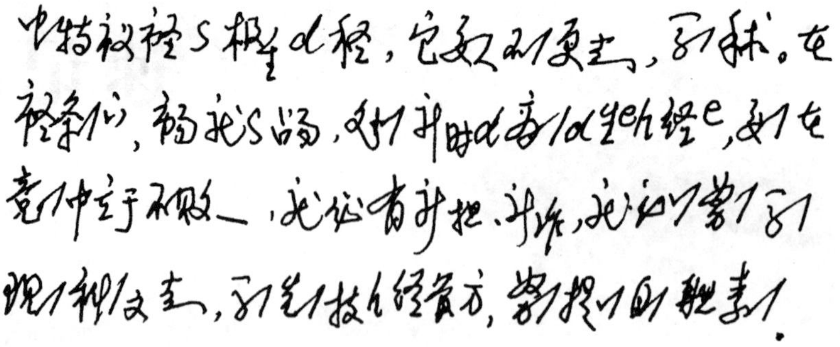

中国特色社会主义市场经济是极为重要的科技经济，它要求人们不断更新知识，学习科学技术。在市场经济条件下，市场就是战场，处在新时代的商品生产者和经营者，要想在竞争中立于不败之地，就必须有新担当、新作为；就必须努力学习现代科学文化知识，学习先进技术和经营管理方法，努力提高自己的职业素质。

上述速记稿，第一段是用拼音速记法书写的，其符号以曲线形和斜体线形为基础，简单易写，规范易读，流利美观；第二段是用汉字速记法书写的，其笔法以汉字草书法为基础，笔画简洁，易写易读，表意性强。由此，我们可以看到，学习速记法不仅可以使你掌握一门书写技能，而且还可以学习一种书写艺术，使你毕生受用，其乐无穷。

如果你掌握了速记这门技能，你就多了一份求职的资本、竞争的本领，多了一个成功的机会。如果你用速记法去记录领导的指示，起草文件，采集信息，进行市场预测，定会提高工作效率，必然会受到领导的赏识和重视，受到同事的羡慕与青睐。那么，什么是速记呢？

速记就是人们运用一种简便的记音符号或文字快写法，迅速、准确地将话语记录下来的一种高效、实用的书写技能和方法。

拼音速记法是指以《汉语拼音方案》为基础，以简洁而系统的符号和有规则的省略方法来快速记录语言和传导语言信息的书写技能。

汉字速记法，亦称汉字快写法，是指采用草书快写法，以汉字的结构方式、书写方法和语法规则为依据，为快速记录语言信息而制定的略写方法。

双式速记法，是指将拼音速记法和汉字速记法两种速记方式相结合的书写技能与方法。双式速记的基本意义在于：其一，拼音速记法与汉字速记法既可各为单元，独立成篇，也可合为一书，根据学习者的实际情况，或单独学习一种方式，或因人而教，两种方式兼学。这既可以增强学习者的学习兴趣，又有利于速记教学的顺利进行。其二，汉速结合或速汉结合而用，既可以提高书写速度和处理口语信息的效率，又可增强速符的表意性和可读性。其三，有利于和国际接轨。在国外，特别是欧美国家，许多速记方式不仅是从字母书写的草书化而来，而且在书写过程中，不少也是与文字兼用的。

双式速记这一方式和概念，是范立荣、唐亚伟两位教授于20世纪80年代中期创制并提出来的。可以说，双式速记的创制与确立，为我国速记的应用与发展开拓了一种新的途径与空间。当今世界，正处在以信息技术为先导，高新技术迅猛发展，“互联网＋”大数据的时代；处在以智力资源的占有和配置，以科学技术为主的知识生产、分配与使用为重要因素的知识经济的时代。概括地说，当今的时代是“科学技术是第一生产力”的时代。在这样一个时代里，到处都是高、都是快：高科技、高速度、高效率；快节奏、快速路、快速传递、快速写作，等等。在这既“高”且“快”的新时代，信息的产出可以说是铺天盖地，新知识、新思想、新理论、新科技、新方法接踵而至。在偌大的地球上，网络传输，只在“弹指一挥间”。

二、速记的特点

（一）速符简洁而系统

“简洁”的本意是指文章写得简明扼要、精练得体。这里所说的“简洁”是指速记符号（简称“速符”）的简单整洁、精确。速符简洁、易写，是创制一切速记方式必须遵循的一个基本法则。世界上许多国家，尽管民族理念和文化背景各不相同，速记方式也随之有很大差异，但就速记符号而言，其大多是从极其简单的几何形或各类线形分解出来的。一个词、一个词组，乃至一句话，往往只需一两笔即可一写而就，书写起来相当简便，意义表达也较明确。所谓“系统”，是指速记符号构成的条理性、完整性和相互间的联系性、依存性。首先，从读音来说，它依据语音学和《汉语拼音方案》的基本原理，将速符分为声符、韵符和声韵相拼的音节符号，构成了能够记录汉语的全部音节。其次，从书写方法来说，它依据符号学的基本原理和符号书写的一般规则，对速符的位置、笔顺、斜度、曲势和比例，进行系统的排列组合，使之既相互联系，又相互区别。在此基础上，再按照一定规则配置一定数量的，在词义、句式及书写位置、书写方法上都相对固定的略符略法，使全部速符形成一个既相互联系、相互依存，又相互区别、相互制约的稳定的有机整体，即形成一个相对完整的、系统的符号体系。最终达到易学、易记、易读、易用，与口语同速、追踪和处理语言信息的最高境界。

（二）规则严格而灵活

“规则”的含义，就速记而言，主要是指对速记符号的符形、结构的整齐与规范，所提出的书写要求、方式和方法。速记规则大体有三类：第一类是速符书写规则。包括速符的位置、笔顺、斜度、曲势和比例，它的基本要旨就是确保速符书写的准确性和可读性，其中位置与比例尤显重要，这是拼音速记最基本的规则。第二类是速符连写规则。速符连写从本质上说就是汉语中的构词，因此，连写规则主要是以汉语语法规则为基础，根据词义的表达来确定前后符的连写顺序、位置、笔势、结合点方式以及同音词的适用性等，这是拼音速记的构词规则。第三类是略符略法规则。依据略符略法形式的不同，此类规则又可分为音符独用略符创制规则、单字略符表意规则、三音节专有名词略法规则、成语及惯用语略法规则、连写变化略法规则、附离略法规则、交叠略法规则等，这是拼音速记的词语略写规则，也就是用尽量少的笔画，表达较多的内容。速记规则对保证速符书写的准确性、增强速符的可读性和提高记录效率往往具有至关重要的作用。所以，对记录者特别是对初学者“执行速记规则”的要求，一般说来是比较严格的。但是，速记并非文字，它不具备全民性、约定俗成性和绝对规范性。因此，速记的学习与应用，在一定程度上具有“为我所用”的特点。学习者与应用者不必也不应拘泥于课本上、课堂上的方法和举例，而要有一定的创新性和自主性，即在不违背速记基本规则的前提下，依据自己的专业或行业范围、语言环境和书写习惯，制定自己所适用的略代方法和其他代用符号，并使之具备相对的稳定性和固定性，这就是我们所说的速记“规则严格”之下的“灵活”性。

（三）记录快速而准确

所谓“记录快速”有两层意思：一是指速记符号的简洁与系统，可以保证记录活动的快捷与高效。只要记录者熟练地掌握了速记技能，能够果断地应对记录过程中出现的各种情况，就有可能成为快速记录的高手，这是“快速记录”的基本前提。二是指记录活动本身，即要求记录者以最快的速度记录下稍纵即逝的话语。一般而言，记录者的记录活动多是以记录口语信息为基本功能和主要任务的。从这个意义上说，速记者所记录的内容是别人的思维活动，或领导者，或交际各方，或被接待者、被采访者和被调查者等。换句话说，别人的思维成果或原始思维活动的材料，是通过记录者的思维劳动加工提炼而整理完成的，并使其以文字的形式留存下来，传播开去。因而，速记者的记录速度必须与口语同步，保证其原意的全面与准确。这是速记最本质、最基本的特征。这就是说，记录者只有掌握了快速记录的“快”，记录活动才能保持与讲话者的语速同步，才能把稍纵即逝的语言迅速地再现出来。达到这种境界，就记录者而言，不仅十分必要，而且完全可能。速记界曾有人对不同层次的人群（每组均为 30 人次 50 篇稿件，年龄多在 35～55 岁）的发言速率做过测试，其结果如表 1－1 所示。

表 1－1

讲话人	速率/分
领导人依稿讲话	180～190 字
领导人依提纲讲话	150～160 字
领导人即席讲话	130～140 字
座谈会一般发言	130～140 字
学术报告（屏幕显示图表或提纲）	130～140 字
来访者反映情况的发言	140～150 字

此外，还曾有人对 30 人次的即席讲话者的表达质量做过测试，结果发现，讲话速率虽然多在每分钟 130～140 字，有的可达 150 字以上，但由于不用讲稿，真正能够出口成章或没有语病的讲话几乎没有，总有 20％～30％的冗词赘语和毫无意义的附加语。实际可以记录的只占全部发言的 70％～80％，无须有言必录。有的甚至只要记下要点就可以了。

所谓记录“准确”，有三层意思：一是记录话语不遗漏，特别是记录重要讲话，要保持其原始性，不能有半点疏失。二是整理文稿不增删，即整理文稿时，要忠实于讲话者的原话、原意、原貌等，不得随意增删、推测和想象，要反映讲话者的语言特点，包括辞格运用、表达方式和语调等，以充分体现讲话者的讲话风格，使人看到讲话稿，即如身临其境，如见其人，如闻其声。三是必要时加工，即对没有讲稿的讲话，特别是即席讲话，可在不影响讲话原意的基础上，从语法修辞、逻辑关系、层次段落、书写格式、标点符号等方面进行必要的修改、调整和润色，使记录稿语言畅达、层次清晰，更易体现讲话者的讲话原意。

第二节 速记的基本原理

一、拼音速记法的基本原理

拼音速记法是用简单而系统的符号和有规则的省略方法，以记音的形式来实现记意目的的。因而了解拼音速记的基本原理，主要从语音和符号两个方面来考察它们的构造和特点。

（一）拼音速记的语音原理

“语音”是语言的物质外壳，虽然十分复杂，但如果细加分析，我们就可以发现：每一个声音（音节）都是由少数几个基本成分（音素）组合而构成的。例如，“大家”两个音就是由“d＋a”＋“j＋i＋a”几个音素组合而构成的。因此，汉字虽然数量很多，笔画繁多，结构复杂，但由于大量同音字存在，实际其全部音节只有400多个。我国的《汉语拼音方案》就是根据汉语语音原理而制定的音素字母方案，有21个声母和35个韵母。用这些字母相互拼合，就可以拼出汉字的全部音节，用此来表示几万个汉字的读音。

拼音速记符号的读音，就是根据《汉语拼音方案》的原理设计的。《汉语拼音方案》分声母和韵母两大类。拼音速记符号也分为声符和韵符两大类，其中声符21个，韵符35个。大多采用双拼式，也有少量的三拼式和单拼式。声符与韵符相互拼写共有400多个音节。在此基础上又制定了各种有规则的省略方法，与400多个音节共同构成拼音速记的符号体系。运用这些符号，就可以迅速、准确地记录全部汉语了。

（二）速记符号形体设计原理

拼音速记符号形体设计的原理，概括地说，就是力求简洁、系统、易学、易用，符合手写运动的生理习惯。

速记符号是用来表达一定语音并承载一定意义的。它的突出特点就是所有同音字都用一个速记符号来表示，这就为提高书写速度提供了极大的“速率”空间。因此，为了能够迅速记下稍纵即逝的有声语言，就必须从千变万化的形体中，选择最简单、最好写的符形来作为记录符号，并按照一定规则使之形成严密、系统的符号体系。由这种规范性和严密的系统性所决定，速记符号的读法和写法都是相对固定的。以此为基础所确定的略符略法及其略代方式、略代词义、语意也是相对固定的。同时，由于记录内容上下文意的制约，因此，用它来记录语言一般不会发生认读上的障碍。

从上述原则出发，拼音速记的基本符号以曲线符和直线符为基础，分别取自两个椭圆形和一个斜米字形，因此称其为“椭圆形”体系，又称“流线形”体系。

1. 从斜体椭圆形分解出不同比例的竖写曲线符

（1）斜体椭圆形：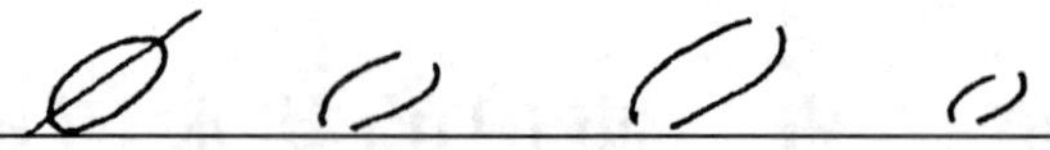

（2）左半圈分解出：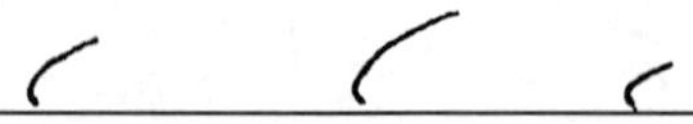

（3）右半圈分解出：

2. 从平卧椭圆形分解出不同比例的横写曲线符

（1）平卧椭圆形：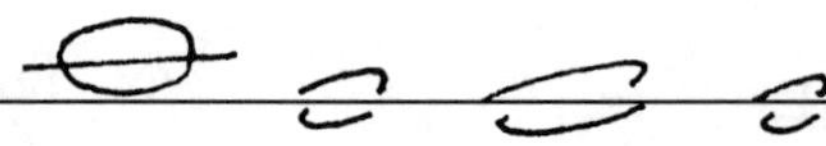

（2）上半圈分解出：

（3）下半圈分解出：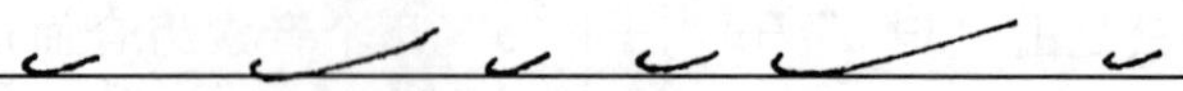

（4）左上半圈分解出：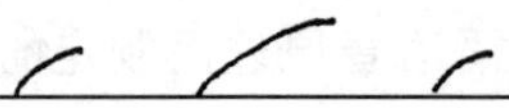

（5）右下半圈分解出：

3. 从斜米字形分解出不同比例、不同斜度的直线符

（1）斜米字形：

（2）右倾45° 斜线分解出：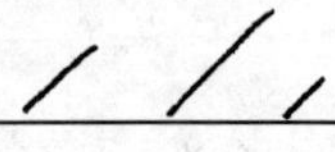

（3）右倾25° 斜线分解出：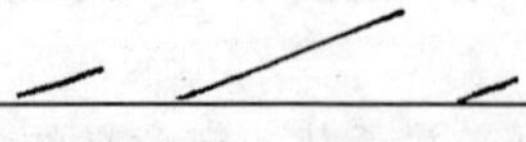

（4）左倾45° 斜线分解出：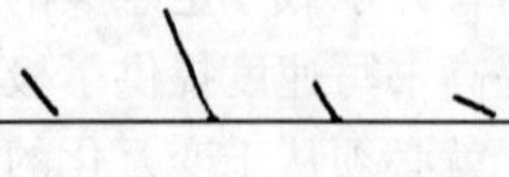

（5）横向直线分解出：

4. 从一般小圈形体变化中分解出各类圈形符

（1）单纯性圈形韵符：

（2）藏尾圈形韵符：

（3）扁圈形韵符：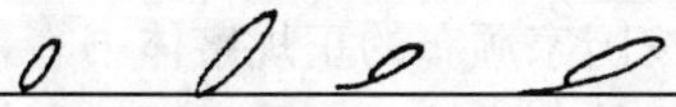

从这些形体中分解出来的表音速记符号，笔画最简单，书写最便利，系统最严密。其主要特点是：

（1）多为右倾斜体或横写的符号。没有绝对圆、绝对方、绝对垂直的形体，符合手写生理运动习惯。

（2）符号多为曲线形，并配有部分斜体或横写直线形。声符与韵符相拼写均为一笔写成，笔画单纯，书写便利，曲直交错，运笔轻盈，流利美观。

（3）大中小比例明显，位置、笔顺、斜度、曲势处理严密，易写、易读、易用。

同时，加上各种有规则的省略方法，经过一定时间的学习、训练和实践，完全可以解决汉字书写与口语速率之间的矛盾，从而达到快速、准确记录口语信息的目的。

二、汉字速记法的基本原理

汉字速记法，又叫汉字快写法，是指采用草书连写法和以汉字的构造字方式、书写方法及汉语的结构规律、语法规则为依据，为快速记录语言信息而确定的书写简化规则和略写方法。

汉字速记法具有省笔快捷、表意性强、一学便会、即学即用的特点。学会拼音速记法后，可根据应用的需要，任选一种方式或结合而用。汉字速记法的基本原理主要为以下三点。

（一）采用汉字草书快写法

汉字草书，笔画简略，体势连绵，运笔灵活，书写流畅，简易快速。对一个字、一个词、一个词语，乃至一个句子，往往一笔成书，因此，素有“一笔书”的美誉。有些外国人称草书是中国最早的“速记”。古人云“草书”，“存之梗盖”，损隶书之规矩，纵任奔放，以“救速”“赴急”，“而急就为之”。可见，草书一定程度上是为适应古代统治者处理紧急要务而产生的。从这个意义上说，草书是一种表意性较强、快速记录汉语和传递语言信息的符号。后来，经过长期的实践，逐步将其定下形来，很讲究笔势、线条变化和章法布局。因此，草书是有规律、有系统的“草率”化。现在推行的简化字，很多就是从草书楷化而来的。草书一般用毛笔，着眼于书法艺术。而速记应用草书用的是硬笔，更多强调的是草书方法、连书和速度，无须顾及书法艺术的效果，这比用毛笔更随心便利。

（二）合理精简和缩略快写法

合理精简和缩略快写法是指对汉字中的字、词、句、段进行合理省略，以实现快速记录语言的略写方法。主要表现在两个方面：一是汉字笔画的精简，即在快速书写时，既要充分利用规范化的简化字，也要注重利用非规范的简化字，还可根据快速书写的需要和自己的书写习惯自创一些简化字，这种方法在汉字速记法中至关重要。但必须注意的是非规范的汉字和自创的简字只能用于速记稿和用于个人。如将速记稿整理为正式文稿作为交际使用时，必须按国家颁布的正规字体书写，做到既充分发挥汉字速记法的作用，又坚决维护汉字规范化的庄重性。二是更要运用好汉语中的语词、语句、语段的各种略写方法。这些略写法是根据汉语的结构规律和语法规则制定的，是符合规律的浓缩体，对提高书写速度具有举足轻重的作用。

（三）灵活运用替代略写法

替代略写法主要包括同音字替代法和学科通用符号替代法。

从某种意义上来说，同音字替代法，属于快速记录中的“急救”措施，即当记录过程偶尔遇到记忆障碍时，为不使记录中断，可临时运用自己熟悉的同音字来替代。它包含三层含义：一是以熟代生，即用自己熟悉的字代替暂时忘却的字；二是以简代繁，即用笔画少、易于书写的字代替笔画繁、较难书写的字；三是整理修正，即在整理速记稿时，根据上下文意改正替代的字。

学科通用符号替代法，即将自然科学和社会科学中有普遍意义的通用符号引进速记符号体系，作为速记符号的有机构成部分。此外，替代略写法还包括合体字略法替代，象形、会意、指事略法替代，数字略法替代等。

第三节　手写速记与语言记录现代化

一、手写速记天地广阔

伴随着高新技术和现代化办公设备的普遍应用，记录人类语言的新技术也不断得到更新，出现了自动书写机、电子速记机以及电脑文字处理机、速录机等。手写速记与之并存、优势互补、相互为用，构成了以计算机为主体的记录和处理语言信息的新技术系统，极大地改善了人们记录语言信息的书写条件，使之走上了现代化的道路。

面对这一变革，有人产生了一种错觉，以为有了这种新技术，手写速记就可以被取代，自然也就没有什么前途了。针对这种看法，有人对美、日两国的速记市场，即对手写速记和速记打字、速记电脑化市场的并存与竞争情况进行调查，最后肯定了手写速记的竞争力和它的发展前途。我国的手写速记虽然已有一百多年的历史，但与美、英等西方国家相比，还有相当大的距离，速记市场还没有真正形成。而要发展到美、英等国的那种情况，还有很多工作要做。

毋庸置疑，有些新技术、新方法，在其被认定、被广泛应用之后，原有传统的、落伍于时代的技术和方法即被取代，这也是历史的必然。但是文字和速记与其他技术的本质区别在于，它是一种书写技能，会随着新技术的发展而融入于新技术，并推动新技术的发展，而不会被取代。19 世纪末，当打字机发明以后，就有人预言："人类的书写劳动进入了半机械化的程度，铅笔和钢笔快进入博物馆了。"然而，从第一台打字机问世到现在已经一百多年了，而铅笔和钢笔仍然是人们最简便、最常用、最主要的书写工具——非常有趣的是，随着信息技术的普遍应用，机械打字机却进入博物馆了！

速记是人类社会文化与文明不断进步的产物。从文字产生以后的人类文明史中，它一直是文字记录语言的辅助性工具，解决了文字书写速度缓慢，不能与口语吐字频率同步的矛盾，对语言的留存，历史、知识、科技和经验的积累与传播作出了重要贡献。在当今世界，速记仍然发挥着不可替代的作用。例如美国，可谓是信息技术最发达的国家之一，但手写速记仍有一席之地，从事速记的各类人员高达 500 多万人。英国、法国、德国等科学技术相当发达的国家，从事秘书、新闻、法律工作的人员大都会速记，这种场面我们可以在新闻发布会、记者招待会上屡见不鲜。在我国，尽管手写速记不那么发达，但令人欣慰的是，对速记人才的培训与速记应用，一直被一些党政机关领导所重视，一些大型企业、大公司把"会速记"作为招聘商务秘书的条件。速记的个人应用也为广大青年所关注，我国的速记教育正由普及型向高层次发展。

由此，我们可以说，人类社会自有文字以来，尽管处理文字的技术包括印刷术不断出现变革，但手写文字的技术始终没有被取代。手写速记作为一种快速记录语言的书写技术，作为文字记录语言的辅助性工具，只要有语言和文字存在，只要有记录语言行为存在，就有其发挥作用的广阔天地。

二、手写速记与记录语言新技术相结合

从客观实际来看，任何一种新技术、新方法，都有自己的特定功能和应用范围，自然也就存在一定的局限性，不可能是万能的。例如电子速记机，它不可能适用于一切场合。不可设想，在一个较大型的会议上，每一位与会者、每一位记者都带一台速记机。如果这样，不要说空间（场地和位置），就连电源也难以解决。国与国之间领导人的会见与会谈，政府间的合作与交流，关系国家、地区前途与发展的决策性会议及重大决策出台之前，商务、贸易、科技的合作与谈判等，一般都会有特殊的约定或知悉范围所限，不宜或不允许使用速记机。新闻采访、宾客接待、秘书记录领导口授指示等，也都不可能面对被采访者、面对宾客、面对领导者摆上一台速记机。而在此时，唯一可以发挥作用的就是手写速记。一支笔、几张纸，是在特定场合，执行特定任务，记录特定语言信息最简便、最快捷、最直接、最重要的书写工具。手写速记之后，再用电脑或文字处理机进行译写、打字、编辑，使之快速成为文稿，这既可以解决特定场合的记录问题，又可以充分发挥文字处理机的优势，这是手写速记与电脑速记，以及文字处理的最佳结合。

再如录音机，它也不能适用于一切场合。在不宜或不允许记录的场合，或对于不愿接

受录音方式的人，不能使用录音机。从功能上看，速记与录音机是两种不同的工具。虽然两者都可以记录语言，但录音机只能如实地把声音记录下来。如果把录音带上的声音变换为文字，还得使用速记。由于录音带放出的声音速度依然很快，一般文字是记录不下来的，这就需要来回放，既费时又费力。

同时，录音机记录语言，不管需要不需要，只能机械地照录，而用速记记录语言，完全“操作在我”，既可以详尽记录，也可以记纲要，或删繁芜、选重点，运用十分灵活。记下的符号可以查阅、修改，弥补缺陷；而录音机不能直接查阅，也不能进行修改。速记不仅能记录有声语言，还可以记录无声语言，起草文稿、记笔记、写日记、摘抄文献资料，这是录音机所不能比拟的。由此可见，录音机使用范围尽管十分广泛，却取代不了手写速记。反之也是一样，录音机记录语言，可以把讲话人的口音、语调、吟唱都生动形象地记录下来，这是速记所不能及的。

由此可见，速记与录音机既不能相互取代，也不能相互排斥，完全可以配合使用。在不需要文字传达的地方，可用录音机直接传达。在一些特殊场合，比如人员拥挤的采访现场，不能用手写速记，就可以用录音机将声音记录下来，然后再用速记进行整理。在记录重要的讲话时，可以速记与录音机并用，以求达到声情并茂、内容完整、及时成文、迅速传达或选择性传达的效果。

此外，经常使用速记，有助于发展智力。医学家研究表明，对大脑的健康来说，最重要的是手指运动，如练习书法、绘画、速记等。通过运动手指来刺激大脑，可以阻止或延缓脑细胞的退化过程，有利于保持大脑的功能健全，促进智力发展、思维敏捷。同时，经常使用速记，有助于在日常工作和生活中建立起速度、时间观念，有助于扩大知识领域，提高理论水平和文字工作能力。这些都是记录语言的新技术所不及的。

随着我国现代化建设的发展，速记的应用越来越广泛，用速记采集信息、做好信息的传递工作，记录信息的反馈工作，已经被更多的人重视起来。在当代，速记应用是相关的文字工作人员，特别是秘书人员应掌握的随身技能之一。

第四节　学习速记的方法

一、选好笔和纸

练写速记符号时，首先要选好笔，钢笔、铅笔、圆珠笔均可。用钢笔书写，笔尖有一定的方向性，一般不能随便转动，但书写便利，符形较易控制。圆珠笔、铅笔都没有固定的方向，可以随意转动。但应注意的是，选用圆珠笔出墨要流畅、均匀；选用铅笔，铅芯要软硬适度。

尽管这三种笔略有区别，但书写的技巧基本相同。因此，学习者不必苛求，可依据自己的习惯任选一种笔，在练写速符时使用。

备好纸。初学速记最好用横格纸，格的宽度以普通笔记本的横格宽度为宜。纸的韧度、不透明度、吸水度也要注意，应既易书写、不易破损，又不浸透，保证速符书写流畅。

二、循序渐进，戒急求实

拼音速记是一个完整的符号体系，其学习的顺序，也是按照它内在的逻辑关系编排的。章节相连，符符相扣，密不可分，不学其前，难知其后。因而，在学习步骤上，要循序渐进，按照书上的排列顺序，一组一组地学习，并将练写举例写熟记牢。做到戒急求实，与时俱进，渐进积累，学一组记一组，记一组用一组。既不可跳跃式学习，也不可学学停停。不然，势必会出现前面不了解，后面学不好，或学了后面忘前面，首尾不衔接的局面，给学习带来不应出现的困难。

三、学深勤写，习读练速

所谓“学深”，就是认真学好速记的基本原理，熟知速符的基本结构、基本笔法和书写规则。做到不仅要知其然，更要知其所以然。

所谓“勤写”，就是每学习一个速符就要练写若干次，写的次数越多越好，即所谓“好记性不如烂笔头”。开始练写时，不要求快，应在准确上下功夫，在慢中求准，准中求快，切不可操之过急。

所谓“习读”，就是每学一组符号，先复习已学过的符号，使前后衔接更加紧密，即“学而时习之，不亦说乎”。“读”就是练习阅读速度。首先要认读书上的速符，熟悉速符的书写规则、特点、差别和规律；其次要经常默读、朗读、速读自己书写的速符，检查自己书写的速符是否有误，并随时加以修正，然后再写再读；最后要熟悉自己的笔迹，了解自己的书写习惯，以提高阅读速符的能力。练写与阅读要紧密结合，写时读，读时写。写的过程就是读的过程，读的过程也应是写的过程。

所谓“练速”，就是力求在速记符号书写准确的基础上，逐步练习书写速度。这是“学”与“读”的升华，也是学好速记的最基本的要求。首先要多看材料，多做练写，写的次数多了，书写速度自然就会提高；其次要多做听写，开始学的符号不多，可在自己练写的基础上，利用学过的词语、句子来听写，随着学习符号的增多，就可利用语段或短文练习听写；最后在方法上，可以请别人帮助念自己写，或自己录音自己听写，或学习者之间互念互写。开始时，要先念得慢一些，着重练习对速符的反应能力。速符记准了，反应快了，速度再逐步加快。

四、速汉结合，边学边用

所谓“速汉结合”，包含两层意思：一是在学习过程中，可以学习一个速符用一个速符，把速符加在汉字中使用。随着学习的速符的增多，汉字可以逐步减少，把汉字加在速符中间使用。二是在学习拼音速记前，可先系统地学习汉字速记，然后再回过来学习拼音速记，或以学习拼音速记为主，兼学汉字速记的略写方法，学习拼音速记时加用汉字速记。这样不仅可以巩固已学过的拼音速记，又可增强速符的可读性，增强学习兴趣和信心。

速记是一种应用技术，贵在应用。“读书是学习，使用也是学习，而且是更重要的学习。”学习其他科学知识是这样，学习速记也是这样。初学速记的人用速记写日记、记笔记是最方便的应用。平时看书看报、看电视、听广播、听报告，都可用速记来摘抄、来记录。只要用心多写、多读、多听、多想、多用，坚持学用结合，不断实践，就能熟练地掌握速记技术。

思考与练习

1. 简述速记的含义和特点。
2. 简述拼音速记和汉字速记的基本原理。
3. 如何看待手写速记与记录语言新技术的关系？
4. 按下列线形和圈形体练习速记的基本笔法。在反复练写的基础上，将空格写满。练写时下笔要轻，起笔要快，运笔要活，收笔要稳。

（1）分两笔写成一个形似椭圆形。

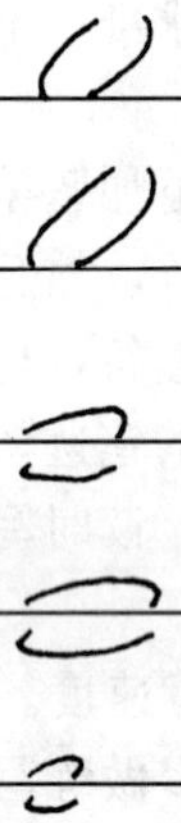

（2）一笔写成一个椭圆形。

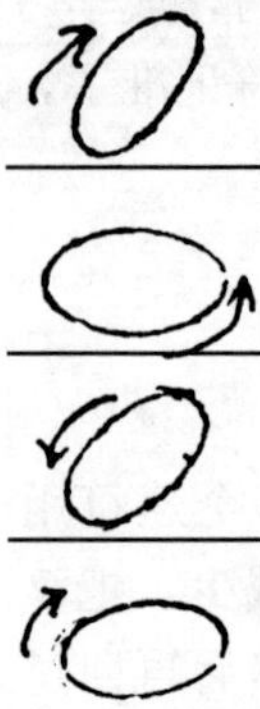

(3) 相似椭圆形连写练习。

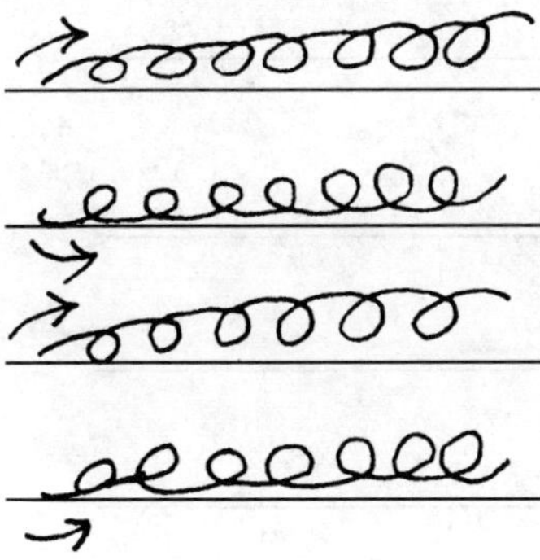

(4) 单独直线形练习。

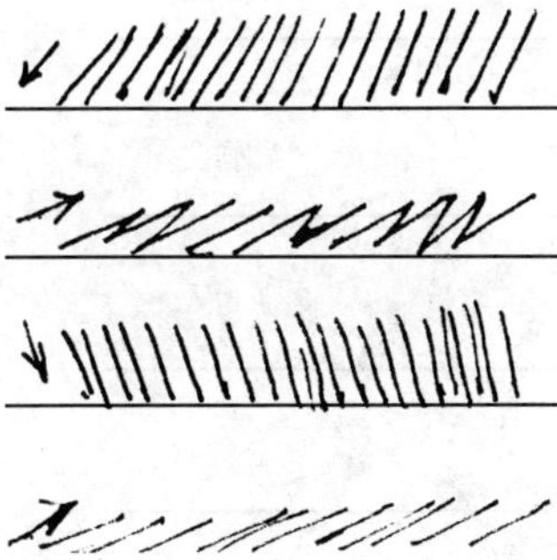

(5) 直线形连写练习。

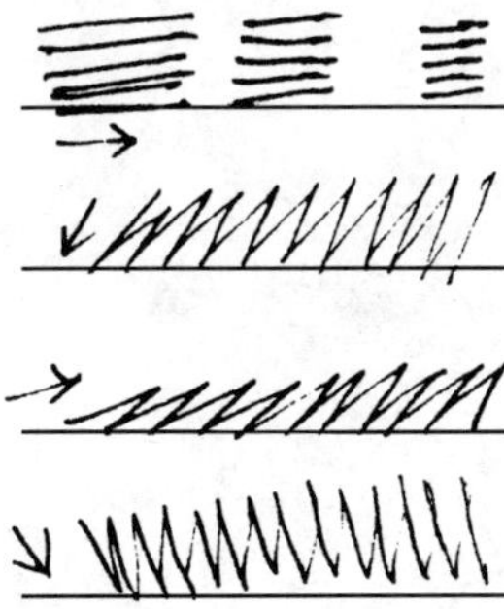

(6) 混合线形练习。

(7) 交叠椭圆形练习。

(8) 椭圆形与斜米字形交叠练习。

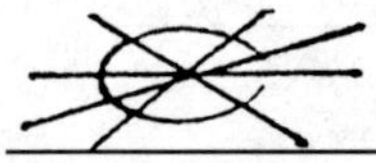

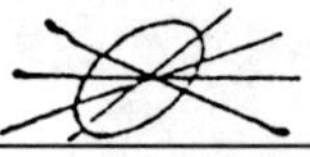

第一篇

拼音速记法

第二章 速记声符

拼音速记以《汉语拼音方案》为基础，分声符、韵符两大类。声符与韵符相拼写共有400多个音节。速记声符是拼音速记的基本符号，学好声符是学好拼音速记的基础和前提。因此，学习本章要着重了解和熟悉声符的原理与类型；领会和掌握声符的读法和写法；掌握速记符号的书写规则与连写规则，力求将声符写准、写熟、记牢；熟悉、掌握“音节独用略符”和“常用字略符”。

第一节　声符的类型、读法与写法

一、声符及其类型

(一) 声符（共21个）

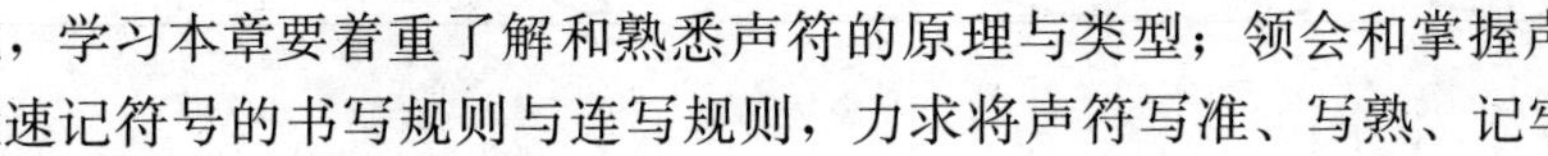

b	p	m	f	d	t	n
玻	坡	摸	佛	得	特	讷

l	g	k	h	zh	ch	sh
勒	哥	科	喝	之	吃	诗

r	z	c	s	j	q	x
日	姿	疵	司	基	期	希

（二）声符的基本类型

1. 按符形划分有两类

（1）曲线声符（13 个）。

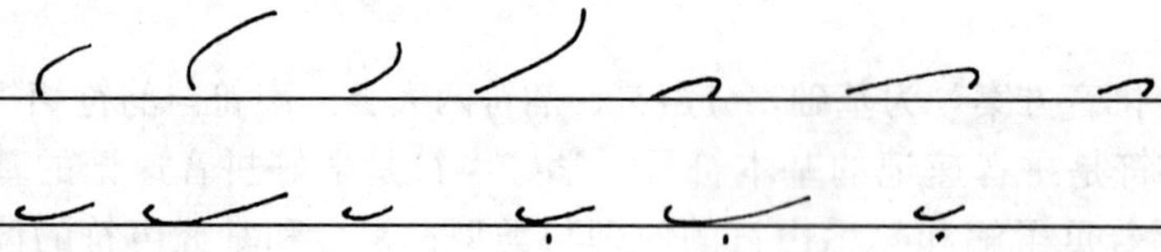

（2）直线声符（8 个）。

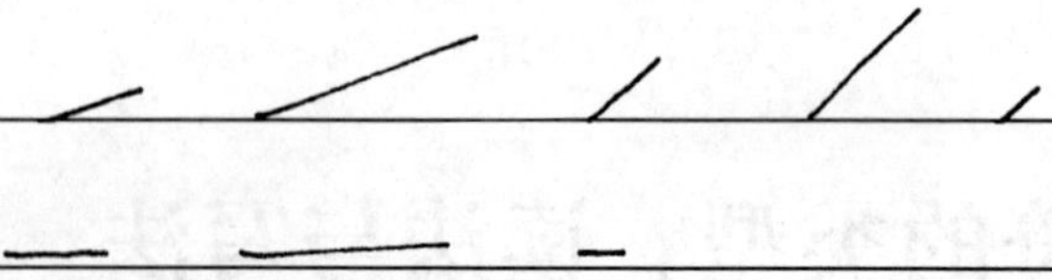

2. 按书写方向划分有三类

（1）竖写声符（7 个）。

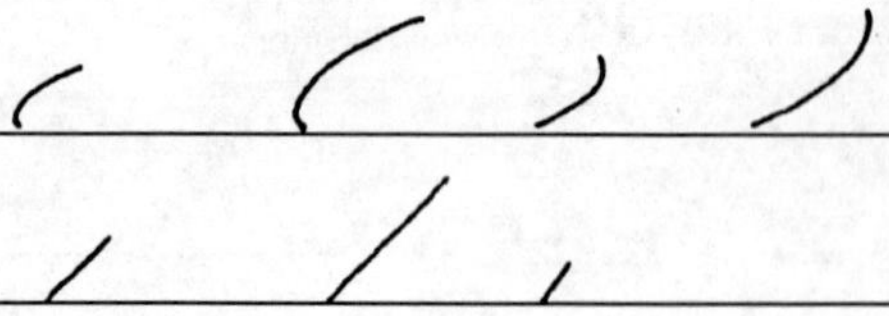

（2）横写声符（12 个）。

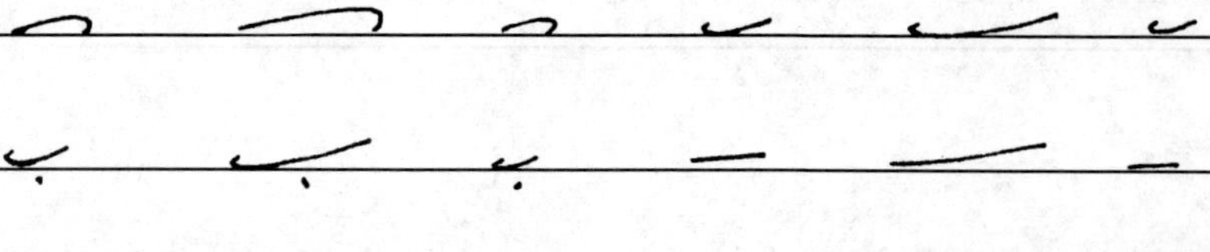

(3) 横写斜体声符（2 个）。

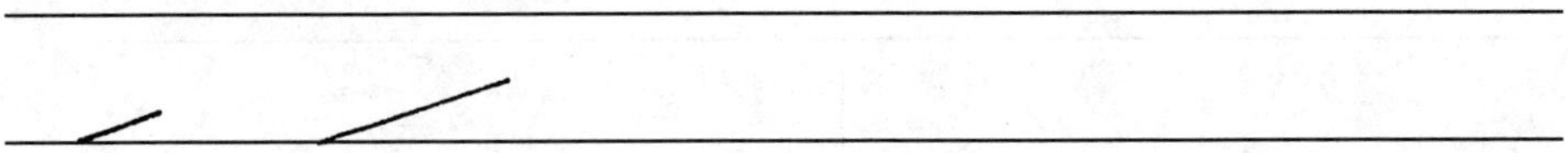

二、声符的读法

(1) 按注音读。学习速记声符时，要按声符下面所注的汉语拼音或汉字来发音。声符单独使用时自成音节，代表其所注汉字的读音。

(2) 区别点。“zh、ch、sh”三符与“z、c、s”三符的符形完全相同。为使两组符号在读音和写法上相区别，在后一组声符的下方各加了一个点。这个点叫“区别点”，用以表示两组声符读音和写法的不同。在快速书写时，“z、c、s”下方的区别点可以省略不写，根据上下文意是不会影响认读的。

(3) 多音符。“b、p、f”三个声符分别代表“不、扑、夫”三个音；“l、r”两个声符分别代表“来、儿”两个音；“d、t”分别代表“大、他”两个音等。七个声符是多音符，如同汉字的多音字。

(4) 速符声调。速记符号不标声调，一个速符代表其所有的同音汉字。如“b”符可以代表“波、博、簸、箔”等。认读时，根据句子的上下文意不会读错。

三、声符的写法

速记符号的基本要求是准确。因此，在书写声符时，要遵循下列五个基本规则。

(一) 基线

基线，又称基准线，是速符下面那条横线和练习本上的横格线。就速记而言，基线的本质是指速符的位置。21 个声符都是基线符，因此都要靠基线书写。

(1) 收笔处靠基线书写的有 7 个。

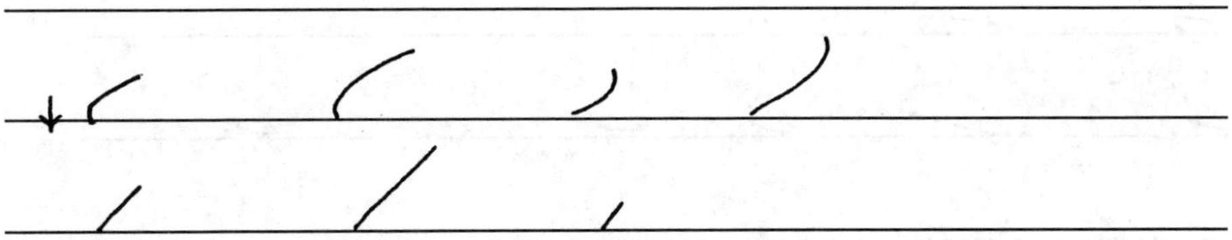

(2) 起笔处靠基线书写的有 2 个。

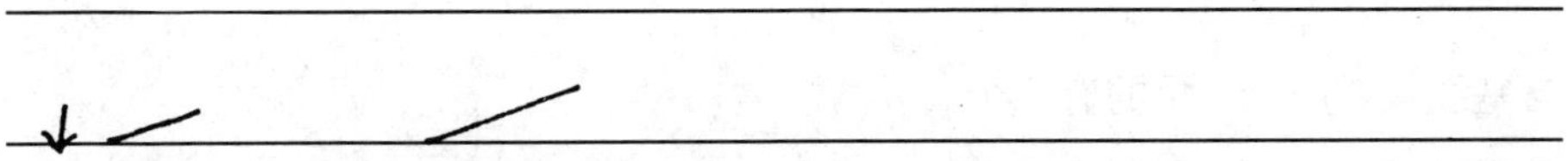

(3) 起笔和收笔分别靠基线书写的有 3 个。

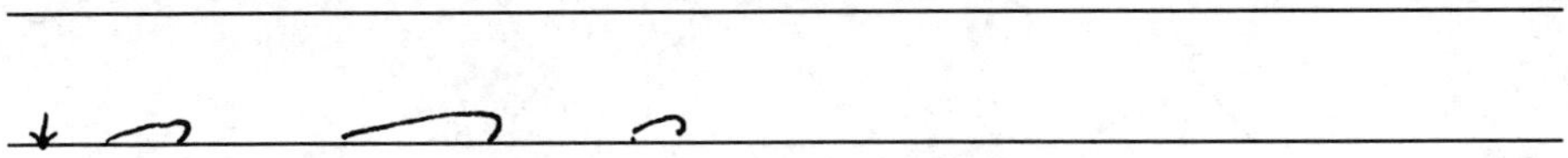

（4）曲势底部靠基线书写的有 6 个。

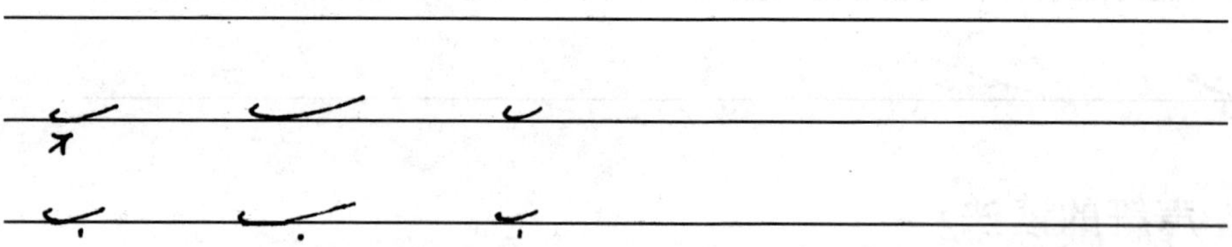

（5）底部都靠基线书写的有 3 个。

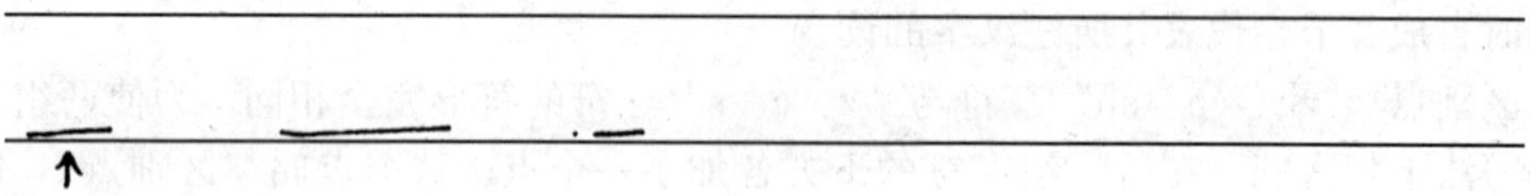

（二）笔顺

（1）从右上到左下书写的有 7 个。

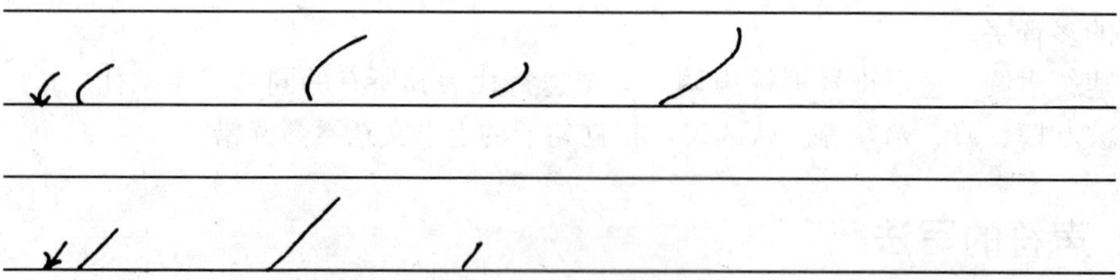

（2）从左下到右上书写的有 2 个。

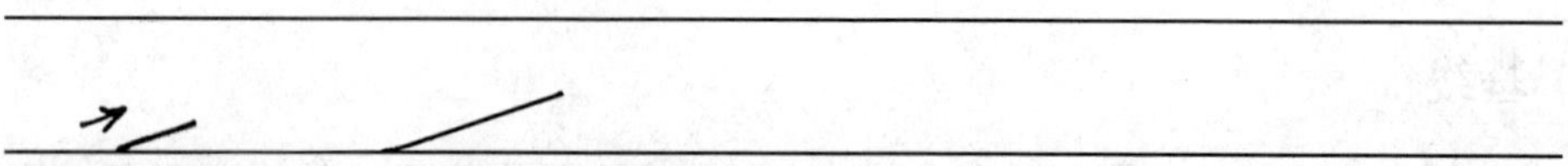

（3）从左到右书写的有 12 个。

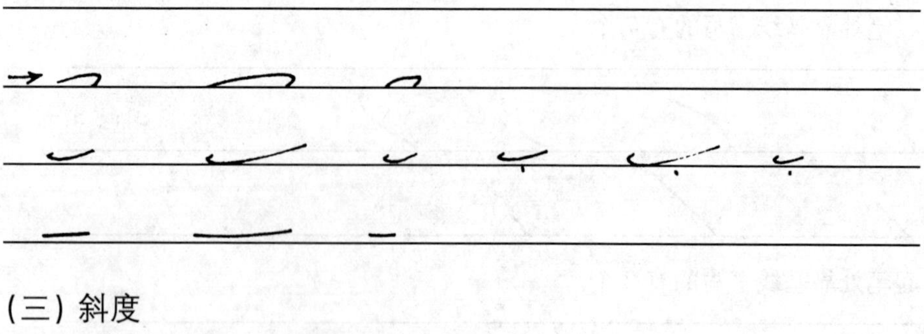

（三）斜度

（1）与基线成 45°～55°角的有 7 个。

(2) 与基线成 15°～25°角的有 2 个。

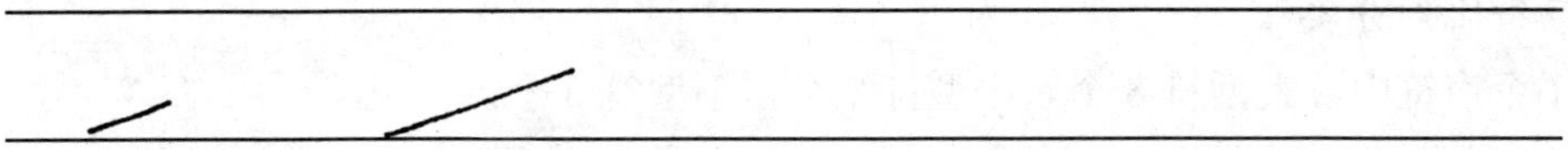

(四) 曲势

(1) 收笔处曲势较大的声符有 5 个。

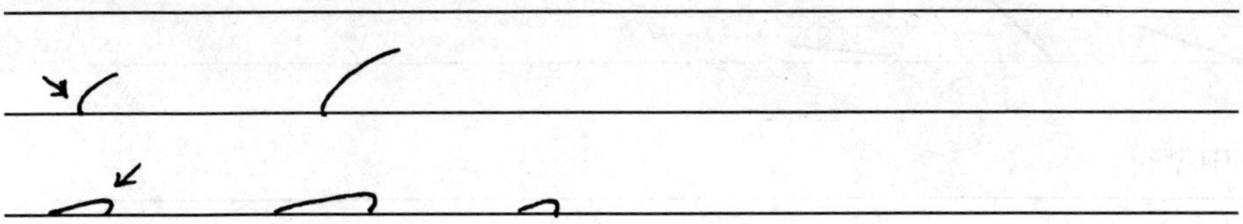

(2) 起笔处曲势较大的声符有 8 个。

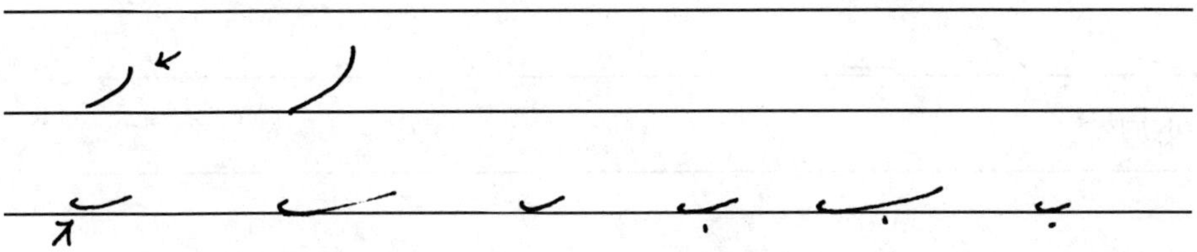

(3) 声符曲势的具体写法。

1)“b、p”两符形似斜体椭圆形的左半部分。例如：

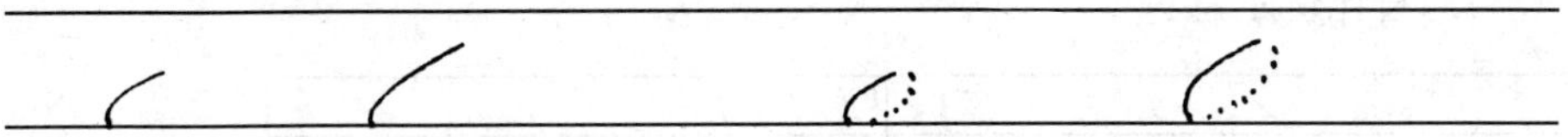

2)“m、f”两符形似斜体椭圆形的右半部分。例如：

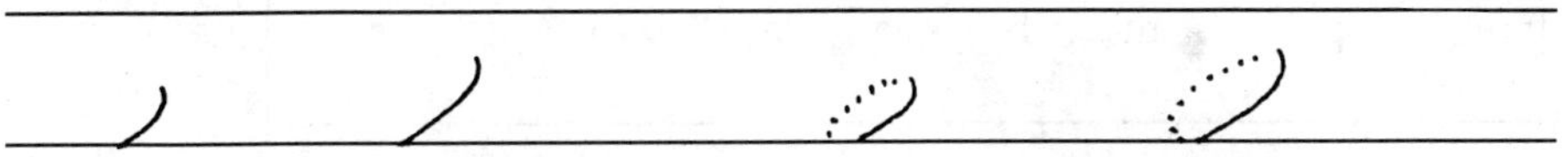

3)“g、k、h”三符形似左向锥体椭圆形的上半部分。例如：

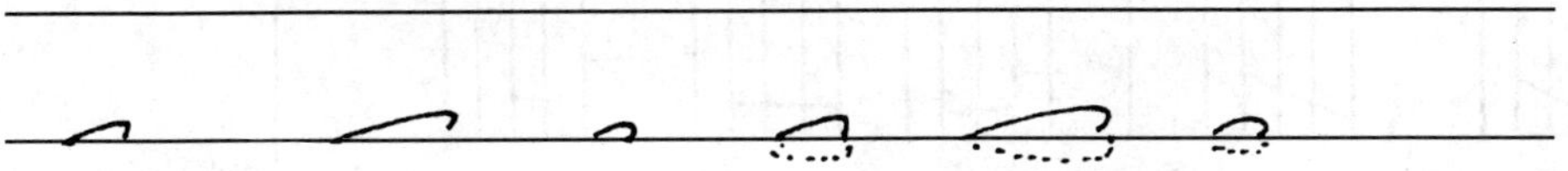

4)“zh、ch、sh”三符和“z、c、s”三符形似右向锥体椭圆形的下半部分。例如：

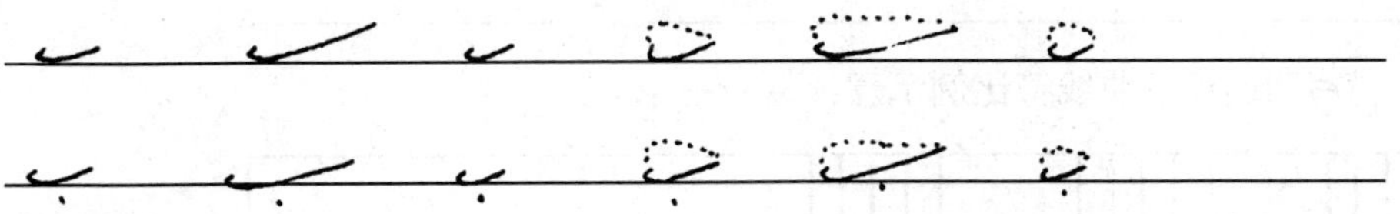

(五) 比例

速记符号多采用单线形，而单线形是极为有限的，所以将同一个单线形符分为中型符、大型符、小型符三个等级。

1. 声符比例分类

在 21 个声符中，大型符 8 个，中型符 8 个，小型符 5 个。

（1）大型符。

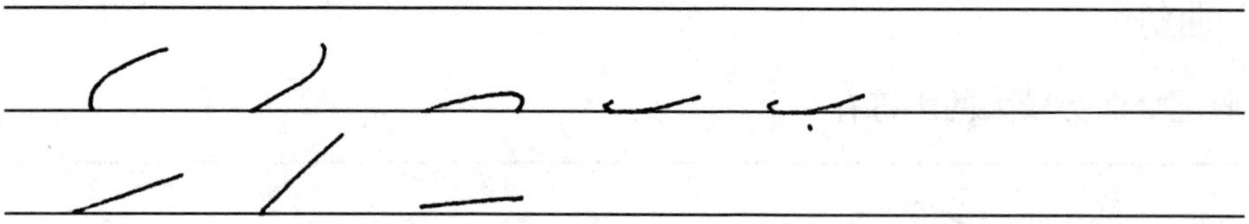

（2）中型符。

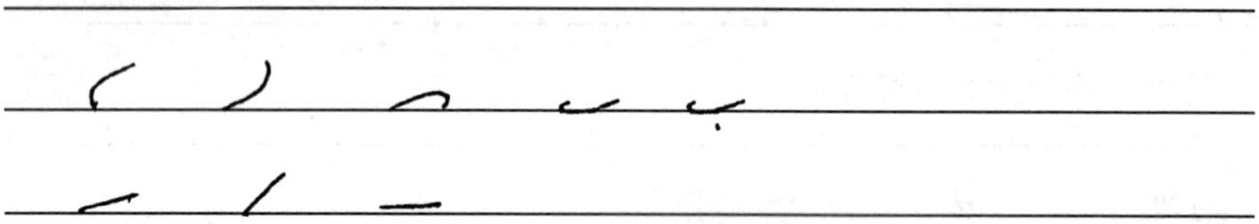

（3）小型符。

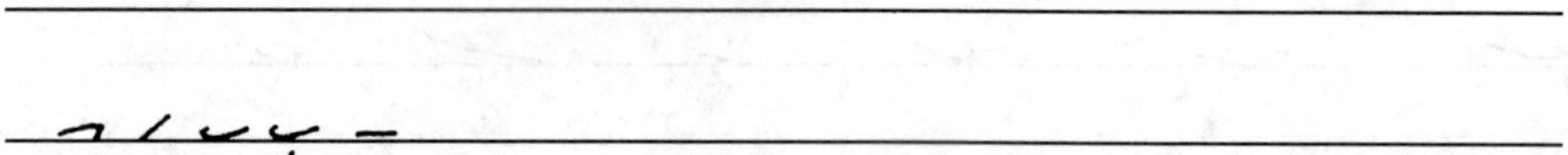

2. 速符三级比例示意

（1）竖写声符比例示意：

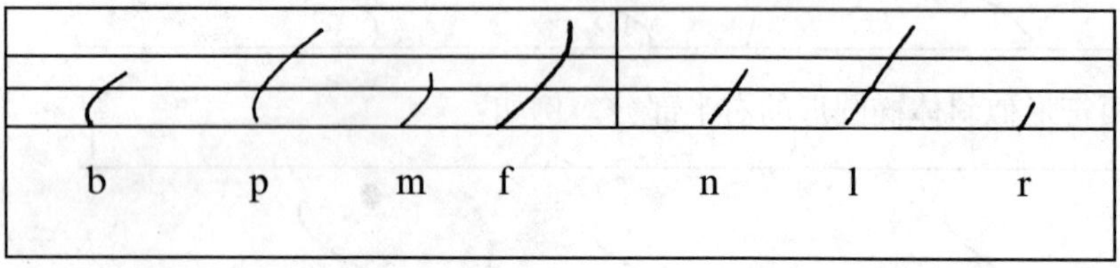

（2）横写斜体符和横写直线符比例示意：

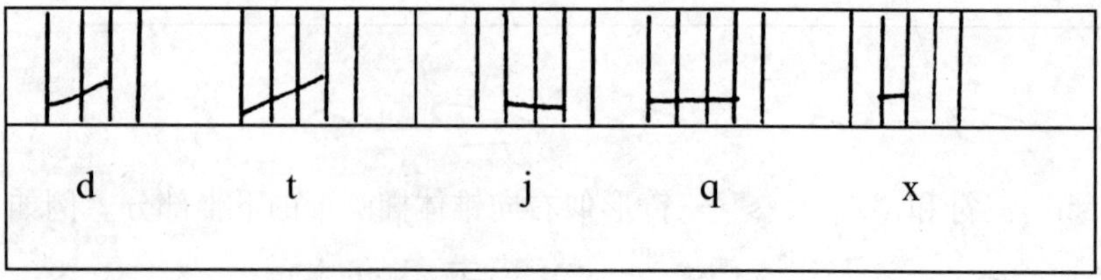

（3）横写凹面朝下曲线符比例示意：

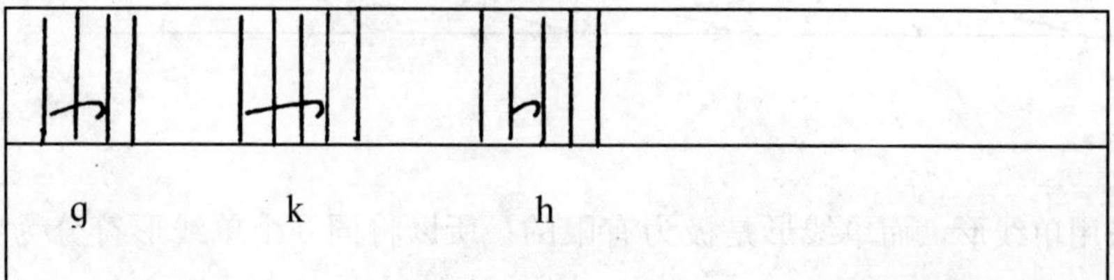

（4）横写注面朝上曲线符比例示意：

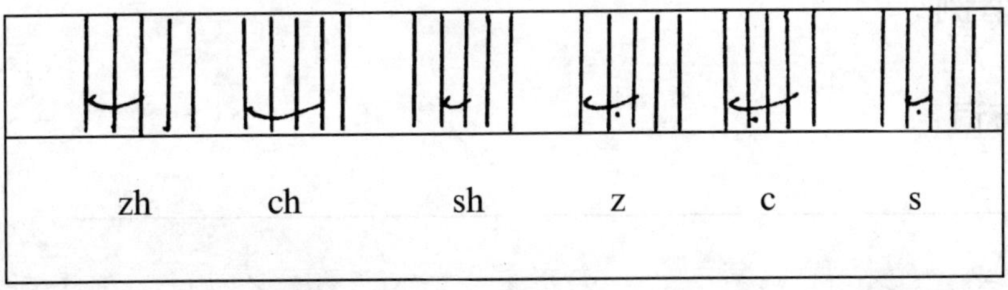

3. 速符比例控制的方法

对于速符比例，关键在于把握好中型符，在此基础上，大型符可写得大一些，小型符可写得小一些。

准确是速记的生命，要把握好速记的准确性，首先是将速符写准确，比例关系则是决定速符是否准确的核心要素。

（六）练写声符

先练写 50 遍以上，然后用铅笔将速符写满格。

第二节　声符连写

一、连写总则

（1）前符的收笔处与后符的起笔处相连写，或叫作前符位置照写，后符随笔顺连。连写时，笔不离纸，一笔写成。

（2）速符连写，一般是以双音节词或三个音节词为结构单位。换言之，双音节词和少量的三个音节的词可以连写；三个音节的词组不能直接连写；四个音节和四个音节以上的词组或短语必须两两分开连写。

二、连写举例

（一）双音节词

模特　博客　气魄　资质　复核

支持　科技　资格　积极　支付

（二）三音节词和三音节词组

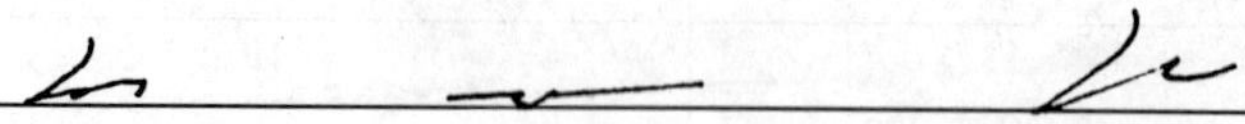

墨西哥　计时器　福特制

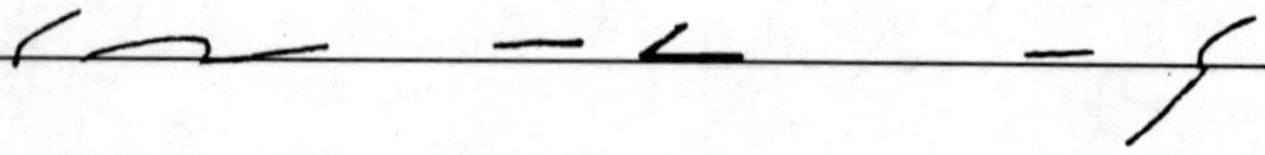

不客气　记日记　下不来

（三）四音节词组

科技知识　及时制止　资质合格

诗词歌赋　博士记事　时时刻刻

三、线形符连写规则

（一）直线符连写

（1）同方向的直线符连写，结合点稍稍错笔。横写直线符向下稍稍错笔；竖写直线符向右稍稍错笔。例如：

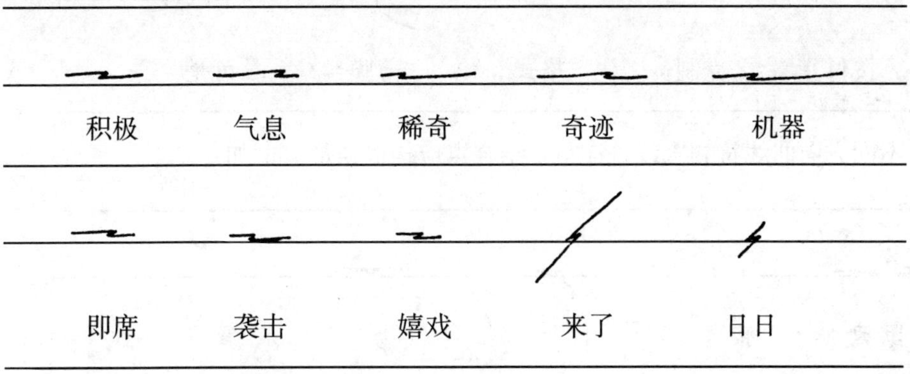

（2）不同方向直线符连写，结合点成为角形。例如：

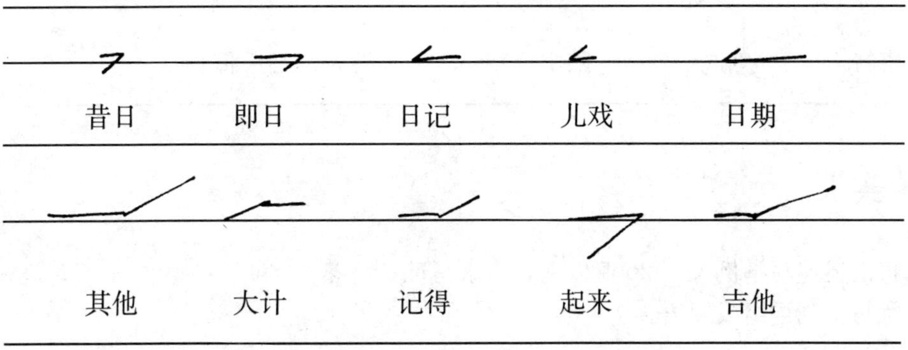

（二）曲线符连写

（1）不同方向曲线符连写和同方向曲线符相互连写，结合点成为角形。例如：

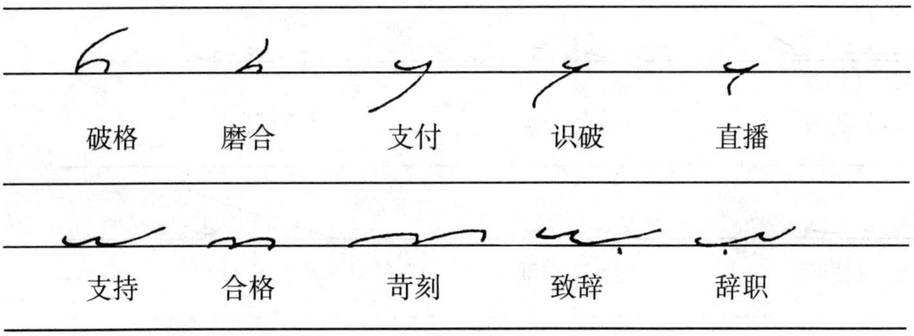

（2）对能够一笔贯通连写的曲线符，可不错笔书写。例如：

布置　　贺词　　克服　　合资　　核实

拨付　　克制　　格式　　薄膜　　可是

（3）不同方向曲线符和直线符连写，结合点应构成角形。例如：

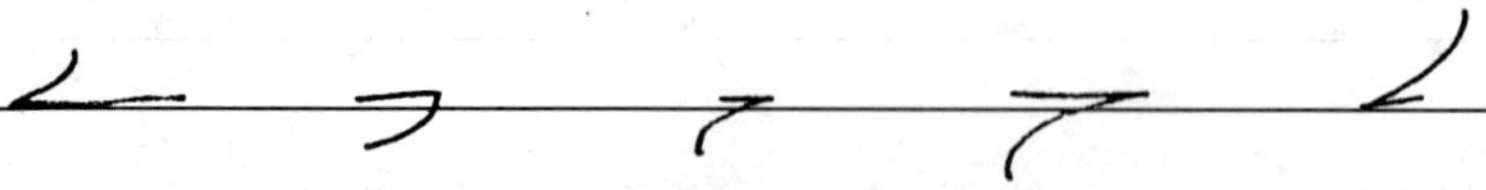

默契　　寂寞　　稀薄　　气魄　　复习

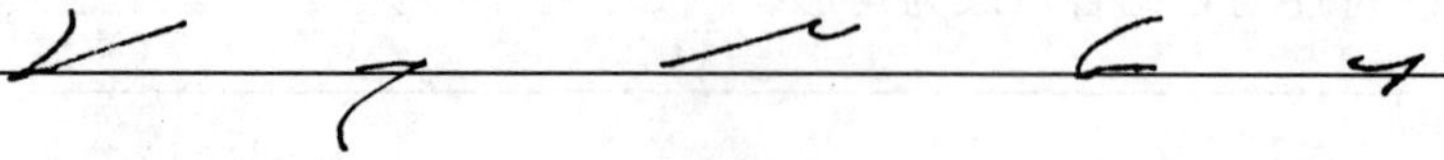

模特　　急迫　　踏实、特使　　波及　　值日

四、实训

（1）将上述连写举例练写 20 遍以上，力求写准、写熟。

（2）练写下列词组或短语。

符合实际　　积极支持　　资质合格

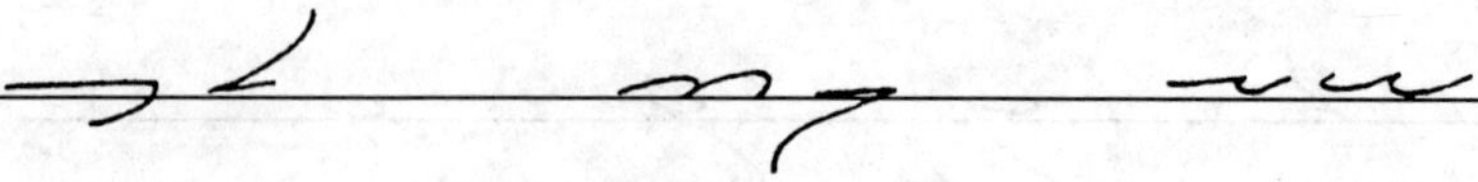

期末复习　　各个击破　　及时制止

实习技师　　仔仔细细　　踏踏实实

第三节　略符、略法

一、音符独用略符

音符独用略符，简称独用略符，就是在该符收笔处的右下方加写一个小竖画，即可代表一个常用的双音节词。例如：

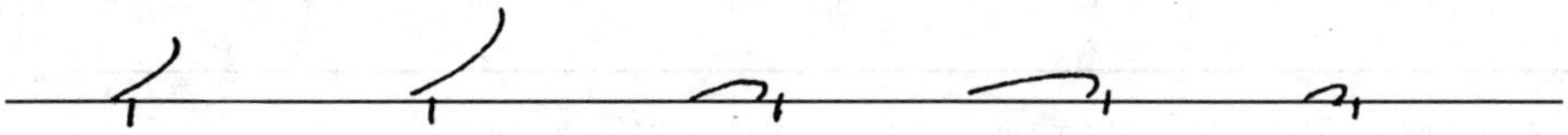

没有　负责　革命　可以　合作

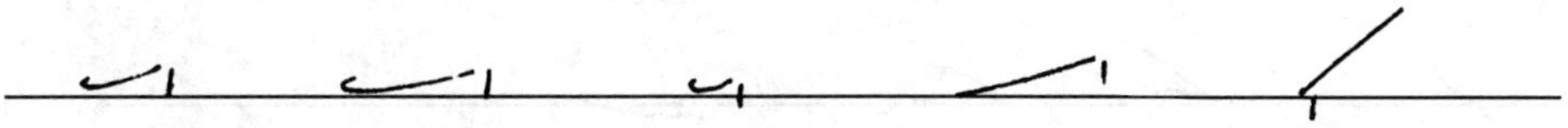

这个　持久　时间　特色　了解

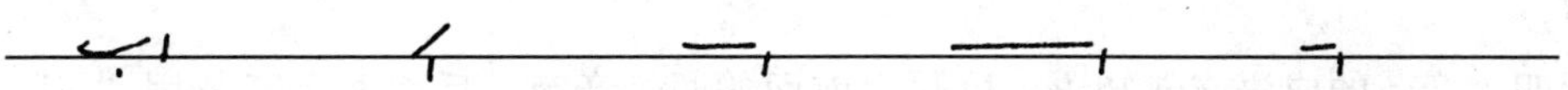

资料　日常　基本　其他　系统

音符独用略符的特点是：符号简单，标识明显，推知性强，词义相对固定；强调独用，不与前后任何符号连写。例如：

积极负责　基本合格　合作资金

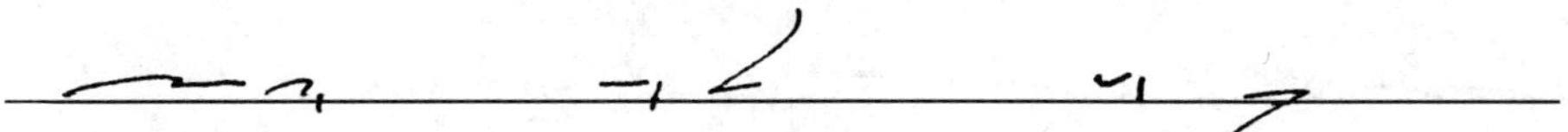

科技合作　系统复习　时间急迫

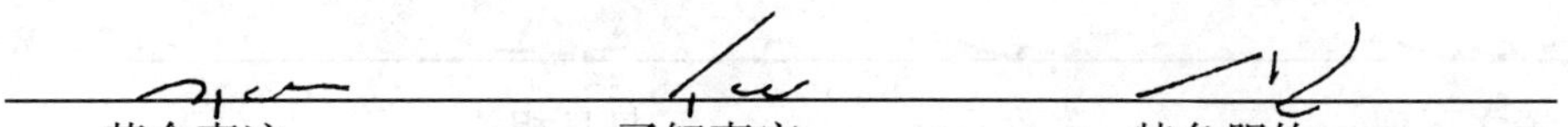

革命事迹　了解事实　特色服饰

二、常用字略符

常用字略符就是用一个速符代表一个使用率极高的常用字。常用字略符只代表固定的常用字。例如：

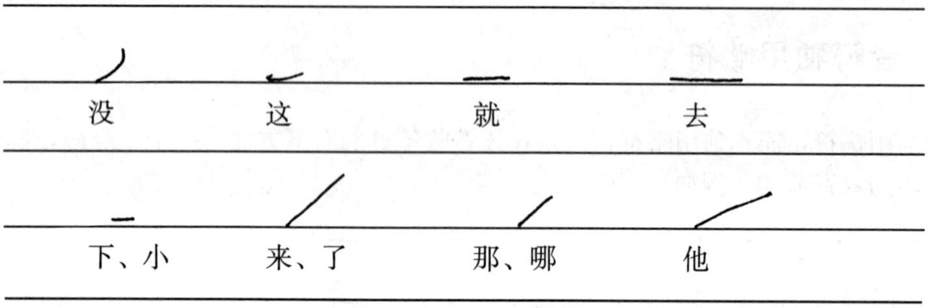

在具体应用时，常用字略符可与前后任何符号连写。例如：

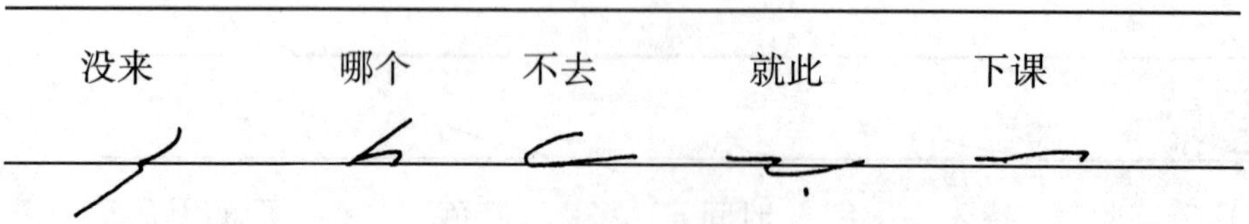

三、成语略写法

常用四个音节的成语或熟知语，可写出前面的两个音节，后面两个音节用“xi”符写在第二个音节收笔处的正右方来代表。例如：

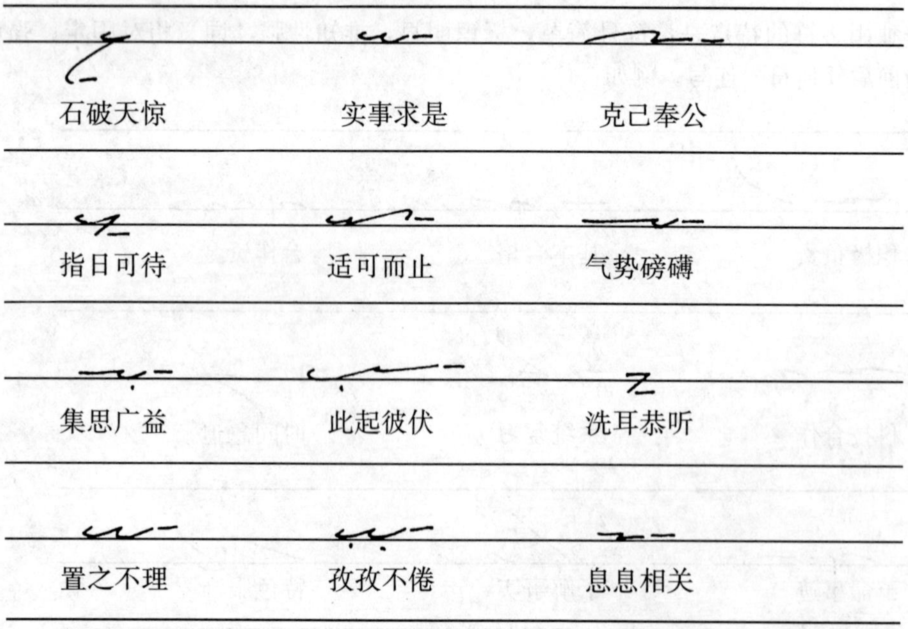

四、实训

(1) 练写音符独用略符和常用字略符20遍以上，力求写熟、记牢、会用。

(2) 成语略写法重在掌握方法，可在反复练写上述举例的基础上，再练写其他成语。

音符小结

大型符：

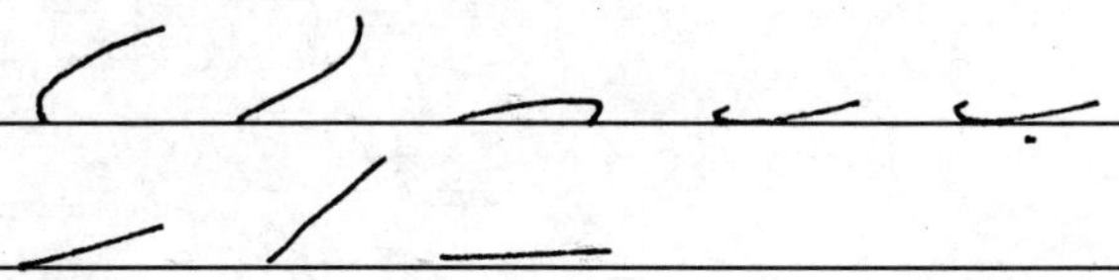

中型符：

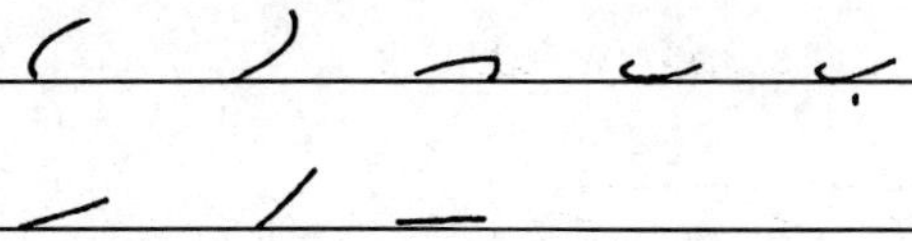

小型符：

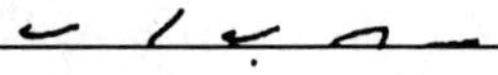

思考与练习

1. 简述速符书写的5个规则。
2. 什么是连写？连写的总则是什么？
3. 练写第二节“连写举例”及第三节举例20遍以上。
4. 用速符抄写下面短文中相关的字、词，练写方法见文后说明。

学习习近平总书记用典

在《习近平用典》一书的序言中有这样一段精彩的论述：

习近平多次倡导，推动中华文明创造性转化和创新性发展，激活其生命力，让收藏在博物馆里的文物、陈列在广阔大地上的遗产、书写在古籍里的文字都活起来。上下五千年，纵横数万里，对经典名句信手拈来、运用自如，展现了高超的思想能力和高度的文化自信。用典过程，其实就是在打造一张张中华文化的金质名片，向世界讲述着一个个精彩的中国故事，这正是“让书写在古籍里文字活起来”的生动范本。

（引自：人民日报评论部．习近平用典．北京：人民日报出版社，2015.）

建议您首先学习领会这段话的精神，抄写时应注意一符多音、一符多用现象，并反复练写，力求将速符写熟，做到敏捷反应，记牢、会用。也可在此种方法的基础上加用汉字写日记，记笔记，抄写日常办公或学习资料等。

第三章 小圈形韵符及其音符

小圈形韵符，包括“i、u、ü”三个符形不同的小圈形韵符及其音符。学习这一章，要着重领会和掌握这三个韵符及其音符的书写方法与连写规则，写准、记牢、会用三个韵符及其音符。学一组，用一组，学中用，用中学。

第一节　单纯小圈形韵符“i”及其音符

一、“i”符及其音符的写法

“i”组音符（含“i”符）共有 11 个：

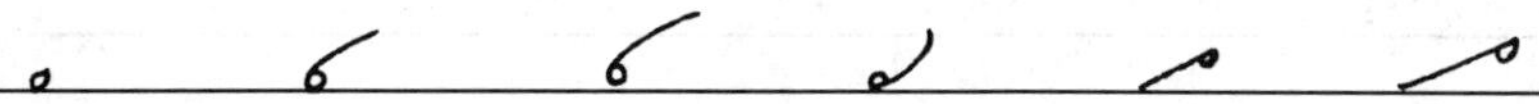

i	bi	pi	mi	di	ti
衣	比	批	眯	低	梯

ni	li	ji	qi	xi
你	离	基	期	稀

（一）音符书写规则

（1）“i”符的写法。符形：“i”符是单纯性的小圆圈；位置：基线符，底部要靠紧基线书写；比例（即大小）：相当于一个小句号；笔顺：单独书写时左旋、右旋均可。

（2）“i”组音符的写法。单纯小圈形韵符“i”与声符相拼，分别写在曲线声符的内方，竖写直线符的左方，横写直线符的下方（简称内、左、下方）。拼写时，手不离纸，声韵一笔写成。

“ji、qi、xi”三符，也属“i”组音符。因其本身已包含“i”的音素，因此小圆圈予以省略。

并非所有声符都与“i”符相拼写。在普通话语音系统中，声母与韵母相拼只有“bi、pi、mi、di、ti、ni、li、ji、qi、xi”10个音节。拼音速记也遵循这一规则。汉语中没有的字不能强拼。后面的各组音符都有这种情况，均在此处予以说明，以后不再赘述。

（二）练写音符

先用另纸（或练习本）将上面各行速符单个练写数十遍以上，力求写准、写熟、写流利。然后，再用铅笔将音符写满格（下同）。开始练写不要求快，要在准确上下功夫，慢中求准，准中求快。

二、音符连写规则

（一）“i”符连写

“i”符小圈与线形符连写，无论在词首还是在词尾，一般均连写在曲线符的内方，竖写直线符的左方，横写直线符的下方。与圈形符连写，在词首仍按“内、左、下”方书写；在词尾，写在前面圈形符的下方。例如：

（1）与线形符连写。

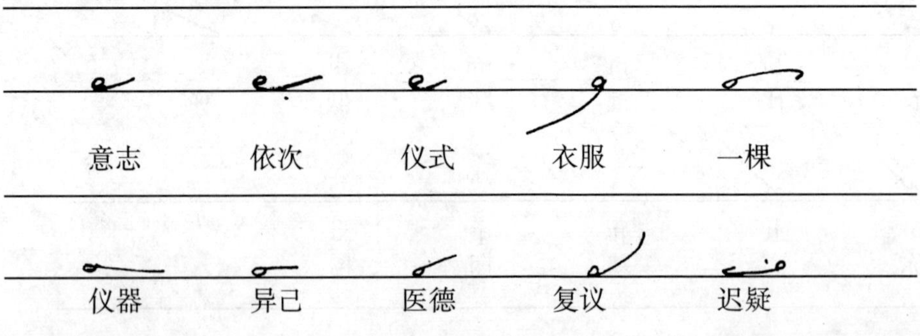

（2）与圈形符连写。

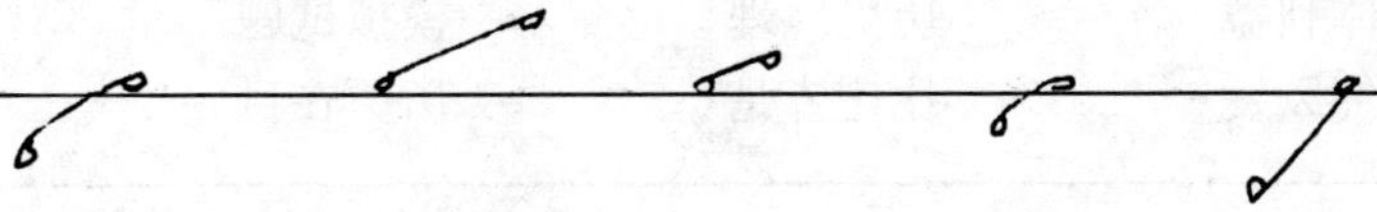

一批 议题 异地 一笔 毅力

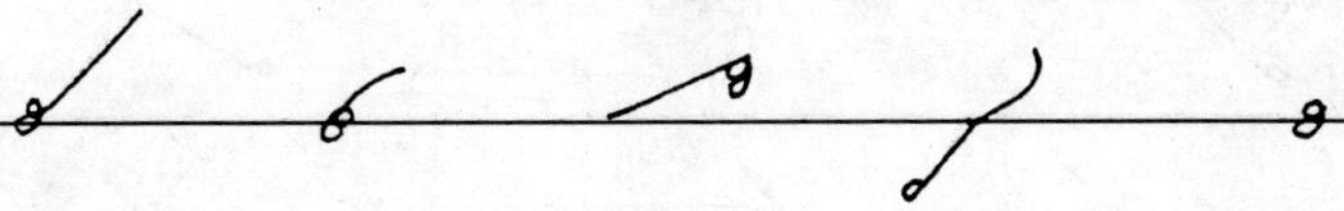

礼仪 笔译 提议 模拟 意义

（3）与其他音符连写。

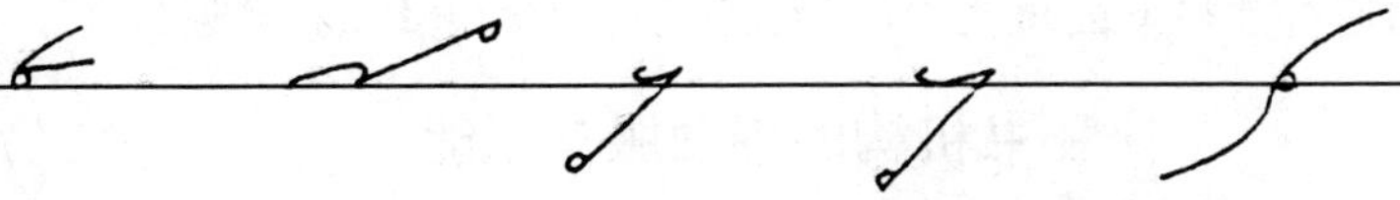

笔记 个体 实力 治理 批复

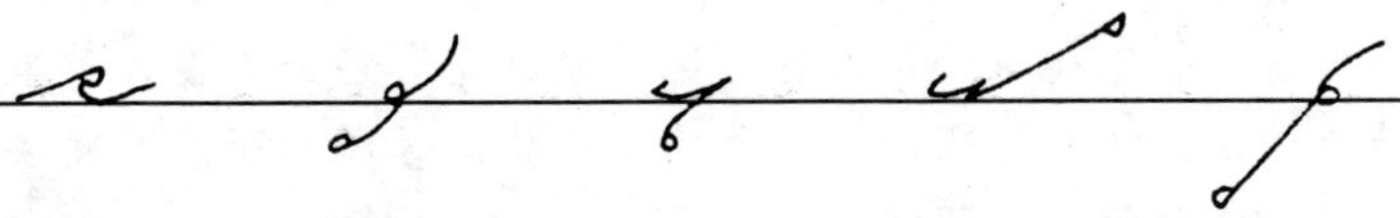

抵制 秘密 执笔 实体 比例

（二）分读点

当连写符与音符相同时，为了加以区别，可在连写符收笔处的左上方加写一个点，以示前后两符分开读。这个点叫作“分读点”。例如：

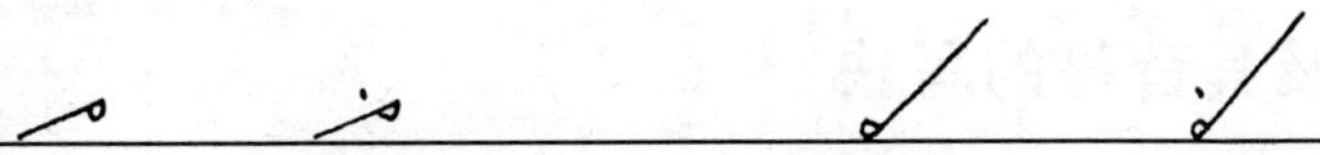

低（音符） 得意（连写符） 离（音符） 乐意（连写符）

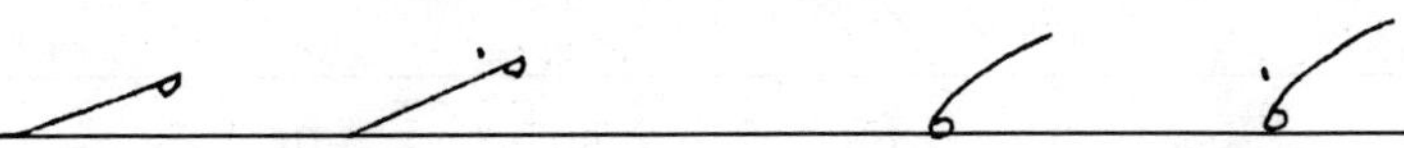

提（音符） 特意（连写符） 批（音符） 破译（连写符）

三、实训

（1）练写上述连写举例 20 遍以上。

（2）将下面的词语和成语写成速符，并抄写或听写 10 遍以上。

基本合理	实习基地	体制合理
集体利益	历史地理	模拟试题
意气风发	比比皆是	历历在目

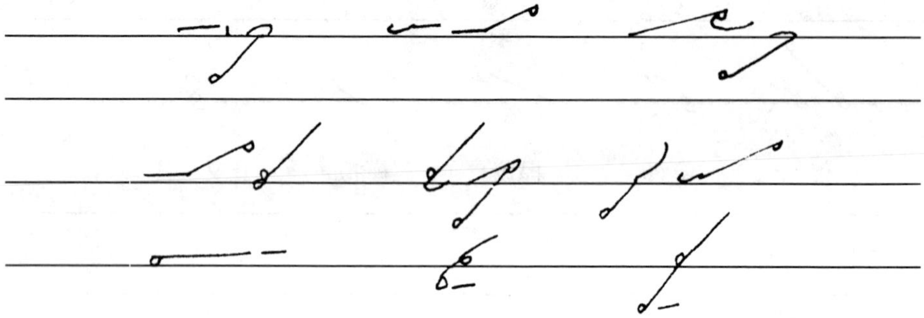

（3）用学过的速符抄写下面短文中的相关汉字，并将其练写 10 遍以上。

秘书机构的辅助服务职能

任何一种法律形式的主体，无论规模大小、规格高低，它所设置的秘书机构，在整个管理体系中，都处于决策者与执行者的中间环节，充当领导与群众、领导与员工之间的桥梁，同时又是管理的枢纽、服务和对外的窗口。这种地位决定它必须履行录事传递、办文办事的职能；督促检查、协调沟通的职能；调节控制、协助管理的职能；提供信息、辅助决策的职能；信访接待、公关策划的职能。

第二节　带起笔线小圈形韵符“u”及其音符

一、“u”符及其音符的写法

“u”组音符（含“u”符）共有 19 个：

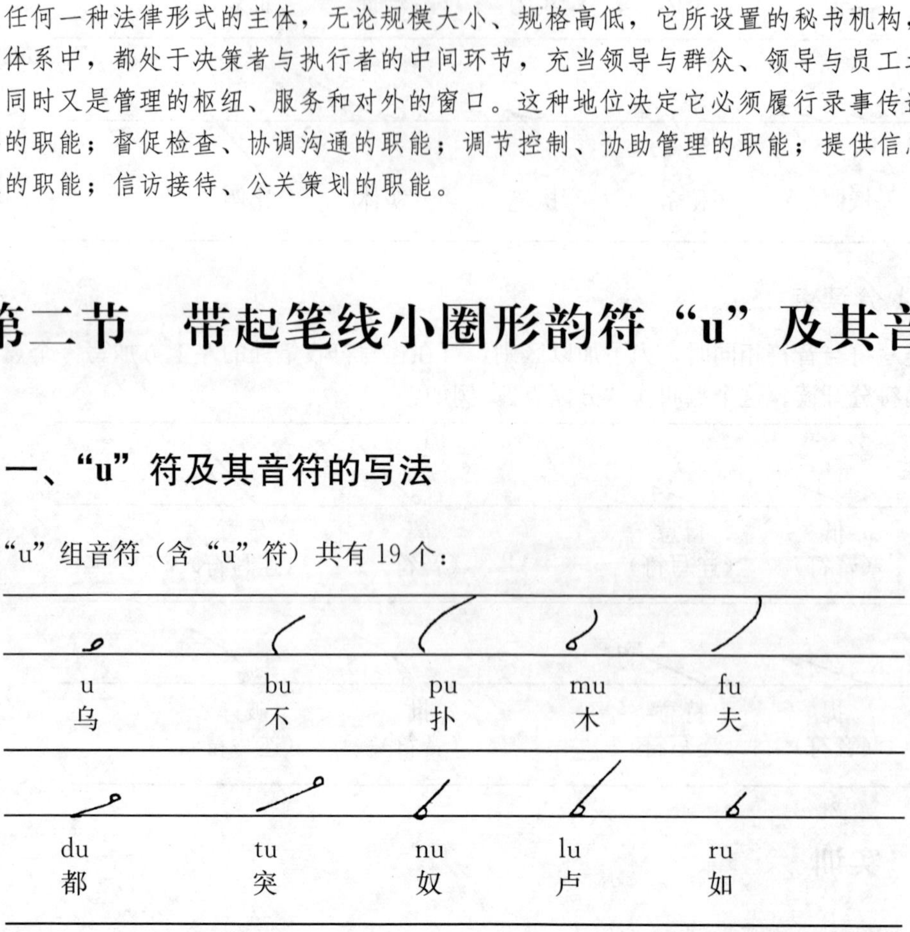

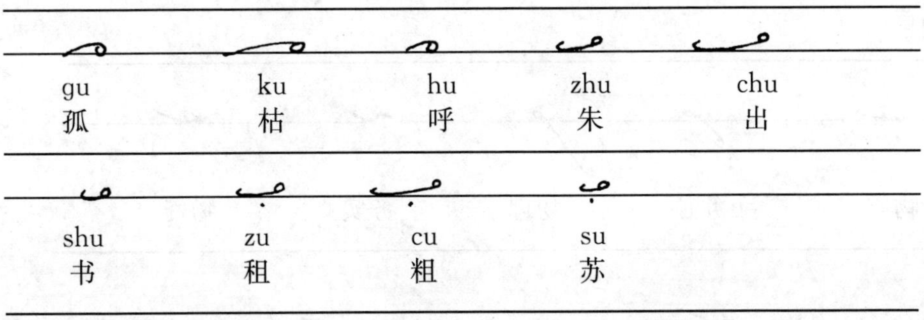

(一) 音符书写规则

(1)“u”的写法。“u”符是带起笔线(又称拖线)的小圆圈。位置:基线符,起笔线要靠基线书写;比例:小圆圈,大小与“i”符相等;笔顺:从拖线起笔右旋至拖线靠内收笔。

(2)音符的写法。韵符“u”与声符拼写,省略起笔线,将小圆圈分别写在曲线符“m”的外方,“zh、ch、sh、z、c、s”的内方,竖写直线符的右方,横写直线符的上方。

(3)简化符。为便于书写,“bu、pu、fu”三符,可省略“u”符不写,用“b、p、f”三个声符直接代表,属简化符,代表同音字。在具体应用时,根据上下文意,完全可与“b、p、f”的读音相区别,不会读错。

(二) 练写音符

二、音符连写规则

(一)“u”符连写

在词首,原符照写,后符顺连;在词尾,可采用两种方法:

(1)小圆圈略写法。即省略“u”符起笔线,将小圆圈分别写在后符的“外、右、上”方。

(2)“乌字点”略写法。即省略“u”符不写,在其前符收笔处的正右方书写一个“小逗号”来表示。这个“小逗号”叫作“乌字点”,代表“u”符的同音字。例如:

在词首：

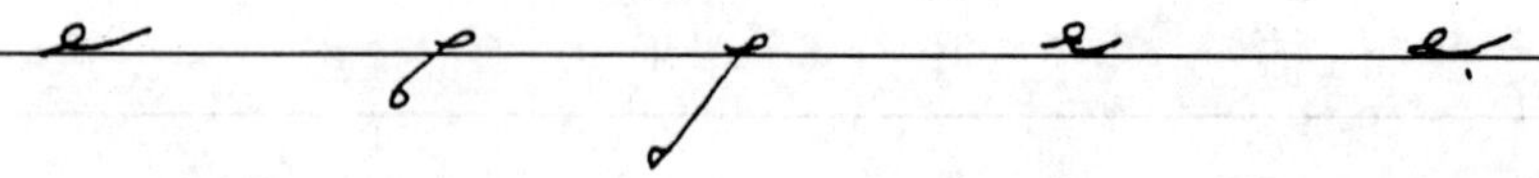

物质　务必　物理　务实　物资

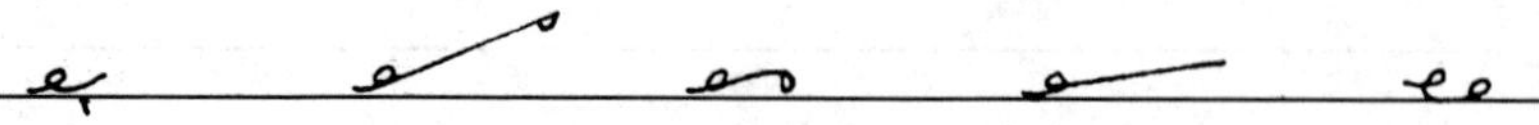

无私　物体　无辜　武器　武术

在词尾：

1）小圆圈略写法：

服务　植物　事务　歌舞　去污

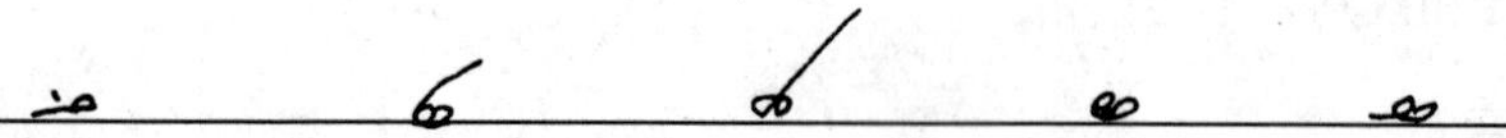

下午　笔误　礼物　义务　无误

2）“乌字点”略写法，一般说来采用此种方法较为简便。例如：

服务　歌舞　植物　事务　下午

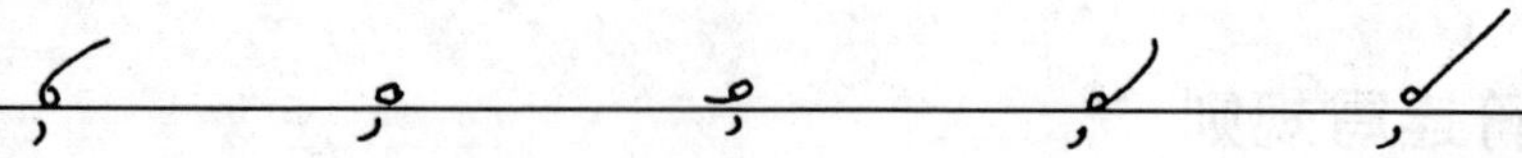

笔误　义务　无误　迷雾　礼物

（二）音符连写举例

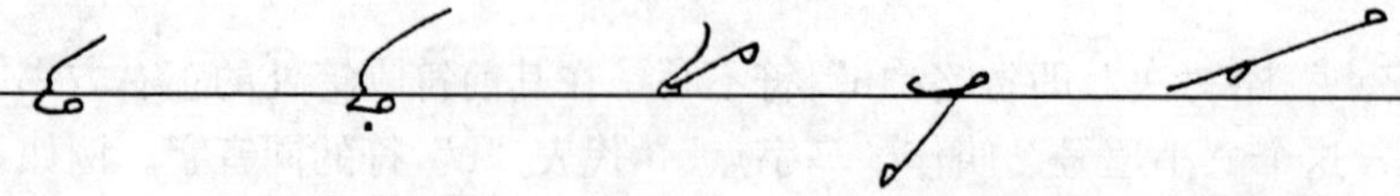

部署　朴素　目的　助理　地图

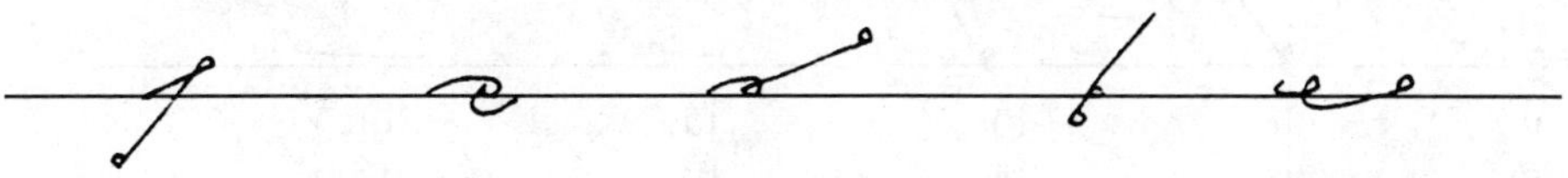

独立　故事　糊涂　录入　输出

三、实训

（1）将上述连写举例练写 20 遍以上。

（2）将下面的速符写成词语，并将速符抄写或听写 10 遍以上。

秘书录入	科普图书	基础护理
主题突出	估计不足	积极处理
势如破竹	独立自主	实事求是

（3）用学过的速符抄写下面短文中的相关汉字，并将其练写 10 遍以上。

秘书人员应当加强修养

秘书是个特殊的职业。许多人认为，秘书工作最突出的特征是当配角。我看这句话说得也对也不对。说得对，是因为秘书确实干的是辅助性、铺垫性工作，是领导的助手。说不对，是因为秘书的活动面比舞台上的配角更窄，他没有台词，没有亮相机会。秘书的工作性质，决定了他要正确对待名利荣辱，树立无私奉献的精神，不断加强和深化自身的修养。

（选自：习近平．秘书工作的风范——与地县办公室干部谈心//习近平．摆脱贫困．福州：福建人民出版社，1992：53.）

提示：请注意文内相关词或词语略符略法的应用。

第三节　带拖线小圈形韵符“ü”及其音符

一、“ü”符及其音符的写法

“ü”组韵符（含“ü”符）共有 6 个：

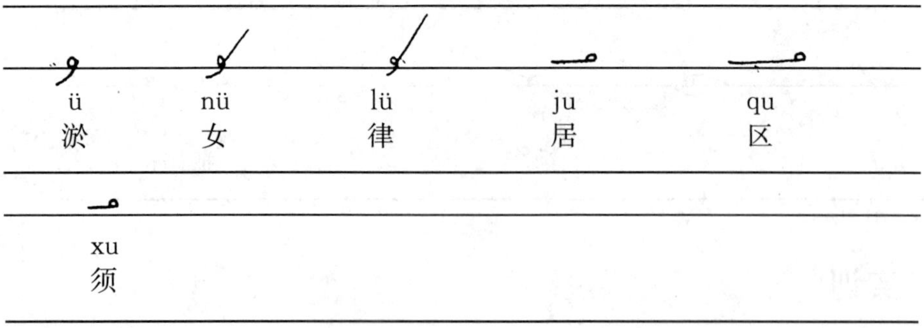

(一) 音符书写规则

(1)“ü”符的写法。“ü”符是带拖线的小圆圈。位置：基线符，小圈底部靠基线书写；比例：小圈与“i”符相等，顺势写出拖线，全符大小相当于“r”符的三分之二；笔顺：从小圈起笔左旋将拖线写在基线下。拖线大小约为小型符的1/3。

(2) 音符的写法。“ü”符与“n、l”两符相拼，声、韵符顺连，韵符拖线在基线下收笔；“ü”符与“j、q、x”三符拼写，省略“ü”符拖线，将小圈写在“j、q、x”的上方。

(二) 练写音符

二、音符连写规则

(一)“ü”符连写

在词首，原符照写，后符顺连；在词尾，用一条小短划附离在前符收笔处的正下方。这条小短划叫作“迂字划”，长度约是“r”符的2/3，代表同音字。

(二) 音节符号连写

“nü、lü”在词尾与竖写线形符连写时，可省略声符部分，用“ü”符代表。例如：

(1)“ü”符连写。

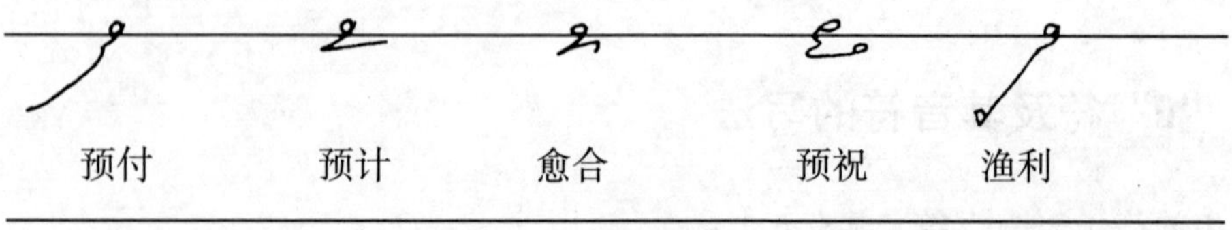

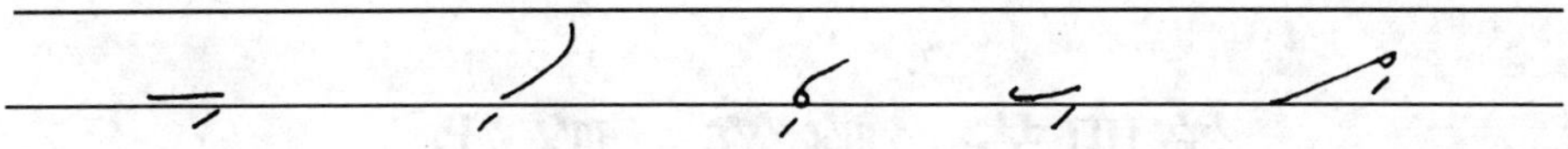

机遇　　富裕　　比喻　　智育　　体育

（2）音符连写。

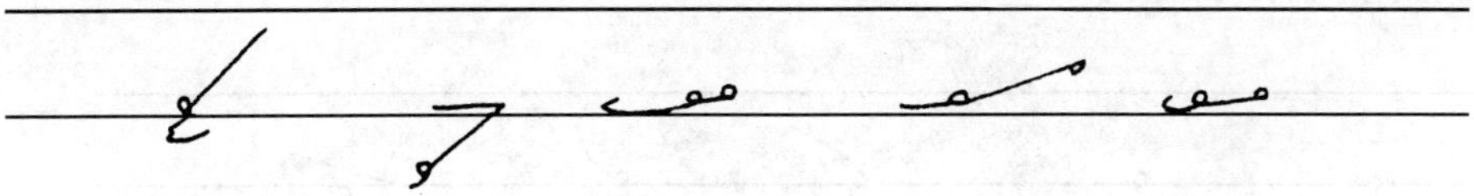

律师　　纪律　　储蓄　　具体　　数据

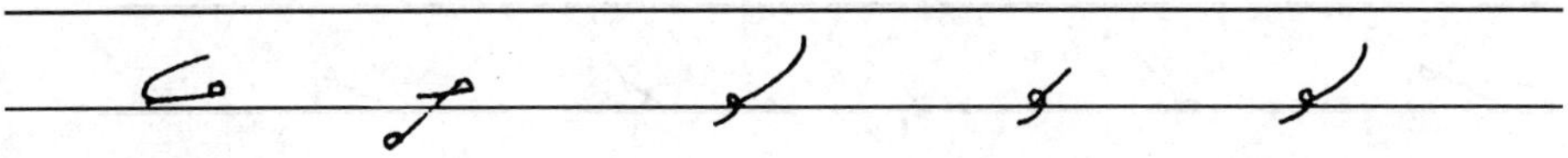

布局　　虚拟　　妇女　　儿女　　墨绿

三、实训

（1）将上述连写举例练写 20 遍以上。

（2）将下列速符写成词组或词语，并将速符抄写或听写 10 遍以上。

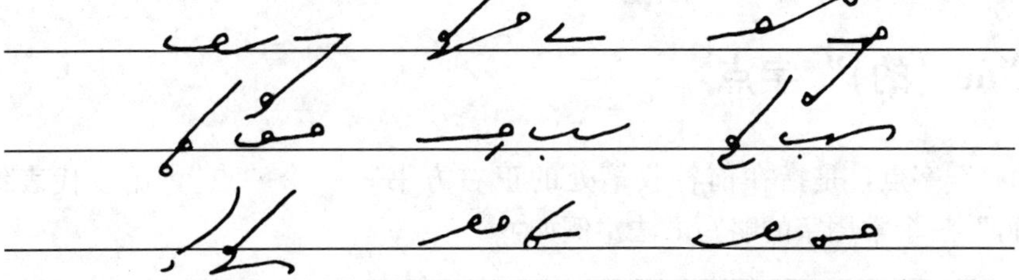

组织纪律	旅途日记	具体举例
录入数据	区域自治	律师资格
服务旅客	读书笔记	初始依据

（3）用学过的速符抄写下面短文中的相关汉字，并将速符练写 10 遍以上。

人工智能

人工智能的本来意义是指人们以计算机科学为基础，综合生理学、语言学和数学等方面的知识，研究制造模拟人类某种思维行为和智力活动的机器的科学技术。有时也泛指人们利用计算机模拟人类某些智力行为的活动，即人机结合行为。例如思维、感知、推理、学习、理解等方面的能力。

第四节　略符、略法

一、音符独用略符

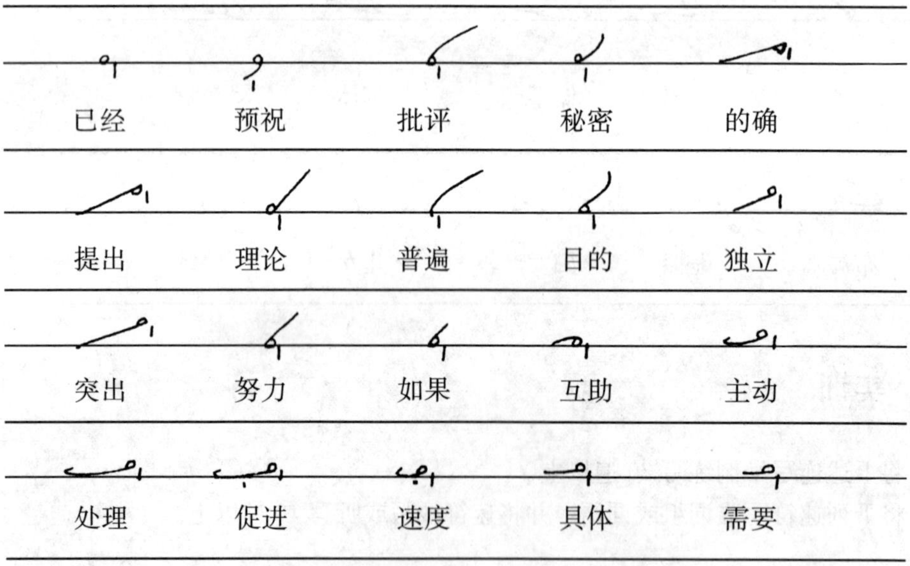

二、“de（的）”字点

“de（的）”字点，是指在前符收笔处的正右方书写一个“点”，用以代表结构助词“的、地、得”三个常用字的略写方法。例如：

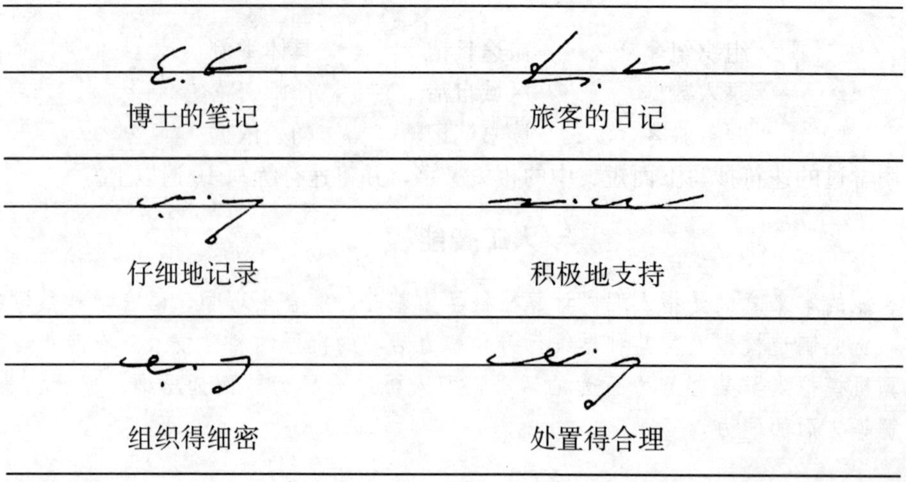

三、三音节专用词略写法

由三个音节构成的专用名词、术语等，可写出第一个音节，余下的音节用“xi”符附离在前符收笔处的正右方来代表。例如：

计算机

互联网

局域网

处理器

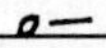
仪仗队

核潜艇

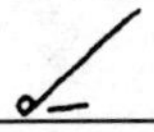
立交桥

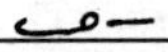
住宅楼

起搏器

四、成语略写法举例

（一）四音节成语

触目惊心

孤注一掷

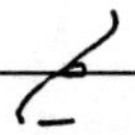
目不暇接

举一反三

异曲同工

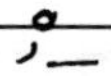
义无反顾

刻骨铭心

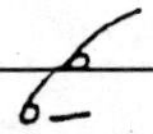
比比皆是

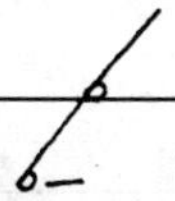
碌碌无为

（二）八个音节的成语及熟知语

在省略后的四个音节成语收笔处正右方附离一个“j”符，用以代表后面的四个音节。例如：

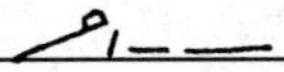
独立自主，自力更生

机不可失，时不再来

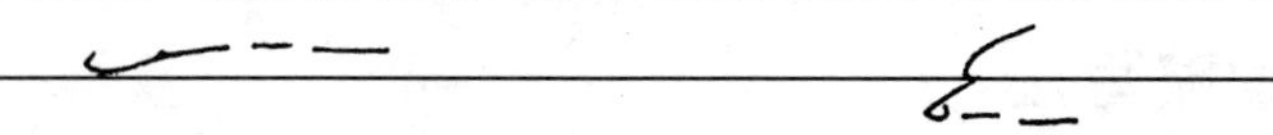

知己知彼，百战不殆　　不入虎穴，焉得虎子

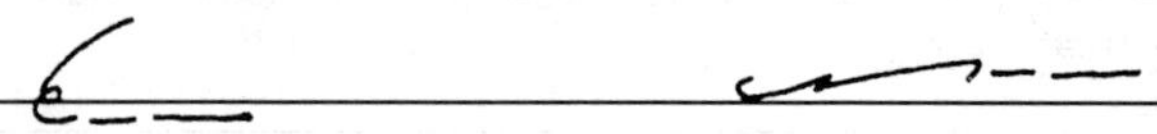

皮之不存，毛将焉附　　只可意会，不可言传

五、实训

（1）将上述音符独用略符练写 20 遍以上。

（2）熟练使用成语略写法和三音节专用词略写法。

（3）将下列速符抄写三至五遍并力求在实际中应用。

具体部署　　适合需要　　处理事务

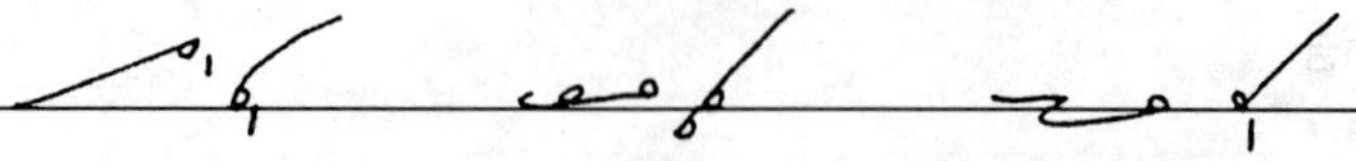

提出批评　　数据录入　　基础理论

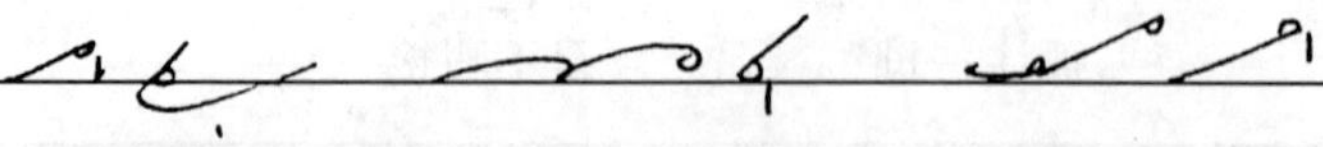

的确如此　　刻苦努力　　主题突出

音符小结

“i”组音符：

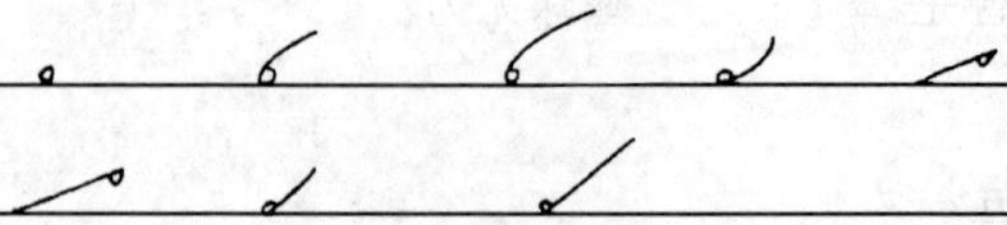

“u”组音符：

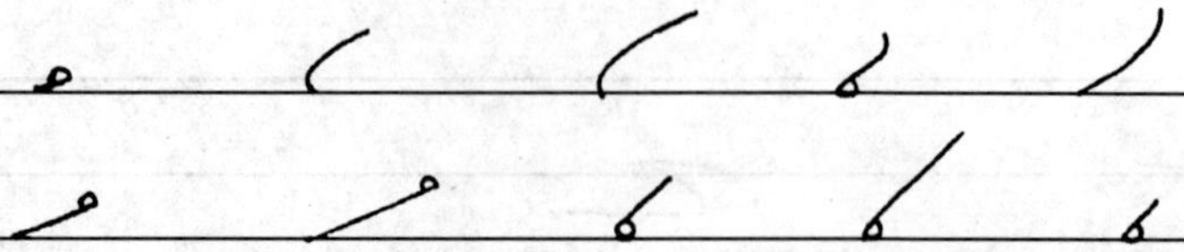

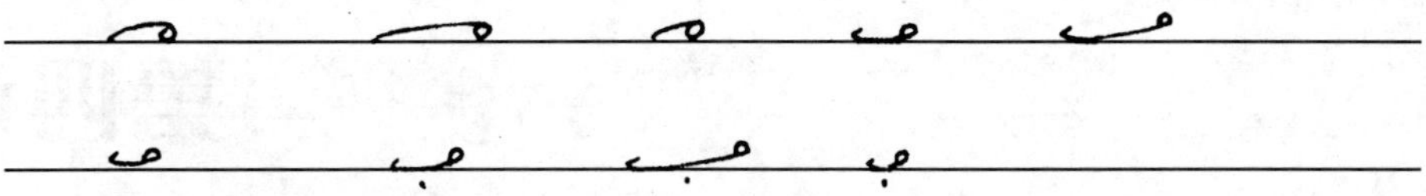

"ü"组音符：

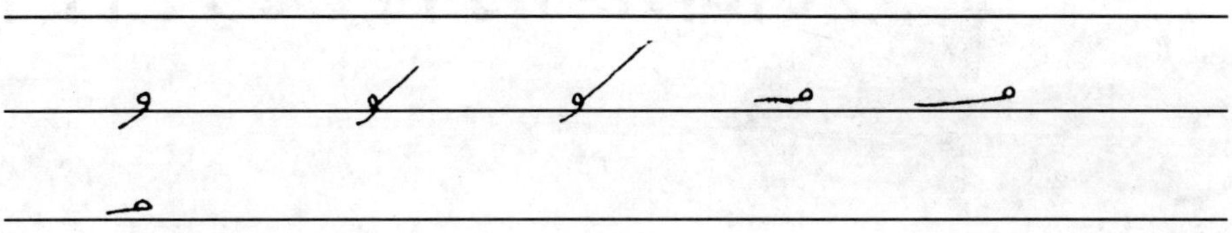

思考与练习

1. 简述韵符"i""u""ü"与声符相拼写的规则。
2. 简述韵符"i""u""ü"及其音符的连写规则。
3. 抄写或听写本章各节的连写举例 20 遍以上。
4. 用速符（包括已学过的略符）抄写下面短文中的相关字、词，并将其练写 10 遍以上。

我国商务秘书工作的运作模式

我国商务秘书工作的运作模式大致有如下几大系统：以信息调研为主体的咨询系统；以商业文书、信函撰制与传递为主体的办公系统；以计算机管理为主体的决策支持系统；以树立企业形象为主体的公关策划、广告宣传系统；以接待处理来信来访为主体的市场反馈系统；以防止商业技术失密、窃密为主体的安全保卫系统；以企业管理为主体的约束调节系统。这几大系统相互联系，互为作用，形成了商业秘书工作完整而又严密的体系，推动着商务秘书工作的高效运转。

第四章
大圈形韵符及其音符

大圈形韵符，包括“a、uo（o）、ai”三个符形各异的大圈形韵符。学习本章，要着重领会和掌握三个韵符及其音符的书写方法与连写规则；写准、记牢、会用音符独用略符和常用字略符。

第一节　单纯大圈形韵符“a”及其音符

一、“a”符及其音符的写法

“a”组音符（含“a”符）共有 18 个：

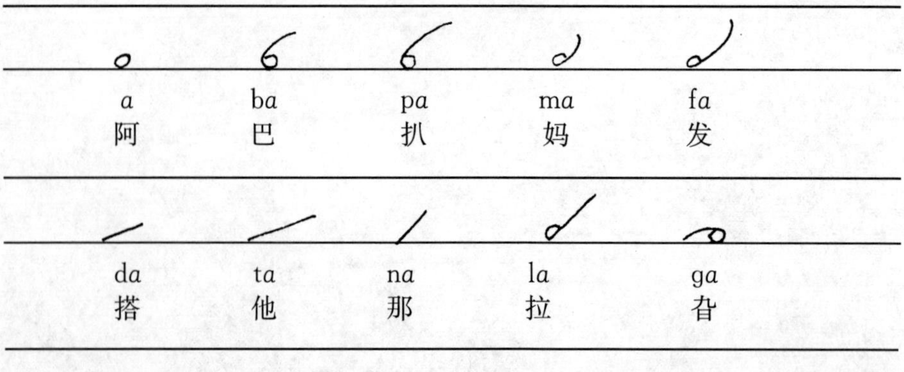

ka 卡　ha 哈　zha 扎　cha 插　sha 杀

za 砸　ca 擦　sa 撒

(一) 音符书写规则

(1) “a”符的写法。“a”符是大圆圈。位置：基线符，底部靠基线书写；比例：约比“i”符大一倍；笔顺：与“i”符写法相同，单独使用时，可从任意点起笔，左旋、右旋均可。

(2) 音符的写法。“a”符与声符相拼，大圈书写在曲线符的内方，竖写直线符的左方，横写直线符的下方（简称内、左、下）。

(3) 简化符。“da、ta、na”三个音符，使用频率较高，因此，大圆圈可省略不写，用“d、t、n”三个声符直接代表，属简化符，与同音字通用（见 p28）。

(4) 多音符。“ga（旮）、ka（卡）、ha（哈）”三符又读“gua（瓜）、kua（夸）、hua（花）”，属多音符，与同音字通用。

(二) 练写音符

二、音符连写规则

在词首，连写方向可随意一些；在词尾，一般应连写在“内、左、下”方。但“阿”字极少，且使用概率极低，本组音符的连写几乎不用。虽然如此，但在下组音符中，它将作为“zuo”（做、作）符的简化符出现，而且使用频率较高。所以，掌握“a”符的连写规则仍是十分重要的。与其他音符的连写仍为前符照写，后符顺连。例如：

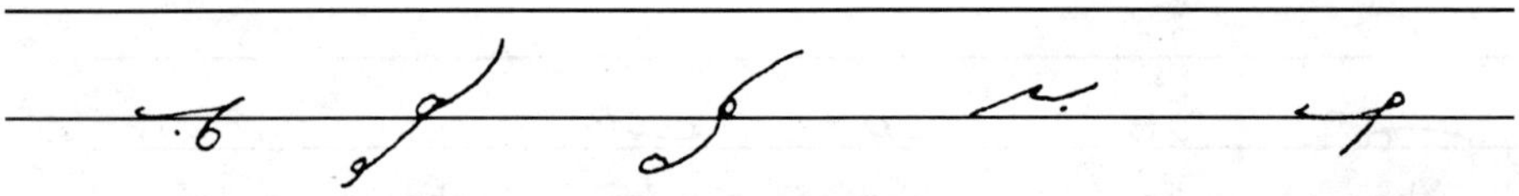

词霸　法律　批发　打字　出纳

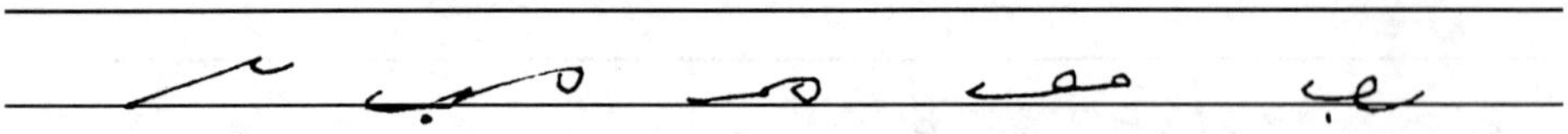

踏实　磁卡　计划　差距　杂志

“i”符与大圆圈连写时，可将其简化为一个点，书写在圈内，用以代表“i”的音节。这个“点”叫作“圈内衣字点”，代表同音字。例如：

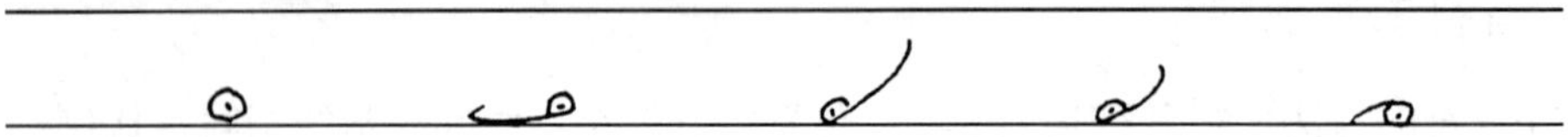

阿姨　差异　法医　蚂蚁　华裔

三、实训

（1）将上述连写举例练写 20 遍以上。

（2）将下面的速符写成词语，并将速符练写 10 遍以上。

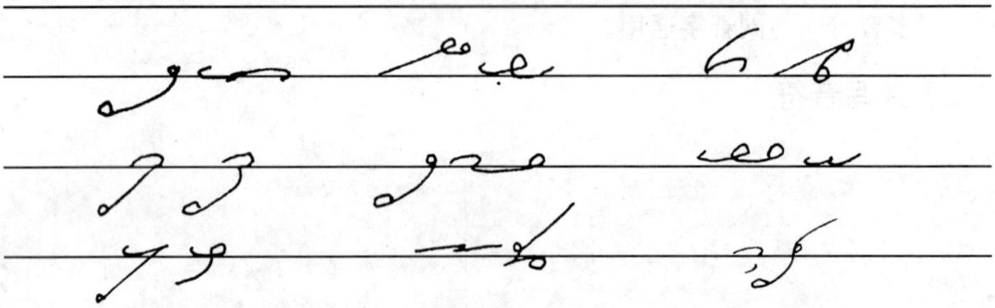

依法治国　图书杂志　破格提拔
合理合法　依法核查　扎扎实实
治理沙漠　积极绿化　货物批发

（3）用学过的速符抄写下面短文中的相关汉字，并反复练写，力求敏捷反应，写熟、会用。

商务秘书必须守法用法

依法治国适用于一切领域，商务秘书工作同样是在法制经济环境中进行的，因而守法用法不仅是秘书工作的一项重要内容，而且贯穿于各项具体工作中。商务秘书只有熟悉现行法律法规，尤其对经济法律体系要有较透彻的了解，自觉遵守和运用法律法规，才能在更高的层次和根本利益上辅助企业领导，实行依法治企，保护企业的合法权益，促进资源和生产要素的合理配置与使用，因而也才能为实现企业利润的最大化做出实际而有效的努力。因此，守法用法不仅是对商务秘书在一般层面上的要求，而是一项必须认真实践、极为重要的行为规范。

第二节 带起笔线大圈形韵符“uo(o)”及其音符

一、“uo（o)”符及其音符的写法

“uo（o)”组音符［含“uo（o)”符］共有15个：

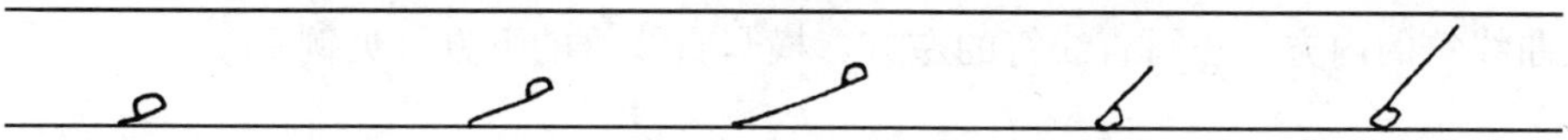

uo（o）	duo	tuo	nuo	luo
窝	多	拖	挪	落

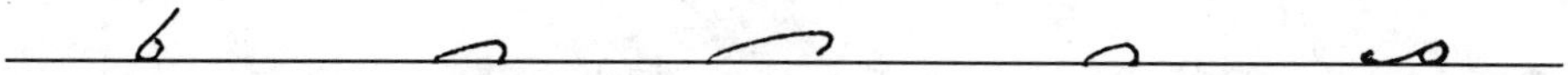

ruo	guo	kuo	huo	zhuo
若	郭	阔	豁	桌

chuo	shuo	zuo	cuo	suo
戳	说	昨	挫	蓑

（一）音符书写规则

（1）“uo（o)”符的写法。“uo（o)”符是带起笔线的大圆圈。位置：基线符，起笔线靠基线书写；比例：比“u”符大一倍，圈形大小与“*a*”符相等；笔顺：从起笔线起笔右旋至起笔线内收笔。

（2）音符的写法。省略“uo（o)”符起笔线，将大圆圈分别写在外、右、上方。

（3）多音符。“guo、kuo、huo”三个音符省略大圈不写，用“g、k、h”三个声符直接代表，属多音简化符，与同音字通用；“zuo”符也属简化符，与同音字通用。

（二）练写音符

二、音符连写规则

（一）“uo（o）”符连写

在词首，原符照写，后符顺连；在词尾，省略起笔线，变为大圆圈，连写在曲线符的外方，竖写直线符和圈形符的右方，横写直线符的上方（见例 1）。

（二）“zuo”符连写

“zuo 符”是用“*a*”符代表的简化符，与同音字通用。其连写规则与“*a*”符相同，即连写在曲线符的内方，竖写直线符的左方，横写直线符的下方（见例 2）。

例 1：

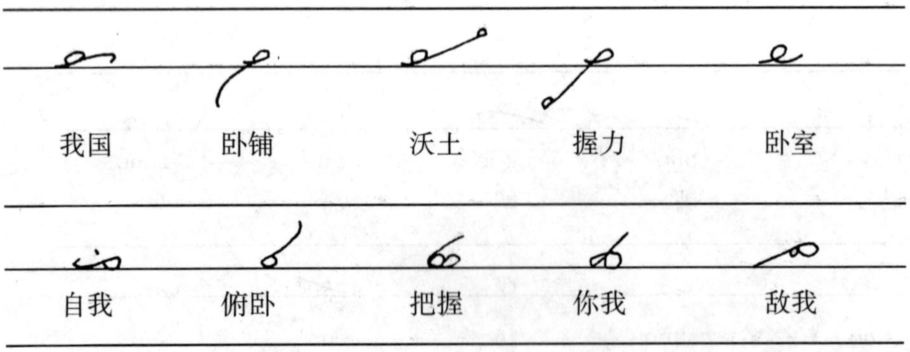

例 2：

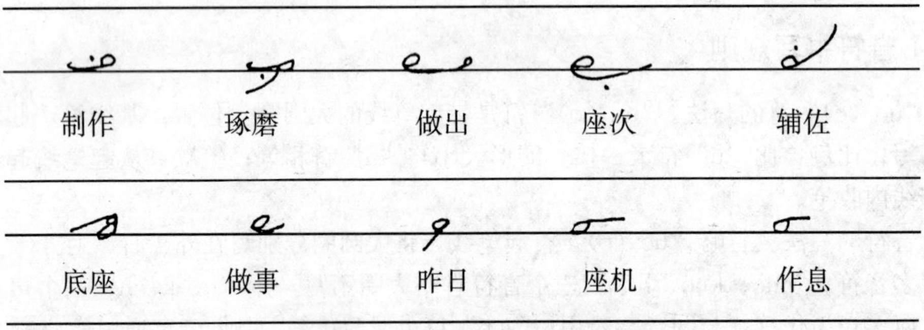

为便于书写，“uo（o）”符在词尾，可省略大圈，将“uo（o）”的起笔线与前符交叠来代表。例如：

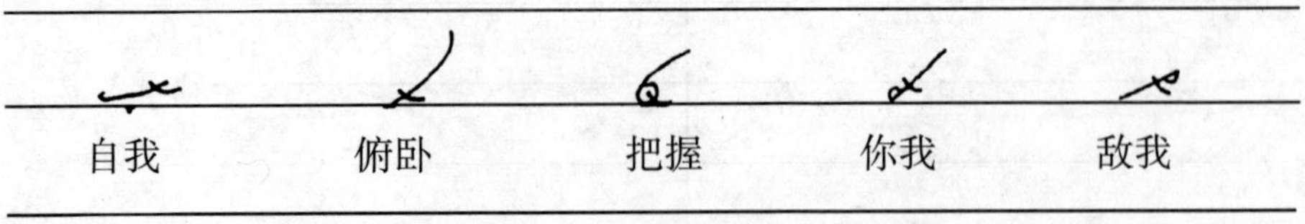

(三) 音符连写举例

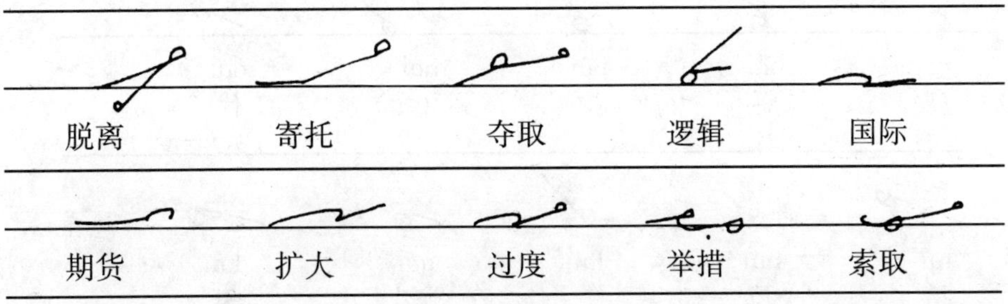

三、实训

(1) 将上述音符连写举例练写 20 遍以上。

(2) 将下列速符写成词组，并将速符抄写或听写 10 遍以上。

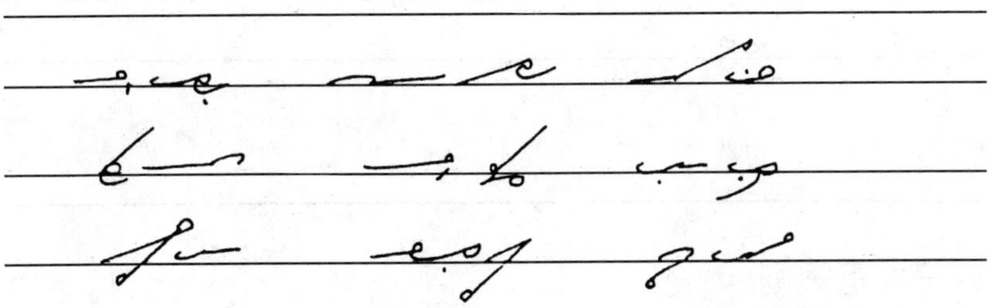

具体措施	国企体制	集体制作
落实期货	区域绿化	仔细琢磨
脱离实际	举措得力	货币制度

(3) 用学过的速符抄写下面短文中的相关汉字，并反复练写，力求写熟、记牢、会用。

办公室每一位同志都很辛苦

办公室每一位同志都是很辛苦的，整天有干不完的事，经常加班加点，甚至通宵工作。连星期六也难以休息。赶写材料的秘书更辛苦，工作强度很大，超过了一般部门的工作量。东汉刘祯的两句诗“驰翰未暇食，日昃不知晏；沉迷簿领书，回回目纷乱”把秘书人员埋头文稿，忘记用饭，不知早晚，头昏眼花的状况描写得十分形象。

(选自：习近平．秘书工作的风范——与地县办公室干部谈心//习近平．摆脱贫困．福州：福建人民出版社，1992：48－49.)

第三节 韵符“ai”及其音符

一、“ai”符及其音符的写法

“ai”组音符（含“ai”符）共有 17 个：

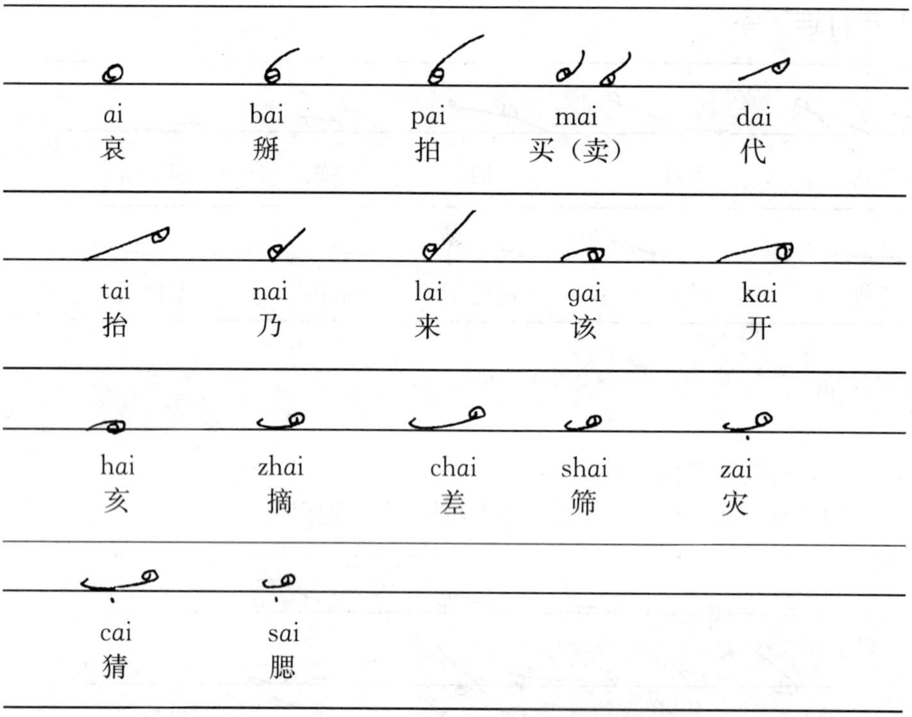

（一）音符书写规则

（1）“*ai*”符的写法。“*ai*”符是将收笔处写在圈内的大圆圈，故称之为“藏尾圈”，俗称“破圆圈”。位置：基线符，底部靠基线书写；比例：大小相当于“*a*”符；笔顺：单独使用时可从任意点起笔，左旋、右旋书写均可。

（2）音符的写法。一般情况下，“*ai*”符书写在曲线符的内方，竖写直线符的左方，横写直线符的下方（内、左、下方）。

（3）“买、卖”两符的写法。为避免混淆，“m*ai*”符有两种写法：“*ai*”符写在内方的“m*ai*”符代表同音字；“*ai*”符写在外方的“m*ai*”符只表示“买卖”的“卖”字，视为常用字略符。

（二）练写音符

二、音符连写规则

因“*ai*”符的收笔处在圈内，因此，“*ai*”符及其音符出现在词首，结合点一般应写在圈内；在词尾，前符照写，后符顺连。例如：

在词首：

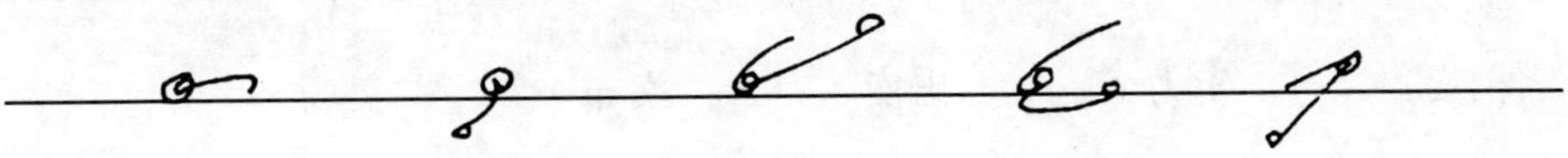

爱国　爱慕　摆脱　排除　代理

态度　概括　改革　开发　采纳

在词尾：

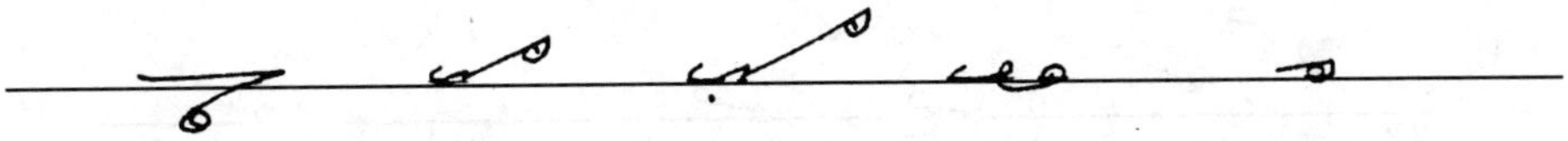

气派　时代　姿态　住宅　下载

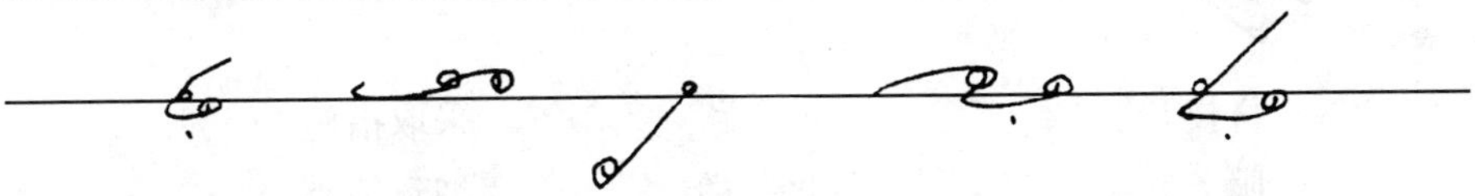

比赛　拆改　依赖　开采　理财

为便于书写和认读，“*ai*”符在与相关符号连写时，如出现在词尾，有时也可连写在外、右、上方。例如：

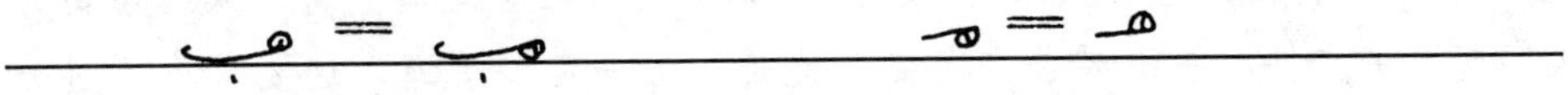

慈爱　下载

致哀　默哀

严格区别“买”与“卖”两字在符号使用上的区别。例如：

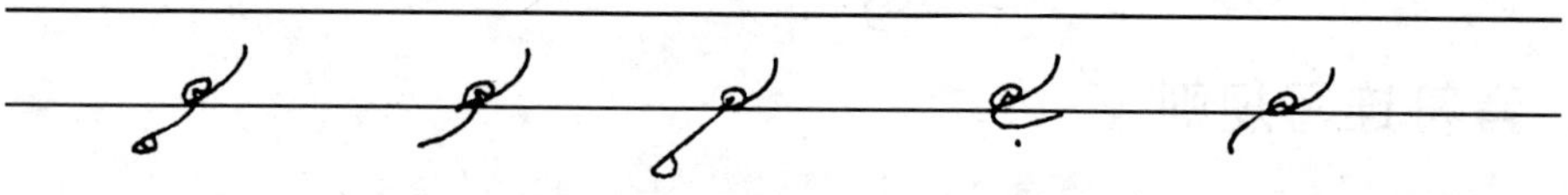

买卖　埋没　脉络　麦子　迈步

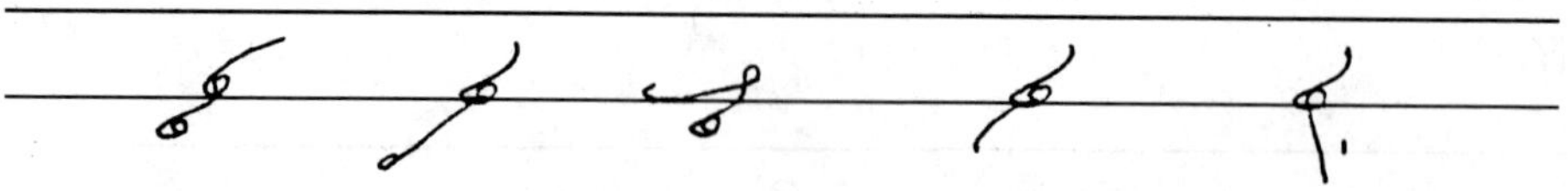

拍卖　卖力　出卖　卖布　卖场

三、实训

（1）将上述连写举例练写 20 遍以上。

（2）将下列速符写成词组，并将速符抄写或听写 5 遍以上。

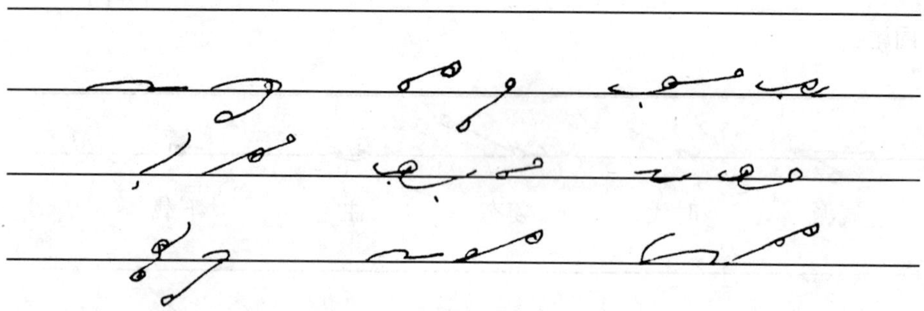

科技开发	一带一路	采取措施
服务态度	在此一举	细致筛查
买卖合理	国际舞台	不可替代

（3）用学过的速符抄写下面短文中的相关汉字，并反复练写，力求写熟、牢记、会用。

办公室工作一定得细致

办公室工作一定得细致。古人云“一字之失，一句为之蹉跎；一句之误，通篇为之梗塞”。办公室起草的文件，并不要求文字要多优美，但一定要严谨，这要求决不过分，因为这直接关系到工作决策问题。因此，我们还得培养、选调一些文秘写作能手，使领导在遣词造句上不用再花费脑筋，这是最起码的要求。今后送领导看的东西，除时间紧另当别论外，都应该是经过誊清的。这一道手续不要认为是多余。一篇文稿如果七删八改，乱到谁改最后一稿也弄不清楚，这里就有个负责任的问题。所以一定要有一套基于高度责任心和强烈的事业心的严谨作风。

（选自：习近平．秘书工作的风范——与地县办公室干部谈心//习近平．摆脱贫困．福州：福建人民出版社，1992：50.）

第四节 略符、略法

一、音符独用略符

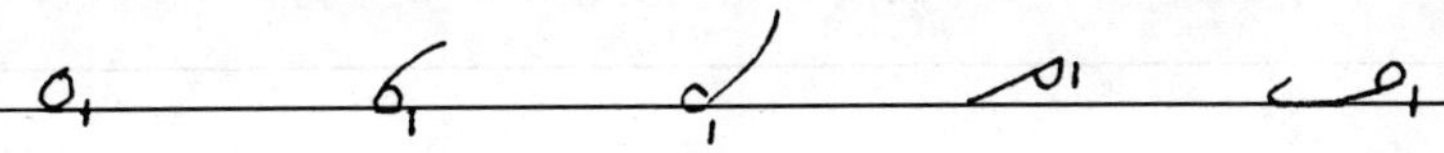

做出　把握　发挥　大家　差别

夺取　脱离　所以　采取　落实

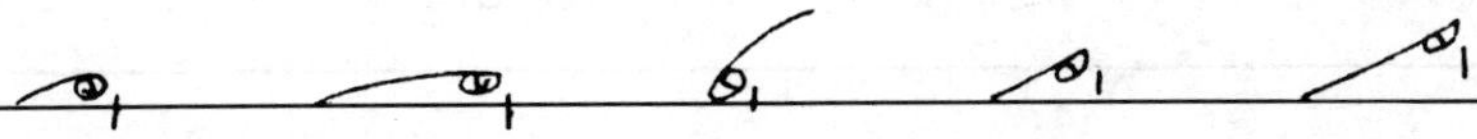

改革　开放　排除　代理　态度

应用举例：

国企改革　即席发挥　缩小差别

服务态度　努力夺取　脱离实际

采取措施　落实计划　做出处理

二、常用字略符

门、们　在、再

“门（们）”符是左倾45°～55°的小短线，其高度相当于“r”符，为配合音符使用，在此提前出现；“在（再）”符用“ai”符代表。其连写规则与其他音符连写规则相同。例如：

大门 你们 我们 他们 气门

在职 在此 在读 实在 一再

三、成语略写法举例

夸夸其谈 爱不释手 移花接木

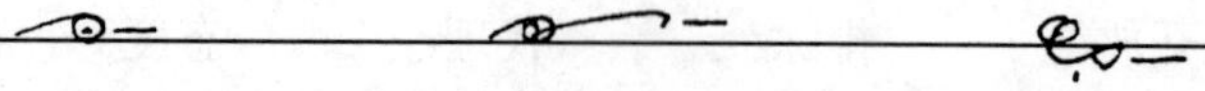

挂一漏万 海阔天空 在所难免

座无虚席 多多益善 秣马厉兵

四、常用三音节专用词举例

多媒体 科博会 笔记本

国际网 所得税 开发商

杂志社 麦当劳 财务处

五、实训

(1) 将音符独用略符及其举例练写 20 遍以上。
(2) 参照成语略写法可再练写一些其他成语。
(3) 将下列词语写成速符，并将速符抄写或听写 10 遍以上。

采取具体措施　　支持国企改革
逐步缩小差距　　积极做出处理
落实财务计划　　批评与自我批评

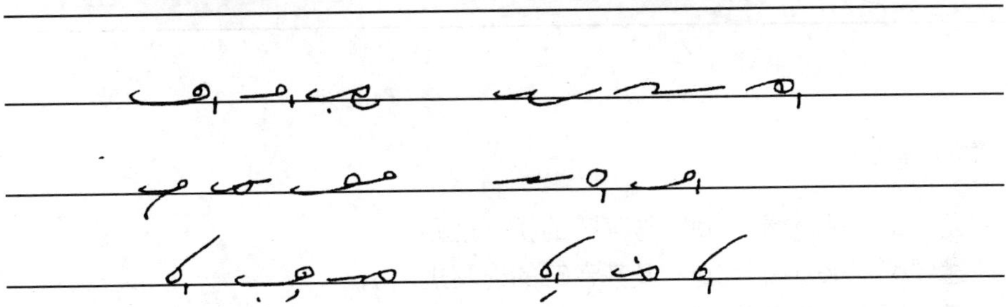

音符小结

“a”组音符：

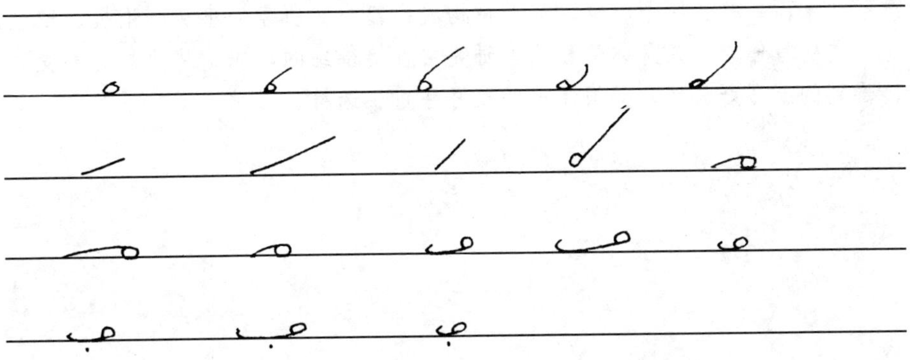

“uo（o）”组音符：

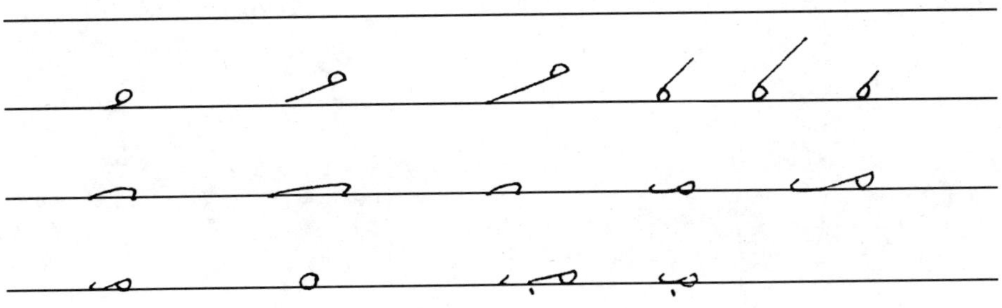

“ai”组音符：

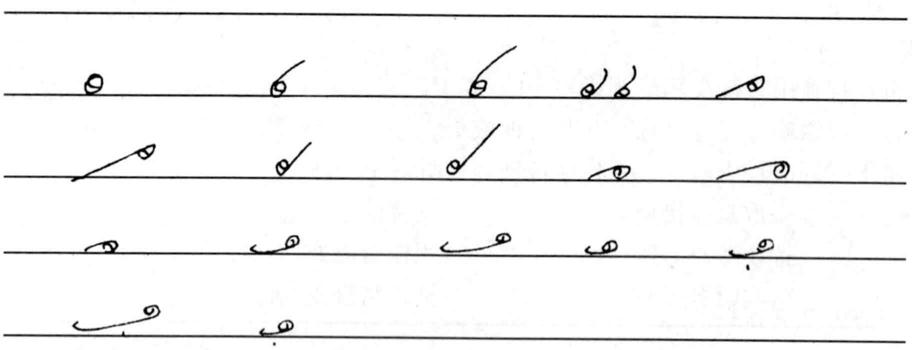

思考与练习

1. 简述“a”“uo（o）”“ai”与声符的拼写规则。
2. 简述“a”“uo（o）”“ai”及其音符的连写规则。
3. 抄写或听写本章各节连写举例 20 遍以上。
4. 用学过的速符抄写下面短文中的相关汉字，并将速符练写 10 遍以上。

寻材·选材·用材

材料是公文写作的基础性条件，它的重要性恰如盖房子离不开砖瓦，做衣服离不开布料，做饭离不开米面一样。所谓材料，就是指构成一篇公文所需的事实、论据、道理和引文等。它是公文的写作者从亲身体验和调查研究中直接得到的，或是从他人的感受和调查研究中间接得到的。写好公文，必须注重并抓好寻材、选材、用材这三个环节。

第五章 扁圈形韵符及其音符

“ie、e、ia、ua、uai”分别为不同类型的扁圈形韵符。学习本章，要重点领会和掌握“ie、e、ia、ua、uai”五个韵符及其音符的书写规则和连写规则；写准、练熟全部音符和音符独用略符；用已学过的速符及略符略法反复抄写或听写短文，并力求用于学习和工作。

第一节 斜体小扁圈形韵符“ie”及其音符

一、“ie”符及其音符的写法

“ie”组音符（含“ie”符）共有11个：

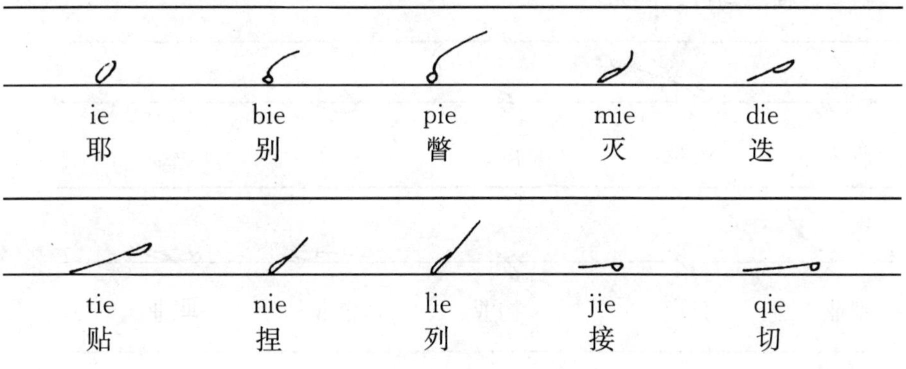

xie
歇

（一）音符书写规则

（1）“ie”符的写法。“ie”符是右倾斜体小扁圈。位置：基线符，底部靠基线书写；比例：小型符，高度约为“r”符的 2/3，最大直径相当于“a”符，最小直径相当于“i”符；笔顺：单独书写时，可从任意点起笔，左旋、右旋书写均可；斜度：与基线成 45°～55°角。

（2）音符的写法。扁圈符形不变，分别写在竖写直线符“n、l”的左方，横写斜体符“d、t”的下方，竖写曲线符“m”的内方；将小扁圈变为小圆圈，分别写在“b、p”两个声符的外方，“j、q、x”三个声符的下方。

（二）练写音符

二、音符连写规则

（1）“ie”符连写。在词首，前符照写，后符顺连；在词尾，连写在前符的内、左、下方。小扁圈斜写、横写均可。例如：

业主　液体　夜幕　椰子　业绩

副业　日夜　物业　企业　职业

（2）音符连写举例。

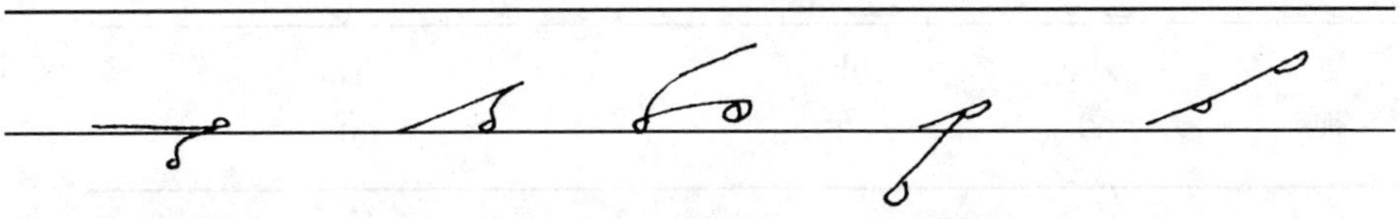

区别　　特别　　撇开　　跌落　　地铁

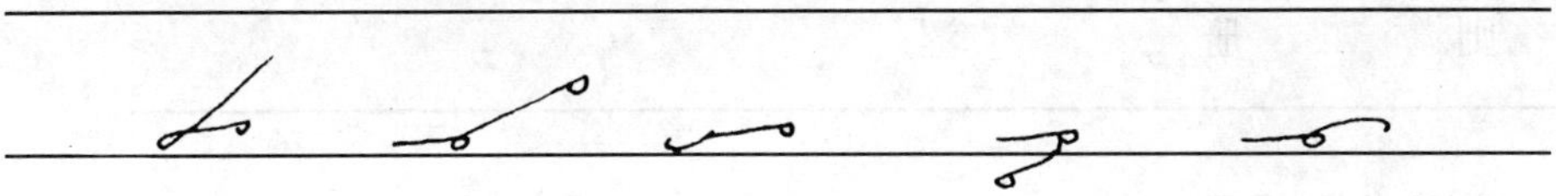

理解　　接替　　世界　　揭幕　　结果

三、实训

（1）练写上述连写举例 20 遍以上。
（2）将下列词组写成速符，并抄写 10 遍以上。

职业资格	切合实际	业务扎实
合作协议	小区物业	负责接待
业绩突出	事业发达	特别提示

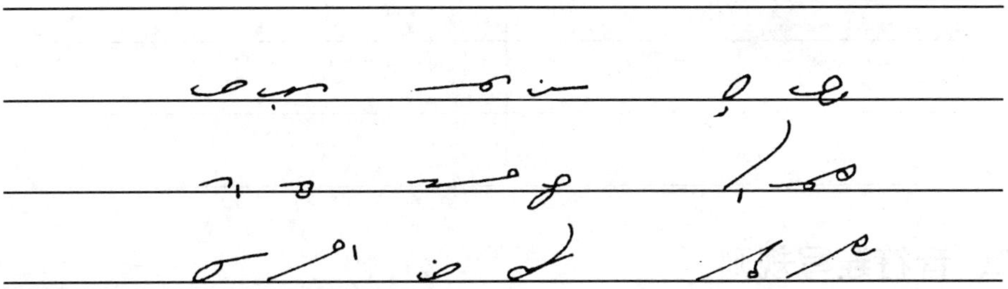

第二节　带起笔线小扁圈形韵符“e”及其音符

一、“e”符及其音符的写法

“e”组音符（含“e”符）共有 8 个：

e	zhe	che	she	re
扼	哲	车	涉	热

ze	ce	se
则	册	涩

（一）音符书写规则

（1）“e”符的写法。韵符“e”是带起笔线的小扁圈。位置：基线符，起笔线靠基线书写；比例：大小相当于“ie”符；笔顺：从起笔线起笔，逐势形成小扁圈，至起笔线向内收笔。

（2）音符的写法。“e”符与声符拼写变为小圆圈，分别写在横写曲线符“zh、ch、sh、z、c、s”的外方，竖写直线符“r”的左方。

（二）练写音符

二、音符连写规则

（1）“e”符连写。在词首，原符照写，后符顺连；在词尾，省略起笔线，分别连写在相关音符的外、右、上方。例如：

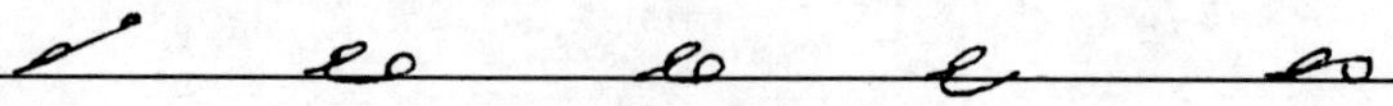

额度　讹诈　扼杀　遏止　恶化

差额　足额　余额　饥饿　企鹅

（2）音符连写举例。

遮盖　彻底　职责　哲理　法则

预测　策划　特色　涉入　热力

三、实训

（1）将上述连写举例练写 20 遍以上。

（2）将下列词组写为速符，并抄写或听写 10 遍以上。

热门话题　跨国企业　社区绿化

计划额度　择业测试　设计合理

积极策划　秘书职责　取舍适度

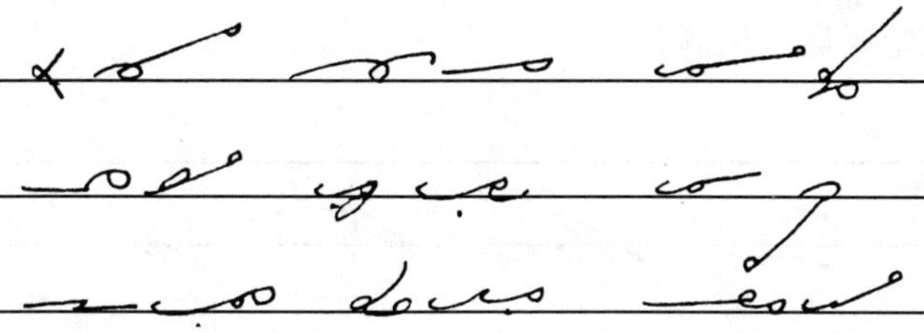

第三节　斜体大扁圈形韵符“ia”及其音符

一、“ia”符及其音符的写法

“ia”组音符（含“ia”符）共有 5 个：

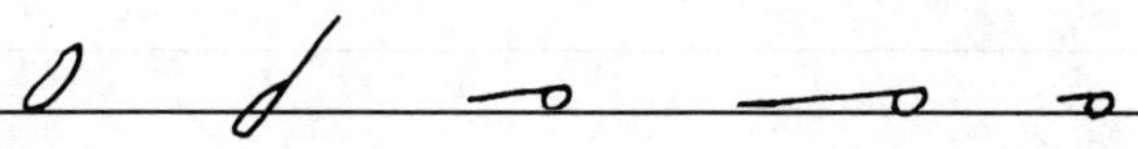

ia 压　lia 俩　jia 家　qia 掐　xia 虾

（一）音符书写规则

（1）“iɑ”符的写法。“iɑ”符是右倾斜体大扁圈，约比“ie”符大一倍，写法与“ie”符相同。

（2）音符的写法。“iɑ”符与“l”拼写，大扁圈写在基线下；与“j、q、x”拼写，变为大圆圈分别写在三个声符的下方。

（二）练写音符

二、音符连写规则

（1）“iɑ”符与其他符号连写。在词首，可随后符顺连；在词尾，既可竖写，也可横写（见例 1）。

（2）“jiɑ、qiɑ、xiɑ”三符在词首，后符为凹面朝上或竖写的速符时，大圈可顺势写在上方；在词尾，可随笔顺连（见例 2）。

例 1：

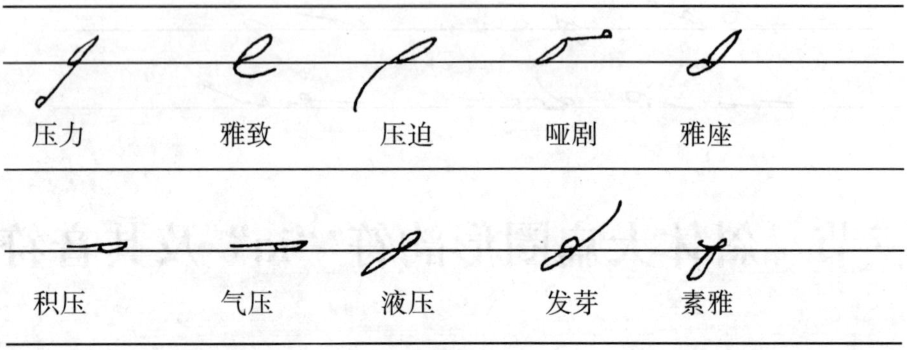

例 2：

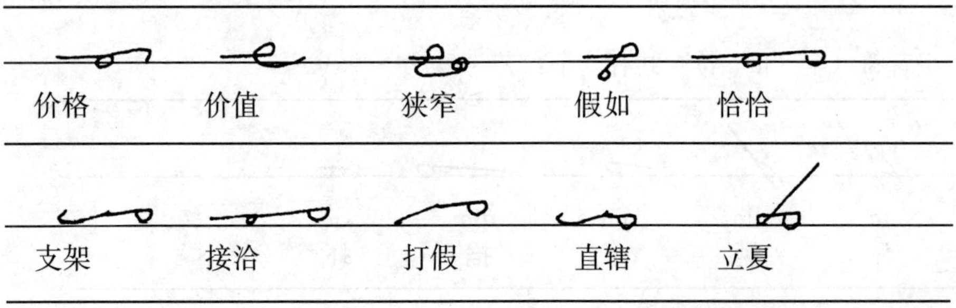

三、实训

（1）将上述连写举例练写 20 遍以上。

（2）将下面的词组或成语写为速符，并再抄写 10 遍以上，未学过的速符仍写汉字或拼音。

价格合理	积极接洽	假设议题
气质素雅	积压物资	家家户户
价值连城	恰如其分	百花齐放

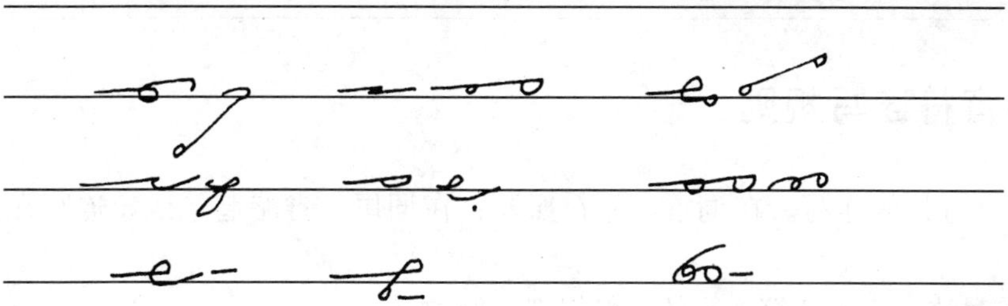

第四节　带起笔线大扁圈韵符“uɑ”及其音符

一、“uɑ”符及其音符的写法

“uɑ”组音符（含“uɑ”符）共有 7 个：

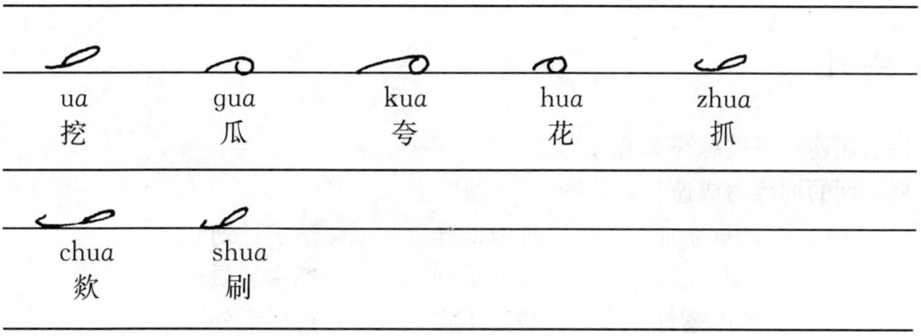

（一）音符书写规则

（1）“uɑ”符的写法。“uɑ”符是带起笔线的大扁圈，约比“e”符大一倍，写法与“e”符相同。

（2）音符的写法。“uɑ”符与声符相拼，省略起笔线，将大扁圈分别写在“zh、ch、sh”三符的内方。为加快书写速度和使速符美观，大扁圈可写得稍小一些。

（3）多音符。“gua、kua、hua”与“ga、ka、ha”同用一组符号，属多音符。后一组符号的使用频率很低，加之上下文意的制约，一般不会出现误用或误读。

（二）练写音符

二、音符连写规则

“ua”符与其他连写。在词首，原符照写；在词尾，省略起笔线，连写在前符的外、右、上方。

其他符号连写，同速符连写的一般规则。例如：

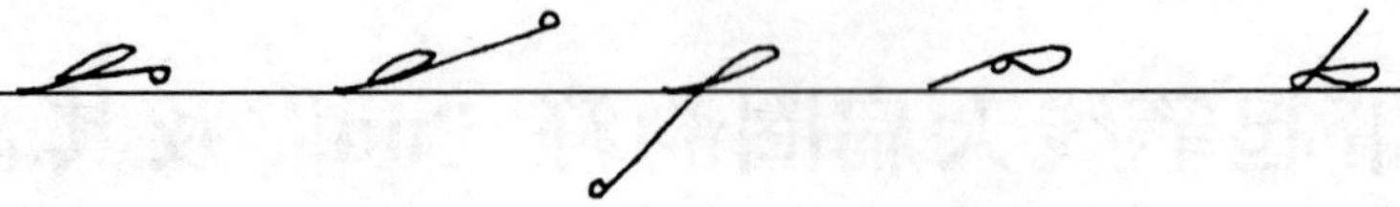

瓦解　　挖土　　瓦砾　　低洼　　泥瓦

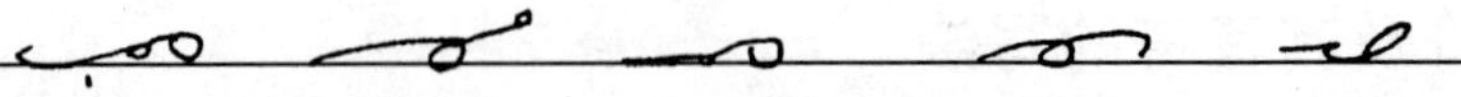

策划　　跨度　　计划　　瓜葛　　洗刷

三、实训

（1）将上述连写举例练写 20 遍以上。

（2）将下面的词组写成速符，并抄写 10 遍以上。

跨国企业	地势低洼	落实计划
抓住主题	企业策划	抓住实质
呱呱落地	华而不实	话里话外

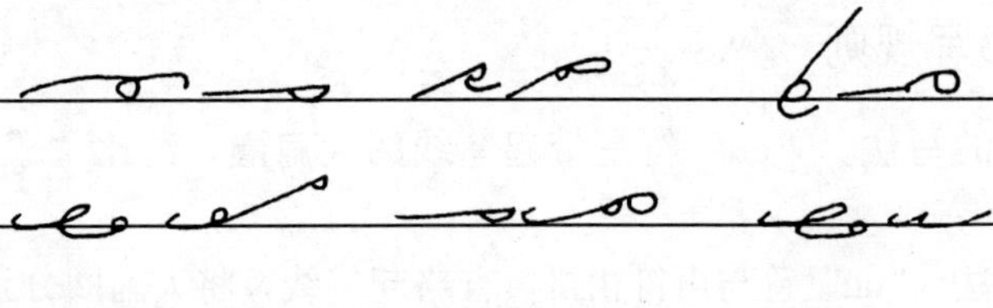

第五节　藏尾扁圈“uai”及其音符

一、“uai”符及其音符的写法

“uai”组音符（含“uai”符）共有 7 个：

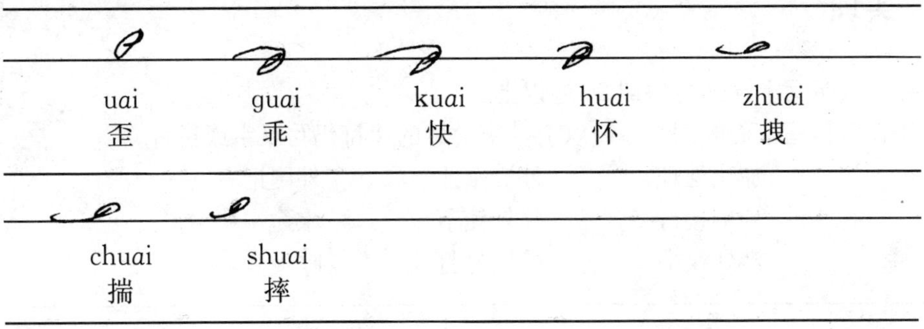

（一）音符书写规则

（1）“uai”符的写法。符形：“uai”符是藏尾扁圈，俗称“破扁圈”；位置：基线符，底部靠基线书写；比例：大小相当于“ia”符，也可写得小一些；笔顺：可从任意点起笔，收笔处在圈内；斜度：右倾斜体，与基线成 45°～55°角。

（2）音符的写法。“uai”符与声符相拼，分别写在曲线符的内方，为使速符美观，破扁圈可写得稍小一些，但不可写成破圆圈。

（二）练写音符

二、音符连写规则

下面介绍“uai”符及其音符的连写。在词首，结合点在圈内；在词尾，顺连。例如：

外国　外企　外事　外语　涉外

奇怪　加快　破坏　直率　衰竭

三、实训

（1）抄写或听写上述连写举例 20 遍以上。

（2）用速符抄写下面的词组 5 遍以上，未学过的速符仍写汉字或拼音。

加快处理	外资企业	外国记者
外事接待	驻外使节	旅途愉快
涉外秘书	摔摔打打	呼吸衰竭

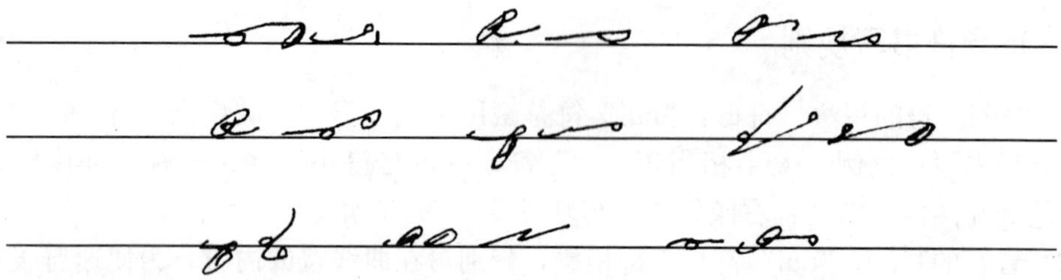

第六节　略符、略法

一、音符独用略符

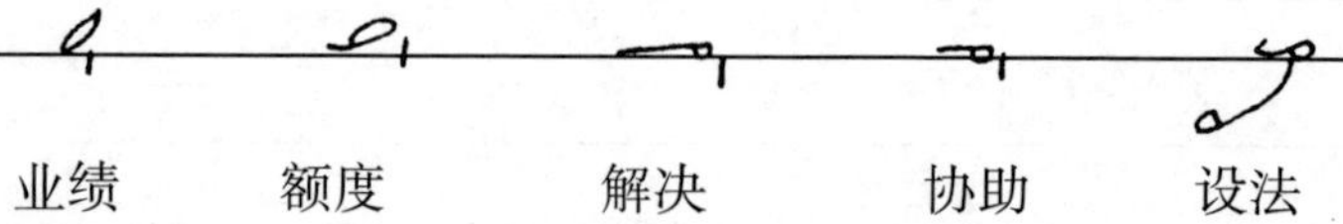

业绩　额度　解决　协助　设法

热爱　加强　下载　挖掘　抓紧

外贸　快速　衰竭　责任　策划

应用举例：

计划额度　着力解决　挖掘主题

外贸业务　协助处理　抓紧时间

呼吸衰竭　加强力度　企业策划

二、成语略写法举例

一叶障目　喋喋不休　责无旁贷

价值连城　侧目而视　不折不扣

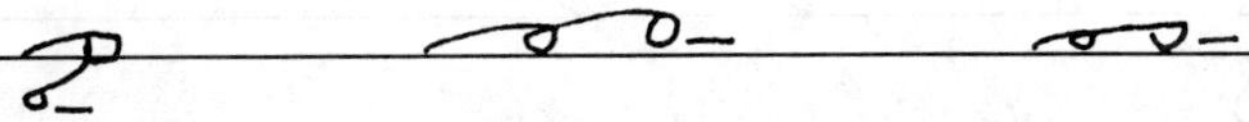

刮目相看　夸夸其谈　狐假虎威

三、常用三音节词略写法举例

外宾室　　接待站　　价值观

热水器　　业务链　　写字楼

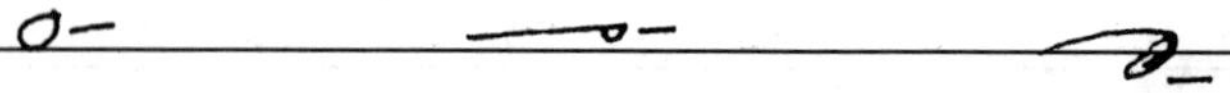

座谈会　　切诸基　　快速路

四、实训

（1）将上述音符独用略符抄写或听写 20 遍以上。

（2）用速符抄写下列词组 10 遍以上，未学过的速符仍写汉字或拼音。

外资企业	业绩突出	快速突击
理财计划	负起责任	及时撤离
协助处理	涉密事务	设法解决

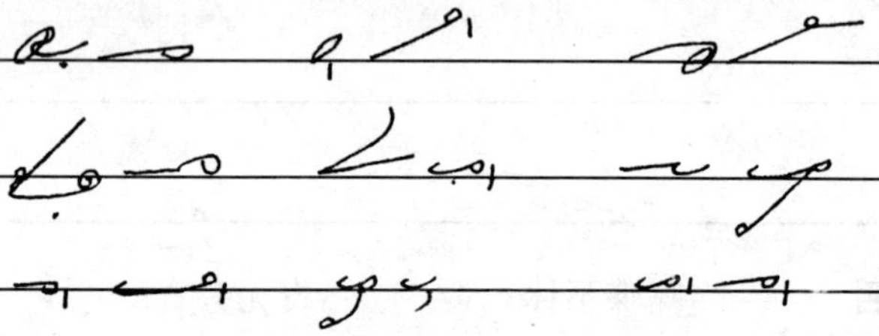

音符小结

“ie”组音符：

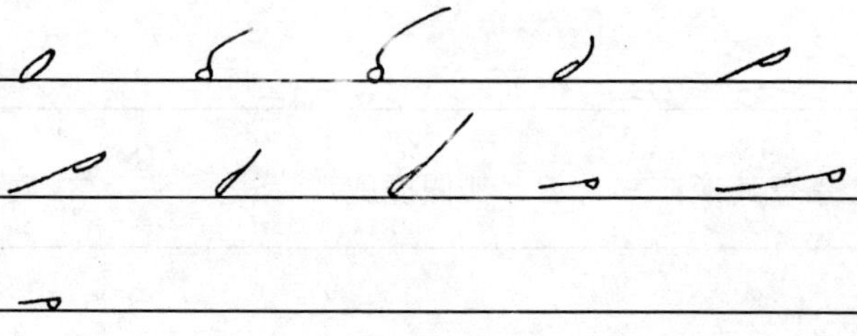

"e" 组音符：

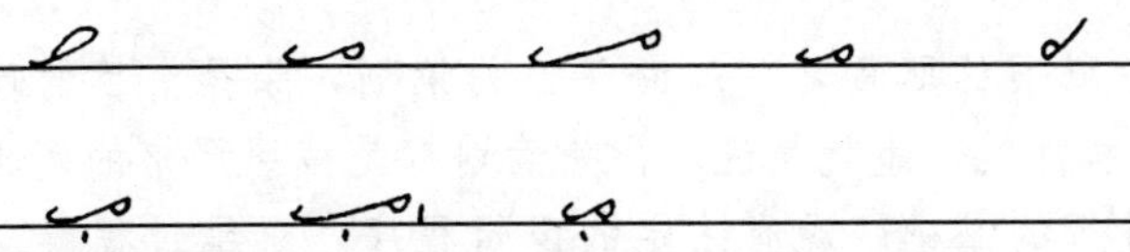

"ia" 组音符：

"ua" 组音符：

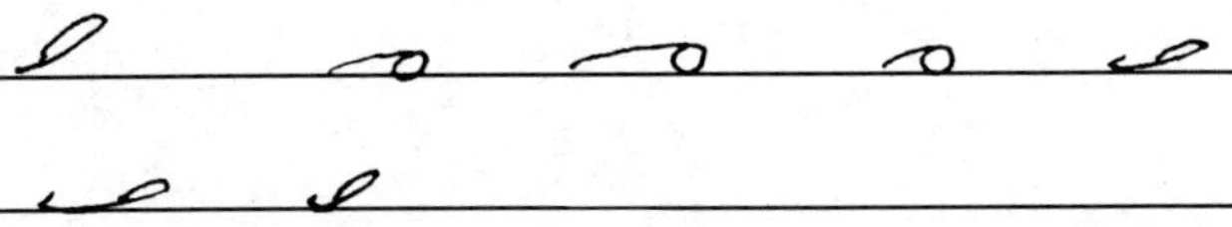

"uai" 组音符：

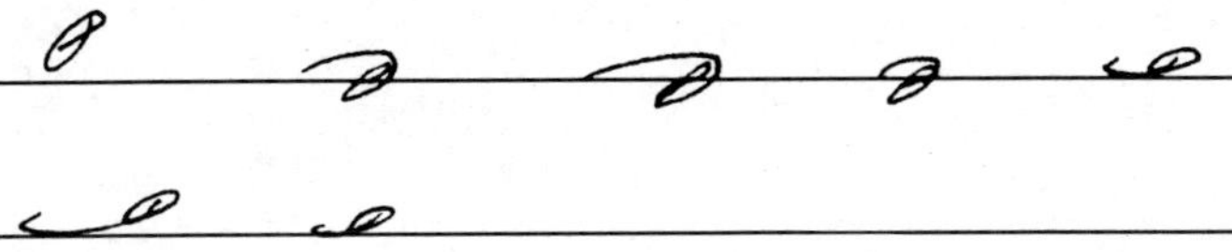

思考与练习

1. 简述韵符"ie、e、ia、ua、uai"与声符拼写的规则。
2. 简述韵符"ie、e、ia、ua、uai"及其音符的连写规则。
3. 抄写或听写本章各节连写举例 20 遍以上。
4. 将下面两篇短文中的相关汉字写成速符，并练写 10 遍以上。书写时要注意略符略法的运用，同时要注意把握自己的书写习惯，以及对速符比例的处理方法，以从中感悟出适合自己的书写规律。

"中国特色"的企业家

中国伴随着市场经济逐步走向信息化的"互联网+"时代，一大批具有现代意识的企业家正在崛起。与西方企业家不同的是，中国企业家们的生长和培育过程带有浓厚的东方色彩，是"中国特色社会主义"的企业管家，扮演曾经被我们称为"改革家"一类的角色。所以说，在中国做企业家更有着一种英雄本色。唯其英雄的气概才使中国的企业改造和经济变革充满活力和革命性。换句话说，他们的确是改变我们生活方式的一代人物。

商务公关策划

商务公关策划与实施是商务秘书的职责之一。商务公关策划，除具有目的性、超前性、营利性、创新性外，还具有程序性。也就是说，公关策划都是按照严格的逻辑程序进行的。它是保证公关策划顺利进行的基础。没有一定的逻辑程序，思维过程就会出现间断，思绪就会出现混乱。具有一定的逻辑程序，不仅使思维活动有章可循，思维结果系统有序，而且有利于思维活动的层层推进，使公关策划步步逼近目的。

第六章
半圈形韵符及其音符

半圈形韵符，包括“ao、ou”两个小半圈形韵符和“iao、iou”两个大半圈形韵符。学习这一章，应着重领会和掌握四个韵符及其音符的书写方法和连写规则；写准、记牢、会用各组音符以及与之相关的音符独用略符；在力求速符准确的基础上练习快速书写。

第一节　上缺口小半圈形韵符“ao”及其音符

一、“ao”符及其音符的写法

“ao”组音符（含“ao”符）共有18个：

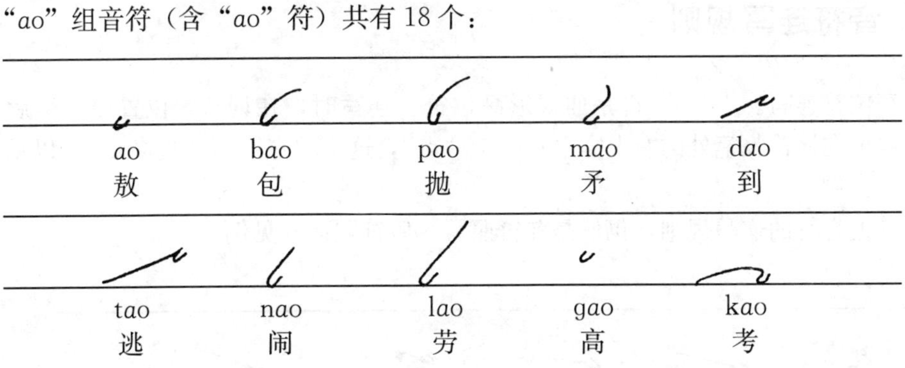

hao	zhao	chao	shao	rao
好	召	抄	梢	饶

zao	cao	sao
糟	操	扫

（一）音符书写规则

（1）“*ao*”符的写法。符形：“*ao*”符是缺口朝右上的小半圈；位置：基线符，底部靠基线书写；比例：大小相当于“ie”符的下半圈；斜度：与基线成45°～55°角。

（2）音符的写法。“*ao*”符与声符相拼，随笔顺势书写，全部音符的收笔处均应向右上方收笔。

（3）高位符写法。“*gao*”符是将“*ao*”提高写，属高位符，也是简化符，与同音字通用。高位符的位置，约与竖写小型符的上限相当，也可随意一些，即只要上离基线一定位置即可。

（二）练写音符

二、音符连写规则

（1）高位符连写。“*gao*”符是曲线形高位符。连写时，在词首，位置照写，后符顺连；在词尾可在该符收笔处的右上方书写一个“点”，这个“点”叫“提高点”，以示后符是高位符（见例 1）。

（2）其他音符的连写规则，仍然是前符照写，后符顺连（见例 2）。

例 1：

稿纸　高考　告诫　搞活　高度

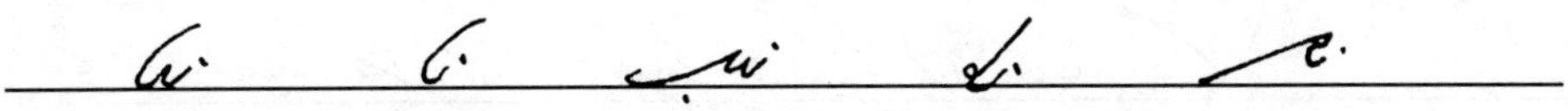

报告　布告　草稿　拟稿　提高

例 2：

奥秘　自傲　包括　贸易　博导

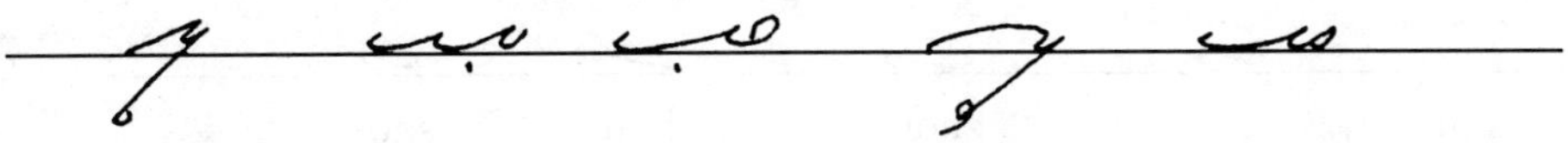

道路　制造　操作　考虑　超额

三、实训

（1）将上述连写举例抄写 20 遍以上。

（2）将下列词语写成相应的速符，并将速符抄写或听写 10 遍以上。

世贘组织　职业道德　汽车制造

保密措施　高级技师　发出号召

辞职报告　自考试题　考虑仔细

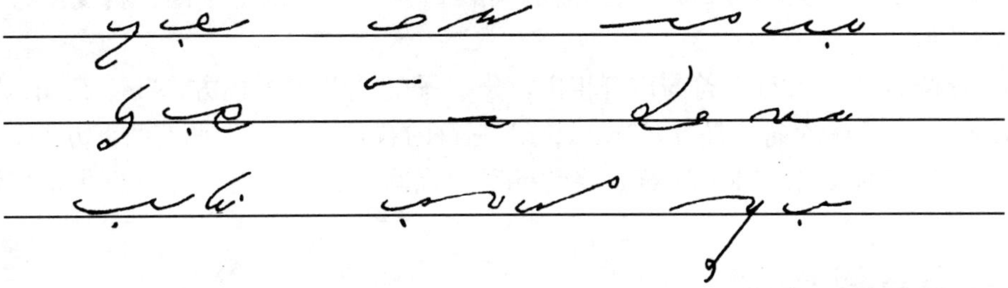

第二节　下缺口小半圈形韵符“ou”及其音符

一、韵符“ou”及其音符的写法

“ou”组音符（含“ou”符）共有 18 个：

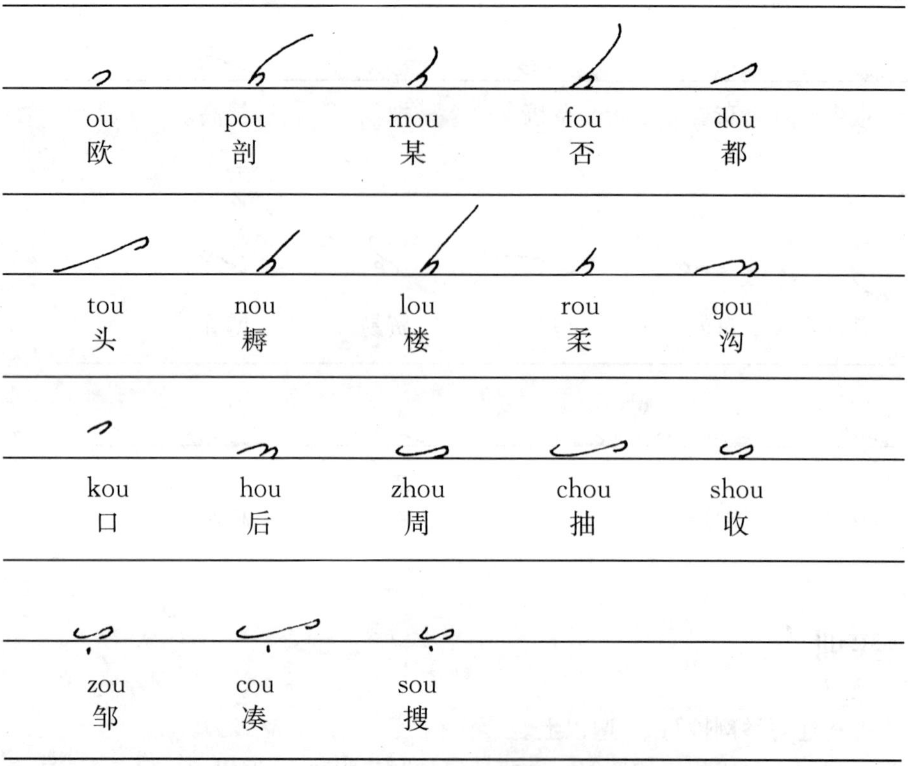

（一）音符书写规则

（1）“ou”符的写法。符形：“ou”符是缺口朝左下的小半圈；位置：基线符，收笔处靠基线书写；比例：大小与“ao”符相同，相当于“ie”符的上半圈；斜度：与基线成45°～55°角。

（2）音符的写法。“ou”符与声符相拼，分别写在“p”符的内方，“m、f、g、h、zh、ch、sh、z、c、s”十个符的外方，“n、l、r”三符的右方，“d、t”两符的下方。

（3）高位符的写法。“kou”符是将“ou”提高写，属高位符，也属简化符，代表同音字。

（二）练写音符

二、音符连写规则

（1）高位符连写。“kou”符作为高位线形符，在词首，提高写；在词尾，加提高点（见例1）。

（2）其他音符连写。前符照写，后符顺连（见例2）。

例1：

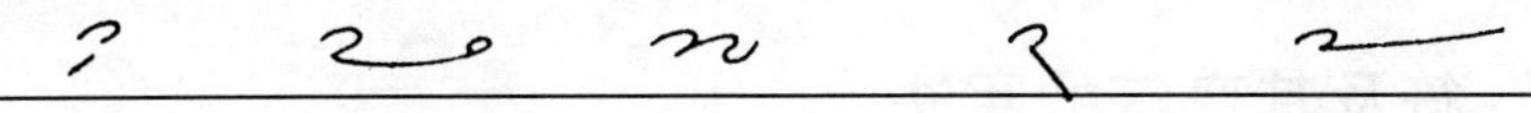

口语　扣除　口号　叩门　口气

折扣　敌寇　出口　借口　克扣

例2：

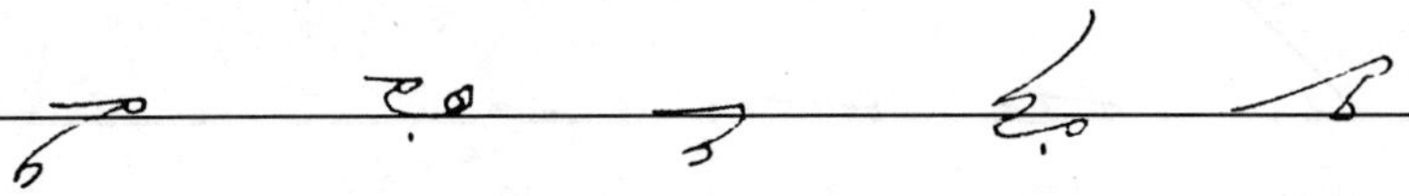

解剖　卸载　计谋　否则　投入

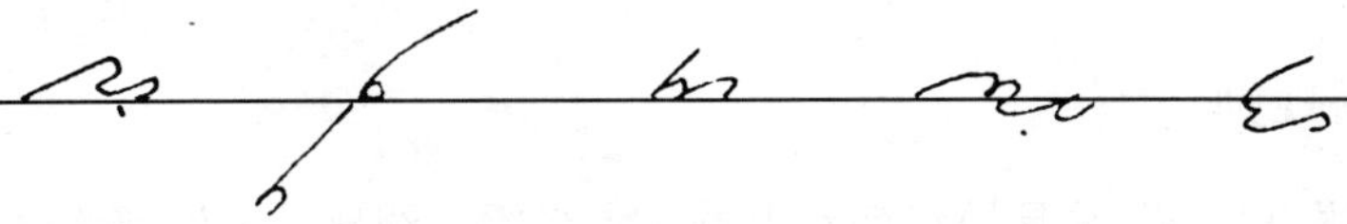

抖擞　纰漏　柔和　构造　步骤

三、实训

（1）将上述连写举例抄写或听写20遍以上。

（2）将下面的速符写成相应词组，并将速符抄写或听写10遍以上。

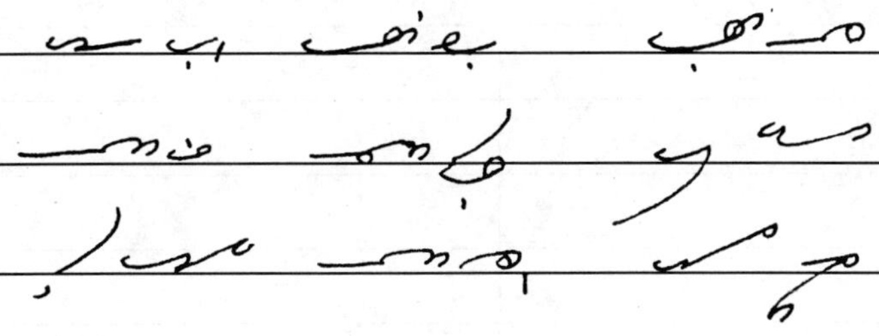

收集资料	出口物资	采购计划
气候适宜	结构复杂	支付稿酬
服务周到	机构改革	尸体解剖

第三节　上缺口大半圈形韵符“iao”及其音符

一、“iao”符及其音符的写法

“iao”组音符（含“iao”符）共有11个：

iao 腰　biao 标　piao 飘　miao 苗　diao 雕　tiao 挑

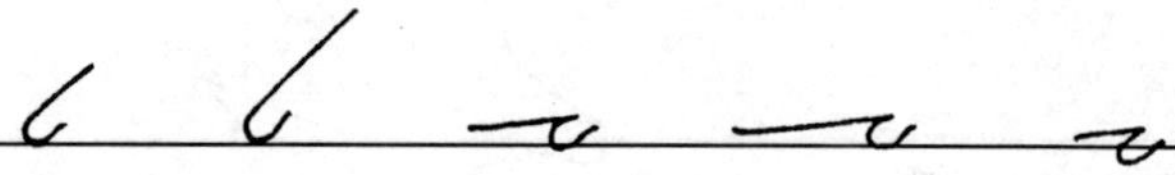

niao 鸟　liao 撩　jiao 交　qiao 敲　xiao 消

（一）音符书写规则

（1）“iao”符写法。“iao”符是缺口朝右上方的大半圈，约比“ao”符大一倍，写法与“ao”符相同。

（2）音符写法。“iao”符与“b”符拼写省略声符，将“iao”提高写，此为简化符，与同音字通用。“jiao、qiao、xiao”三符的大半圈可写得小一些。例如：

（二）练写音符

二、音符连写规则

"biao" 是高位符，连写时在词首位置照写，在词尾加提高点（见例 1）；其他音符连写仍为前后符顺连（见例 2）。

例 1：

表示 标志 标书 标的 表态

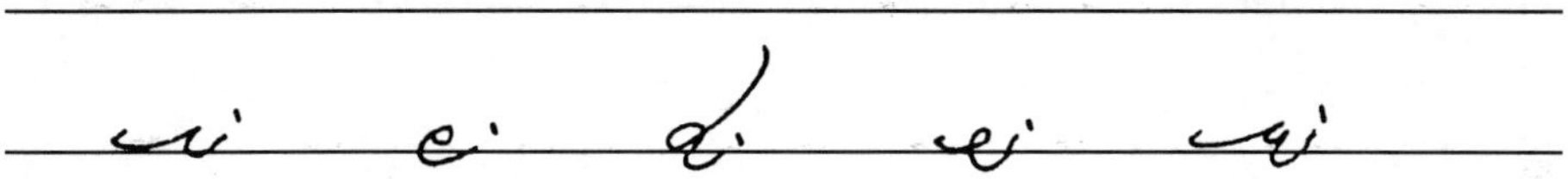

指标 仪表 发表 鼠标 招标

例 2：

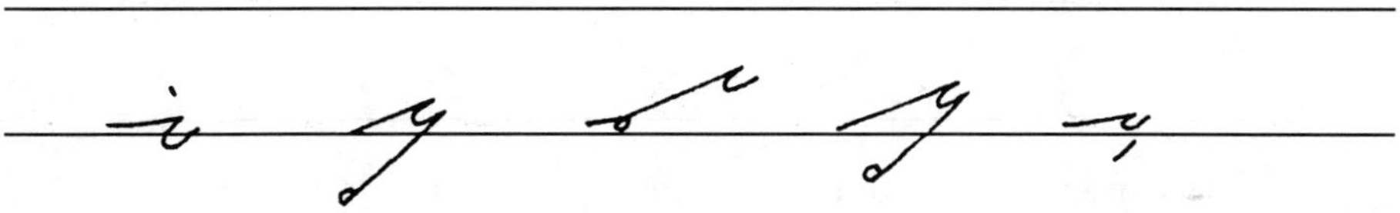

纪要 调离 协调 条例 教育

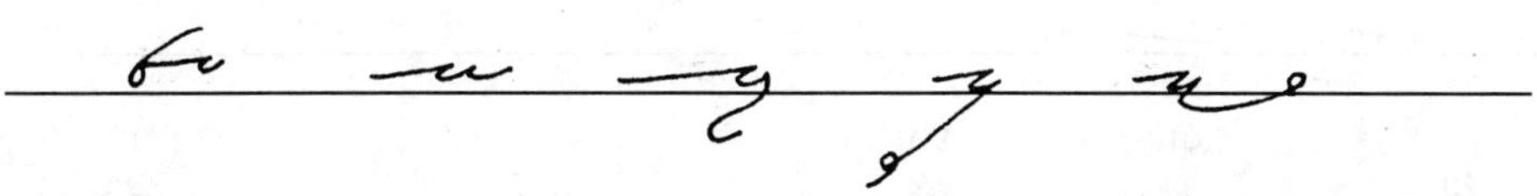

比较 教师 巧妙 效率 消除

三、实训

（1）抄写或听写上述连写举例 20 遍以上。

（2）将下面的词语写成速符，并抄写或听写 10 遍以上。

提高效率	组织协调	世界贸易
教育基地	社会交际	医疗器械
及时治疗	寥寥无几	表里如一

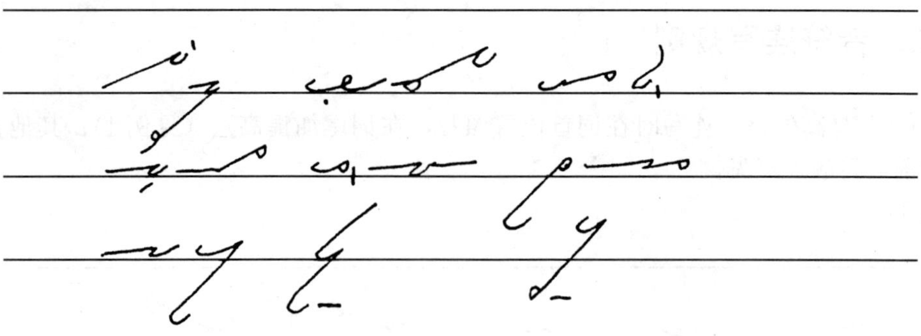

第四节　下缺口大半圈形韵符“iou”及其音符

一、“iou”符及其音符的写法

“iou”组音符（含“iou”符）共有 8 个：

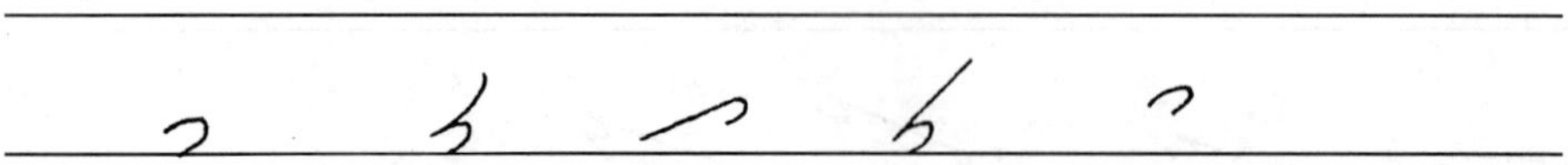

iou 优　miu 谬　diu 丢　niu 牛　liu 留

jiu 纠　qiu 秋　xiu 修

（一）音符书写规则

（1）“iou”符的写法。“iou”符是缺口朝左下的大半圈，约比“ou”符大一倍，写法与“ou”相同。

（2）音符的写法。“iou”符与“l”符拼写，省略声符，将“iou”符提高写，属高位符，也为简化符，代表同音字。“jiu、qiu、xiu”三符的大扁圈也可写得小一些。例如：

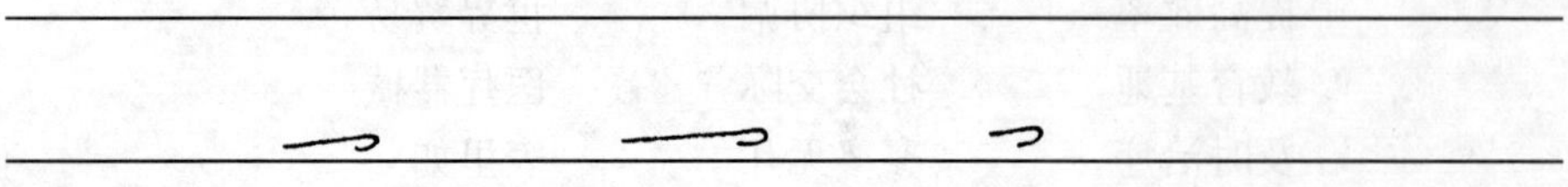

（二）练写音符

二、音符连写规则

“liu” 符是高位符，连写时出现在词首，位置照写；在词尾，加提高点（见例 1），其他音符连写均是前后符顺连（见例 2）。

例 1：

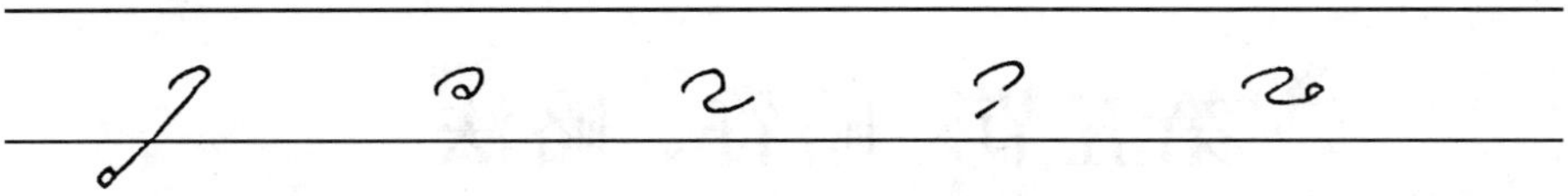

流利　留意　流失　流域　柳树

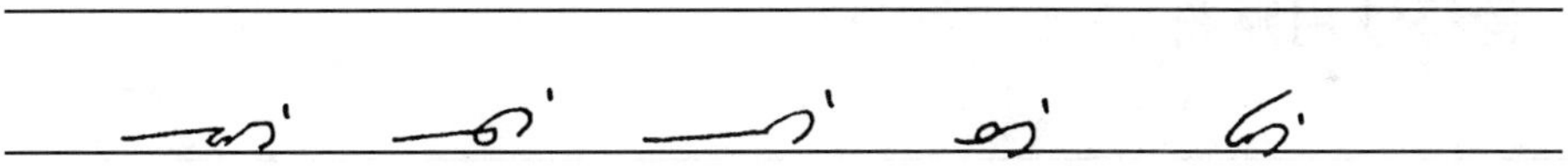

交流　截留　气流　物流　保留

例 2：

优秀　邮局　丢失　牛马　纠察

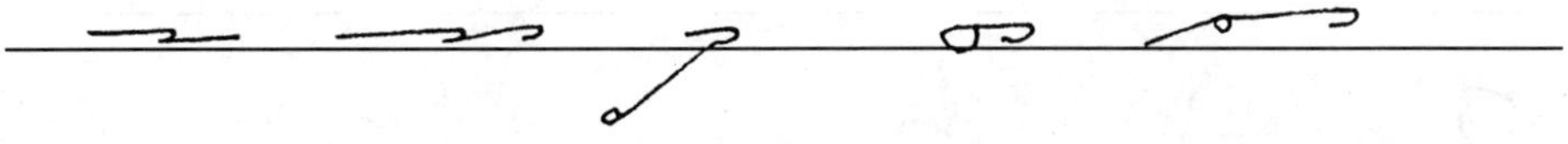

救济　求救　修理　作秀　地球

三、实训

（1）抄写或听写上述连写举例 20 遍以上。

（2）将下面的词语写成速符，并将速符抄写或听写 10 遍以上。

国际交流	修理仪器	比较优秀
优秀教师	有条有理	收集资料
物流企业	修旧如旧	救死扶伤

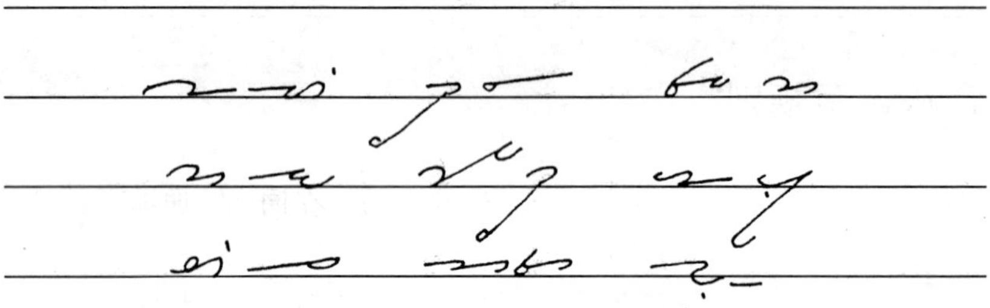

第五节　略符、略法

一、音符独用略符

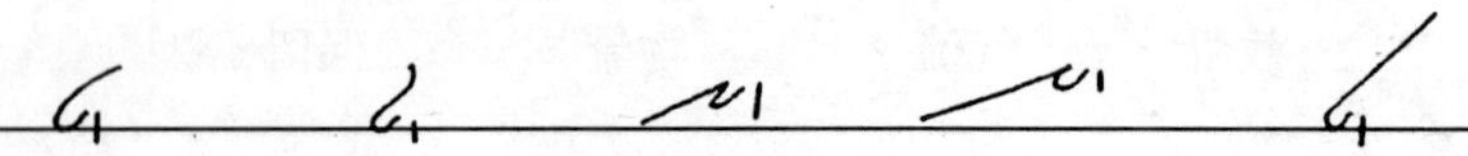

包括　　贸易　　道路　　讨论　　劳动

好处　　照顾　　周到　　筹集　　投入

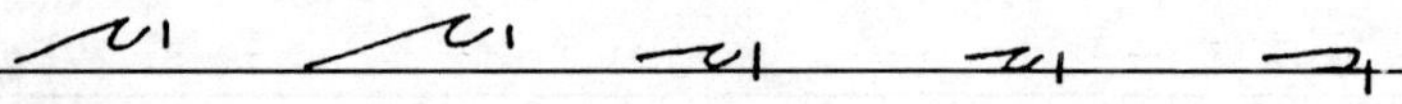

调查　　调整　　交流　　效率　　纠正

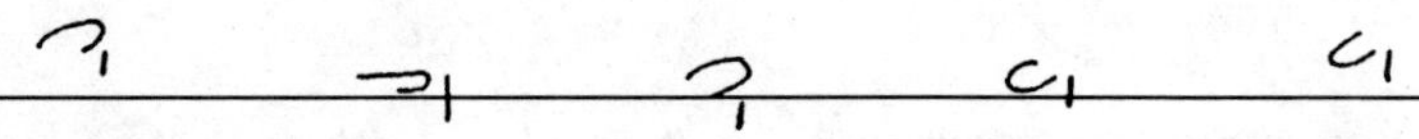

流动　　修改　　优秀　　要求　　标的

二、常用字略符

好　　后　　头

上述 3 个常用字略符，是采用会意代号来表示的，因此，叫“会意常用字略符”。其用法如下：

（1）“好”符在词首照写，在词尾与前符交叠。例如：

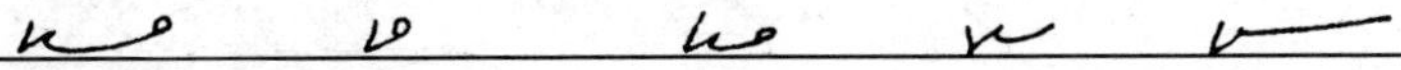

好处　　好意　　好书　　好事　　好奇

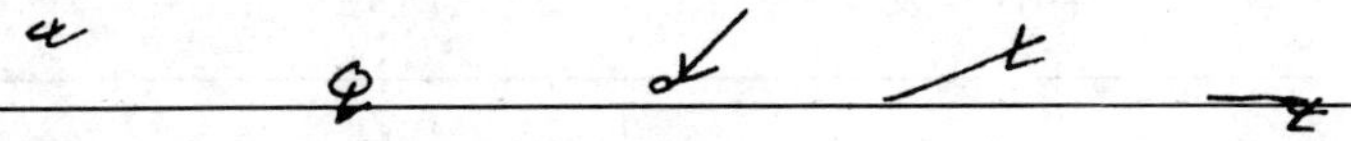

搞好　　坐好　　你好　　特好　　较好

（2）“后”符是用同一字符的两种写法。在词首，用平卧“后”符；在词尾，用小竖线与前符交叠书写。“小竖线”约是“r”符的 1/2。例如：

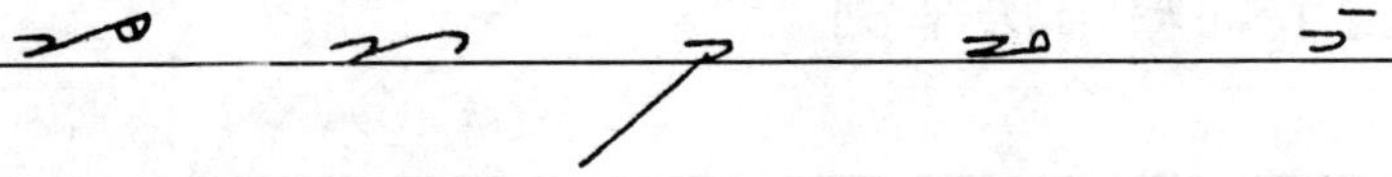

后代　　后果　　后来　　后续　　后头

以后　　此后　　滞后　　课后　　事后

（3）“头”符在词首，原符照写；在词尾，用横写小直线附离在前符的右上方。例如：

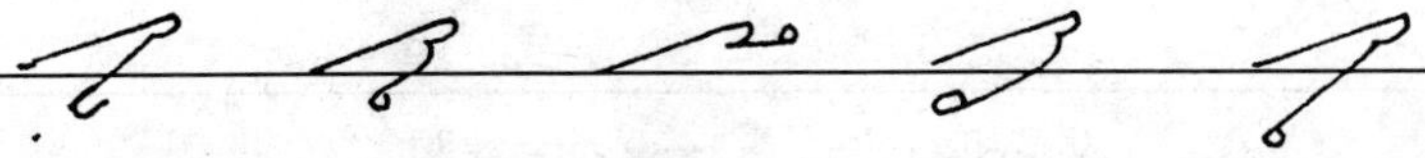

头脑　　头目　　头绪　　头发　　头颅

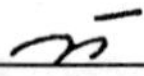
喉头

石头

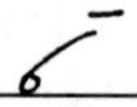
笔头

个头

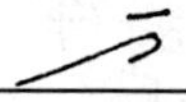
头头

三、成语略写法举例

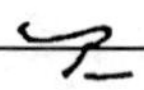
周而复始

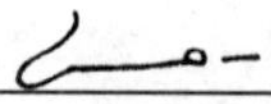
妙趣横生

朝气蓬勃

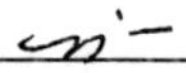
守口如瓶

牢不可破

投其所好

有目共睹

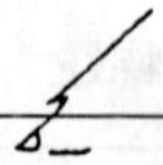
了如指掌

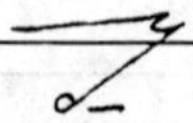
巧立名目

四、常用三音节词略写法举例

贸促会

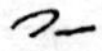
欧佩克

招待会

高速路

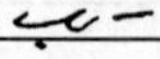
扫描仪

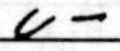
奥运会

保龄球

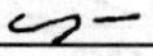
收录机

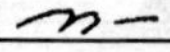
后备厢

五、实训

(1) 将上述音符独用略符抄写或听写 20 遍以上。
(2) 抄写或听写下列词组 10 遍以上。

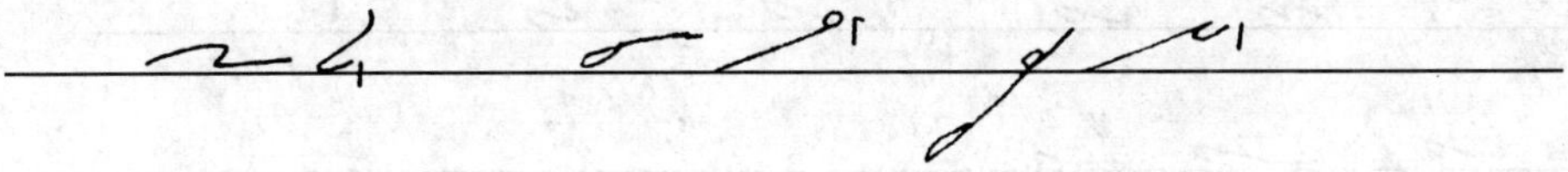

国际贸易　　业绩突出　　热烈讨论

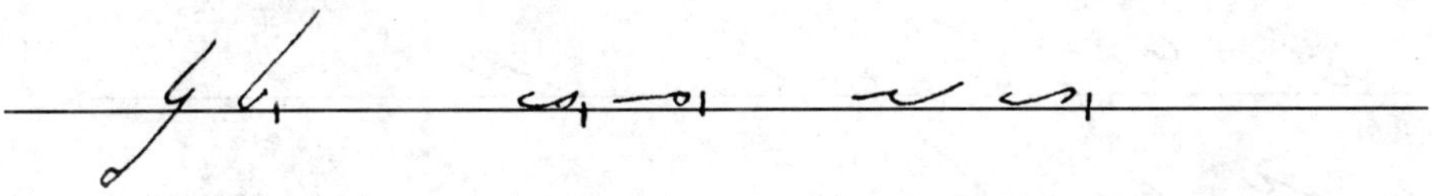

脑力劳动　　设法解决　　细致周到

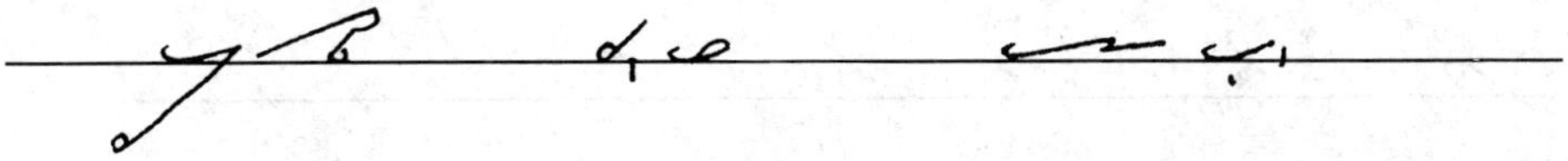

智力投入　　热爱事业　　筹集资金

音符小结

“ɑo”组音符：

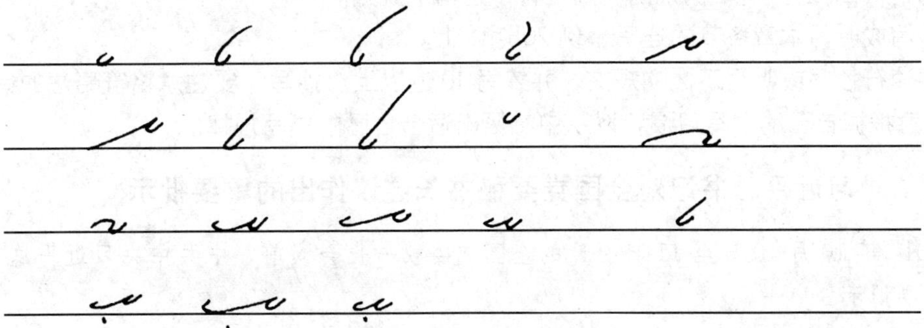

“ou”组音符：

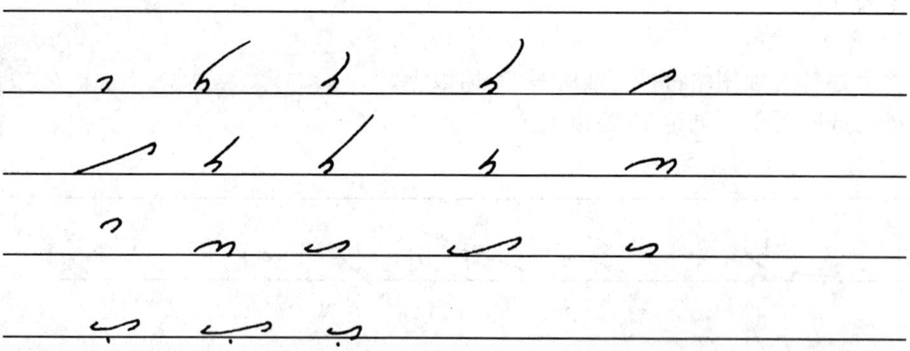

“iao”组音符：

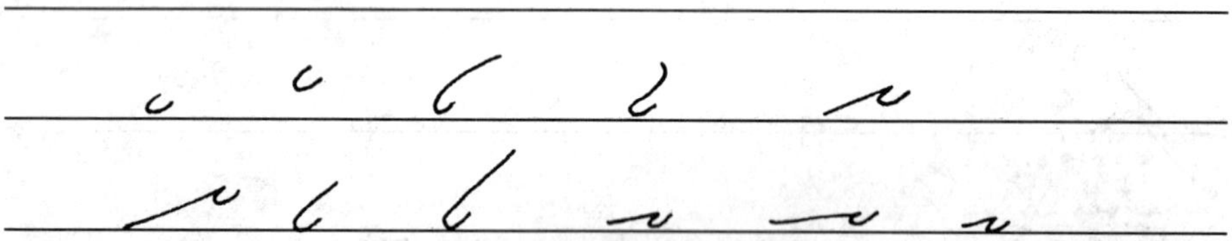

“iou”组音符：

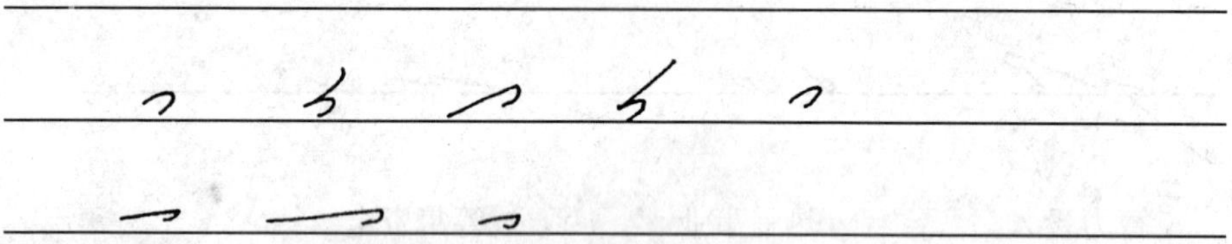

思考与练习

1. 简述韵符“ao、ou、iao、iou”与声符的拼写规则。
2. 简述韵符“ao、ou、iao、iou”及音符的连写规则。
3. 何谓“高位符”？举例说明“高位符”连写的规则。
4. 抄写或听写本章各节的连写举例 20 遍以上。
5. 用速符抄写或听写下面的短文，并练写 10 遍以上。抄写时要注意略符略法的运用。同时要注意把握自己的书写习惯，以从中感悟出适合自己的书写规律。

习近平总书记对全国党委秘书长会议作出的重要批示

在 2014 年 10 月 10 日至 11 日召开的全国党委秘书长会议前，中共中央习近平总书记作出了重要批示。

他指出，崇尚实干、狠抓落实，是我反复强调的。如果不沉下心来抓落实，再好的目标，再好的蓝图，也只是镜中花、水中月。党的十八大以来，党委办公厅系统为落实中央决策部署做了大量工作，发挥了重要作用，这次全国党委秘书长会议又专题研究抓落实问题。希望各级党委办公厅（室）更好地发挥基本职能作用，投入更大的力量、采取更有力的措施推动中央精神的贯彻落实，确保中央政令畅通、决策落地生根。

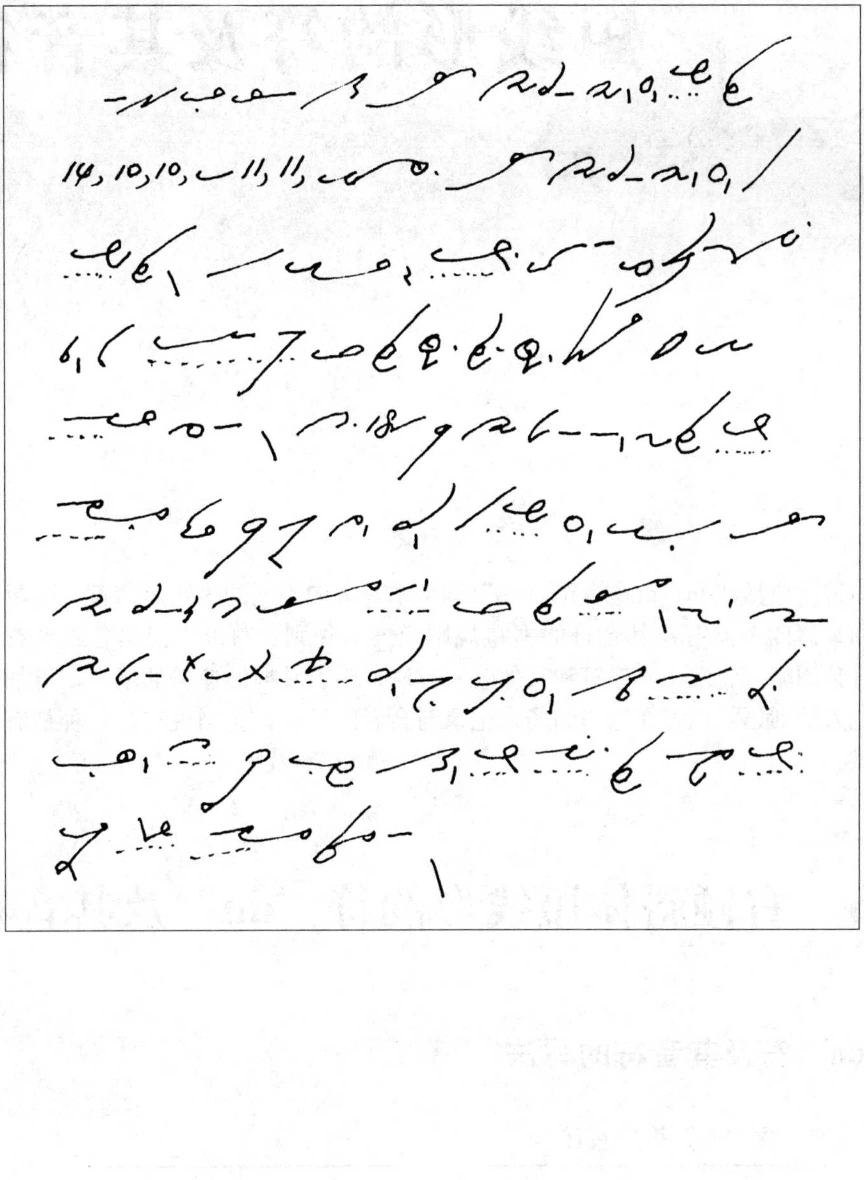

第七章 短线形韵符及其音符

短线形韵符，包括“an、ang、en、eng”四个书写方向不同的小线形韵符。学习本章要着重领会和掌握四个韵符及其音符的书写规则及连写规则；写准、记熟各组音符；写熟、会用音符独用略符、常用字略符和其他略写方法；随着掌握的速符的增多，可加用汉字练习记录他人的话语，也可在适当的场合记录与会者的发言，应当说这是一种最有效的模拟演练方式。

第一节 右倾斜体短线形韵符“an”及其音符

一、“an”符及其音符的写法

“an”组音符（含“an”符）共有19个：

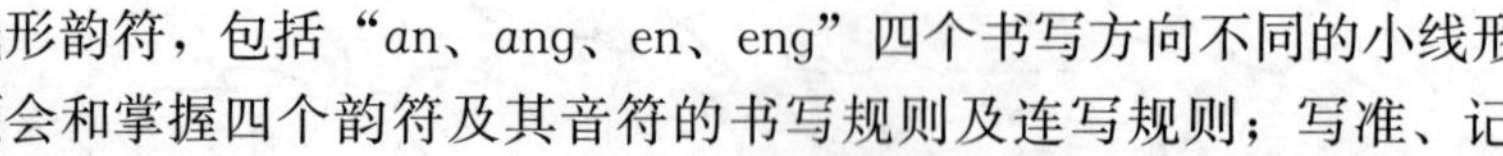

an 安	ban 搬	pan 盘	man 瞒	fan 番

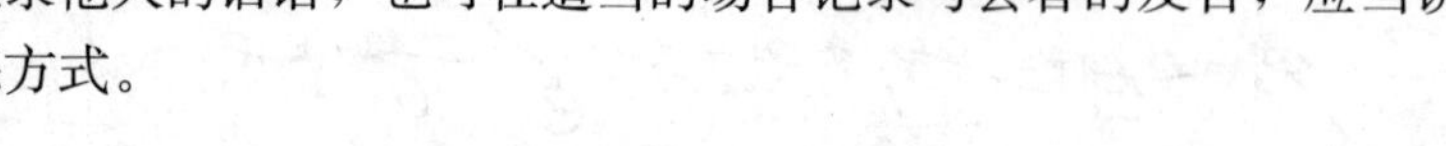

dan 单	tan 谈	nan 难	lan 兰	ran 然

gan 干　kan 刊　han 含　zhan 瞻　chan 掺

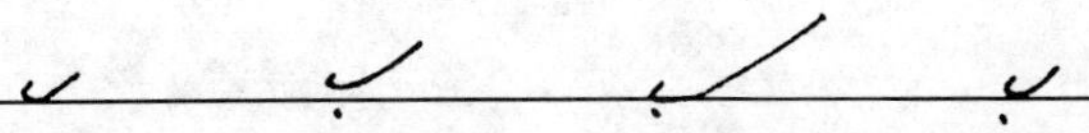

shan 山　zan 咱　can 参　san 散

(一) 音符书写规则

(1)“an”符的写法。符形：“an”符是右倾斜体小短线；位置：基线符，起笔处靠基线书写；比例：小型符，长短与“x”符相等；笔顺：从左下方起笔至右上方收笔；斜度：与基线成 15°～25°角。

(2) 音符的写法。“an”符与声符拼写有两种情形：一是声韵全写符，如“ban、pan、man、fan、nan、lan、ran”；二是简化符，如“dan、tan、gan、kan、han、zhan、chan、shan、zan、can、san”。

将全拼符变为简化符，就是为了便于书写。简化符的写法及其演变过程如下所示：

1)“an”符与“d、t”相拼，简化为两个“半抛物线”：

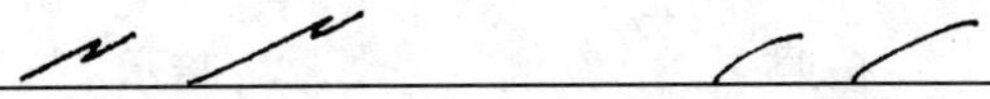

原拼符　　简化符

2)“an”符与“g、k”相拼，将“dan、tan”提高写；“han”符简化为一个小“抛物线”提高写（三个音符均属高位符，与同音字通用）：

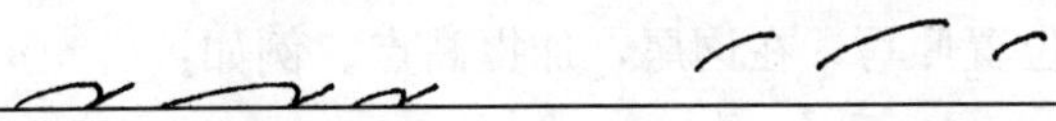

原拼符　　简化符

3)“an”与“zh、ch、sh”“z、c、s”相拼，收笔逐势上扬变竖写，与基线成 45°～55°角：

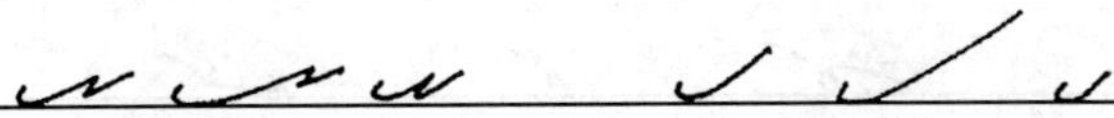

原拼符　　简化符

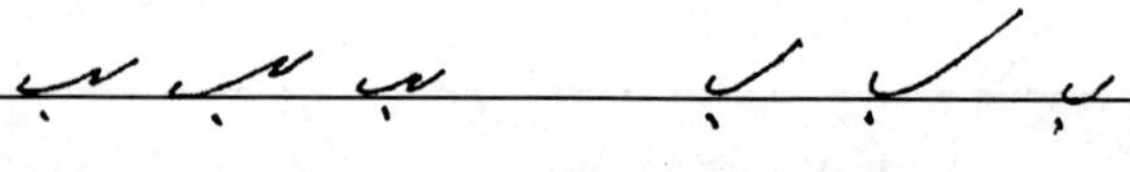

原拼符　　　　简化符

（二）练写音符

二、音符连写规则

（1）“*an*”符连写。无论是在词首还是在词尾，前后符均随笔势顺连。例如：

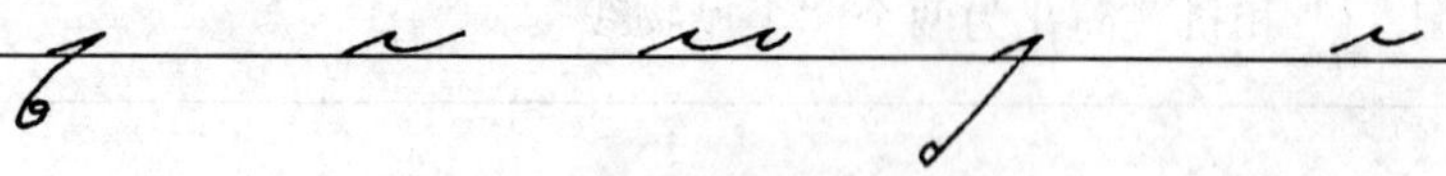

安排　　安置　　按照　　案例　　暗示

口岸　　答案　　草案　　保安　　海岸

（2）高位符连写。在词首，位置照写；在词尾，加提高点。例如：

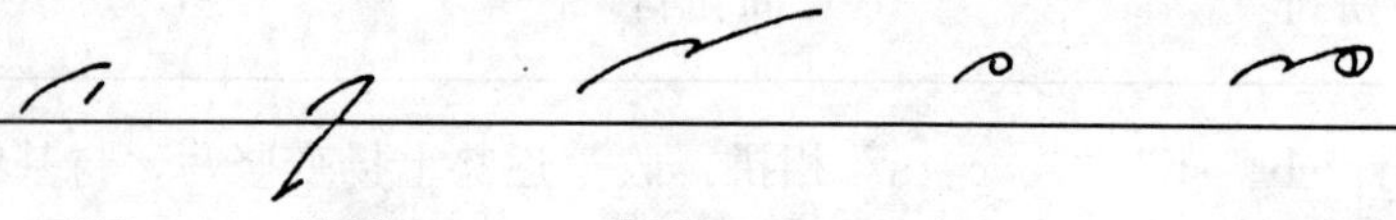

干预　　橄榄　　勘探　　含义　　涵盖

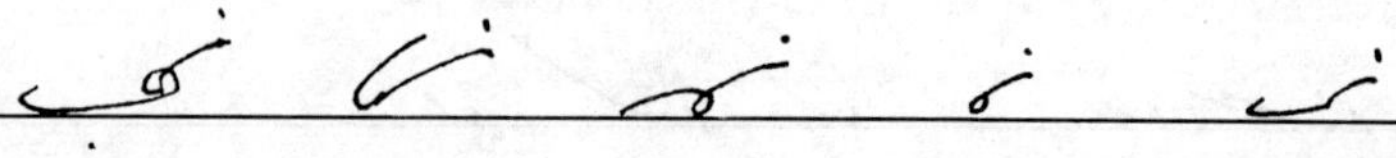

才干　　报刊　　骨干　　遗憾　　致函

（3）其他音符连写举例。

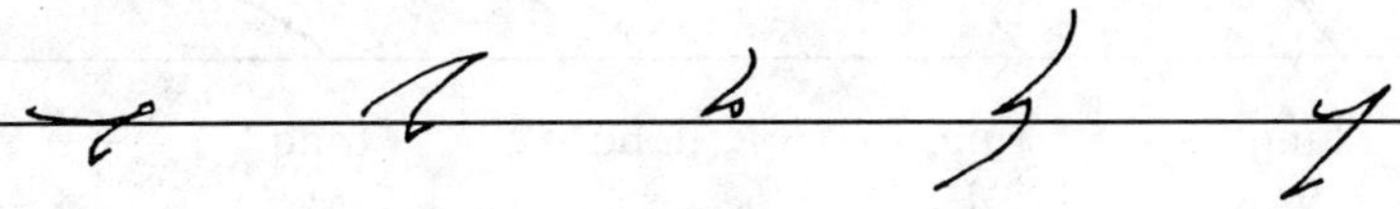

出版　　谈判　　满意　　反腐　　展览

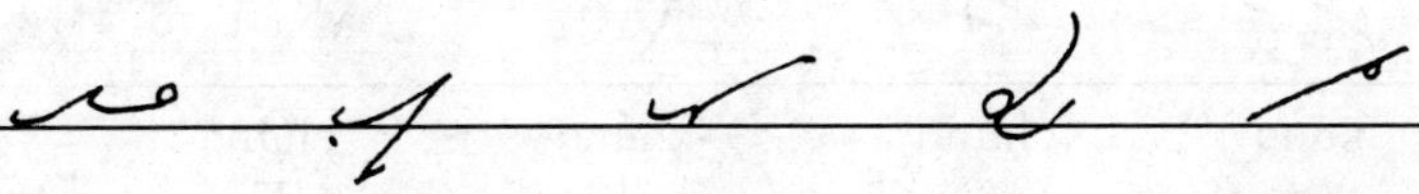

赞助　　灿烂　　试探　　发展　　提案

三、实训

（1）抄写或听写上述连写举例 20 遍以上。

（2）将下面的词组写成速符，并抄写或听写 10 遍以上。

贸易谈判	座谈讨论	积极探索
代表提案	举办展览	产业发展
自然法则	翻译出版	参谋助手

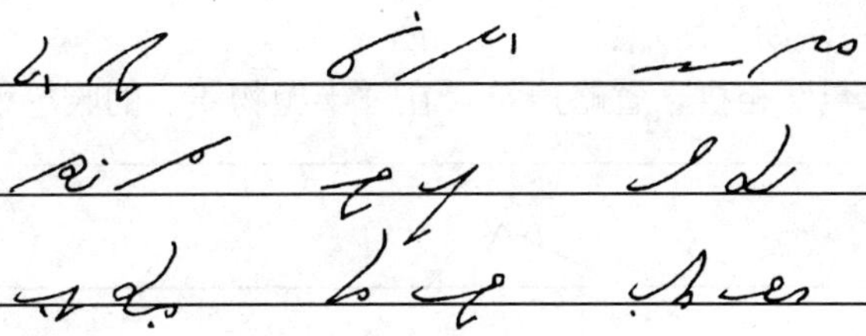

第二节　左倾斜体短线形韵符“ang”及其音符

一、“ang”符及其音符的写法

“ang”组音符（含“ang”符）共有 19 个：

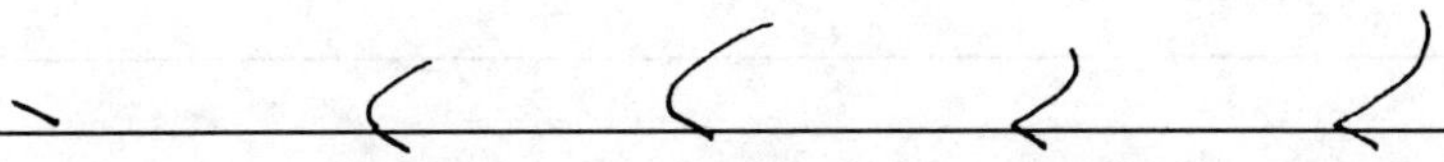

ang 昂　　bang 帮　　pang 旁　　mang 忙　　fang 方

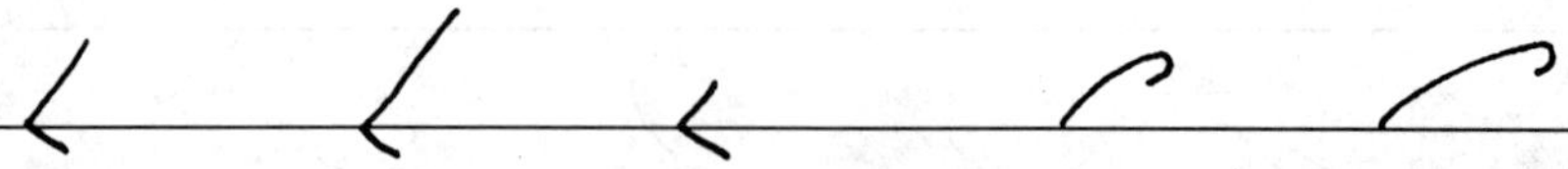

nang 囊　lang 郎　rang 让　dang 当　tang 躺

gang 刚　kang 康　hang 航　zhang 张　chang 昌

shang 商　zang 脏　cang 藏　sang 桑

（一）音符书写规则

（1）“*ang*”符的写法。符形：“*ang*”符是左倾斜体小短线；位置：基线符，收笔处要靠基线书写；比例：小形符，长短与“*an*”符相当；斜度：与基线成15°～25°角。

（2）简化符的演变及写法。“*ang*”符与声符相拼，有两种情形：一是全拼符；二是简化符。简化符的演变及写法如下所示：

1）“*ang*”符与“d、t”相拼，省略声符，在“半抛物线”的收笔处内绕大半圈：

原写符：

简化符：

2）“*ang*”符与“g、k、h”相拼，省略声符，将“gan、kan”两符和“han”符的收笔处内绕大半圈写在提高位置，属高位符，与同音字通用：

原写符：

简化符：

3）“*ang*”符与“zh、ch、sh”相拼，省略声符，将“*ang*”符变为大、中、小三个等级，斜度为45°～55°的三个直线符：

原写符：

简化符：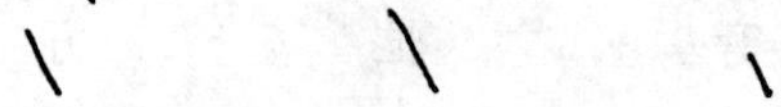

4）“ang”与“z、c、s”相拼，省略声符，在“zhang、chang、shang”三符底部各加一个“区别点”：

原写符：

简化符：

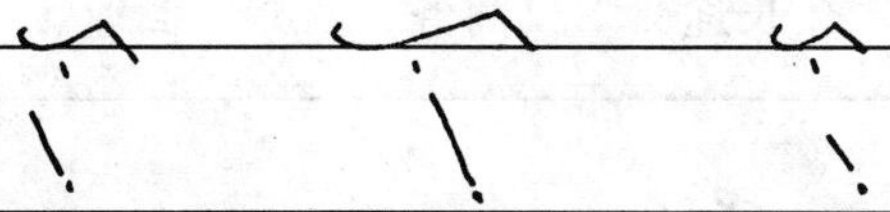

（二）音符练写

二、音符连写规则

（1）“ang”符连写。“ang”符是短线形基线符，无论是在词首还是在词尾，都可顺连书写。“ang”字极少，且使用频率极低，较常见的词语有：

高昂　盎然　昂扬　肮脏　昂首

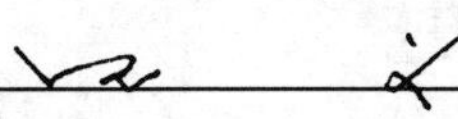

昂贵　里昂

（2）曲线简化符连写。

档案　适当　倘若　礼堂　钢铁

康复　抵抗　抗旱　航海　港口

（3）直线简化符连写。

障碍　仓库　长途　商务　商业

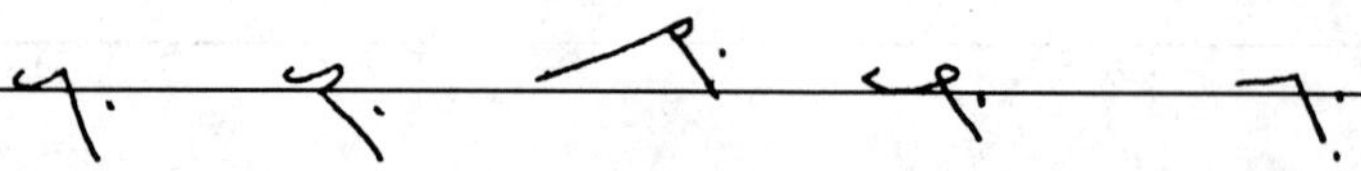

市场　收藏　提倡　主张　西藏

（4）音符全写符连写。

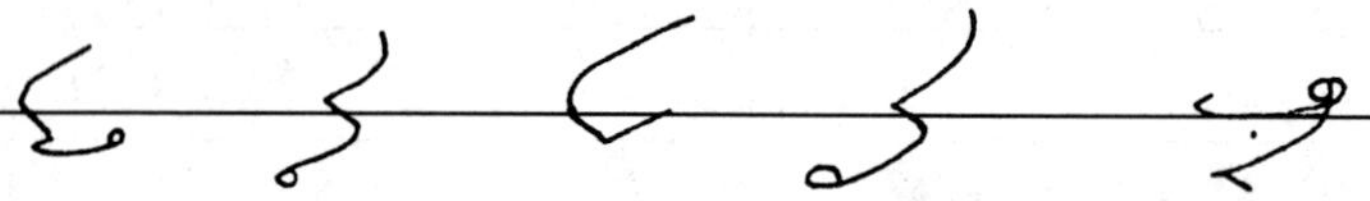

帮助　盲目　庞大　方法　采访

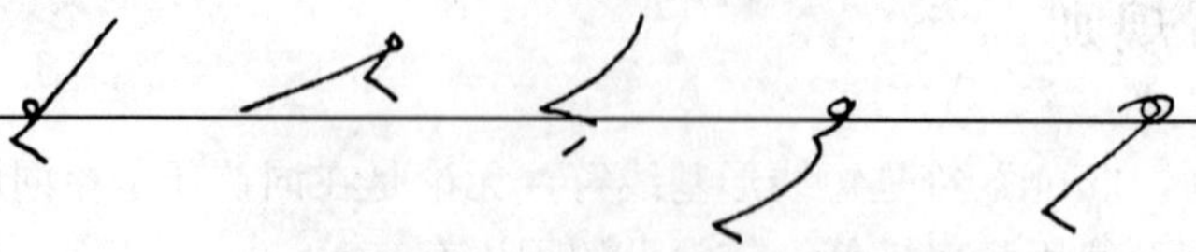

礼让　土壤　防御　预防　海浪

三、实训

（1）抄写或听写上述连写举例 20 遍以上。

（2）将下列速符写成词组，并将速符抄写或听写 10 遍以上。

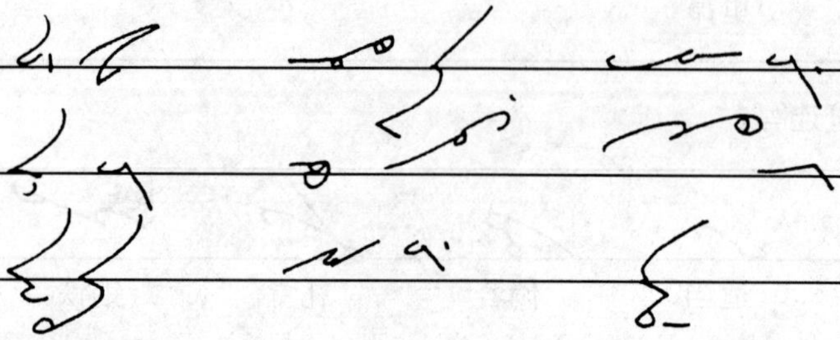

贸易谈判　接待来访　超级市场

房屋市场　写作提纲　慷慨激昂

方式方法　道德高尚　旁若无人

第三节 左倾斜体短线形韵符“en”及其音符

一、“en”符及其音符的写法

“en”组音符（含“en”符）共有 17 个：

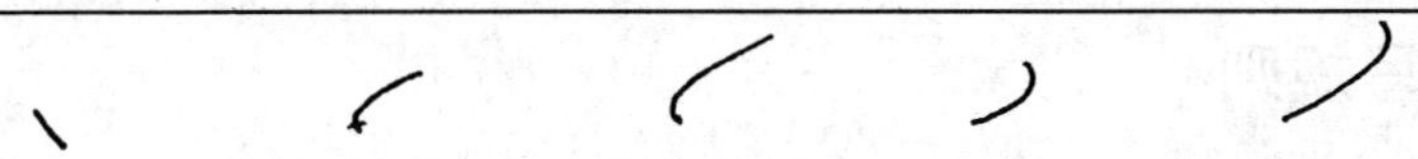

en	ben	pen	men	fen
恩	奔	喷	门	分

den	nen	ren	gen	ken
扽	嫩	人	根	肯

hen	zhen	chen	shen	zen
痕	真	尘	伸	怎

cen	sen
岑	森

（一）音符书写规则

（1）“en”符的写法。“en”符是左倾斜体短线符。位置：基线符，收笔处靠基线书写；比例：小型符，大小及高度与“r”符相等；笔顺：从左上到右下书写，与基线成 45°～55°角。

（2）音符的写法。“en”符与声符相拼，省略韵符，将声符提高写。因此，该组音符都是高位符。故要特别注意该组音符与声符在位置上的区别。

（二）练写音符

二、音符连写规则

（1）“en”符连写。“en”字极少，使用率也不高，常见的词语有：

恩赐

恩宠

摁住

感恩

开恩

报恩

（2）线形高位符连写。在词首位置照写；在词尾加提高点。例如：

奔驰

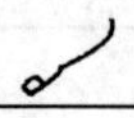
闷热

气氛

任务

根据

深刻

真实

审理

责任

认可

三、实训

（1）抄写或听写上述连写举例 20 遍以上。

（2）将下面的词语写成速符，并抄写或听写 10 遍以上。

真实可靠	深化改革	寓意深刻
治理沙尘	任务繁忙	财务审计
气氛热烈	指导方针	认认真真

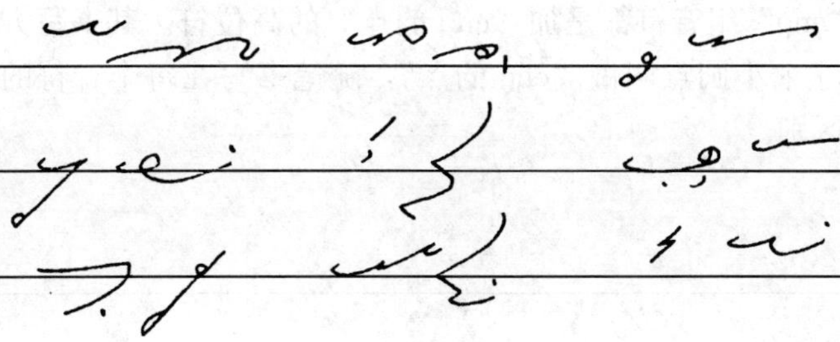

第四节 加区别点短线形韵符“eng”及其音符

一、“eng”符及其音符的写法

“eng”组音符（含“eng”符）共有 19 个：

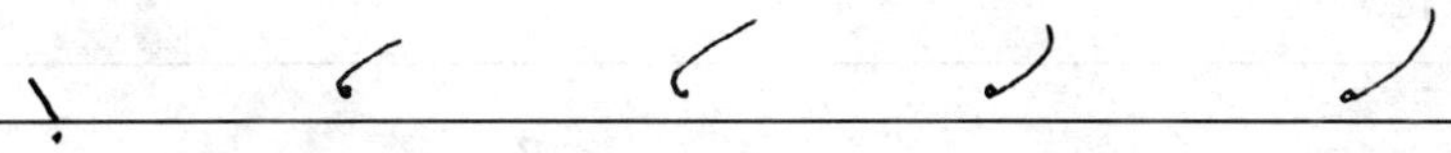

eng	beng	peng	meng	feng
鞥	崩	砰	萌	风

deng	teng	neng	leng	reng
灯	腾	能	冷	仍

geng	keng	heng	zheng	cheng
更	坑	横	争	成

sheng	zeng	ceng	seng
生	增	曾	僧

（一）音符书写规则

（1）“eng”的写法。“eng”符是在“en”符的正下方加写一个“区别点”，以示其与“en”符的区别。

（2）音符的写法。“eng”组音符都是加“eng 韵点”的高位符。其书写方法是将韵符变为一个实心小圆点，这个小圆点叫做“eng 韵点”，随笔书写在每个音符的收笔处，以示其与“en”组音符的区别。

（二）练写音符

二、音符连写规则

（1）“eng”字极少，且使用率极低，几乎没有连写之词。

（2）音符连写。该组音符都是高位符，出现在词首，原符位置照写；出现在词尾，可在该符收笔处随笔写出一个点形小曲线，这个小曲线叫作“eng 韵线”，以示其是高位符。例如：

1）斜体“高位符”连写。

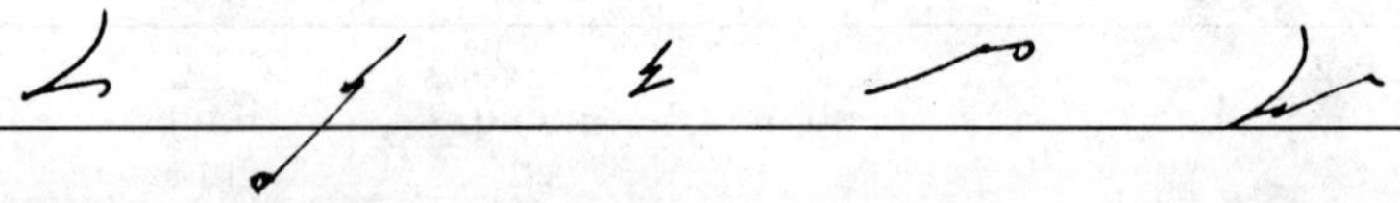

风格 能力 仍然 誊写 翻腾

登记 蒙蔽 抨击 制冷 作风

2）横写“高位符”连写。

更改 正式 继承 生产 征集

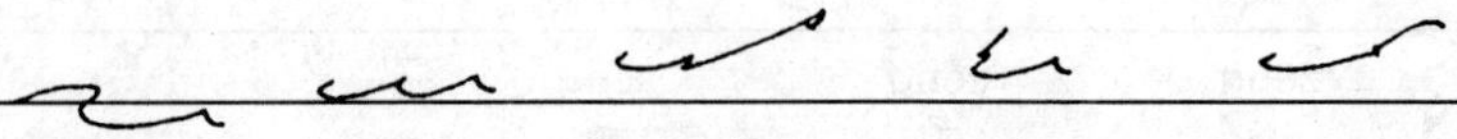

过程 指正 整体 认证 承担

3）在实际应用中，“eng”组音符也可以与“en”组音符合并使用，用“en”组音符代表“eng”组音符。例如：

风气　　　　人生

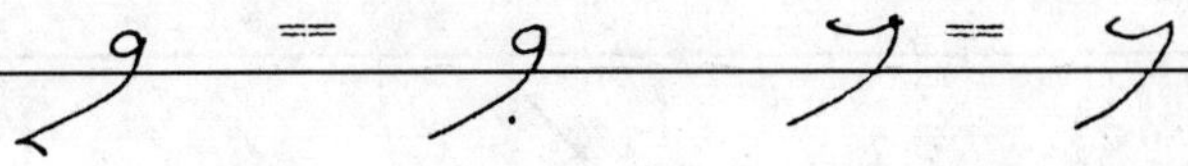

作风　　　　政府

三、实训

（1）抄写或听写上述连写举例 20 遍以上。
（2）将下面各组速符写成词组，并将速符抄写或听写 10 遍以上。

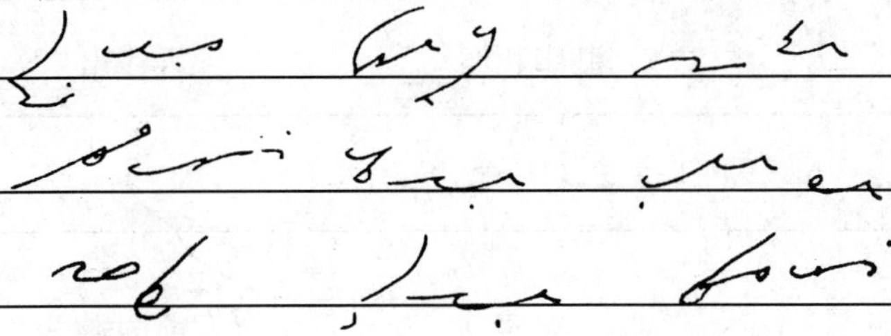

方针政策	攀登高峰	国际认证
态度诚恳	深入基层	参政议政
狠抓落实	服务基层	落地生根

第五节　略符、略法

一、音符独用略符

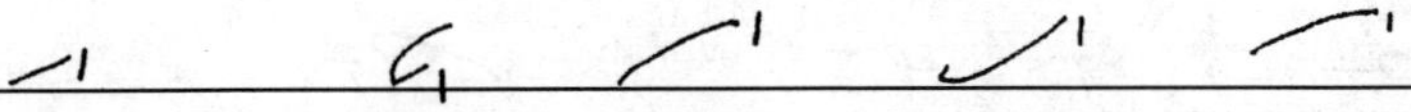

安全　　办法　　谈判　　产权　　看见

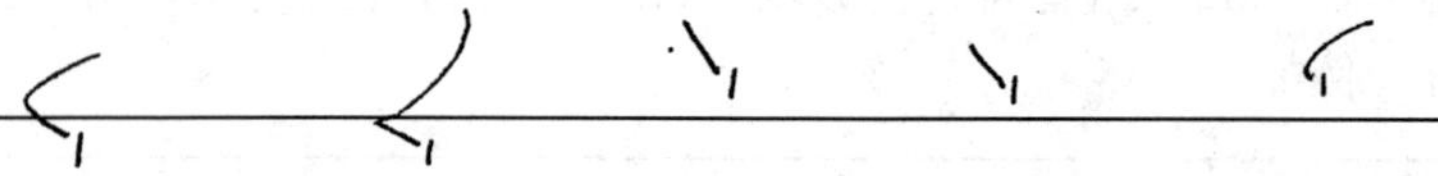

帮助　方法　掌握　商业　本质

根据　认真　政治　正确　成功

深入　生产　登录　能够　仍然

二、成语略写法举例

按部就班　肝胆相照　深入浅出

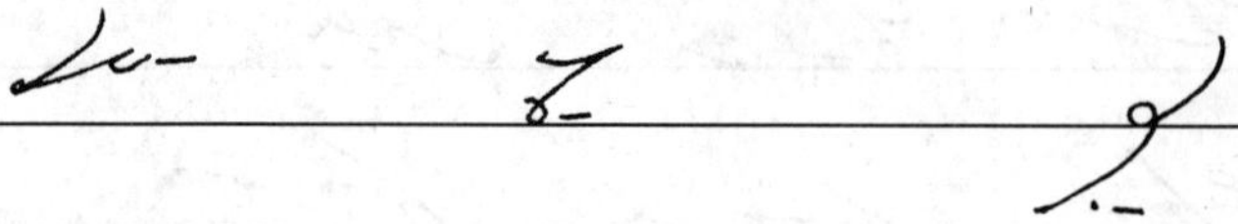

风调雨顺　真凭实据　发愤图强

纲举目张　分门别类　开诚布公

三、常用三音节专有名词略写法举例

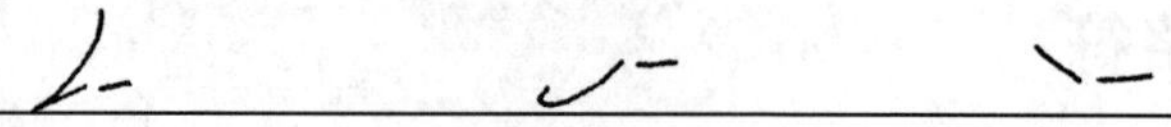

反倾销　展览馆　商品房

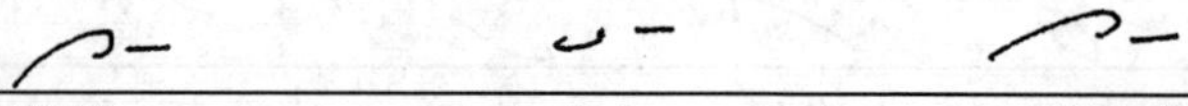

档案馆　生产力　抗生素

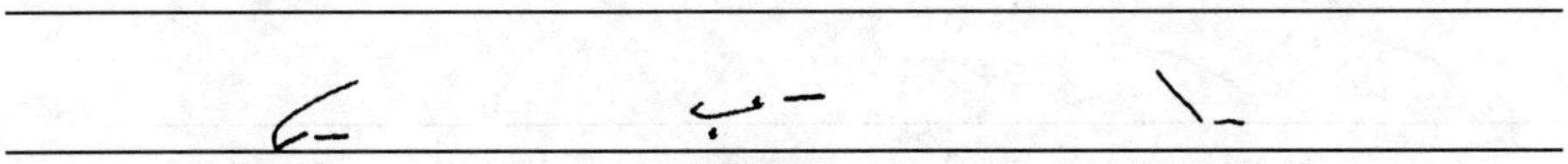

判决书　　增值税　　长途站

四、实训

(1) 抄写或听写音符独用略符和常用字略符 20 遍以上。

(2) 将下列短语写成速符，并抄写或听写 10 遍以上。

国际经济贸易　　商务合作谈判

发展支柱产业　　保护知识产权

草拟谈判方案　　世界贸易组织

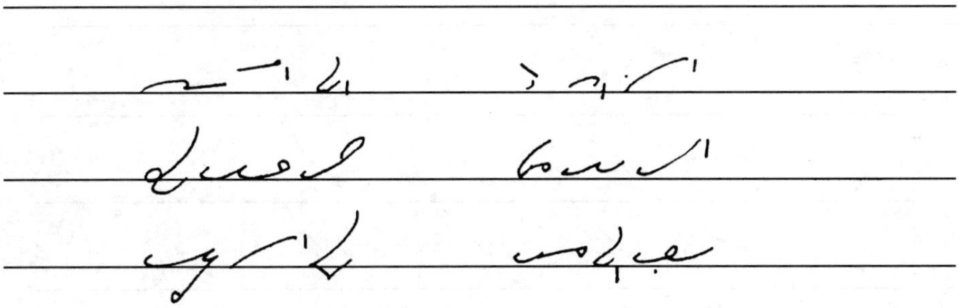

音符小结

“an” 组音符：

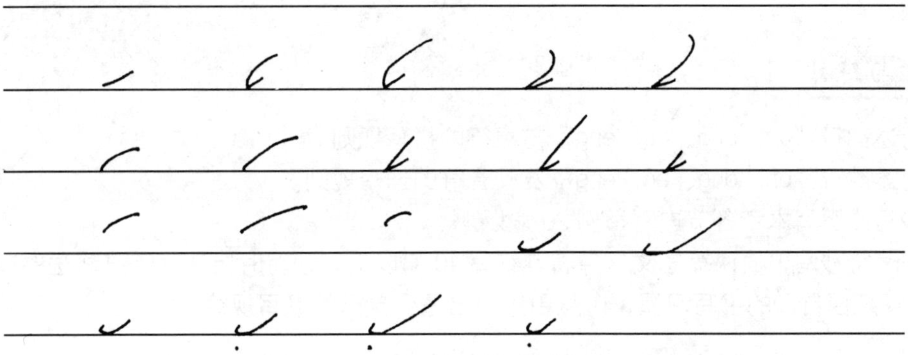

“ang” 组音符：

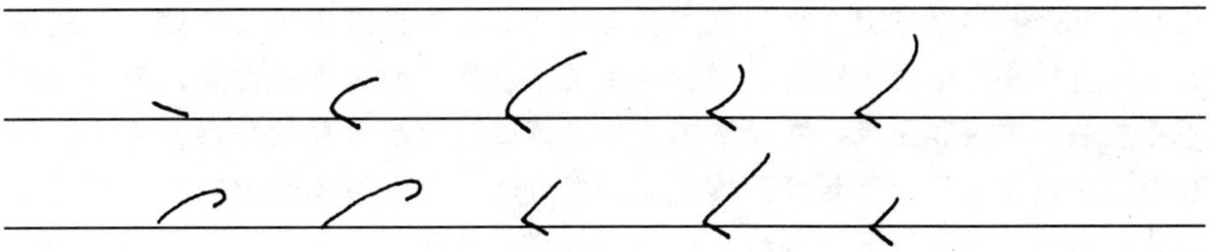

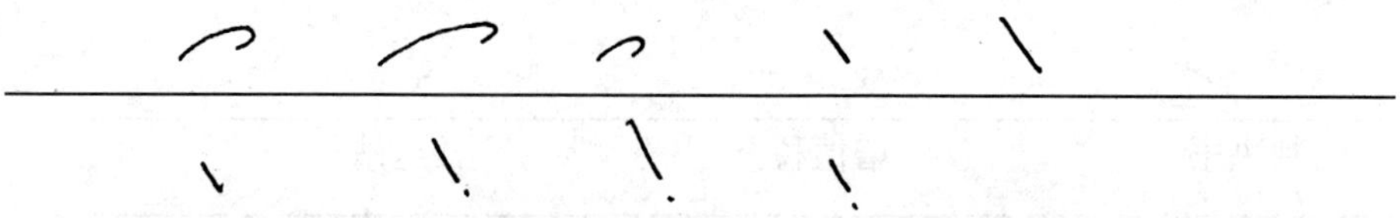

“en”组音符：

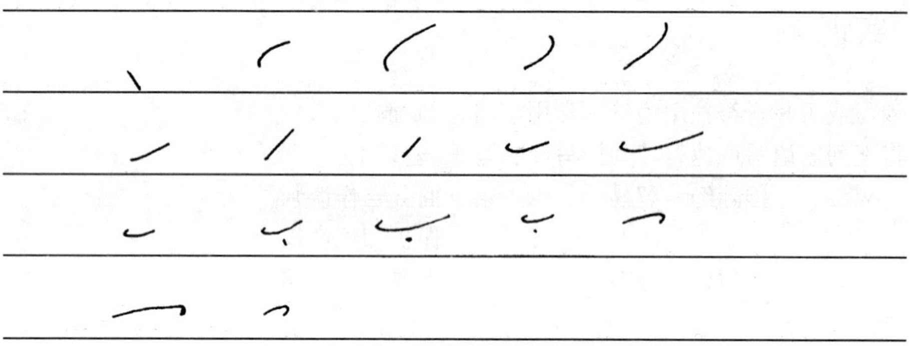

“eng”组音符：

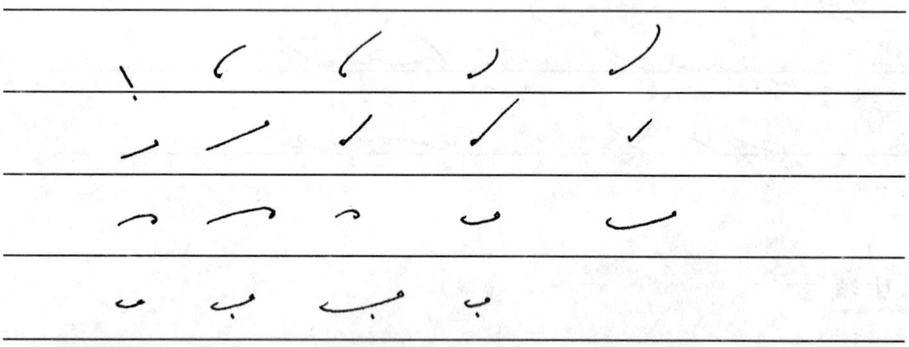

思考与练习

1. 简述韵符“an、ang、en、eng”与声符的拼写规则。
2. 简述韵符“an、ang、en、eng”及其音符的连写规则。
3. 抄写或听写本章各节连写举例 20 遍以上。
4. 用速符抄写下面两篇短文，并将其练写 10 遍以上。抄写时要注意略符略法的运用，同时要注意把握自己的书写习惯，以从中感悟出适合自己的书写规律。

秘书商务谈判

商务谈判，就是买卖双方为了促成双方买卖成交，或为经济争议与争端，以取得各自的经济利益而进行的磋商活动。随着我国社会主义市场经济的确立和发展，商务谈判作为商业贸易不可或缺的桥梁和纽带，在经济工作中发挥着越来越重要的作用。因此，秘书特别是商务秘书，应该主动适应市场经济的需要，努力学习和掌握各种谈判特别是商务谈判的理论和方法，以辅助上司做好谈判过程中的各项秘书工作。

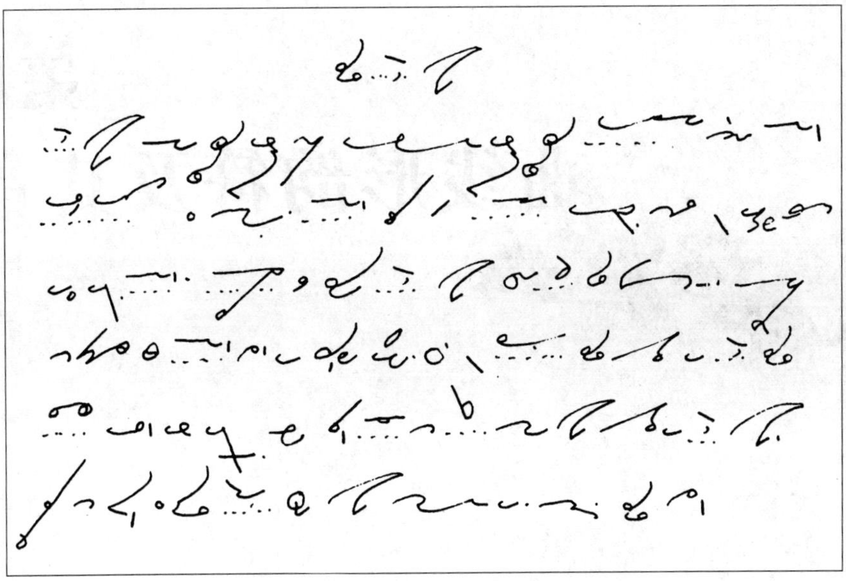

服好务就是秘书的价值所在

商务秘书承上启下，沟通内外，工作烦琐、紧张、忙碌，往往要夜以继日，没有时限，他们“支出”多，“收入”少，一天到晚“为他人作嫁衣”，自己却默默无闻。但是，作为一种职业，又是不可或缺的。一个商务秘书为领导服务好，为单位服务好，为人民服务好，就是其价值所在，就是其生命的意义。商务秘书应当对自己的工作有正确的、全面的认识，要热爱这种工作，献身于这种工作。只要忠于职守，埋头苦干，认真地付出劳动，就必然会有收获，就会被上司、同事和社会所承认。

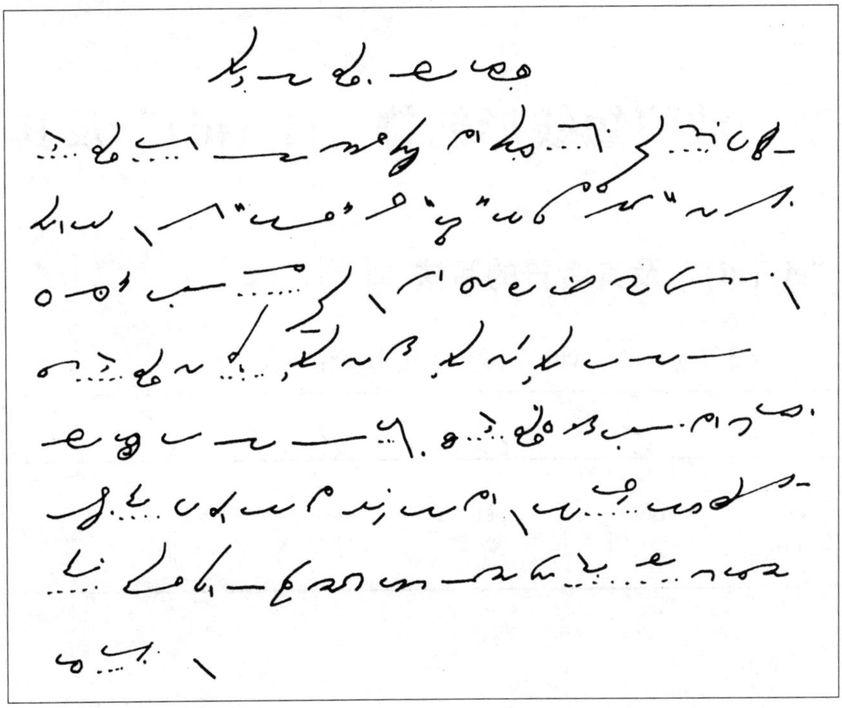

第八章

曲线形韵符及其音符

本章介绍四个曲线形韵符，包括两个基线符，即“ei（ui）、uan”，两个高位符，即“uang、uan”。学习本章，要重点领会四个曲线形韵符及其音符的书写规则和连写规则；学会、记熟、会用连写变化略符及其他略写方法；学会并掌握数字、日期、时间和标点符号在速记中的写法与应用；在已掌握多数音符和部分略符略法的基础上，可多做些短文抄写或听写练习，并应逐步加快书写速度。

第一节　波浪短线形韵符“ei（ui）”及其音符

一、“ei（ui）”及其音符的写法

“ei（ui）”组音符［含“ei（ui）”符］共有 21 个：

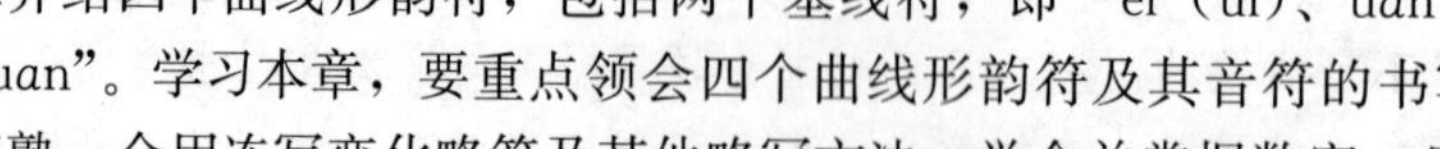

ei	bei	pei	mei	fei
诶（威）	卑	培	没	非

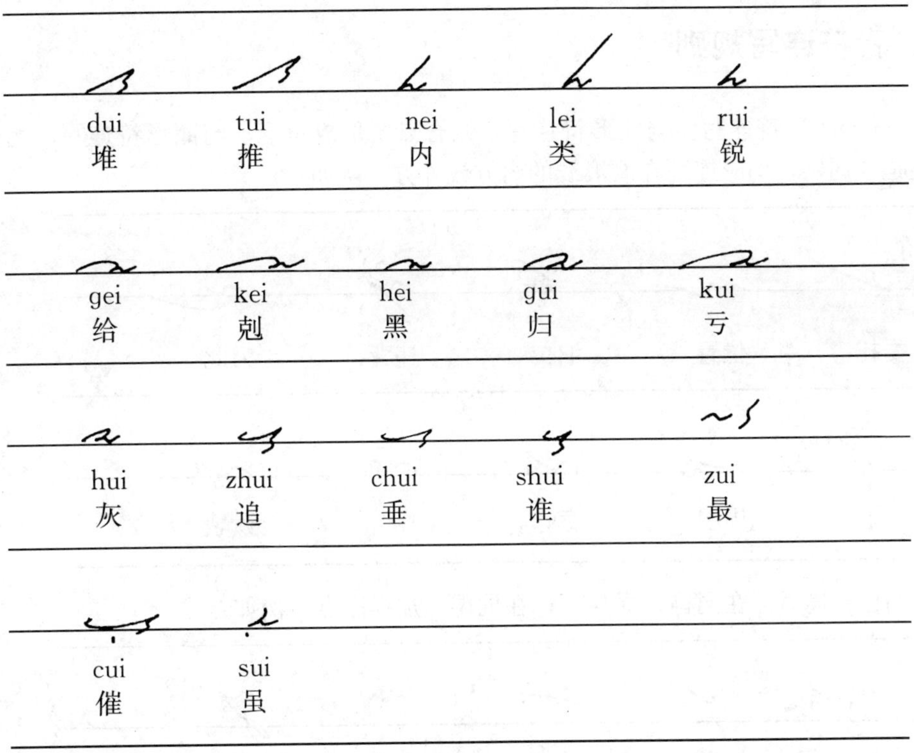

(一) 音符书写规则

(1)“ei、ui”符的写法。符形：“ei”“ui”两音用一个符号，有横、竖两种写法，都是波浪短线符。位置：基线符，横写符底部靠基线，竖写符收笔处靠基线；比例：小型符，长短分别与“r”符、“x”符相当；笔顺：横写符从左至右书写，竖写符从右上至左下书写；斜度：竖写符与基线成45°～55°角。

(2) 音符的写法。1) 与竖写声符拼写，用横写“ei (ui)”符；与横写声符拼写，用竖写“ei (ui)”符；2)“ei (ui)”与“g、k、h”三个声符拼写，有两种写法：多靠外方书写的，依次读“gei、kei、hei”；多靠内方书写的，依次读“gui、kui、hui”。两组音符也可合并使用，根据上下文意一般不会读错。

(3) 高位符的写法。“zui”是将“ui”符提高写，也有两种写法，属线形高位符，与同音字通用。

(二) 练写音符

二、音符连写规则

（1）“ei（ui）”符连写。与线形符连写，结合点要形成角形；与圈形符连写，无论是在词首还是在词尾，均应连写在波浪线的内方或外方。例如：

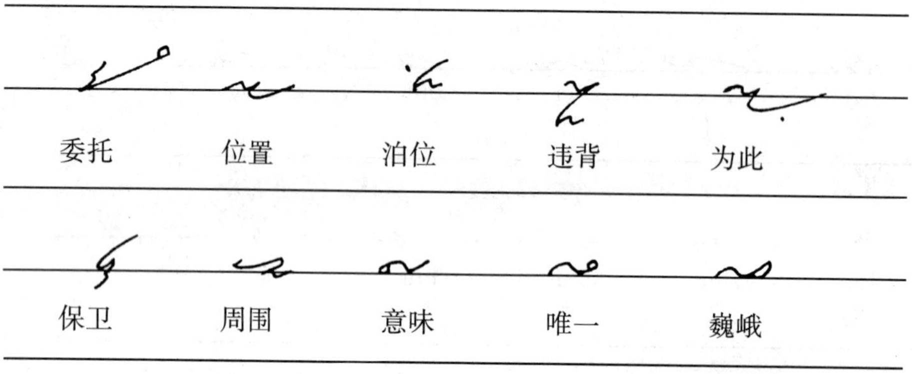

（2）高位符连写。在词首，提高写；在词尾，加提高点。例如：

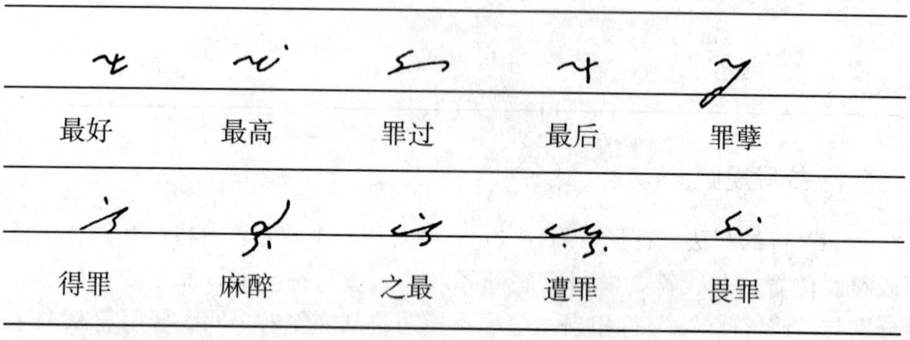

（3）音符连写举例：

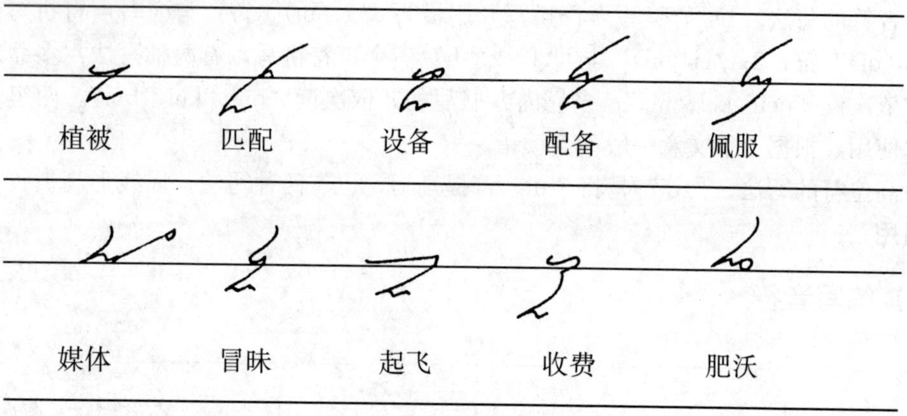

三、实训

（1）抄写或听写上述连写举例 20 遍以上。

(2) 将下列词组写成速符并抄写或听写 10 遍以上。

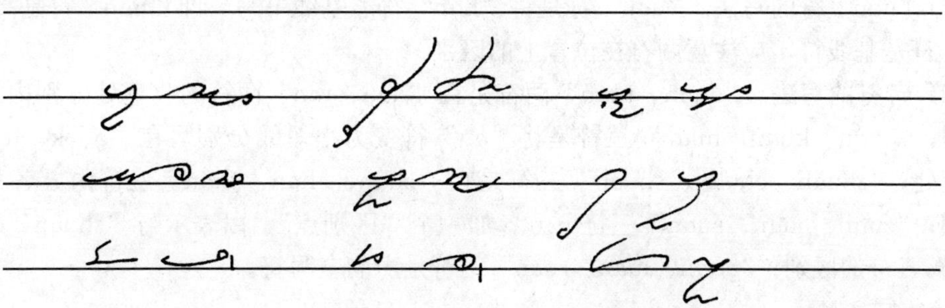

世贸规则	法律法规	随时随地
召开会议	设备购置	合理收费
危机处理	锐意改革	不可违背

第二节 抛物状及月牙状曲线形韵符及其音符

一、半抛物状曲线形韵符“uan”及其音符

(一)“uan”符及其音符的写法

“uan”组音符(含“uan”符)共有 15 个:

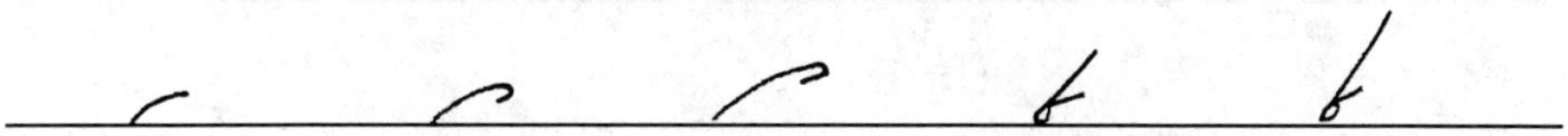

uan 弯	duan 端	tuan 团	nuan 暖	luan 峦

ruan 软	guan 关	kuan 宽	huan 欢	zhuan 专

chuan 穿	shuan 栓	zuan 钻	cuan 窜	suan 酸

1. 音符书写规则

（1）“uan”符的写法。“uan”符是将“han”符靠基线书写，即“han”符是高位符，“uan”符是基线符，应注意两符在位置上的区别。

（2）音符的写法。“duan、tuan”两符是在“dan、tan”两符的收笔处分别内绕一个小半圈；“guan、kuan、huan”三符是将“an”符变为小短线分别写在“g、k、h”三符的收笔处；“zhuan、chuan、shuan”三符是在“zhan、chan、shan”三符内方各加一个小圆圈；“zuan、cuan、suan”三符下方各加一个“区别点”，以表示与“zhuan、chuan、shuan”三符的区别；“nuan、luan、ruan”三符是声韵全写符。

2. 练写音符

（二）音符连写规则

（1）“uan”符连写。无论在词首还是在词尾均可随笔顺连（见例 1）。

（2）“uan”组音符连写。与一般音符连写的规则相同（见例 2）。

例 1：

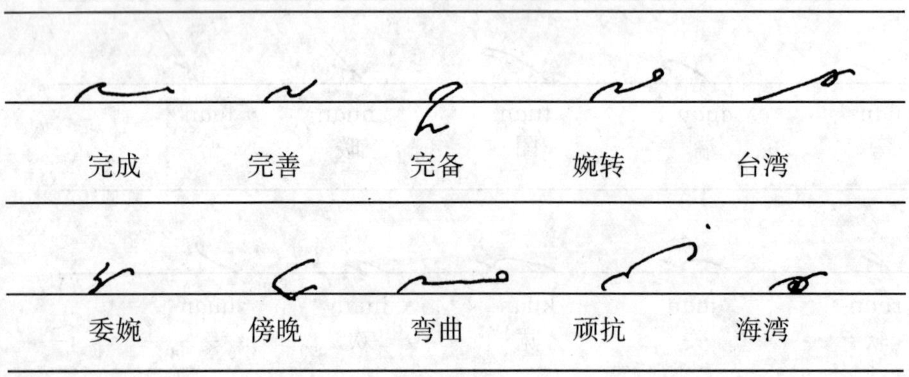

例 2：

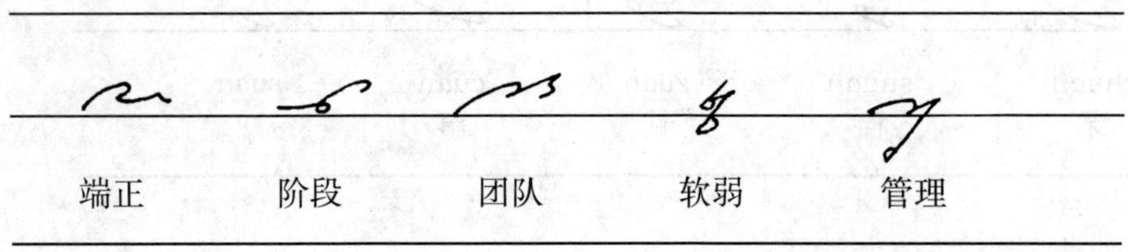

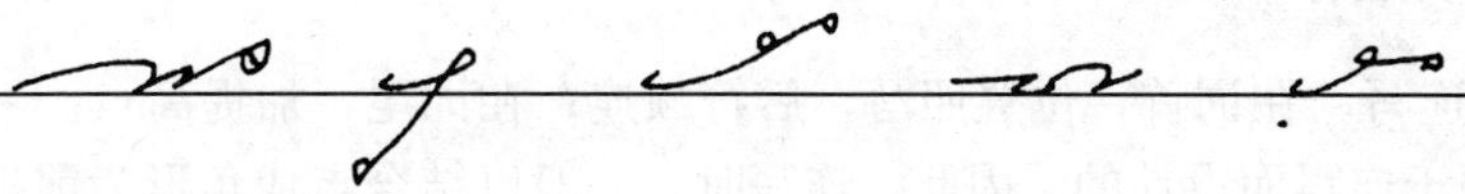

宽带 专利 传递 交换 钻戒

二、双月牙状曲线形韵符“uang”及其音符

“uang”组音符（含“uang”符）共有 7 个：

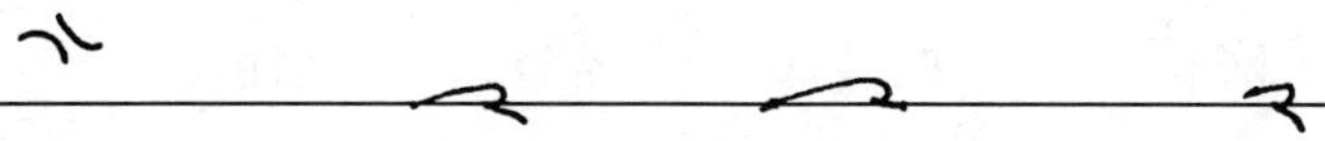

uang 汪 | guang 光 | kuang 矿 | huang 荒

zhuang 庄 | chuang 窗 | shuang 双

（一）“uang”符及其音符的写法

1. 音符书写规则

（1）“uang”符的写法。符形：“uang”符属双月牙状小型曲线符，有两种写法，凹面朝左下方书写的叫“正写”符，凹面朝右上方书写的叫“反写”符；位置：高位符，即上离基线提高写；比例：小型符，其大小相当于“ui”符。

（2）音符的写法。“guang、kuang、huang”三符，是在“g、k、h”三个声符的尾端稍内绕后，再连写一个小“ang”符；“zhuang、cuang、shuang”是在“zhu、chu、shu”三符的尾端连写一个缩小后的“ang”符。

2. 练写音符

（二）音符连写规则

（1）“uang”符连写。在词首，位置照写，后符顺连；在词尾，加提高点。一个符号两种写法，是为了便于连写而设计的。因此，连写时，一般以结合点成角形为前提，只能选择其中一种写法与之前后的符号连写（见例 1）。

（2）“uang”组音符连写。同于一般音符的连写规则（见例 2）。

（3）“uang”单用时，只选择其中一种写法，两个不能同时都选用。

例 1：

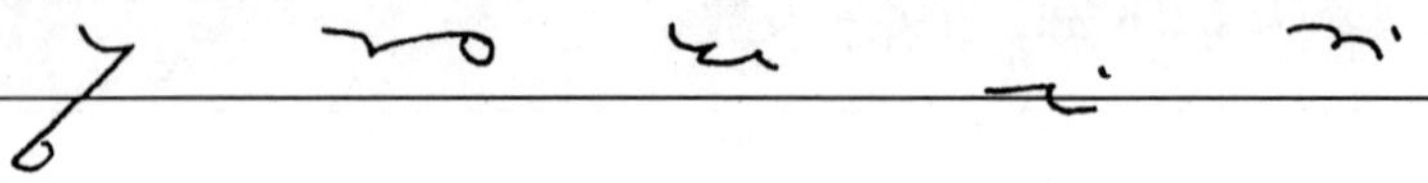

网络　网卡　旺盛　希望　往往

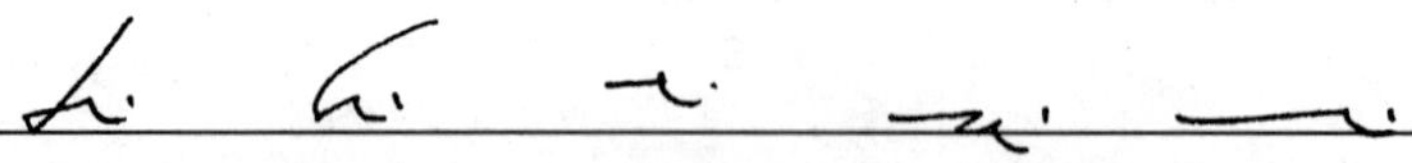

联网　盼望　兴旺　交往　期望

例 2：

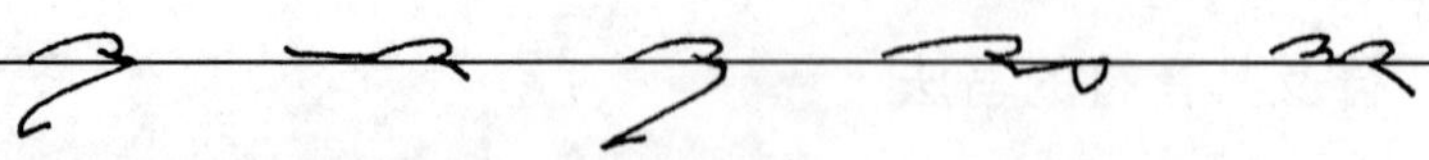

光盘　激光　广泛　框架　辉煌

状况　创造　装饰　包装　状态

三、单月牙状曲线形韵符“üan”及其音符

“üan”组音符（含“üan”符）共有 4 个：

üan　juan　quan　xuan

冤　捐　圈　宣

(一)“üan”符及其音符的写法

1. 音符书写规则

(1)“üan”符的写法。“üan”符是将“xian”符提高写，比例、笔顺与“xian”符相同。

(2)“üan”组音符的写法。“üan”符与声符拼写时，将“üan”变为小圆圈，分别写在“jian、qian、xian”三符收笔处的内方（即为“juan、quan、xuan”），属于变形简化符，与同音字通用。

2. 练写音符

(二)音符连写规则

(1)“üan”符是线形高位符，连写规则与其他线形高位符相同。

(2)“juan、quan、xuan”三符是圈形基线符，无论是在词首还是在词尾，均可随笔顺连。例如：

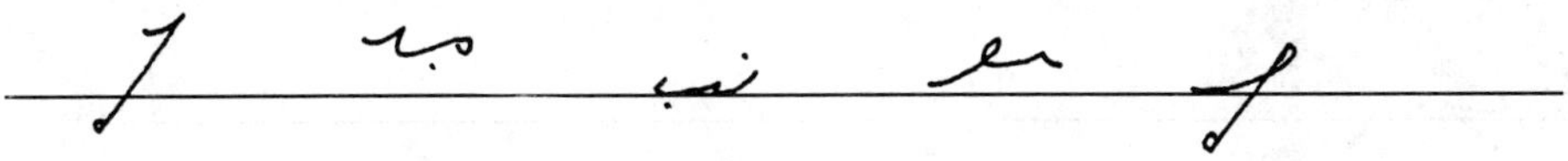

原理　原则　资源　捐赠　权利

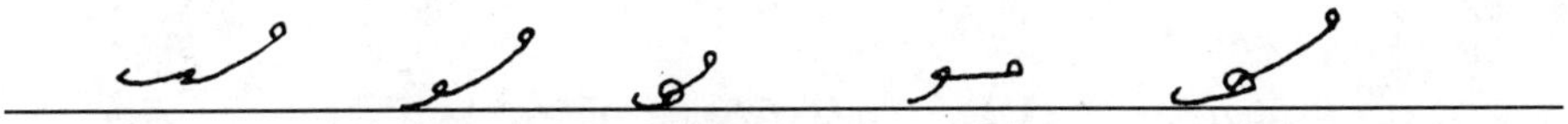

证券　宣传　筛选　选举　债权

四、实训

(1) 抄写或听写上述连写举例 20 遍以上。

(2) 将下列速符写成词语，并将速符抄写或听写 10 遍以上。

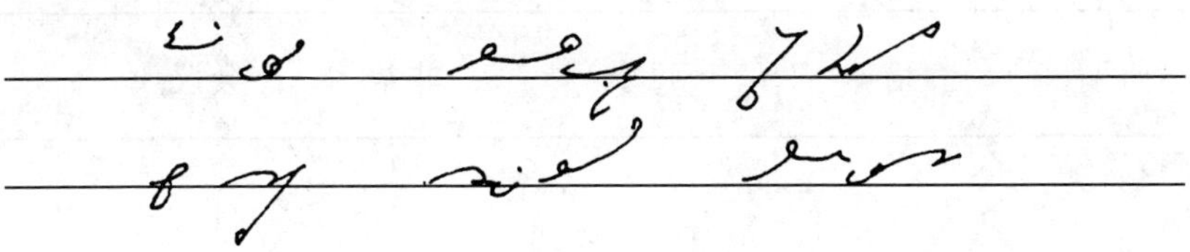

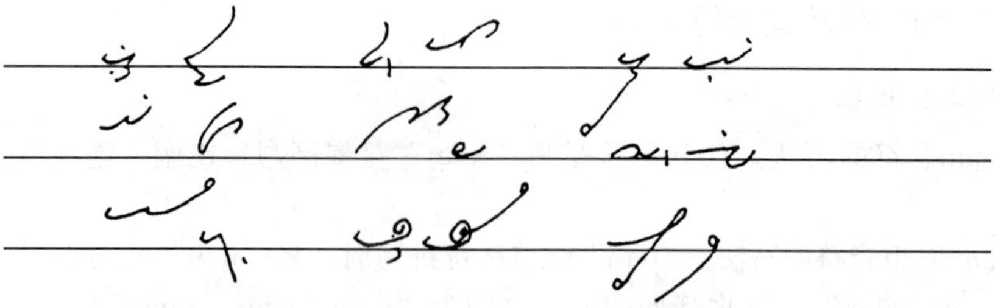

认真筛选　　督查催办　　网络媒体
物业管理　　广告宣传　　捐赠善款
思维方式　　贸易争端　　水利资源
源源不断　　团队意识　　会议纪要
证券市场　　债务债权　　全力以赴

（3）用速符抄写下面语段 3～5 遍，未学过的速符仍写汉字或拼音。

天才是不足恃的，聪明是不可靠的，要想顺手捡来一个伟大发明是不可想象的。对搞科学的人来说，厚学、勤奋、求实与探索，才是取得成功的必由之路。

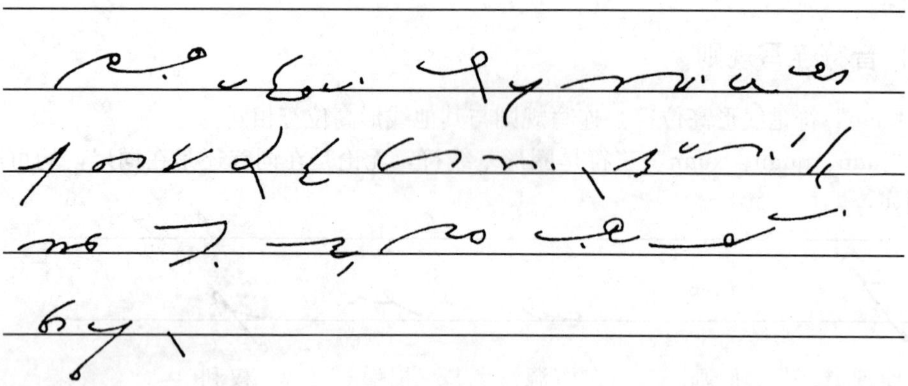

第三节　略符、略法

一、音符独用略符

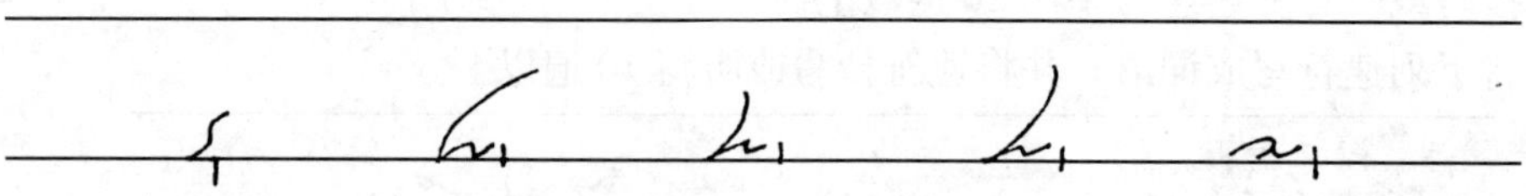

所谓　　培养　　每个　　非常　　会议

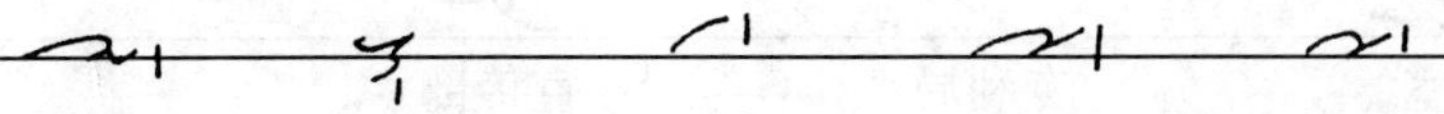

规律 虽然 完成 管理 环境

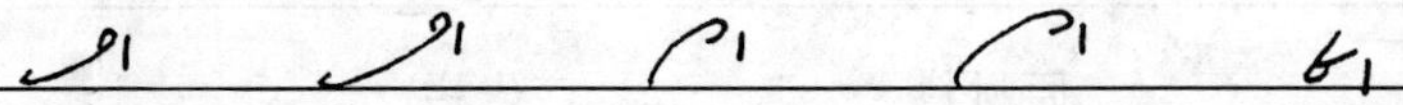

专业 传播 端正 团结 软件

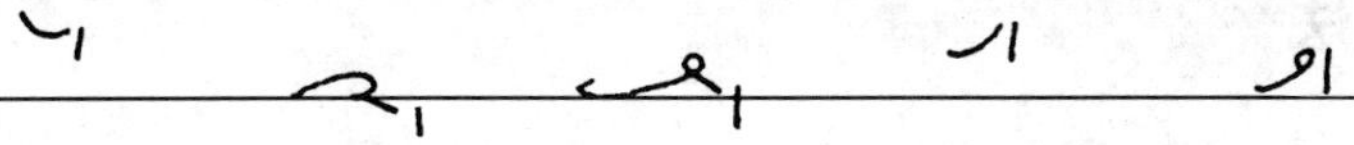

网络 光盘 创造 原来 宣传

二、成语略写法举例

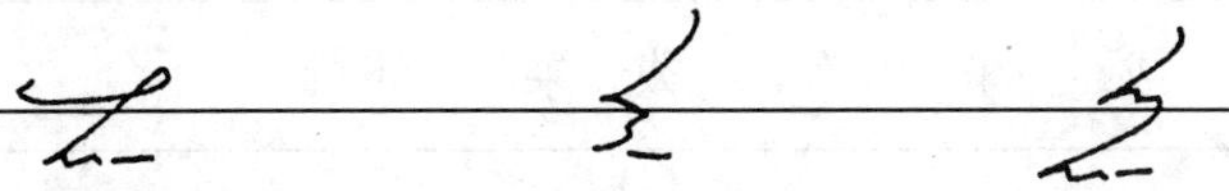

触类旁通 防微杜渐 眉飞色舞

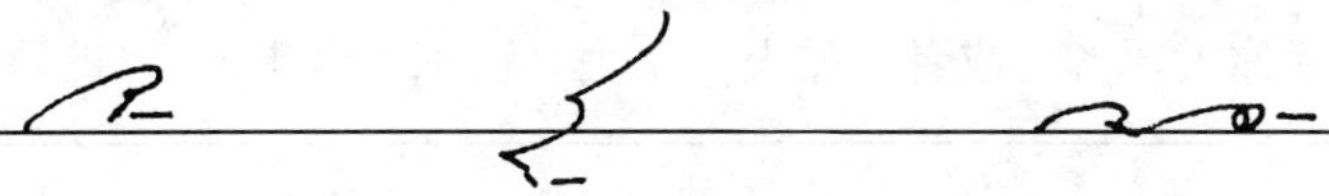

堂而皇之 锋芒毕露 广开言路

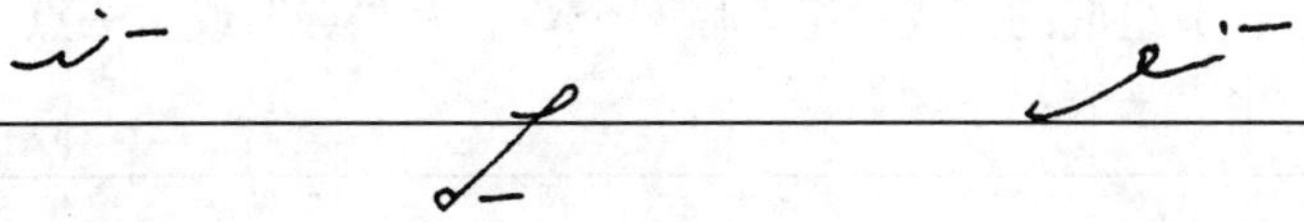

源源不断 绚丽多彩 穿针引线

三、常用三音节专用词略写法举例

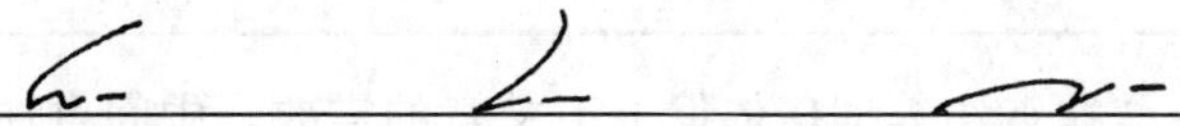

培训部 反贪局 宽带网

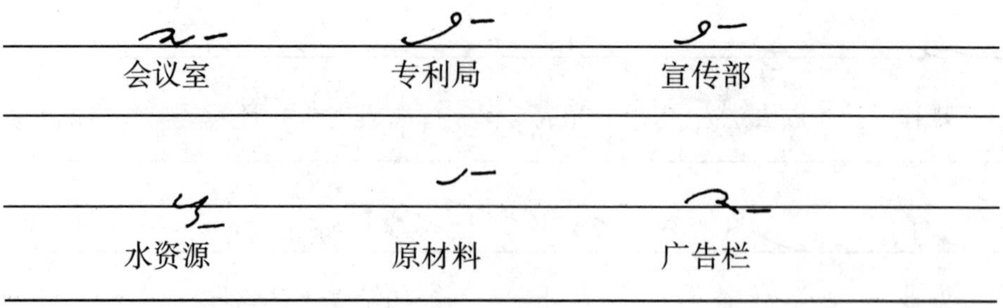

四、“点”略法

（一）“或字点”略法

“或点”“或”“或者”是选择句式结构的连词，可将“点”写在基线上来表示。例如：

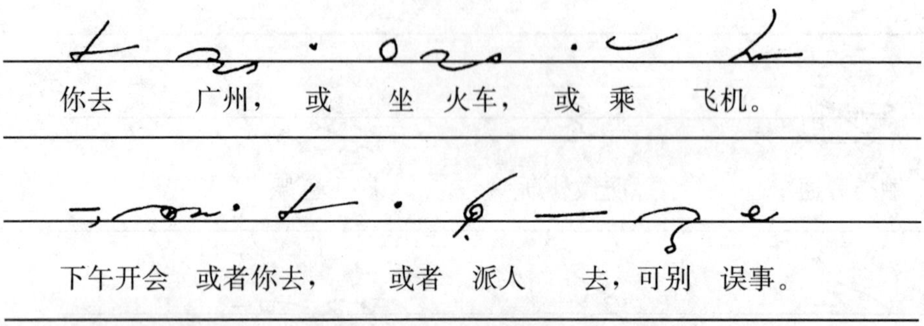

（二）“点字点”略法

由两个音节或三个音节组成的词或词组，后一个音节为“点”或“一点”的，可在前符收笔处的右下方加一个点来表示。例如：

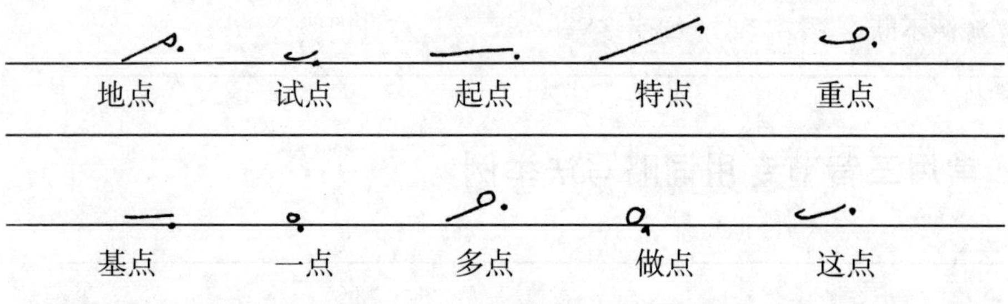

上述“多点”“做点”“这点”等词，依据上下文意的需要，中间可加“一”字，如“多一点”“做一点”“这一点”；“一点”，再加一个点，表示“一点点”；“基点”，中间加“本”符，表示“基本点”。例如：

多一点　做一点　一点点　基本点

(三) 特别提高点

连写后的词，如前后两符符形相同，而后一个符号又是高位符的，后边的音符可以省略，在前符收笔处的右上方加一个“点”来表示。这个点就叫做“特别提高点”。例如：

1. 原写法

往往　刚刚　指针　远远　师生

2. 略写法

往往　刚刚　指针　远远　师生

(四) “意义点”

在句子中，凡是后面两个音节为“意义”的，可把“意义”两符省略，在前面两符的正上方加写一个“点”来表示。例如：

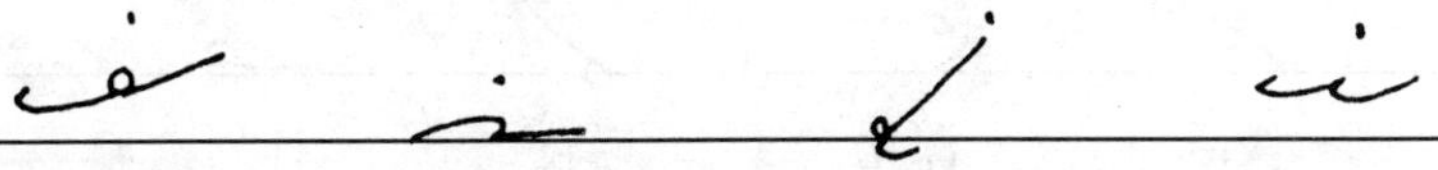

重大意义　国际意义　历史意义　政治意义

五、连写变化略符

(1) 小扁圈连写在前符的内、左、下方，可表示“jie、lie”等音节。例如：

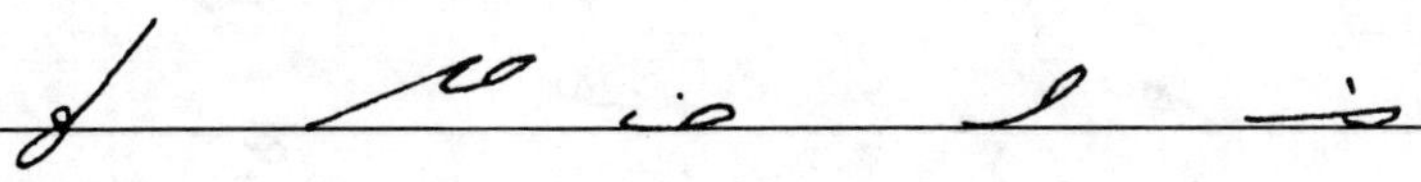

理解　调节　直接　简洁　气节

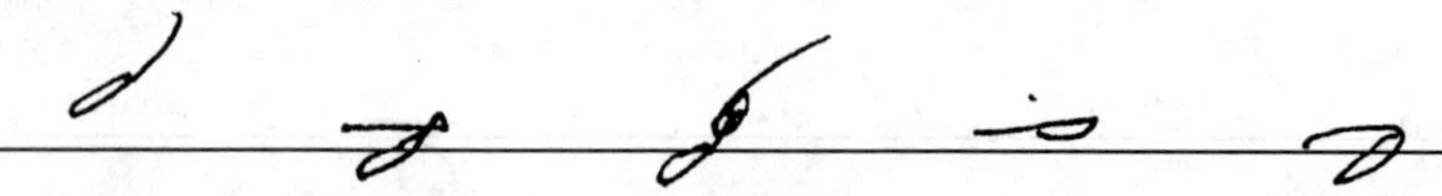

分解　剧烈　排列　激烈　割裂

（2）小扁圈连写在前符的外、右、上方，可表示“jue、que、lüe”等音节。例如：

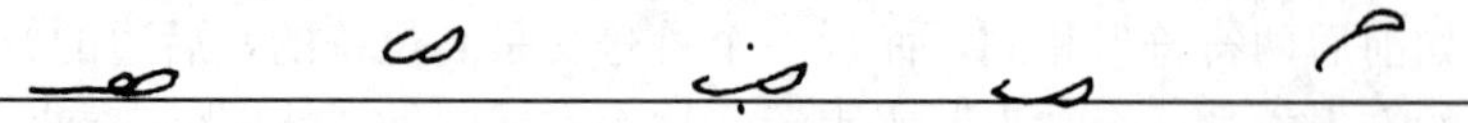

拒绝　表决　自觉　直觉　感觉

正确　的确　战略　策略　大略

（3）大圆圈连写在前符的内、左、下方，可表示“jia、cha、fa、za”等音节。例如：

增加　打假　人家　督查　核查

视察　合法　设法　复杂　夹杂

（4）大圆圈连写在前符的外、右、上方，可表示“hua、duo”等音节。例如：

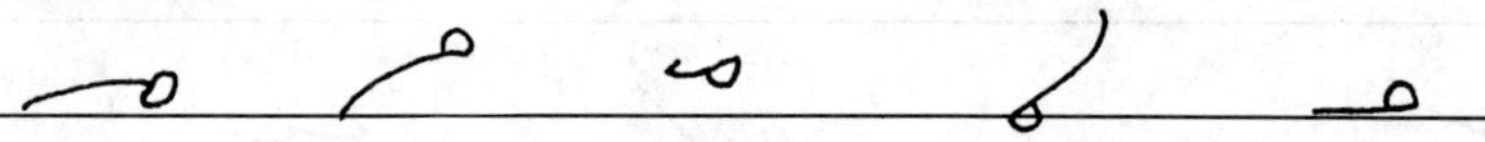

刻画　谈话　深化　孵化　计划

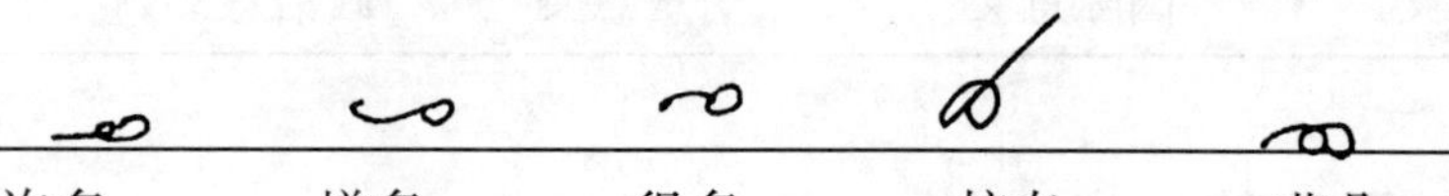

许多　增多　很多　掠夺　花朵

（5）大破圈连写在前符的内、左、下方，可表示“gai、kai”等音节。例如：

气概　大概　掩盖　整改　修改

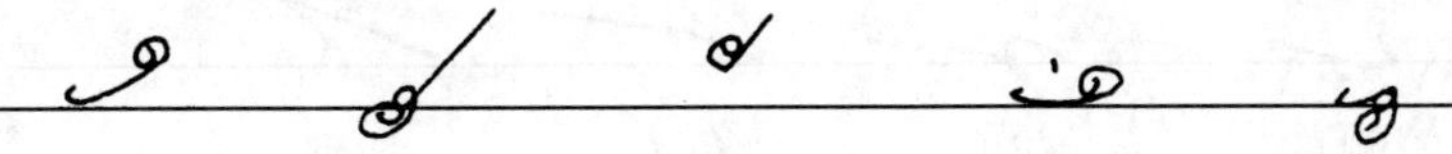

展开　离开　人才　制裁　色彩

（6）大破圈连写在前符的外、右、上方，可表示“bai、pai、dai”等音节。例如：

表白　成败　腐败　安排　党派

摊派　现代　时代　接待　对待

（7）“an”符连写在词尾，可表示“zhan、qian、chan”等音节。例如：

发展　开展　车站　目前　当前

生产　资产　房产　纠缠　除颤

（8）“ei（ui）”符连写在词尾，可表示“bei、pei、hui、gui”等音节。例如：

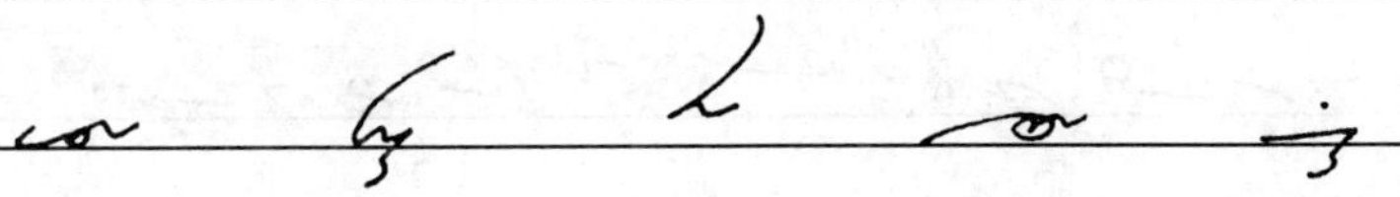

设备　配备　分配　开会　机会

恩惠　智慧　宝贵　珍贵　尖锐

此外，为了提高书写速度，对一些常用词，可在不影响认读的情况下，按照“省声留韵”或“省韵留声”的规则简写，也可事前或随机配置一些连写变化略符。例如：

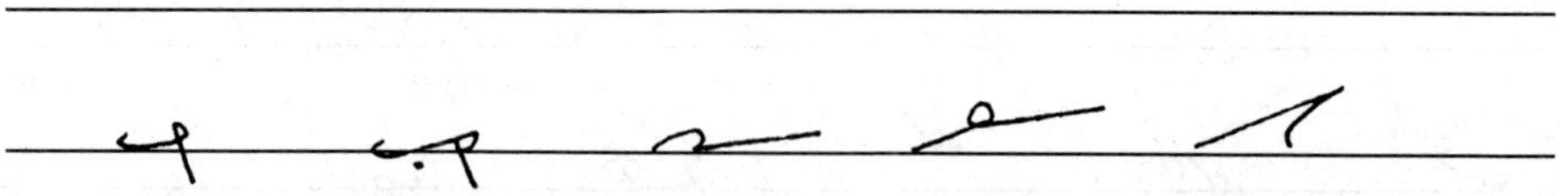

质量　测量　获取　争取　特别

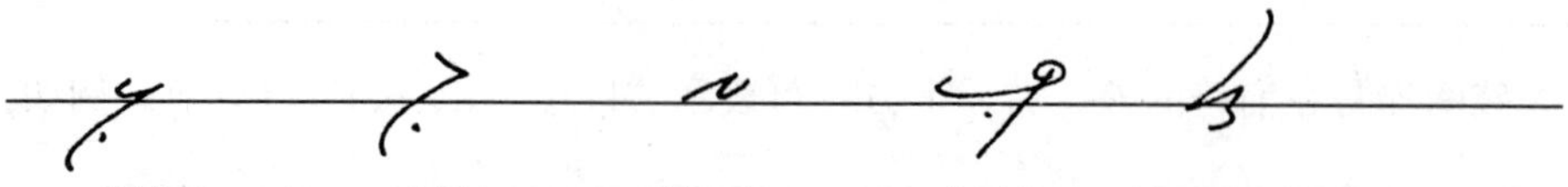

视频　商品　按照　材料　反对

六、实训

（1）抄写或听写音符独用略符 20 遍以上。

（2）将下面的词组和语段用略符略法抄写或听写 10 遍以上。

1）词组练写：

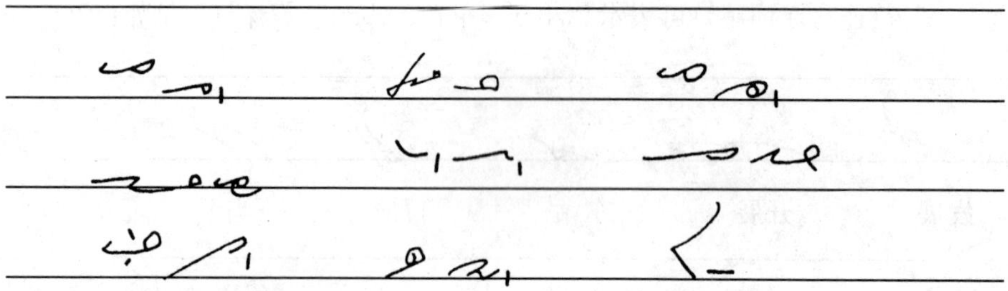

正确解决　年度计划　深化改革

基础设施　网络经济　情节严重

增加投入　安排会议　分门别类

2）语段练写：

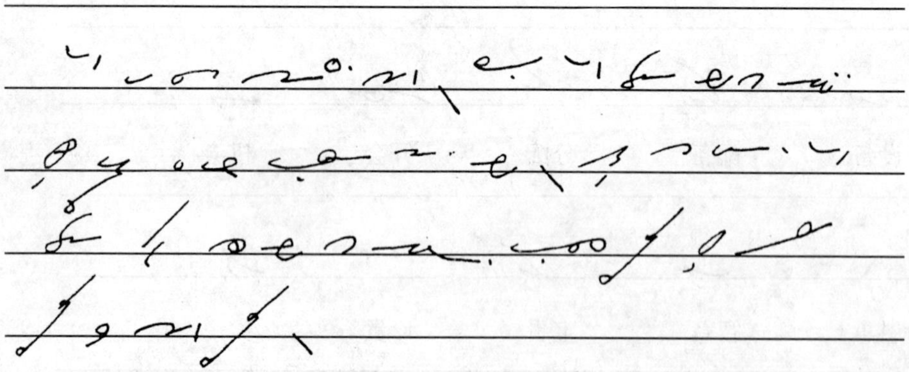

网络是一个国际化的环境。因此，网络编辑需要有较高的外语水平，以适应采集信息的需要。对于更高级的网络编辑来说，还需要有较强的策划能力、业务拓展能力与管理能力。

第四节 数字、日期、时间略写法

一、数字的写法

速记中数字的写法，是以阿拉伯数字为基础的，并以其为依据，进行必要的改写或略写。作为一种承载数据的符号，数字在快速记录中是经常遇到的，也是容易出现问题的。少写一个“零”或者颠倒一个数字，就会造成错误甚至是严重错误。因此，不但要记熟速记中数字的写法，还要掌握好数字的略写方法。

（一）一般数字的写法

（1）“一”与“十”单写时，可用速符表示。例如：

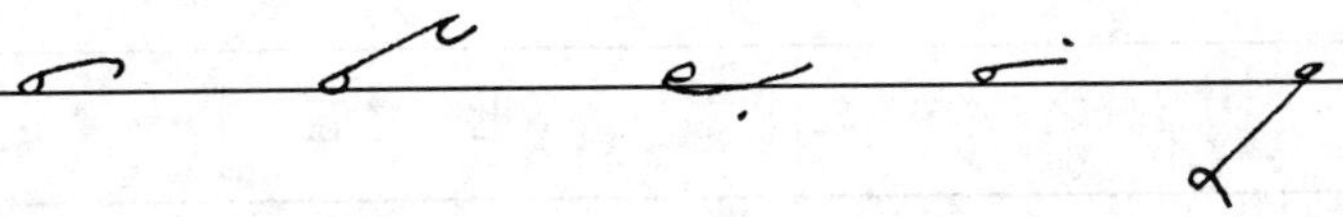

一个　一条　一次　一斤　一辆

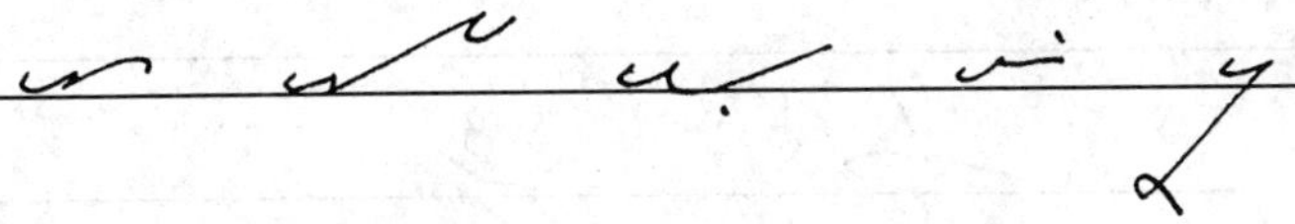

十个　十条　十次　十斤　十辆

（2）以“十”“百”“千”“万”“亿”为单位的数字，可用速符表示“十、百、千”单位，可将相关速符与前面的关联数字相连写；“万、亿”单位，可将相关速符附写在前面关联数字的右下方。例如：

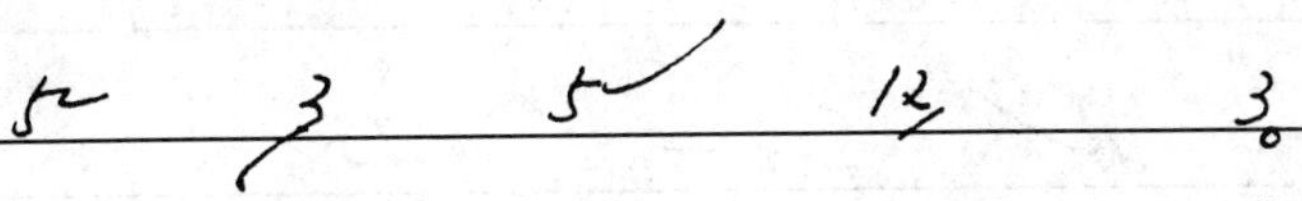

五十　三百　五千　十二万　三亿

（3）个位数字不是零的仍用阿拉伯数字。例如：

12　35　246　5236

十二　三十五　二百四十六　五千二百三十六

（二）小数、比例数、序数和分数的写法

（1）小数、比例数仍用阿拉伯数字的写法。例如：

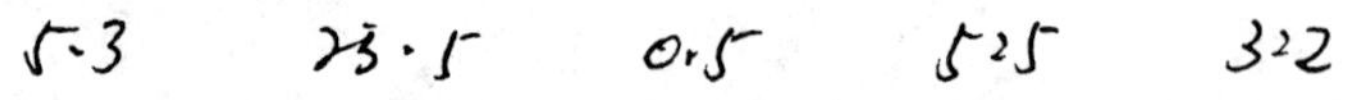

5.3　　23.5　　0.5　　5∶5　　3∶2

（2）序数的写法一般用“点”点在数字的正上方。例如：

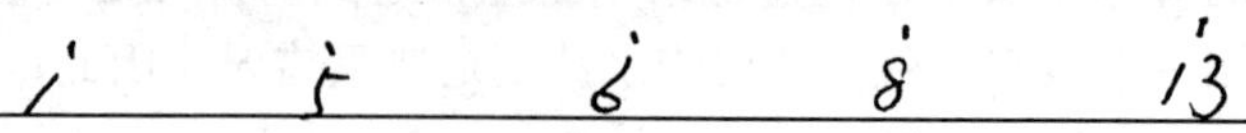

第一　　第五　　第六　　第八　　第十三

（3）分数的写法：略去分数线，分子、分母照写。例如：

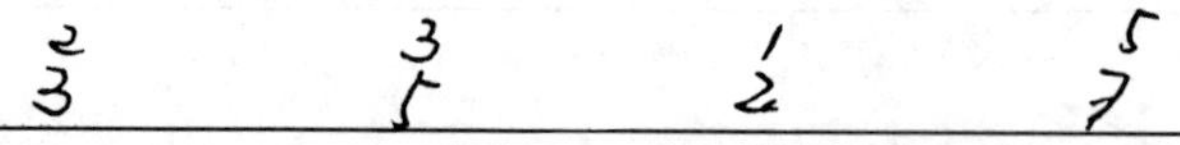

三分之二　　五分之三　　二分之一　　七分之五

数字中遇有“提高”“扩大”“增加”等词，可缩为“提”“扩”“增”等速符，并以此代表分数线，分子、分母照写。例如：

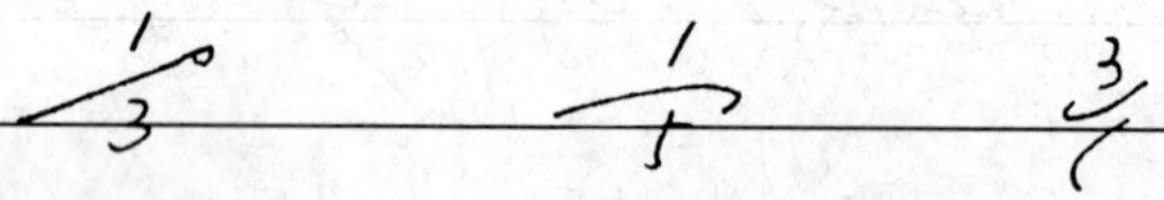

提高三分之一　　扩大五分之一　　占百分之三

（三）不定数的写法

用“*an*”符或“*ang*”符写在数字后面，表示不定数。例如：

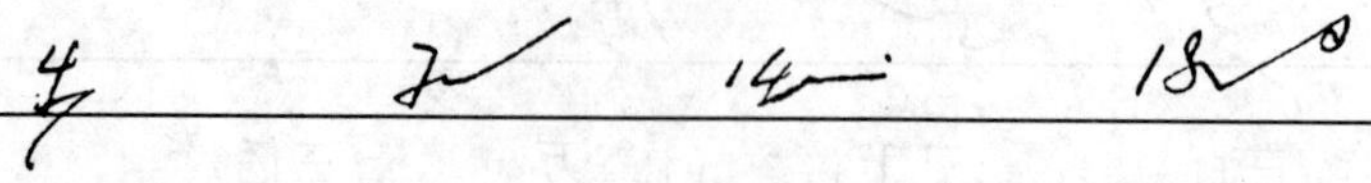

四五百　　七八千　　十四五斤　　十八九台

（四）量词的写法

数字中遇有“度”“斤”“吨”等量词的，均用速符或数字来表示。例如：

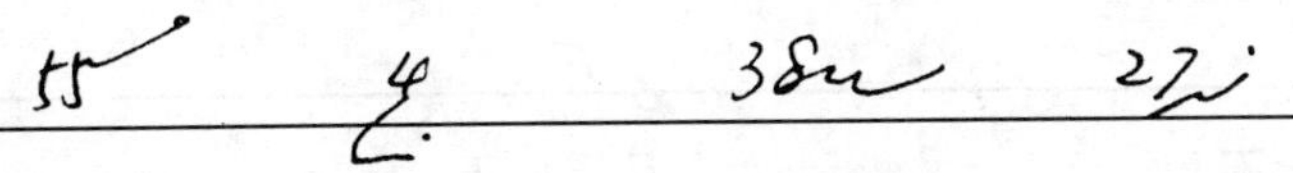

55 度　　400 斤　　380 只　　27 万元

如名词已在数字前出现，可以推知量词的，则量词可省略。例如：

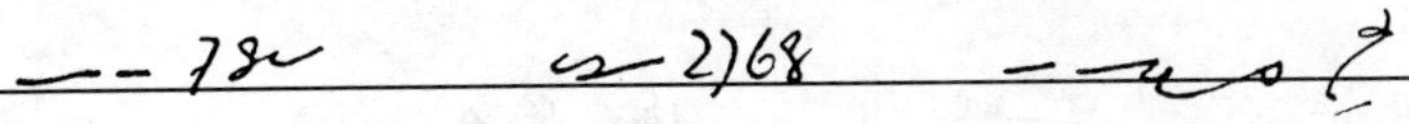

计算机 780 台　　手机 2768 部　　小轿车 200 万辆

二、日期及时间的写法

(一) 年、月、日的写法

1. 年与世纪的写法

快速记录时，20 世纪的“20”可省略，整理时再还原；在此以前的“世纪”数字要写全；“上半年”“下半年”分别用“ang”符和“xi”符来表示。例如：

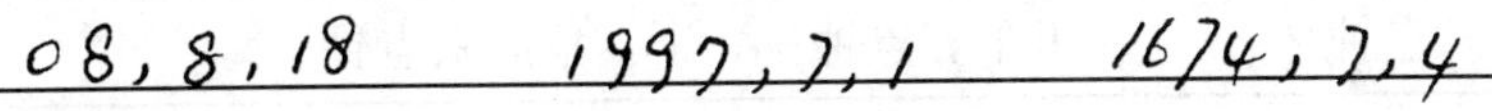

2008 年 8 月 18 日　　1997 年 7 月 1 日　　1674 年 7 月 4 日

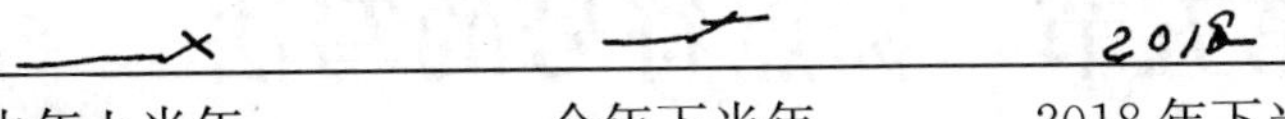

去年上半年　　今年下半年　　2018 年下半年

2. 月、季的写法

半个月　　一个月　　三个月　　十二个月

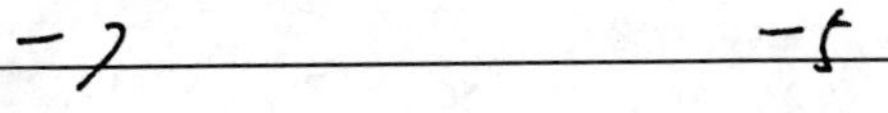

不到七个月　　不到五个月

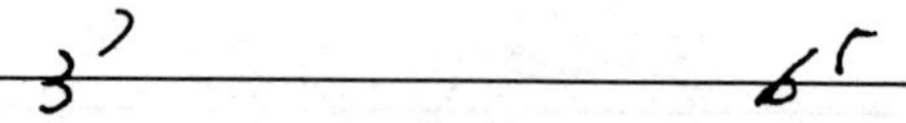

三个月零七天　　　　六个月零五天

2 月份　　　　去年 11 月份　　　　今年 3 月份

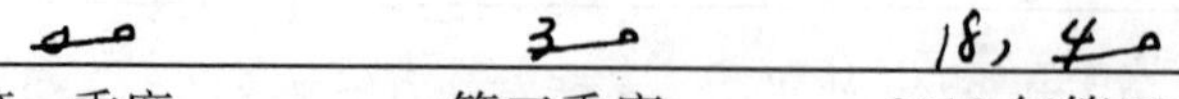

第一季度　　　　第三季度　　　　2018 年第四季度

（二）时间的写法

在数字前面加“点”表示“小时”；将“点”点在数字左上方表示上午；点在左下方表示“下午”；点在正上方，表示“早晨”。例如：

3 小时　　　　3 个多小时　　　　3 个半小时

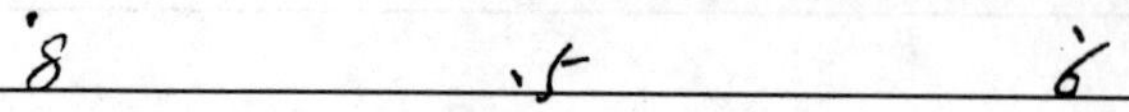

上午八点钟　　　　下午五点钟　　　　早晨六点钟

第五节　标点符号的写法

速记中的标点符号是在快速记录时，用以表示讲话人语句的停顿、语气、词语性质、作用的辅助性标志，它是速记符号体系的有机构成部分，对于反映语言信息发布者的原意、情感和维护语言的规范化有着不可或缺的作用。

一、标点符号的种类

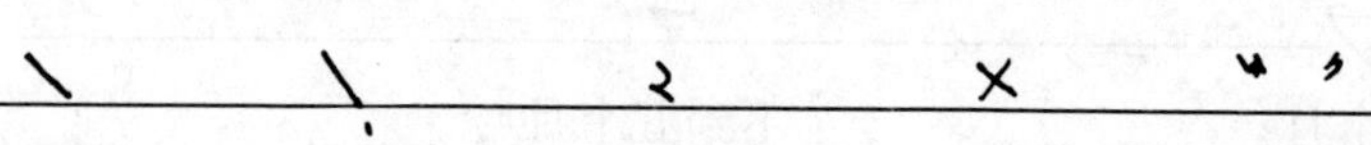

句号　　　　叹号　　　　冒号　　　　问号　　　　引号

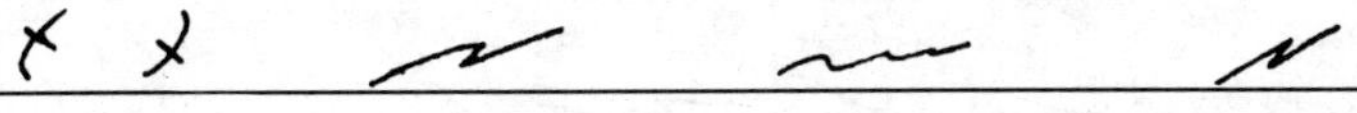

括号　　破折号　　省略号　　专名号

二、标点符号的写法

逗号、顿号：不写实体，用速符的间隔来表示，其间隔相当一个横写的中型符。
句号：将“ang”符写在基线下来表示。
叹号：在速符句号的下面加一点来表示。
分号：用速记中的句号来表示。
冒号：用上下错笔相连的两个小斜点来表示。
问号：用一个小乘号附在前符收笔处的正右方来表示。
引号：用两个小“en”符和两个小“ri”符并列提高连写来表示。
括号：在“bo”“mo”两符上各加一个小斜划来表示。
破折号：用两个平行连写的“de”符来表示。
省略号：用一个长度等于“qi”符而提高写的波浪线来表示。
书名号：用汉语标点符号中的单书名号来表示。
专名号：用两个“an”符平行连写，附在前符收笔处的右下方来表示，用于表示国名、地名和熟悉的人名等（见例7）。

三、速记标点符号用法举例

例1：

托尔斯泰说：“理想的书籍是智慧的钥匙。”
例2：

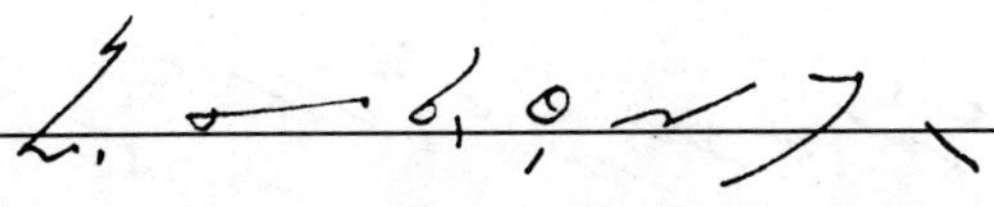

人类的一切努力的目的在于获得幸福。

例 3：

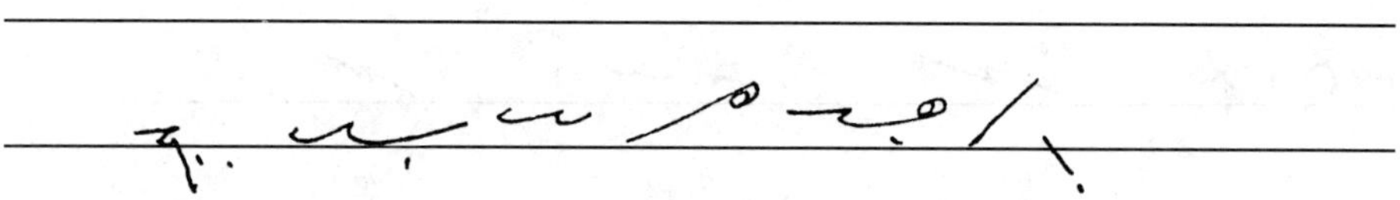

校长的致辞真是太精彩了！

例 4：

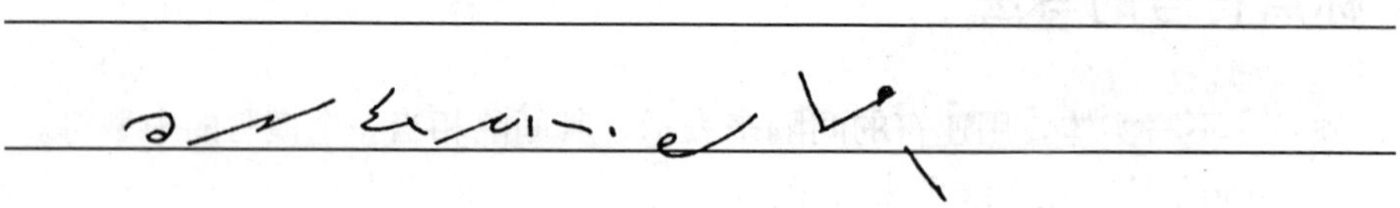

友谊——人生道路上的一盏明灯。

例 5：

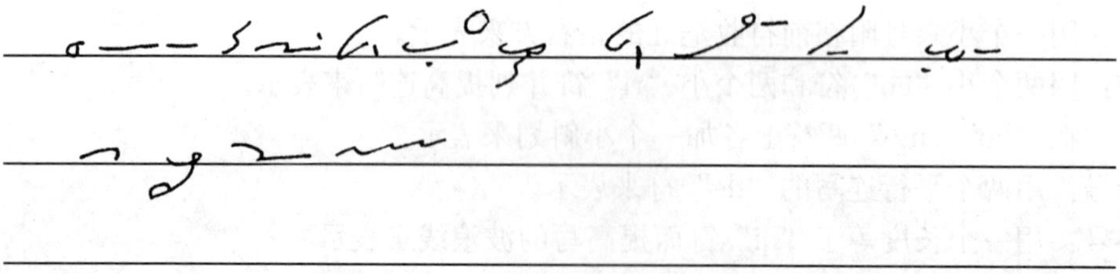

以计算机为核心的办公自动化设备，包括传真机、复印机、扫描仪、数码相机……

例 6：

《史记》是千古之绝唱，无韵之离骚。

例 7：

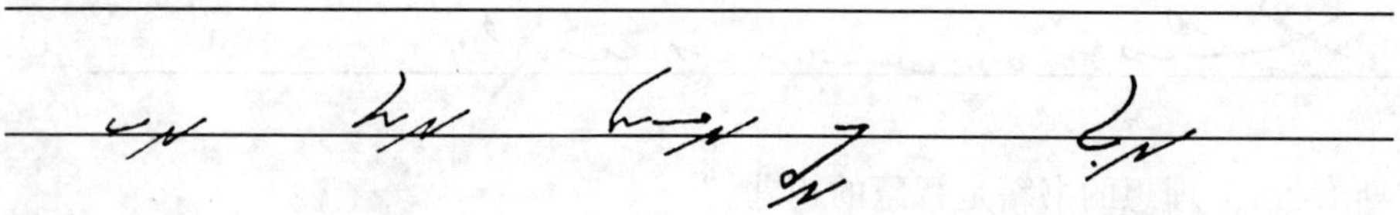

中国　美国　北京　悉尼　莫斯科

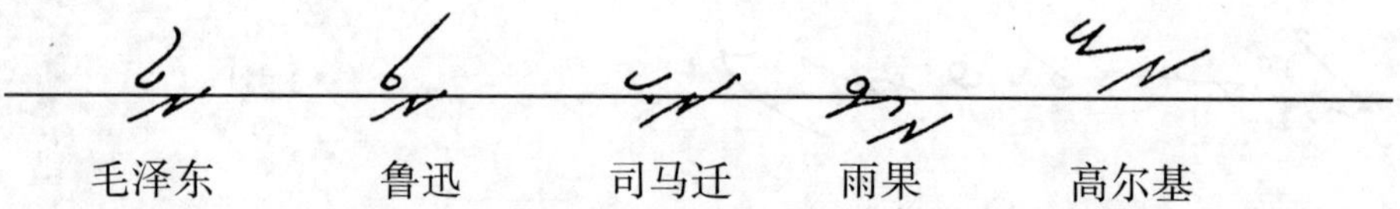

毛泽东　鲁迅　司马迁　雨果　高尔基

音符小结

"ei（ui）"组音符：

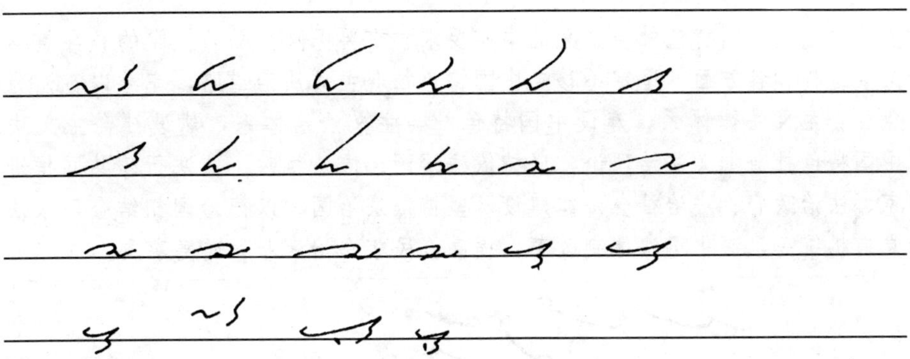

"uan"组音符：

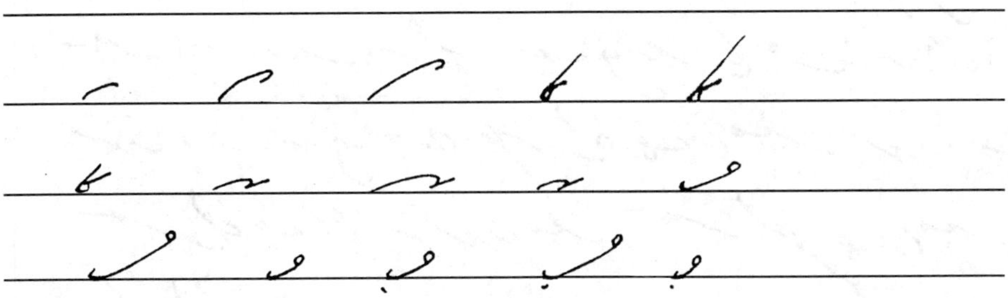

"uang"组音符：

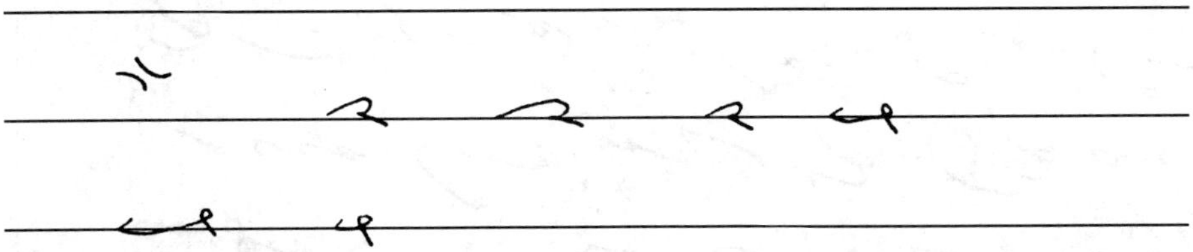

"uan"组音符：

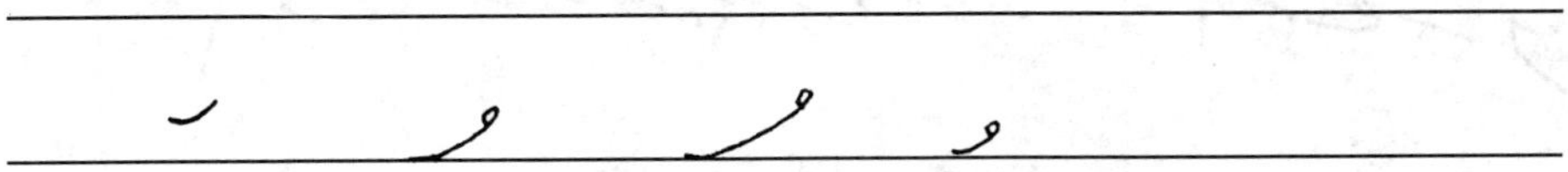

思考与练习

1. 简述韵符"ei（ui）、uan、uang、üan"与声符的拼写规则。
2. 简述韵符"ei（ui）、uan、uang、üan"及其音符的连写规则。
3. 何谓"连写变化略符"？其写法主要有哪几种类型？
4. 抄写或听写本章各节连写举例20遍以上。

5. 将下面的短文写成速符，并反复抄写或听写，直至将短文写熟，分速力求达到90字以上。

坚持全面依法治国

全面依法治国是中国特色社会主义的本质要求和重要保障。必须把党的领导贯彻落实到依法治国全过程和各方面，坚定不移走中国特色社会主义法治道路，完善以宪法为核心的中国特色社会主义法律体系，建设中国特色社会主义法治体系，建设社会主义法治国家，发展中国特色社会主义法治理论，坚持依法治国、依法执政、依法行政共同推进，坚持法治国家、法治政府、法治社会一体建设，坚持依法治国和以德治国相结合，依法治国和依规治党有机统一，深化司法体制改革，提高全民族法治素养和道德素质。

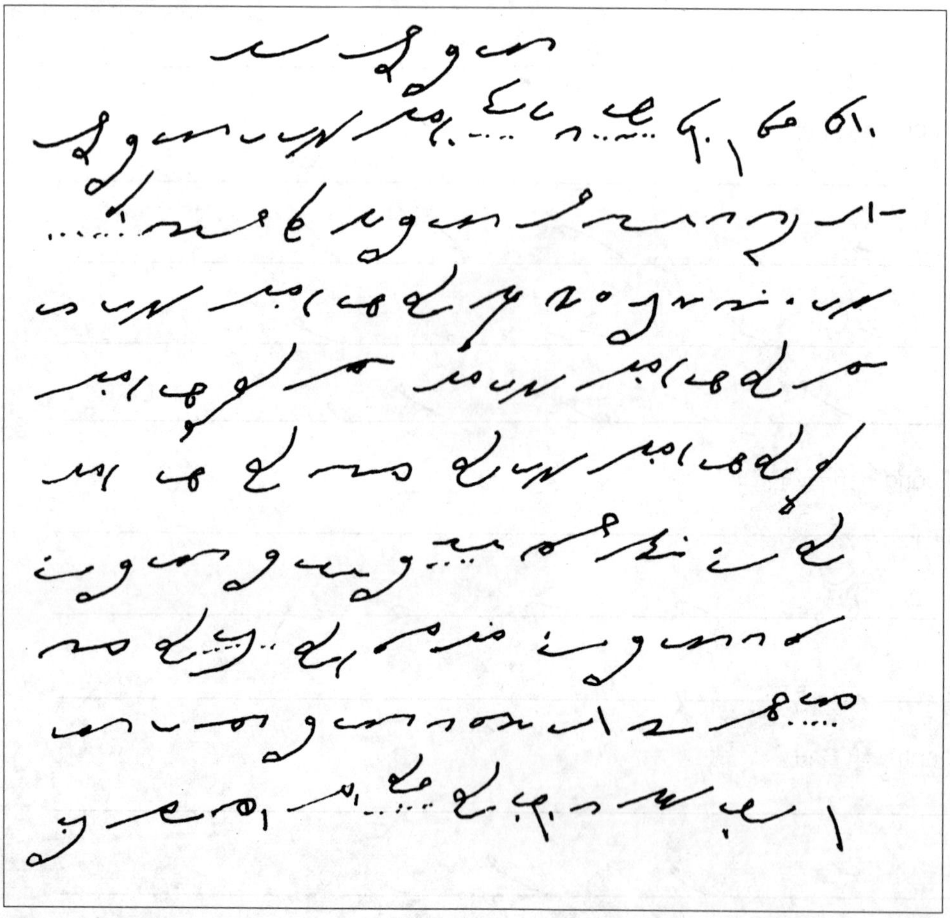

摆在我面前的是这样一本书——《历史上最伟大的演说辞》。在它的序言中有这样一段精彩的论述：把历史看作是人类的精神史，今天不会有多少人反对了。人类精神的创造力如此巨大，它催生了人类的思想、宗教、伦理、制度、物质形态以及同样丰富多彩的生活方式。在精神世界里，苏格拉底倾诉着自己的命运，黑格尔陈述着自己的见解，昆德拉表白着自己的看法……虽然他们分别说着各自的事情，历史在这些不同的言辞里或闪现出崇高，或是坚定，或是机智，但是关注生活，关注存在的本质，却从古至今是一致的。

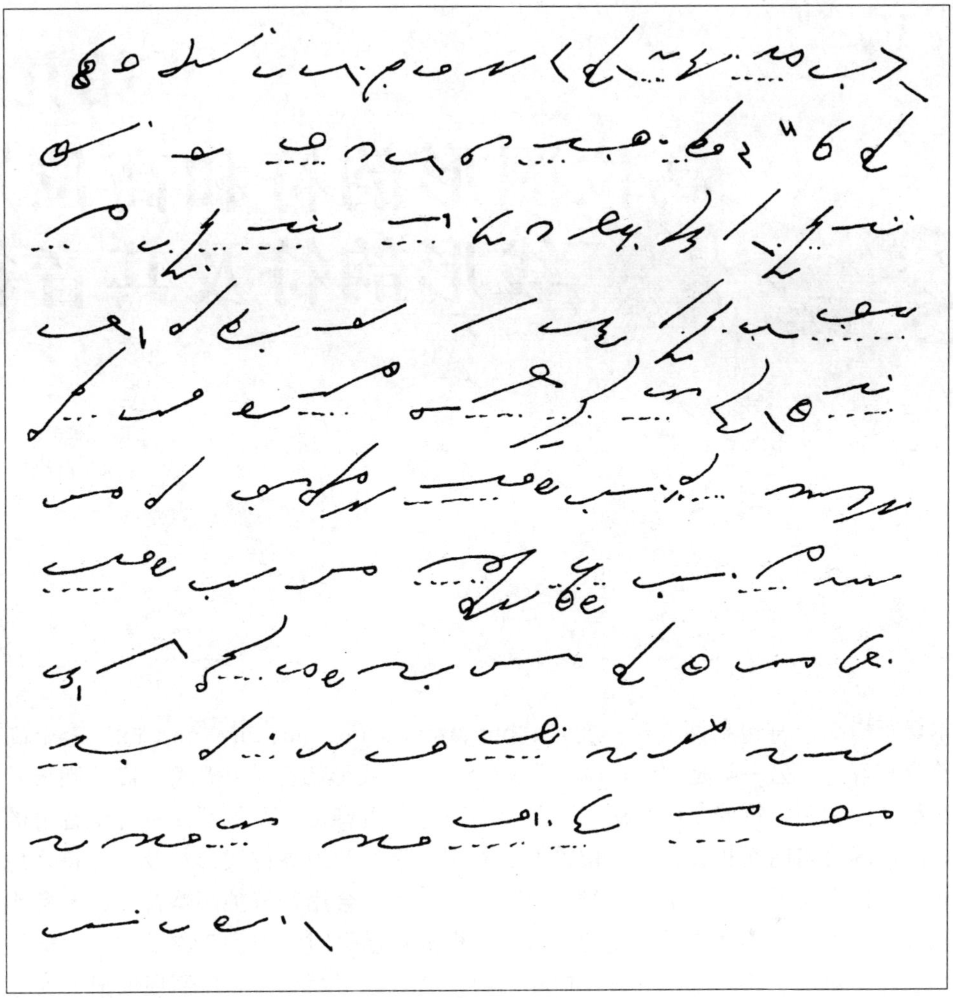

第九章 高位圈形韵符和高位短线形韵符及其音符

本章所指高位符包括两类：一类是“ong、iong、in、ing、ue、un、ün”七个高位圈形韵符及其音符；另一类是“ian、iang”两个高位短线形韵符及其音符。高位圈形符，基本上都是前面相关音符的变位写法。因此，学习这七组音符，要特别注意各组音符的变位规则，严格区分与前面相关音符在位置上的差别。学习两组高位线形符及其音符，应特别注意相关音符在符形上的区别。同时，要写准、记牢、会用音符独用略符，以及各类中附离略法等，并加强认读和书写速度的练习。可根据自己平时学习和工作的需要，运用全部速符和已经学过的略符略法，多做些抄写练习，特别是听写练习和口语现场记录练习。

第一节 高位大圈形韵符“ong、iong”及其音符

一、“ong”符及其音符

（一）“ong”符及其音符的写法

“ong”组音符（含“ong”符）共有 14 个：

ong 翁	dong 东	tong 通	nong 农	long 龙

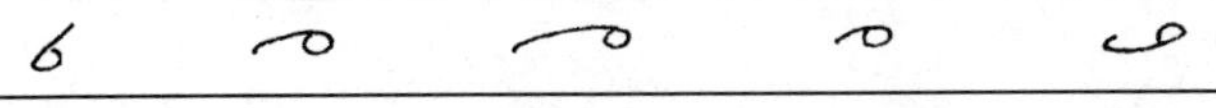

rong 容	gong 工	kong 空	hong 轰	zhong 中

chong 冲	zong 宗	cong 聪	song 松

1. 音符书写规则

（1）“ong”符的写法。“ong”符是将“uo（o）”提高写，其比例、笔顺均与“uo（o）”符相同。

（2）音符的写法。“ong”组音符都是高位符。声符与韵符拼写时，省略起笔线，将大圆圈分别写在相关声符的内方，横写直线符的上方，竖写直线符的右方。

（3）“nong、long、rong”三符的写法。为便于书写，“ong”符与“n、l、r”相拼，大圆圈也可写在左方。例如：

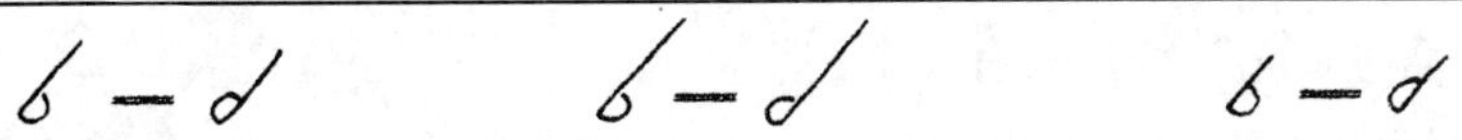

nong 农	long 龙	rong 容

2. 练写音符

（二）音符连写规则

“ong”符及其音符，都是圈形高位符，与其他符号连写时，在词首，位置照写。在词尾，有两种方法可供选择：一是可随笔写出一个小拖线，表示该符为高位符，该线叫做“圈形符提高线”，是专用于连写在词尾圈形高位符的；二是如果不写“提高线”，则应加写提高点。例如：

加提高线：

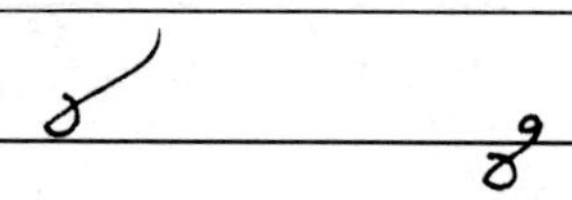

加提高点：

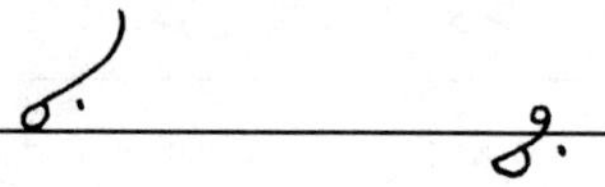

富翁　　渔翁

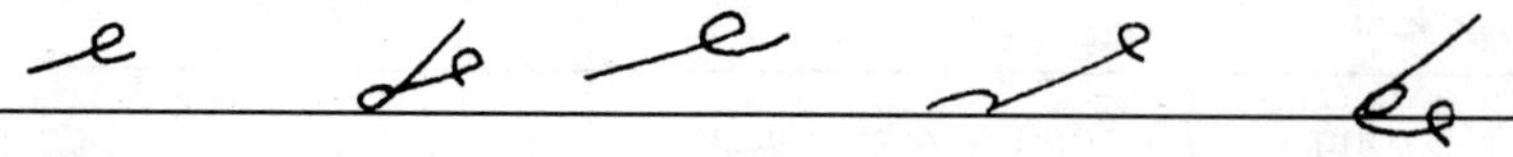

董事　　拉动　　通知　　合同　　隆重

巩固　　职工　　控制　　终止　　服从

二、“iong”符及其音符

（一）“iong”符及其音符的写法

“iong”组音符（含“iong”符）共有 4 个：

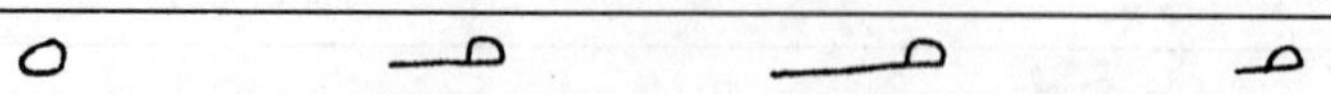

iong	jiong	qiong	xiong
拥	窘	穷	胸

1. 音符书写规则

（1）“iong”符的写法。“iong”符是将“*a*”符提高写，属高位符。圈形大小及写法与“*a*”符相同。

（2）音符的写法。“iong”符与声符相拼，是将大圈分别写在“j、q、x”三个声符的上方，并将其写成高位符（即为“jiong、qiong、xiong”）。

2. 练写音符

（二）音符连写规则

“iong”及其音符都是高位符。连写时，出现在词首，位置照写；出现在词尾，加提高线或提高点，此外，“jiong、qiong、xiong”三符在词首，其大圈有时可随笔写在下方。例如：

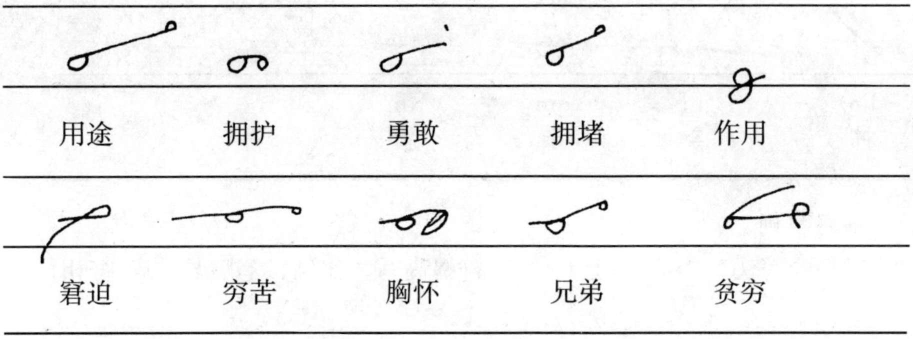

三、实训

（1）抄写或听写上述连写举例20遍以上。
（2）将速符写成词组，并将速符抄写或听写10遍以上。

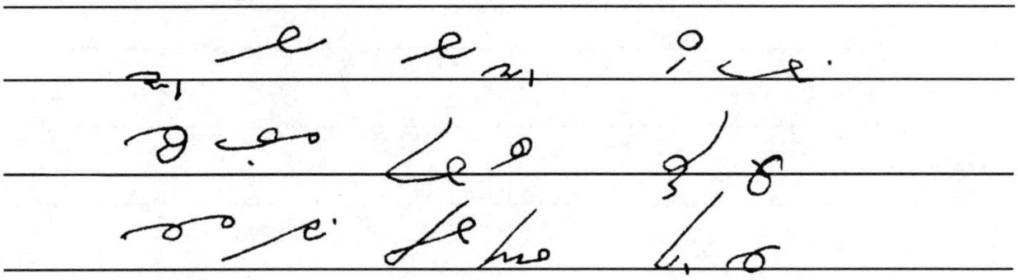

会议通知　　董事会议　　勇于创新
工作总结　　服从安排　　发挥作用
巩固提高　　拉动内需　　劳动合同

第二节　高位小圈形韵符“in、ing”及其音符

一、“in”符及其音符

（一）“in”符及其音符的写法

“in”组音符（含“in”符）共有9个：

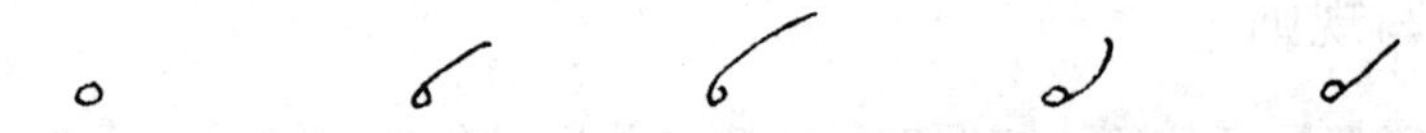

yin 因　bin 宾　pin 拼　min 民　nin 您

lin 林　jin 今　qin 亲　xin 新

1. 音符书写规则

（1）“in”符的写法。“in”符是将“i”符提高写。比例、笔顺与“i”符相同。属高位符。

（2）音符的写法。“in”组音符都是高位符，就是将“i”组相关音符上离基线提高写。所以，要注意两组音符在位置上的区别。

2. 练写音符

（二）音符连写规则

（1）“in”符连写。“in”符是高位符。连写时，在词首，位置照写；在词尾，应写在线形符的“内、左、下”方，前面圈形符的下方，并打提高点或提高线。例如：

因为　隐蔽　引进　引证　因子

复印　基因　指引　拼音　吸引

（2）音符连写。该组音符均是高位符。连写时，在词首，位置照写，后符随笔顺连；在词尾加提高点或提高线。例如：

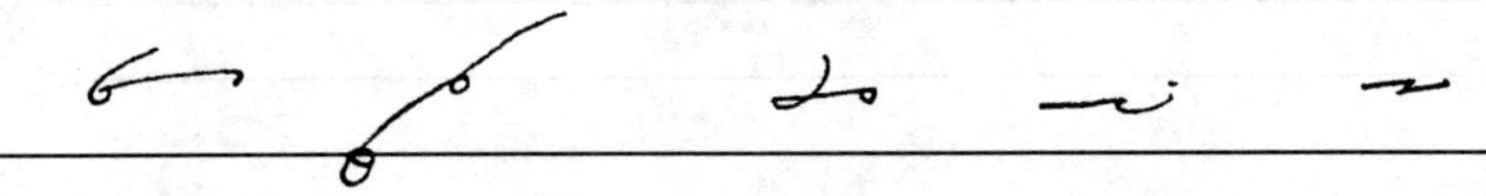

宾客　品牌　敏捷　谨慎　信息

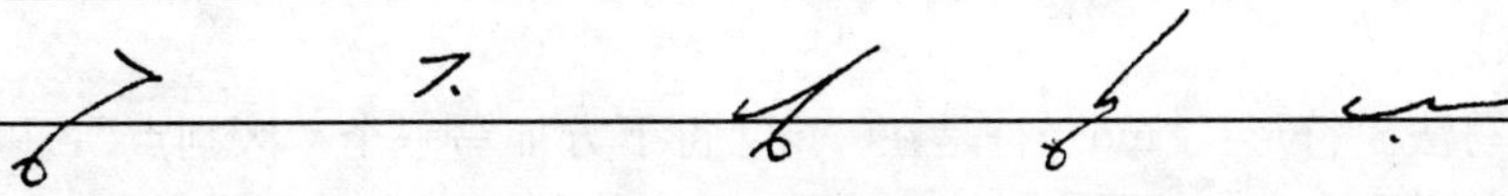

商品　信任　产品　来宾　资金

(三) 实训

(1) 抄写或听写上述连写举例 20 遍以上。

(2) 将下列词语写成速符，并抄写或听写 10 遍以上。

信息沟通	引进设备	接待来宾
颁发证书	近期处理	品德高尚
信心百倍	因地制宜	因陋就简

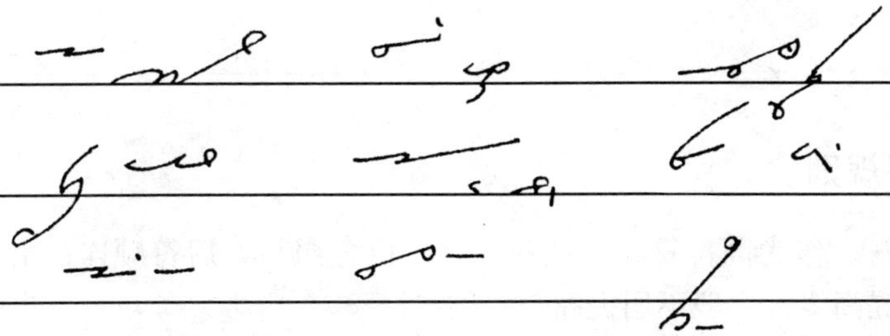

二、"ing" 符及其音符

(一) "ing" 符及其音符的写法

"ing" 组音符（含 "ing" 符）共有 11 个：

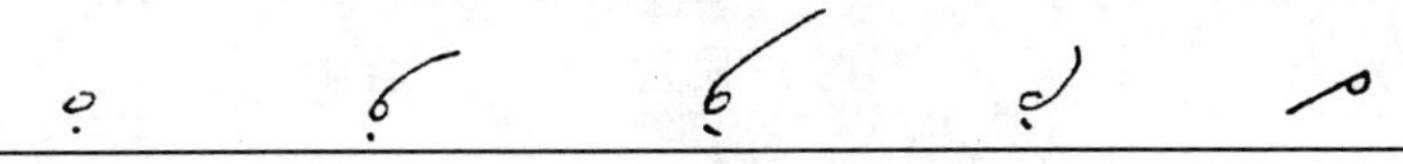

ing 应　bing 兵　ping 乒　ming 明　ding 丁

ting 厅　ning 拧　ling 玲　jing 京　qing 青

星
xing

1. 音符书写规则

（1）“ing”符的写法。符形：“ing”符是在“in”符下方加写一个“区别点”，以示与“in”符的区别；比例、笔顺与“in”符相同；位置：属高位符，要上离基线书写。

（2）音符的写法。“ing”组音符都是高位符，为与“in”符相区别，可在“ing”组音符的下方书写一个“区别点”。

2. 练写音符

（二）音符连写规则

（1）“ing”符连写。作为高位符，出现在词首，位置照写，后符顺连；出现在词尾，可在前符收笔处书写提高线，一般不用提高点。例如：

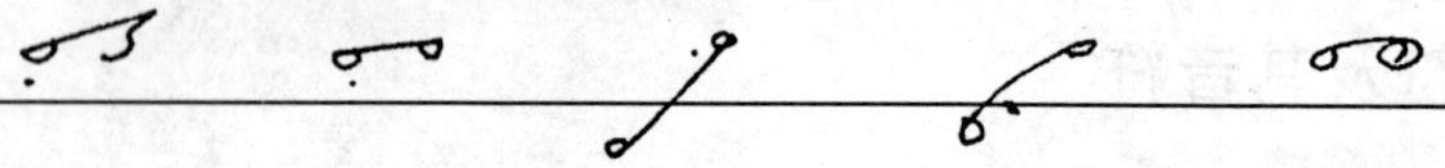

应对 迎接 盈利 应聘 应该

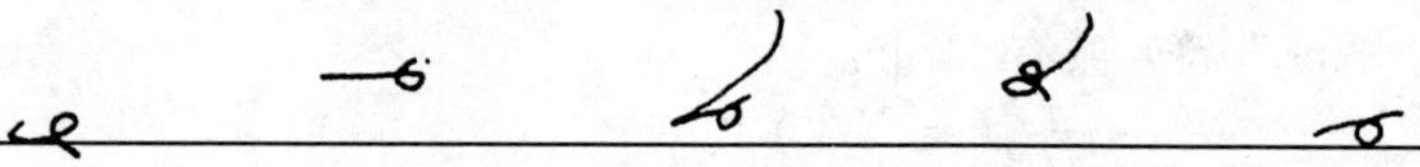

适应 经营 反映 民营 合影

（2）音符连写。在词首，位置照写，后符顺连；在词尾，随笔写出提高线，一般不用提高点。例如：

并列 评估 凭证 明白 听取

法庭　　宁可　　领导　　请示　　聘请

提示：在熟练掌握连写规则的基础上，“ing”组音符与“in”组音符也可合并使用。即用“in”组音符代表“ing”组音符。例如：

评估　　申请

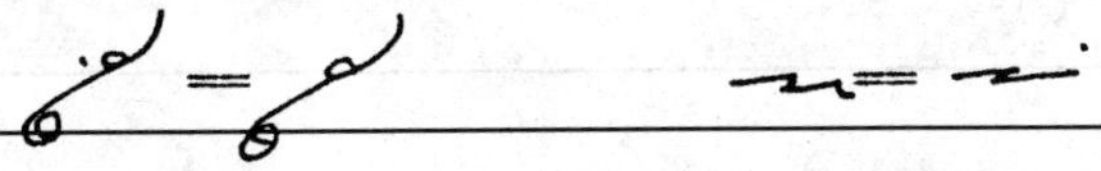

名牌　　新型

(三) 实训

(1) 将上述连写举例抄写或听写 20 遍以上。

(2) 将下列词组写成速符，并抄写或听写 10 遍以上。

知识经济	信息产业	知名品牌
合资经营	新型产品	股份公司
制订计划	谈判规则	企业评估

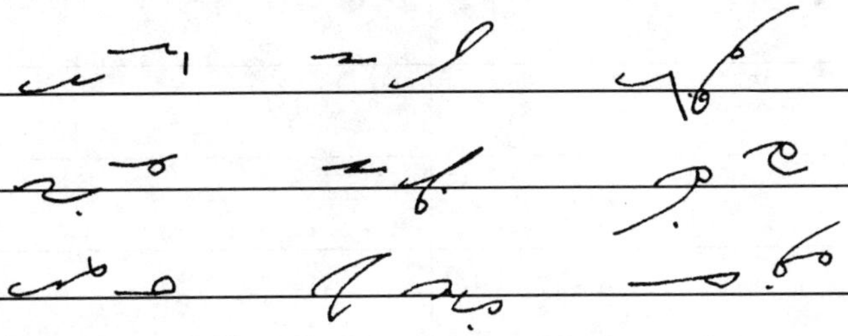

第三节　带拖线圈形韵符和扁圈形韵符及其音符

一、带起笔线圈形韵符“un”及其音符的写法

(一)“un”符及其音符的写法

“un”组音符（含“un”符）共有 14 个：

un 温	dun 吨	tun 吞	lun 抡	run 润

gun 滚	kun 昆	hun 昏	zhun 准	chun 春

shun 顺	zun 尊	cun 村	sun 孙

1. 音符书写规则

（1）“un”符的写法。“un”符是带起笔线的小圆圈，即将“u”符上离基线书写变为高位符；其比例与“u”符相同。

（2）音符的写法。“un”组音符是将“u”组部分音符上离基线书写变为高位符。“un”组音符与“u”符的根本区别在于位置上的不同，“un”组音符是高位符，而“u”组音符则是基线符。

2. 练写音符

（二）音符连写规则

“un”组音符都是圈形高位符。连写时，出现在词首，位置照写；出现在词尾，加写提高线（见例1、例2）。

例1：

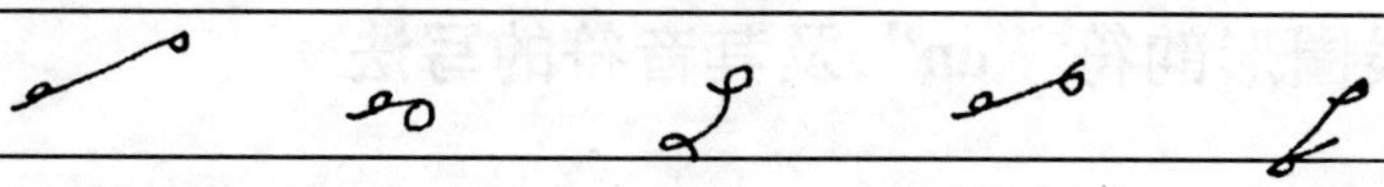

问题	文化	文明	稳定	温暖

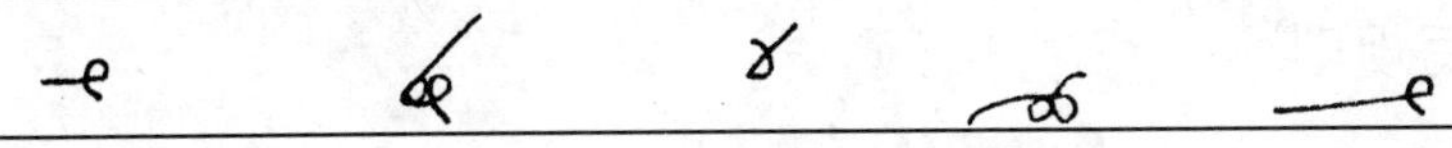

新闻　论文　人文　顾问　气温

例 2：

停顿　吞吐　困难　捆绑　混合

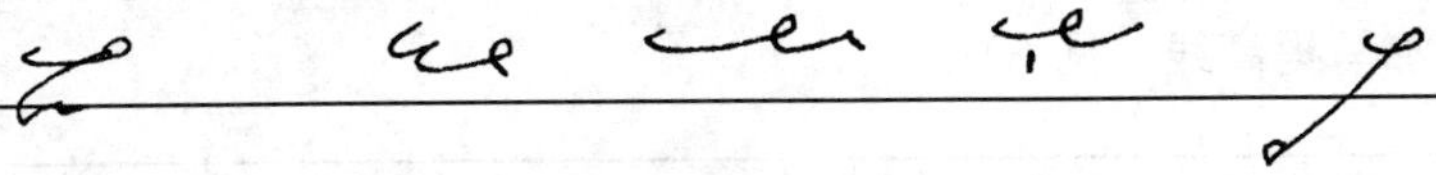

准备　标准　纯正　尊重　顺利

(三) 实训

(1) 将上述连写举例抄写或听写 20 遍以上。
(2) 将下列速符写成词语，并将速符抄写或听写 10 遍以上。

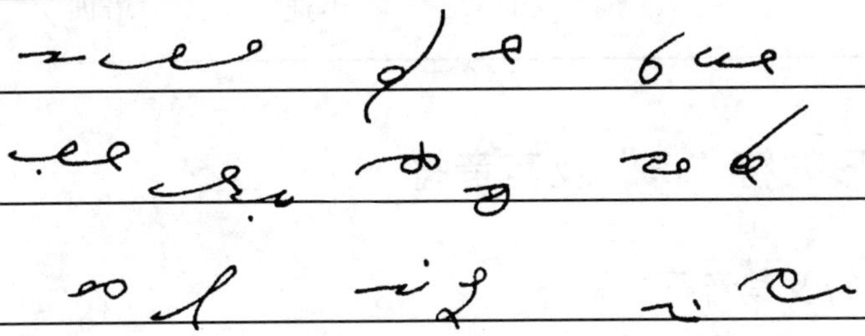

信息存储　发布新闻　把握标准
尊重创造　公文写作　学术论文
文化传播　精神文明　希望工程

二、带拖线小圈形韵符“ün”及其音符

“ün”组音符（含“ün”符）共有 4 个：

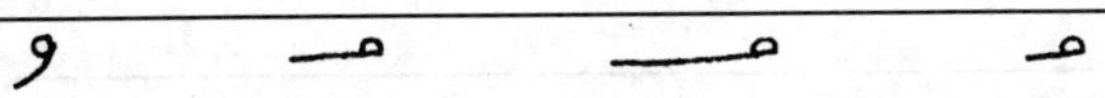

ün	jun	qun	xun
晕	君	群	寻

（一）音符书写规则

（1）“ün”符的写法。“ün”符是将“ü”符提高书写变为高位符；比例、笔顺均与“ü”符相同。

（2）音符的写法。“jun、qun、xun”三个音符，是将“ü”组音符中的“ju、qu、xu”三符提高写，即该组音符都是高位符。

（二）音符连写规则

（1）“ün”符连写。“ün”符在词首，位置照写；在词尾，将“ün”符变为与“于划”相同的小短线，并在收笔处右上方加提高点，称作“云划”（见下例）。

（2）音符连写。“jun、qun、xun”三符均是圈形高位符。连写时，出现在词首，位置照写；出现在词尾，加写提高线（见下例）。

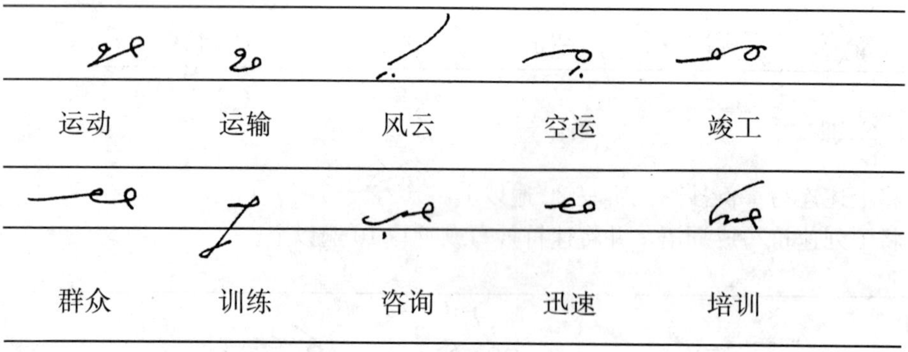

三、扁圈形韵符“üe”及其音符

（一）“üe”符及其音符的写法

“üe”音符（含“üe”符）共有6个：

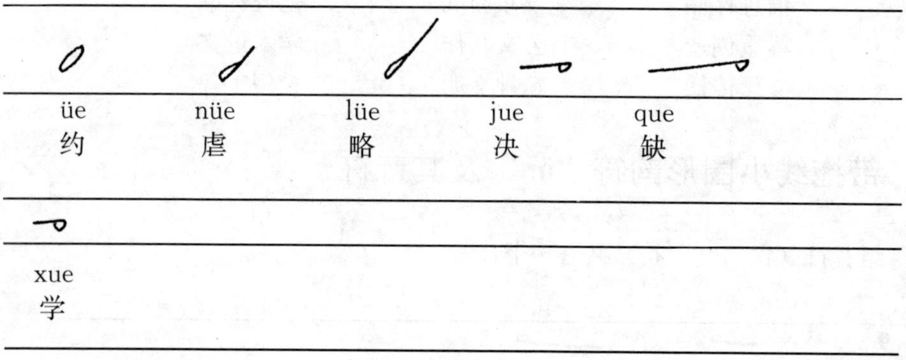

1. 音符书写规则

（1）“üe”符的写法。“üe”符是将“ie”符提高写，属于高位符；比例、笔顺均与“ie”符相同。

（2）音符的写法。“üe”组音符是将“ie”组音符提高书写变为高位符。

2. 练写音符

（二）音符连写规则

“üe”组音符（含“üe”符）都是圈形高位符。连写时，出现在词首，位置照写；出现在词尾，加写提高线。例如：

阅读 约定 和约 疟疾 决定

学习 明确 科学 自觉 胆略

（三）实训

（1）抄写或听写上述连写举例 20 遍以上。

（2）将下面的词组写成速符，并抄写或听写 10 遍以上。

科学决策	谈判策略	知识产权
群体智能	正确决定	法律咨询
学术报告	群众利益	移动通信

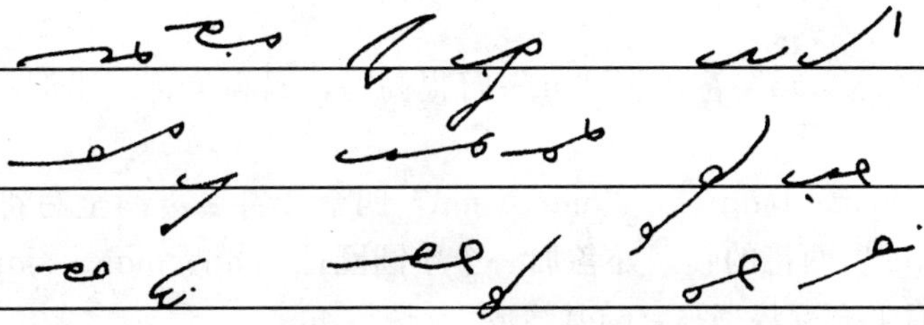

（3）用速符快速抄写下面的名言，并抄写 10 遍以上。

时间是人的财富，是人的全部财富，正如时间是国家的财富一样。因为，任何财富的取得，都是时间与行动化合之后的成果。就像一个代数公式，包含了形形色色的活动。

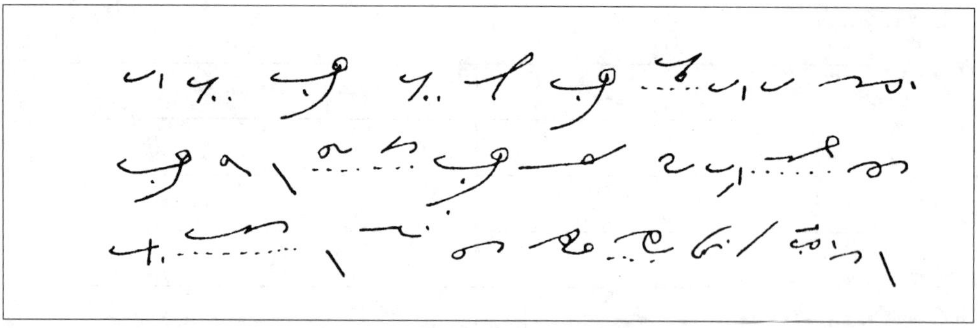

第四节　高位短线形韵符“ian、iang”及其音符

一、“ian”符及其音符

（一）“ian”符及其音符的写法

“ian”组音符（含“ian”符）共有 11 个：

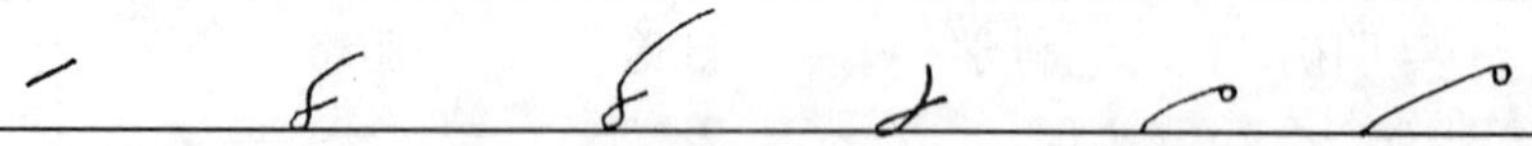

ian	bian	pian	mian	dian	tian
烟	鞭	篇	棉	颠	天

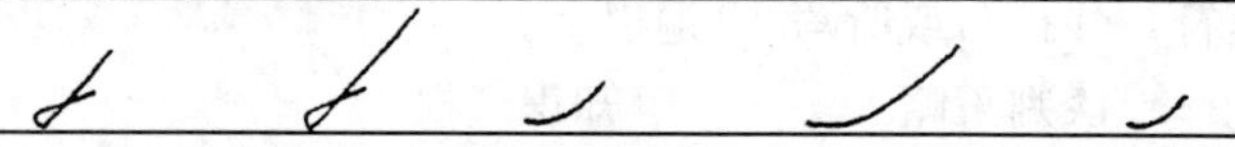

nian	lian	jian	qian	xian
年	连	尖	千	先

1. 音符书写规则

（1）“ian”符的写法。“ian”符是将“an”符提高写，属高位符；比例、笔顺均与“an”符相同。

（2）音符的写法。“bian、pian”与“nian、lian”四个音符属声韵全写符；“dian、tian”两符是在“dan、tan”两符的收笔处各加一个小圆圈；“jian、qian、xian”三符均是曲线符，从左下方至右上方逐势书写，与基线成 15°～20°角。

（3）简化符的写法。简化符是速记符号的重要构成部分，凡是音符中的简化符，均与同音字通用。“dian、tian”和“jian、qian、xian”5 个音符均是简化符。

2. 练写音符

（二）音符连写规则

（1）“ian”符连写。“ian”符是高位符，连写时，在词首，位置照写；在词尾，加“提高点”（见例 1）。

（2）音符连写。与一般的速符连写的规则相同（见例 2）。

例 1：

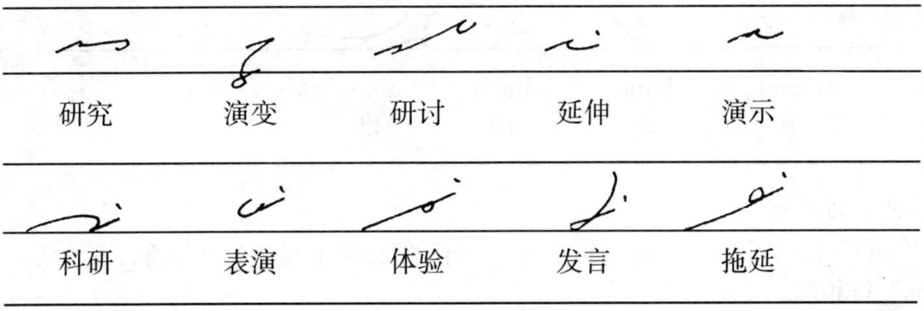

例 2：

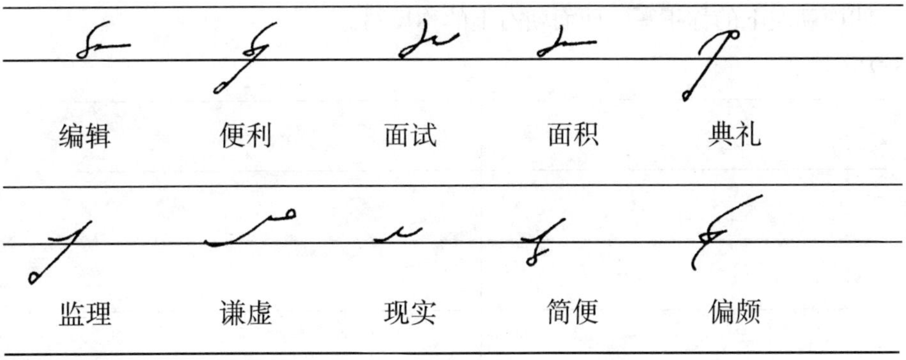

（三）实训

（1）抄写或听写上述连写举例 20 遍以上。

（2）将下列词组写成速符，并抄写或听写 10 遍以上。

基础研究　　电子邮件　　科研成果

编辑出版	加强法制	磁卡电话
发挥作用	谦虚谨慎	经济建设

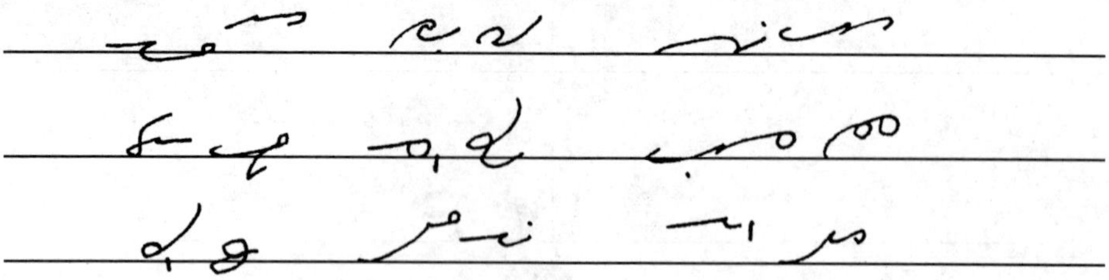

二、“iang”符及其音符

（一）“iang”符及其音符的写法

“iang”组音符（含“iang”符）共有6个：

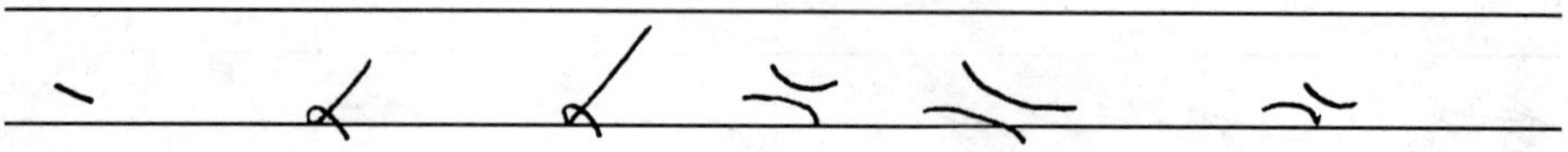

iang	niang	liang	jiang	qiang	xiang
扬	娘	凉	江	枪	香

1. 音符书写规则

（1）“iang”符的写法。“iang”符是将“ang”符提高书写变为高位符；其比例、笔顺均与“ang”符相同。

（2）音符的写法。“niang、liang”两符是声韵全写符；“jiang、qiang、xiang”三符是曲线简化符，从左上方至右下方书写，与基线成15°～20°角。为便于连写，一个符号有两种写法，凹面朝左下的称正写，凹面朝右上的称反写。

2. 练写音符

（二）音符连写规则

（1）“iang”符连写。“iang”符是将“ang”符提高写，属高位符。连写时，在词首，位置照写；在词尾，加写提高点。由于“ang”不常用，所以，提高点也可省略（见例 1）。

（2）“jiang、qiang、xiang”三符，各有两种方式，连写时只能选择其中一种。其选择的依据和连写的规则是：前后符结合点应形成明显的角形；其他音符的连写，与一般符号的连写规则相同（见例 2）。

例 1：

例 2：

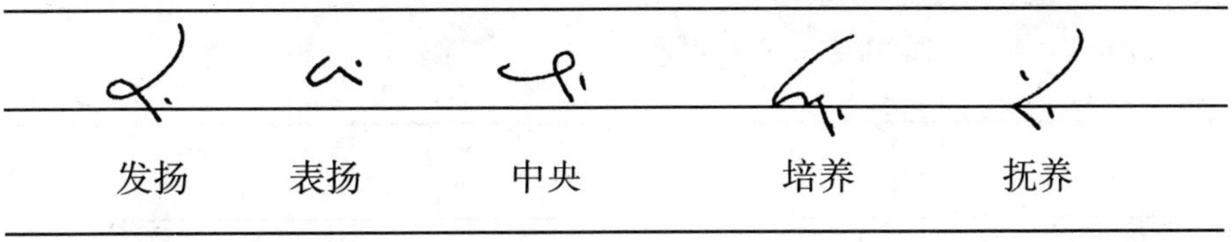

（3）其他音符连写举例：

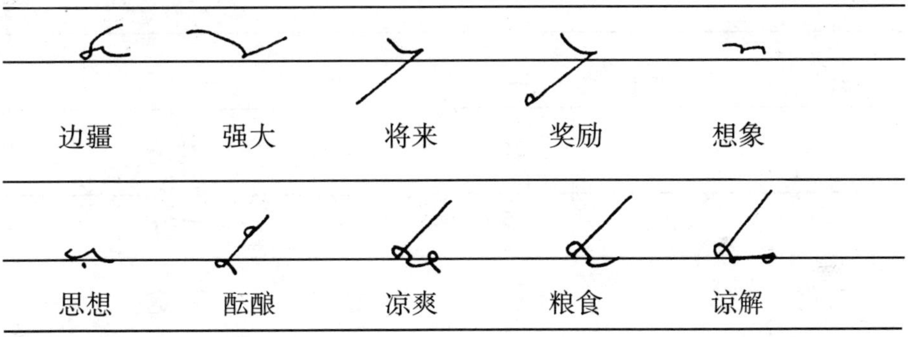

（三）实训

（1）抄写或听写上述连写举例 20 遍以上。

（2）将下面的词组写成速符，并抄写或听写 10 遍以上。

量入为出	保卫边疆	解放思想
奖励先进	加强法制	洋洋得意
优良传统	详详细细	不断强化

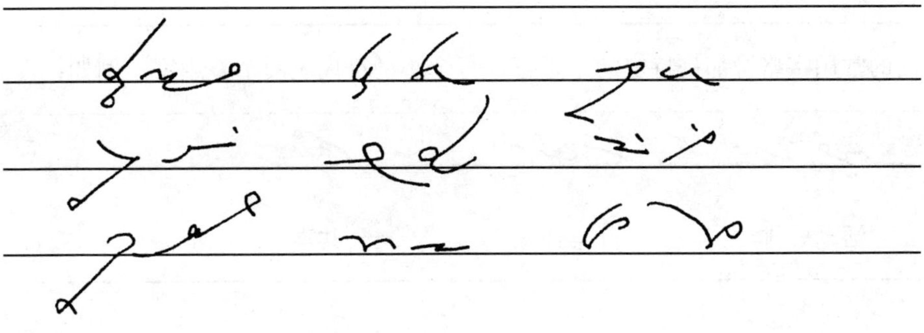

第五节　略符、略法

一、音符独用略符

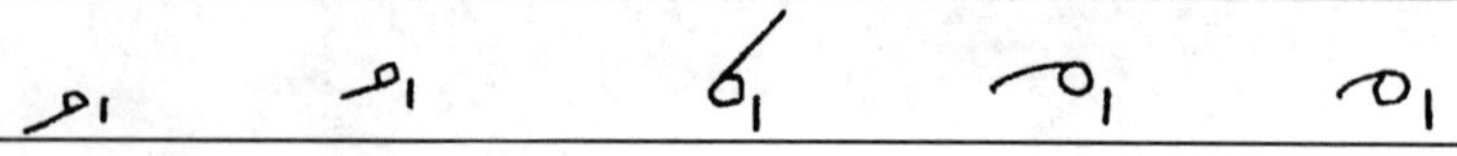

动员　通知　农业　工作　宏观

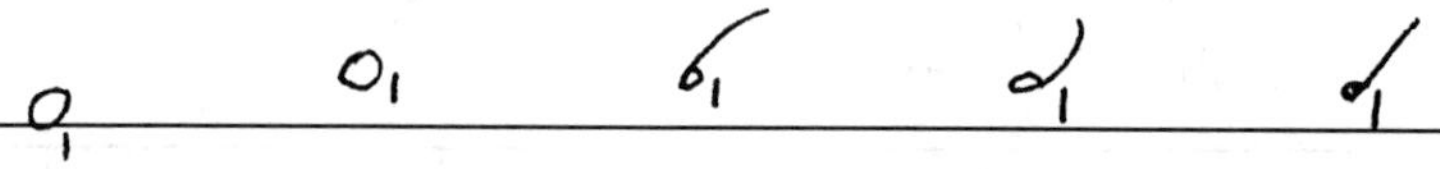

作用　用途　并且　明确　宁可

领导　今天　经济　行动　情况

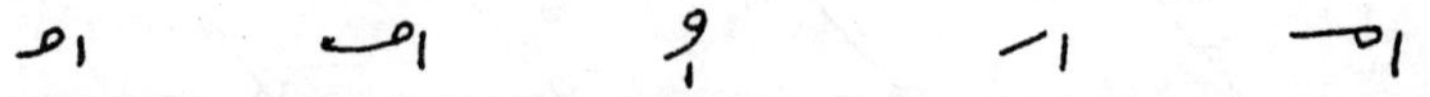

文化　尊重　运动　研究　决定

二、常用字略符

（一）“ong”组音符常用字略符

东、动　同、通　共、工　中、种

上面的常用字略符都是特定的小型符，每个小型符代表两个常用字。例如：

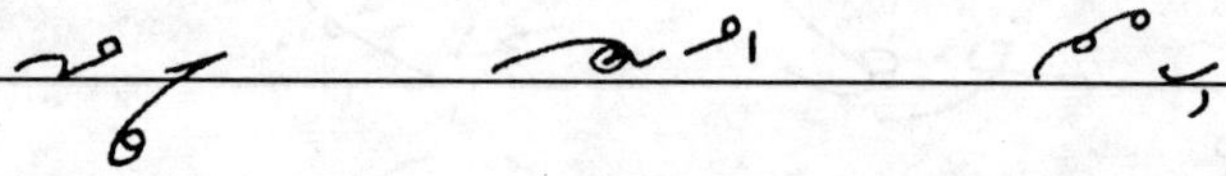

活动安排　开会通知　公共事务

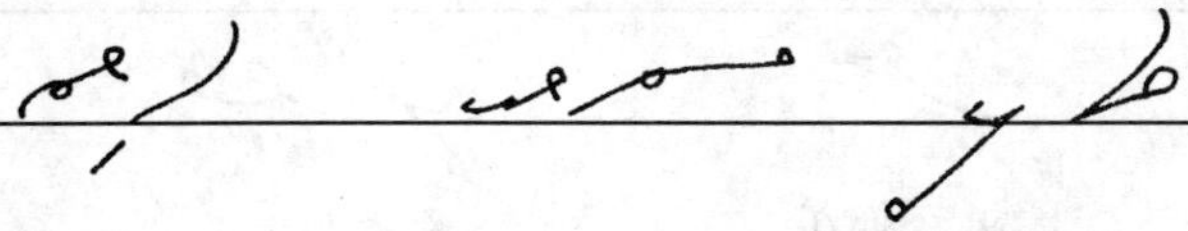

共同富裕　　　中东地区　　　种类繁多

(二)“ang、ing”等组音符常用字略符

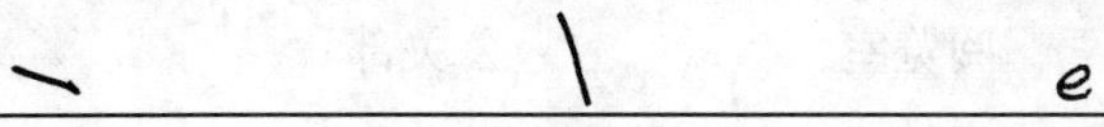

上、尚　　　明、名　　　者、着

(1)“上、尚”用“shang”符代表，连写时，在词首，原符照写，后符顺连；在词尾，附在前符收笔处的右下方。例如：

上班　　上级　　高尚　　至上　　马上

(2)“明、名”用“ang”符写在基线上表示。例如：

名人　　明示　　知名　　精明　　英明

(3)“者、着”用汉语拼音字母“e”代表。附在前符收笔处的右上方表示“者”；附在前符收笔处的右下方表示“着”。例如：

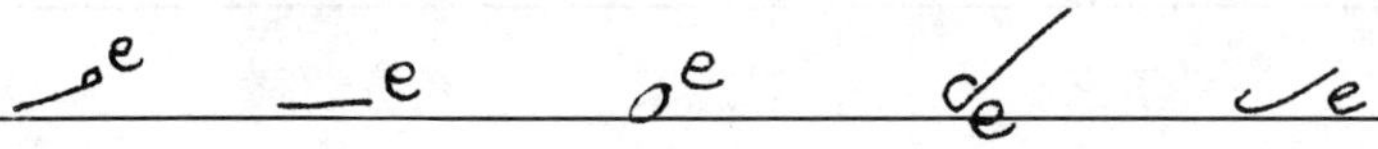

读者　　记者　　作者　　拿着　　站着

三、中附离略法

(一)“xi”符中附离略法

1. 成语略写法举例

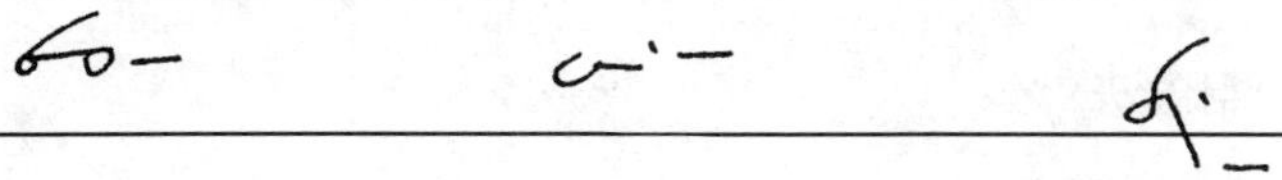

并驾齐驱　　　标新立异　　　鞭长莫及

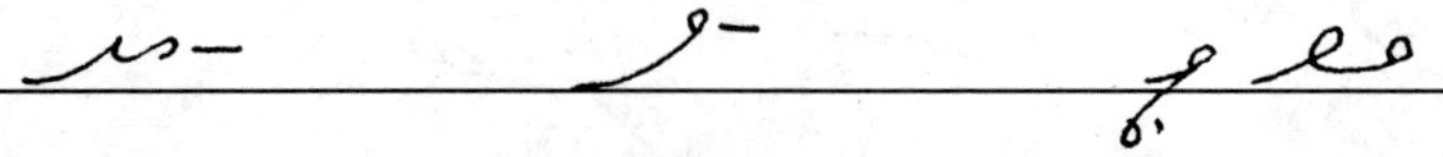

兼收并蓄　　潜移默化　　喧宾夺主

2. 常用三音节专用词略法举例

研讨会　　阅览室　　公关部

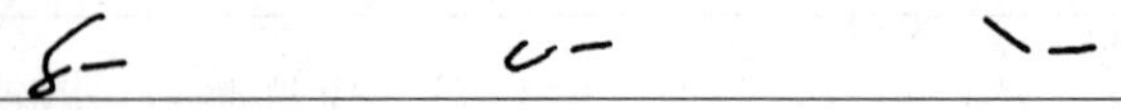

编辑部　　标准间　　养殖场

（二）“i”符中附离略法

“i”符中附离略法，用于两端音节相同、中间嵌有“一”的三音节词。例如：

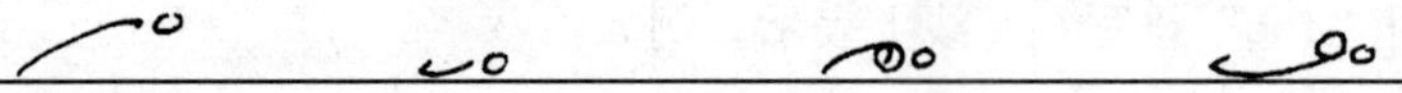

谈一谈　　试一试　　改一改　　查一查

（三）“a”符中附离略法

“a”符中附离略法，用于最后音节为“家”或“学家”的词。例如：

企业家　　科学家　　思想家　　经济学家

（四）“ai”符中附离略法

“ai”符中符离略法，用于第三音节为“派”字的三音节词。例如：

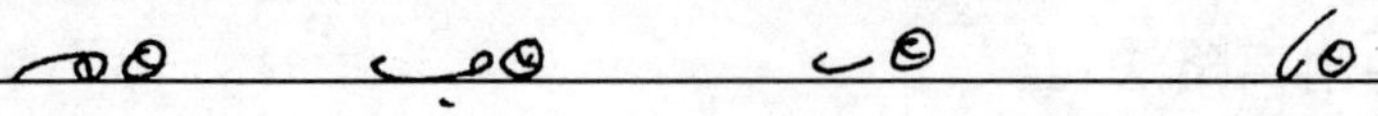

改革派　　促进派　　中间派　　保守派

（五）“ui”符中附离略法

“ui”符中附离略法，用于略写由三个单音节词构成的并列词组，即只写出第一个音节，后面的音节用横写“ui”符来表示。超过三个音节的并列单音节词组，可适当将“ui”

符加长。例如：

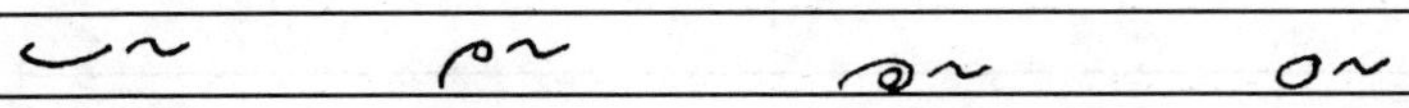

真善美　　公检法　　海陆空　　左中右

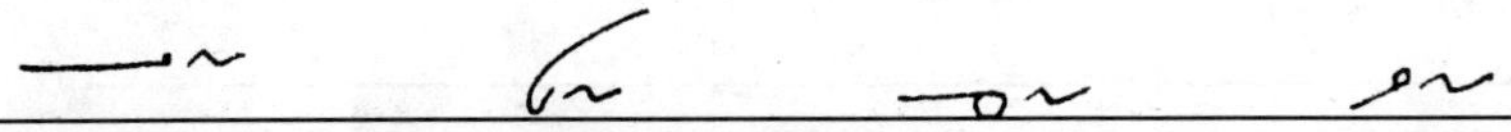

轻重缓急　　跑冒滴漏　　假冒伪劣　　东南西北

(六)"an"符中附离略法

"*an*"符中符离略法，用于中间嵌有"得"字、带有肯定性行为的三音节词。例如：

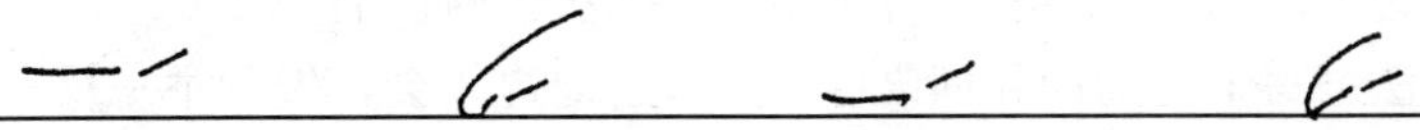

经得起　　跑得快　　记得住　　搬得动

(七)"ang"符中附离略法

"*ang*"符中附离略法，用于中间嵌有"不"字、带有否定性行为的三音节词。例如：

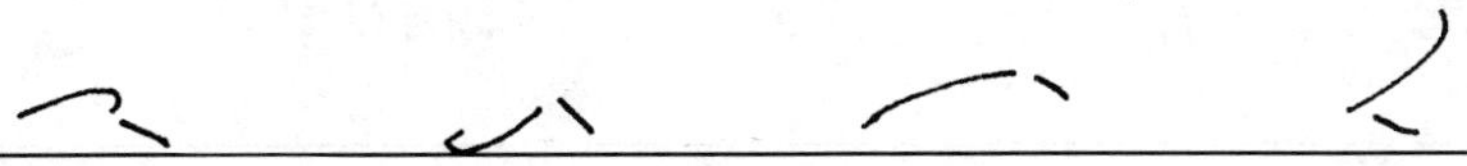

跟不上　　站不住　　看不见　　分不开

(八)"标数"中附离略法

"标数"中附离略法，用于略写由并列的双音节词，或三音节以上并列词组构成的句式或语段。即只写出第一个双音节词或第一个词组，余下的音节用相关数字写在前符收笔处的右上方来表示。例如：

全面建成小康社会、全面深化改革、全面依法治国、全面从严治党

经济建设、政治建设、文化建设、社会建设、生态建设

政治意识、大局意识、核心意识、看齐意识

政治纪律、组织纪律、工作纪律、财经纪律、生活纪律

四、实训

（1）将上述音符独用略符练写 20 遍以上。

（2）练写常用三音节专用词略写法和各种中附离略法 5 遍以上。

（3）用中附离略法书写下面的词和词语，要边写边记边领会，做到举一反三，便于在实际中应用。

理一理　　比一比　　读一读　　写一写

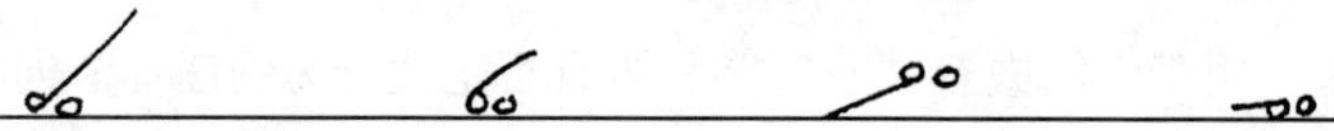

科学家　　教育家　　企业家　　物理学家

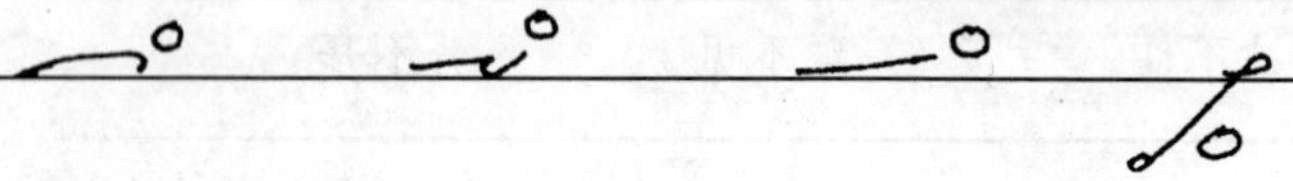

严以修身、严以用权、严以律己，谋事要实、创业要实、做人要实

音符小结

“ong”组音符：

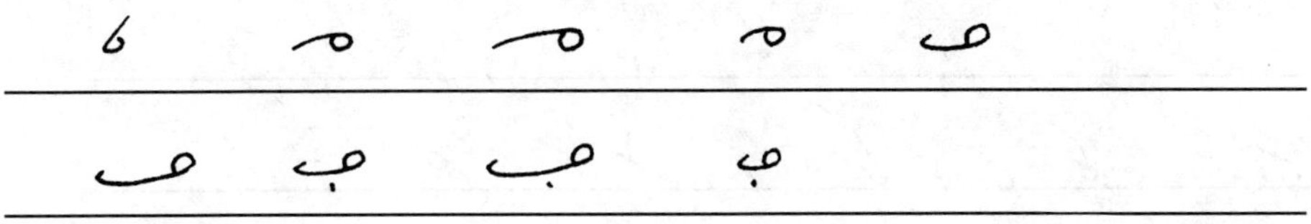

“iong”组音符：

“in”组音符：

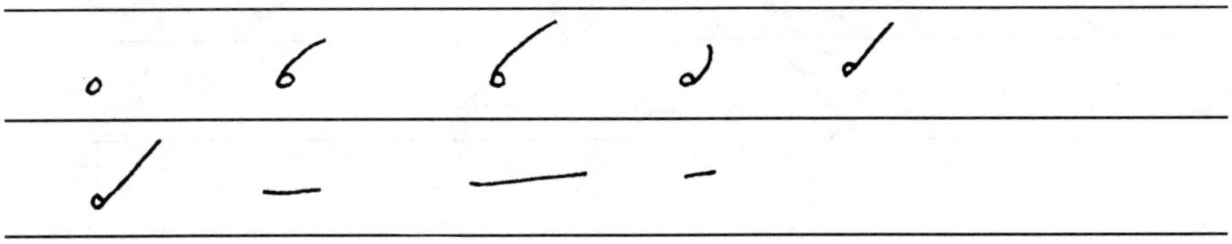

“ing”组音符：

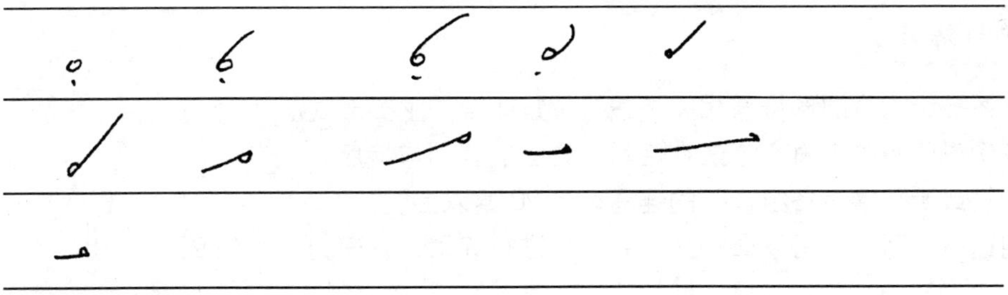

“un”组音符：

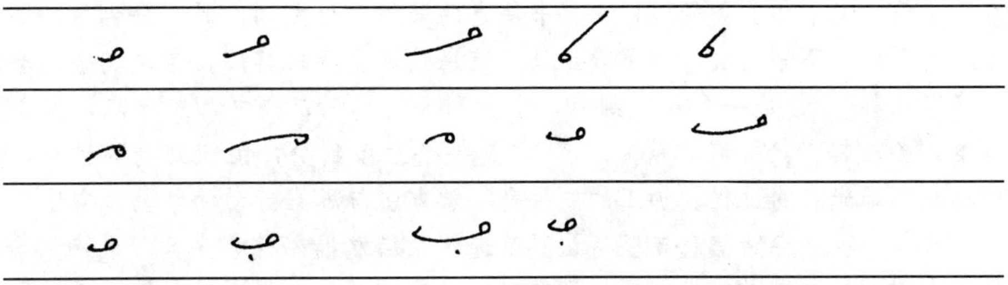

“ün”组音符：

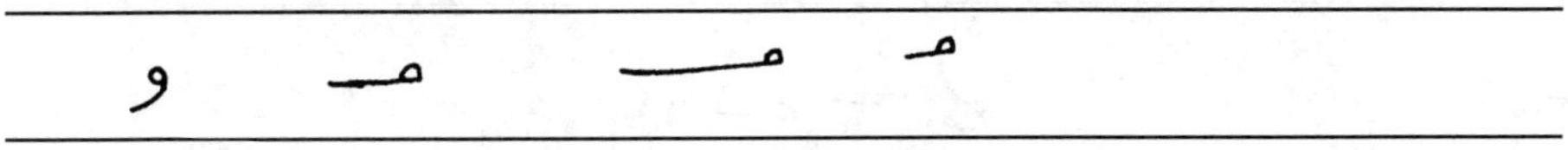

“üe”组音符：

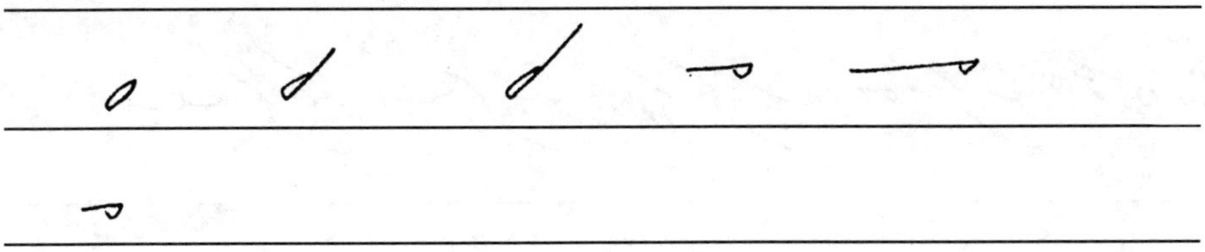

“ian”组音符：

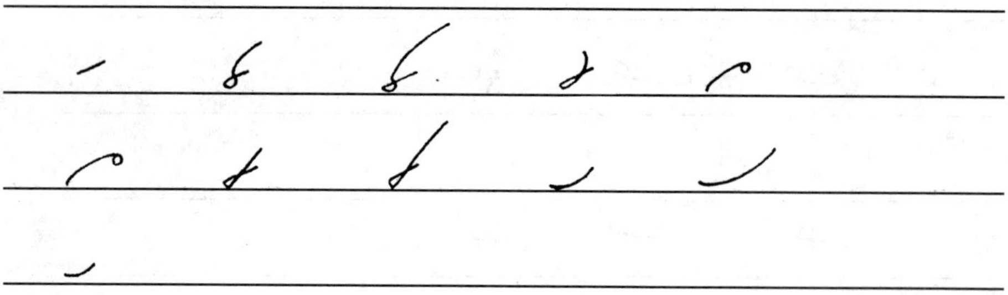

“iang”组音符：

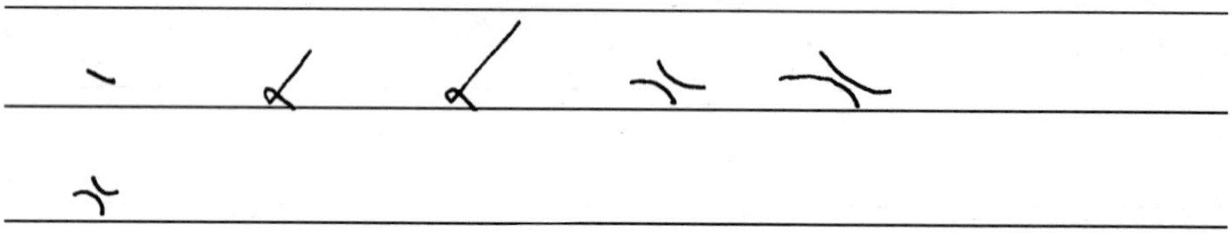

思考与练习

1. 分述各组高位圈形符与相关基线符位置变换的主要形式。
2. 举例说明各类中附离略法在略写方式上的区别与特点。
3. 抄写或听写本章各组音符的连写举例 20 遍以上。
4. 用速符抄写或听写下面短文，并反复进行练写，分速力求达到 90 字以上。

秘书信息处理

在一定的决策环境中和业务领域内，秘书信息的采集，应做到：时不分古今，地不分内外，级不分上下，类不分主次，质不分正反。信息获取要务求其广，务求其全，务求其详，所谓“多多益善”，这是一个从无到有，由少到多的过程。秘书加工信息，应务求其精，务求其准，务求其实，所谓“精益求精”，是一个由多到少，由粗到精的过程，更是一个创造性思维闪烁光彩的过程。加工的成果是科学方法与思维劳动的结晶。它比原始信息具有更高的价值。秘书存储信息要坚持认真筛选，深层发掘，科学分类，系统完整，便于检索，便于利用。秘书提供信息，要做到及时、准确、适量，强调针对性、适时性、实用性。秘书反馈信息要全面、真实、确切，做到正负皆取，喜忧兼报。

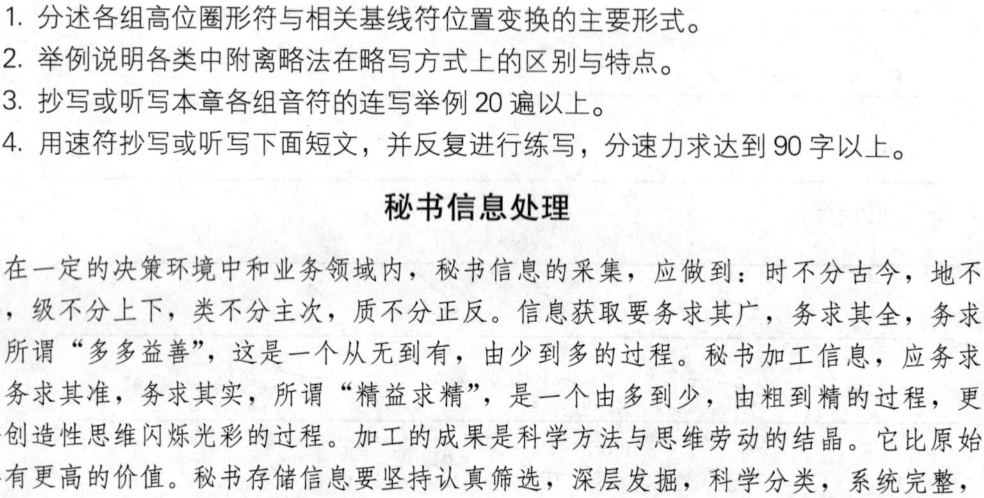

提高办事能力和办事效果不可忽视的因素

商务秘书要提高办事能力和办事效果，有四个因素是不可忽视的：一是要有原则性，党和国家的方针政策，上级机关的决定、决议、已经颁布的规定是不能违背的；二是要有灵活性，办事要从实际出发，因势利导，避免僵持误事；三是要有预见性，充分了解工作目标的进展情况，领导意图与未来打算，从而对下一步工作有所考虑和安排；四是要有果断性，对紧急事项和突发性事件，能随机进行处理。

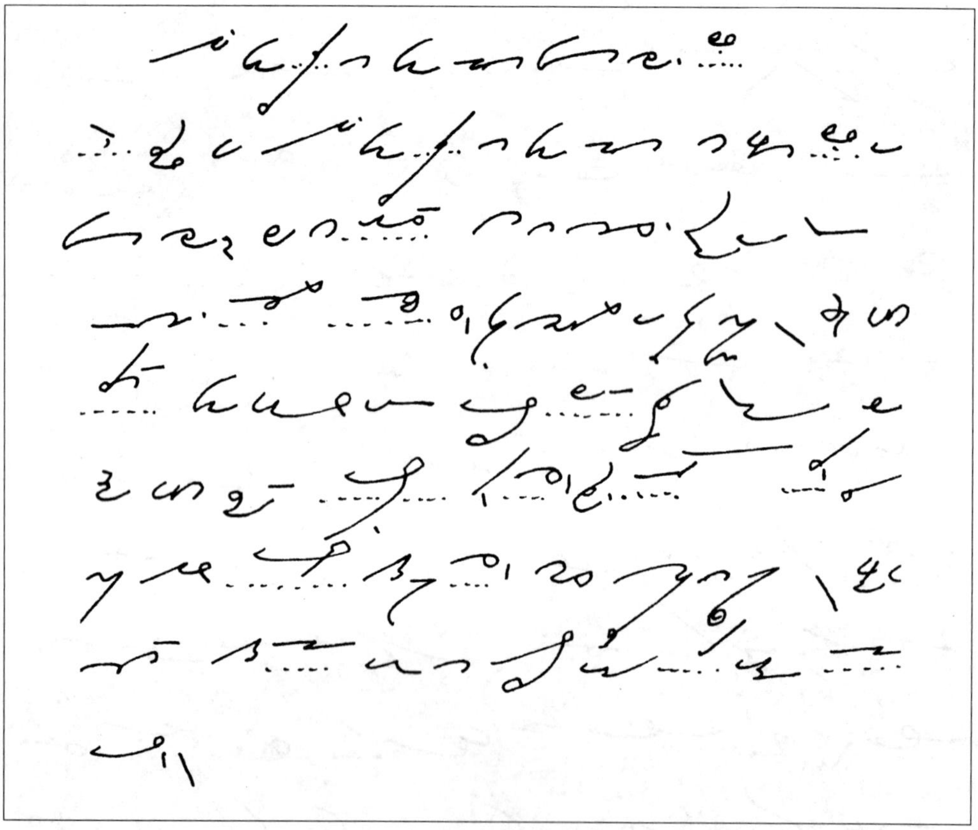

第十章 附离略法和交叠略法

略符略法在拼音速记符号中，是一个比较完整的体系，其方式多样，笔画简洁、易写易记、词义相对固定，对于提高书写速度和认读速度，具有至关重要的作用。在本章之前，本着贴近实际、从易切入、从用着手、渐进掌握的原则，我们逐步介绍了音符独用略符、常用单字略符、三音节专有名词略法、成语略法、连写变化略法、数标词组略法、中附离略法，以及“点”略法等。本章重点介绍上下附离略法、交叠略法和重叠词、反义词、会意略法等。学习这一章，要重点掌握各种略法的基本规则、略代方法、略代词义等，并写准、记熟、会用。

第一节 上下附离略法

一、上下附离略法的位置关系

附离略法是运用前后两符位置的关系变化来表示词或词组的一种略写方法。例如：

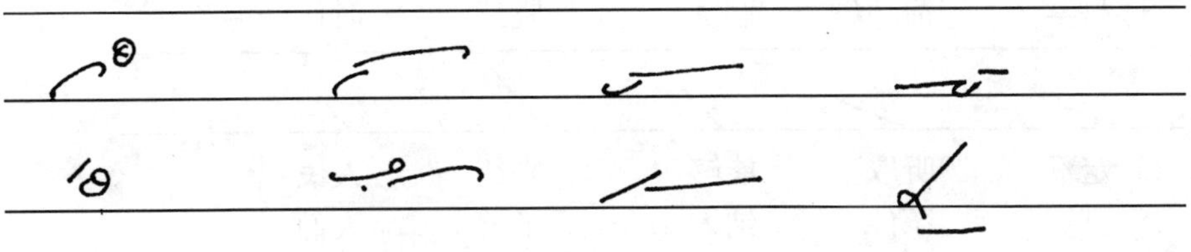

端正态度	完全可能	实际情况	交流信息
人民代表	尊重科学	大型企业	良好基础

用附离略法写出的符形叫“附离略符”。上下附离略符的位置关系主要表现为：

（1）前后符都是线形符，而后符是横写的符号时，就以前符的收笔处和后符的起笔处为标准（上附离简称“上”，下附离简称“下”）。

（2）前后两符都是线形符，而后符是竖写的符号时，上附离符以该符下部分的 1/3 为标准；下附离符以该符上部分的 1/3 为标准。例如：

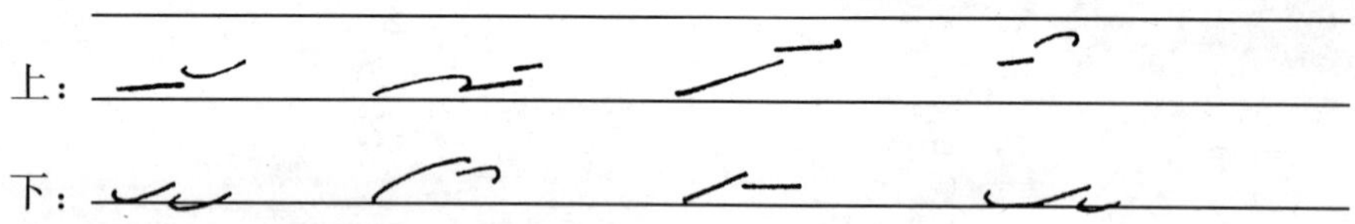

（3）前符都是圈形符或半圈形符时，而后符也是圈形符或半圈形符时，就以圈形符或半圈形符的中心上、下为标准。例如：

（4）附离符用在词首而无前符可依附时，就在基线上加一点以表示前符收笔处的位置，这个点叫做“附离点”。例如：

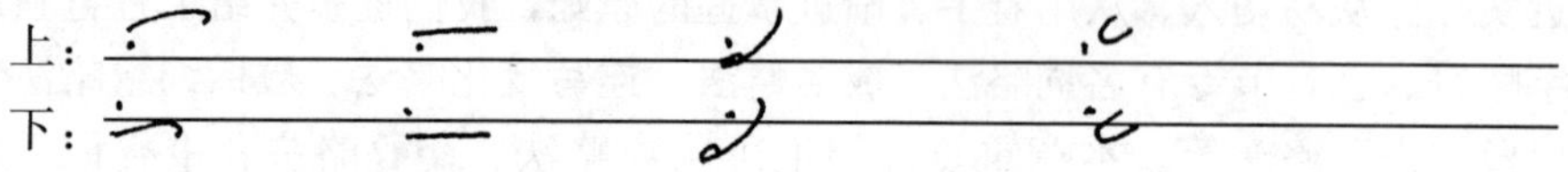

二、上下附离略符

（一）声符附离略符

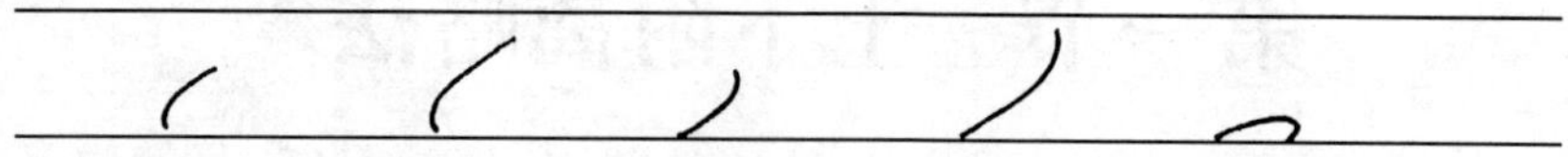

上：	本质	朋友	联盟	分别	根本
下：	部分	破坏	模范	福利	国家

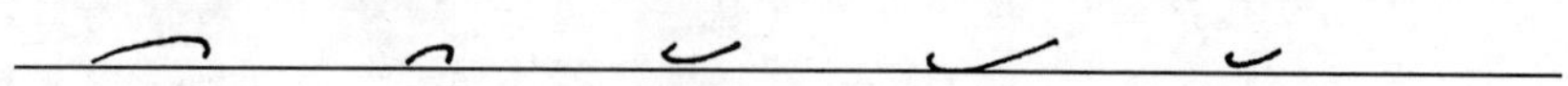

上：	可能	很好	政策	成功	事情
下：	科学	活动	制度	坚持	时候

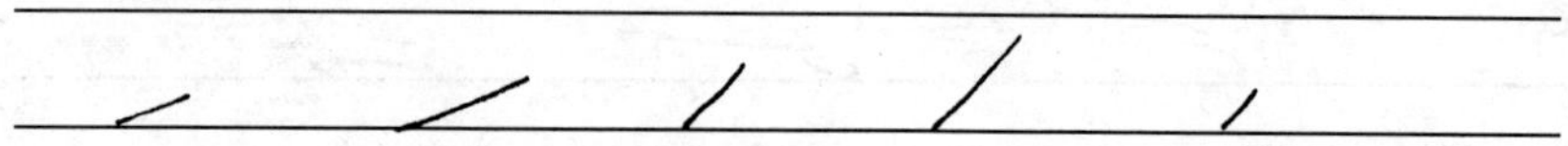

上：	定额	听取	能够	来往	人民
下：	打算	条件	纳入	了解	人们

上：	经验	情况	性质
下：	基础	企图	之下（以下）

应用举例：

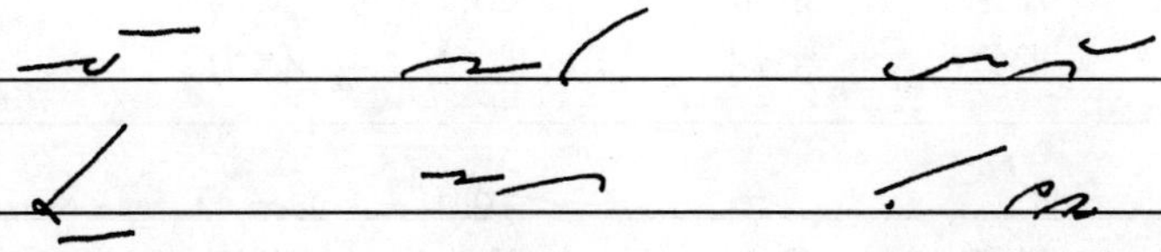

交流经验	国际朋友	执行国家政策
良好基础	信息科学	听取工作汇报

（二）韵符附离略符

上：	应当	问题	运动	月份	化
下：	主义	无比	预备	业务	作用

上：	态度	高潮	口号	委员
下：	爱护	道路	斗争	委员会

上：	标准	流行	原因	内容
下：	要求	友好	现象	之内、以内

上：	完成	研究	党员	恩情
下：	完备	联系	之上、以上	掌握

上：	押金	挖掘	往往	象征	外国
下：	压力	瓦解	相互	相反	之外、以外

应用举例：

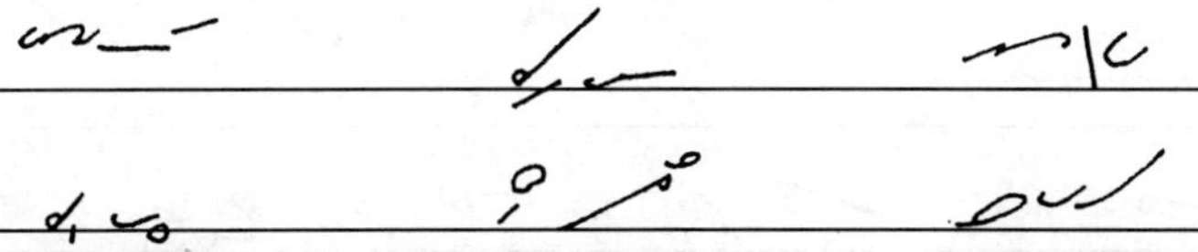

搞好基础研究	理论联系实际	严格掌握标准
热爱社会主义	勇于提出问题	挖掘生产潜力

（三）音符附离略符

1. 小圈形音符附离略符

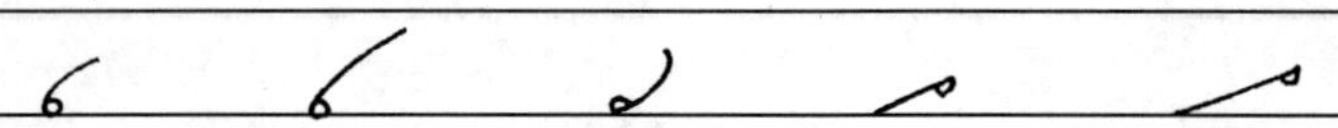

上：	并不是	评论	紧密	地区	提前
下：	比方	批复	密切	地方	体力

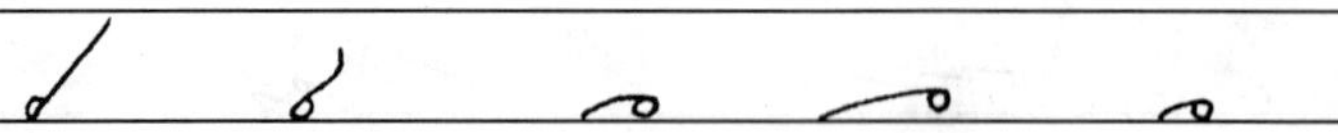

上：	领导	目标	骨干	困难	混淆
下：	立场	目录	顾虑	苦难	互助

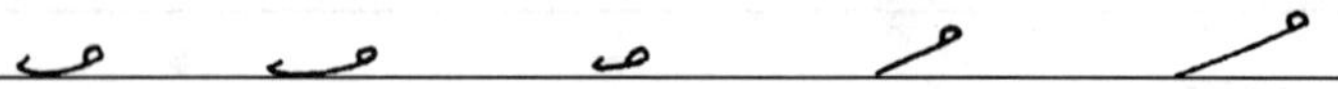

上：	准备	存在	顺利	整顿	态度
下：	祖国	处置	数目	独立	途径

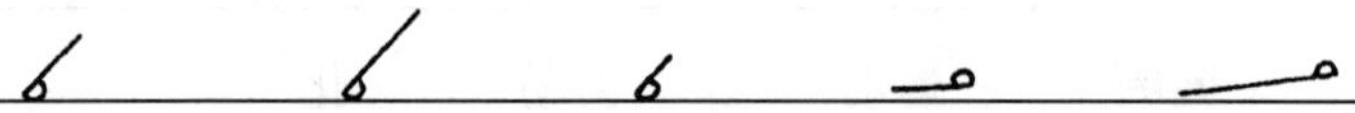

上：	奴隶	论证	润滑	军队	群众
下：	努力	录入	如此	局面	取得

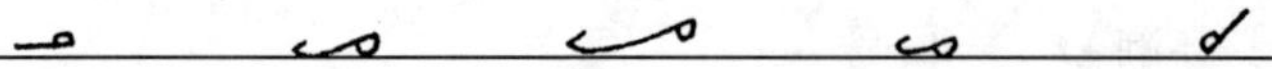

上：	训练	哲学	策略	设想	热情
下：	需要	责任	测定	设备	热烈

上：	共同	同志	决定	确定	学校
下：	供应	动作	结合	切实	协助

上：	捐赠	全部	选择	转变	传统
下：	捐款	权利	选举	专业	传播

上：	辨别	片刻	状态	创新	双边
下：	便利	偏差	状况	创造	双方

应用举例：

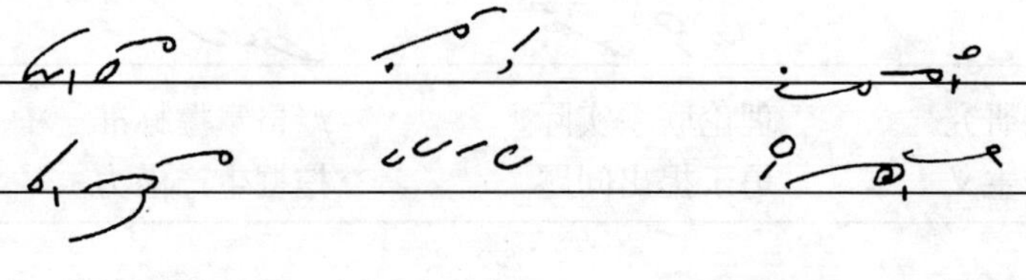

培训业务骨干　　提前完成任务　　彻底解决问题
努力克服困难　　高标准严要求　　勇于开拓创新

2. 大圈形音符附离略符

上：　发动　加紧　措施　农村　充分
下：　法制　加强　挫折　拉动　充满

上：　改正　开垦　代替　财政　差距
下：　改造　开发　代表　材料　查处

应用举例：

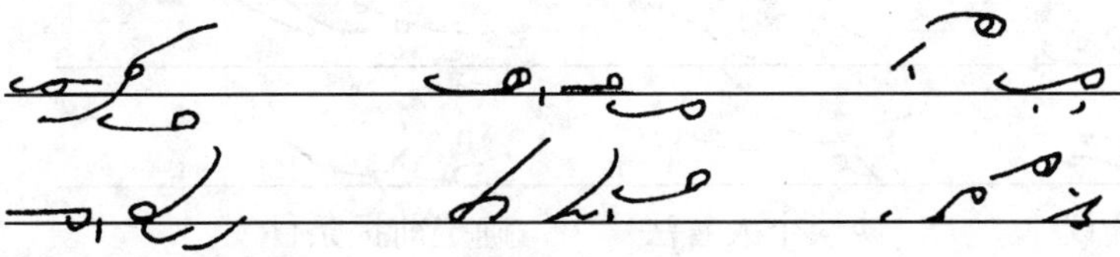

缩小贫富差距　　采取具体措施　　认真改正错误
加强法制建设　　理由非常充分　　职工代表大会

3. 半圈及短线形音符附离略符

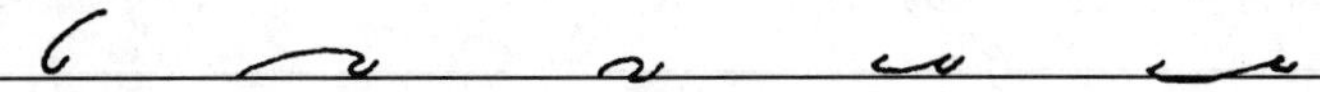

上：　保证　考验　号召　造成　潮流
下：　报告　考察　耗费　召开　超额

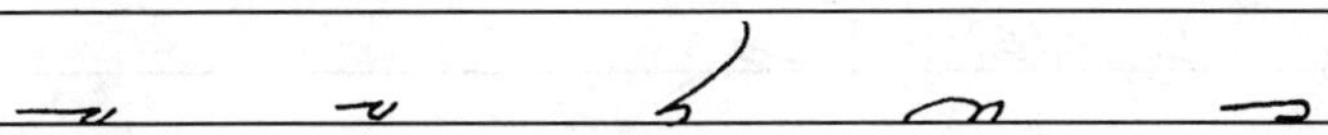

上：　交流　效率　否定　构成　究竟
下：　教育　效果　否认　构造　纠正

上：　规定　汇报　观点　环境　光缆
下：　规则　恢复　观念　环节　光顾

应用举例：

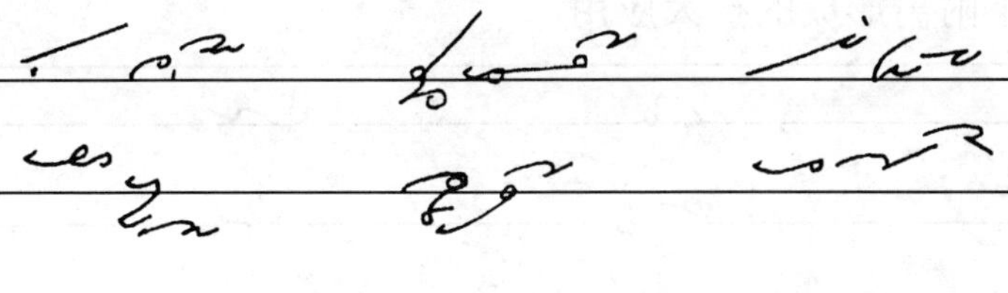

听取工作汇报	绿化社区环境	提高办事效率
遵守世贸规则	改变传统观念	争取更大光荣

4. 简化符附离略符

上：	干部	看法	赞成	产生	坚定	前提
下：	锻炼	团体	展开	参加	建设	以前

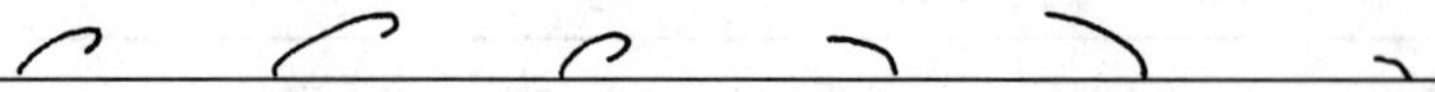

上：	纲领	抗拒	行业	将近	强大	相信
下：	刚才	健康	行列	将要	强迫	相互

应用举例：

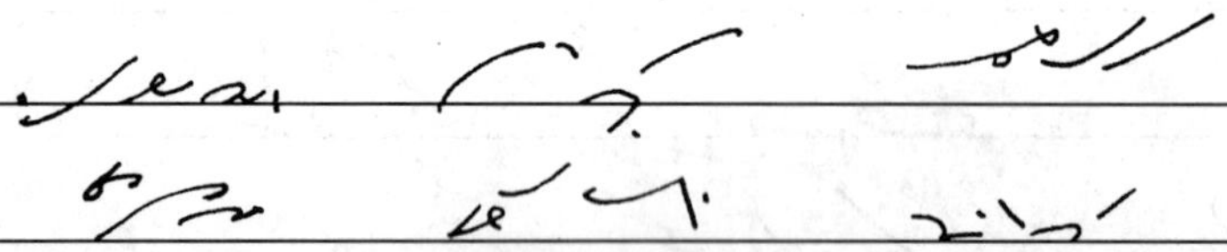

参加董事会议	谈谈个人看法	确定前提条件
荣获团体冠军	儿童健康成长	相信党和人民

提示：

作为上附离的速符一般为高位符；作为下附离的速符一般为基线符；附离中的“的”点可以省略；有的附离符可以连写。例如：

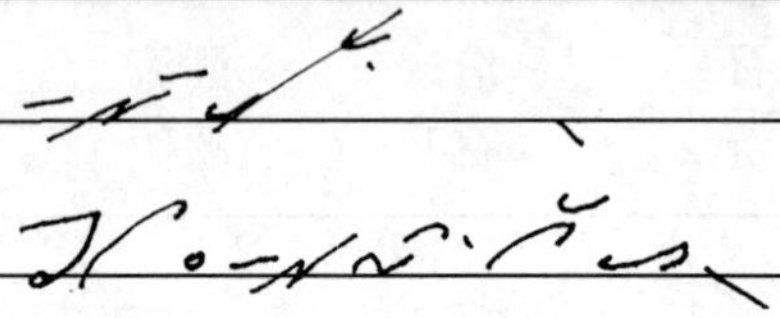

习近平新时代中国特色社会主义思想

紧密团结在以习近平为核心的党中央周围

三、上下附离略符的扩大应用

上下附离符略法的扩大应用，就是利用附离符的位置固定、词义固定的有利条件，做进一步的省略。这不仅可以省略后面词语的一部分，也可以省略前面词语的一部分。

（一）“i”符下附离形成的扩大应用

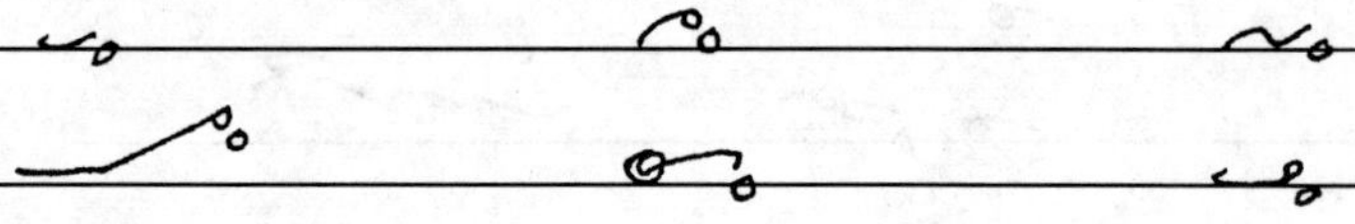

社会主义	共产主义	唯物主义
集体主义	爱国主义	主观主义

（二）“a”符上附离形成的扩大应用

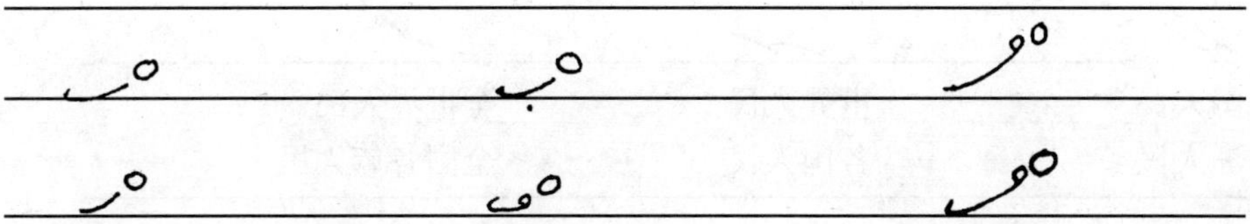

知识化	自动化	全球化
现代化	数据化	专业化

（三）“a”符下附离形成的扩大应用

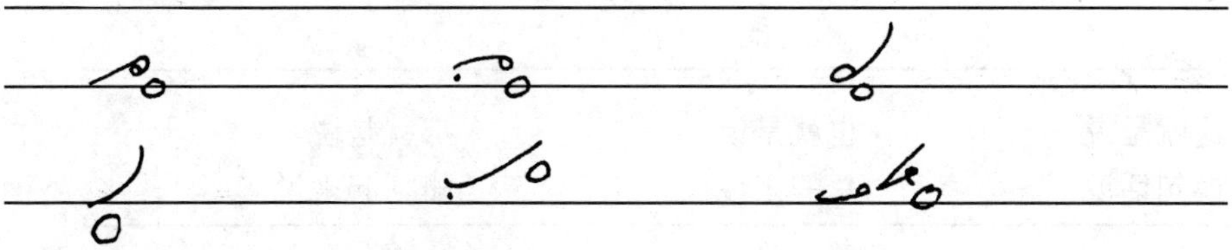

带头作用	骨干作用	发挥作用
模范作用	参谋作用	主观能动作用

（四）“x”符上附离形成的扩大应用

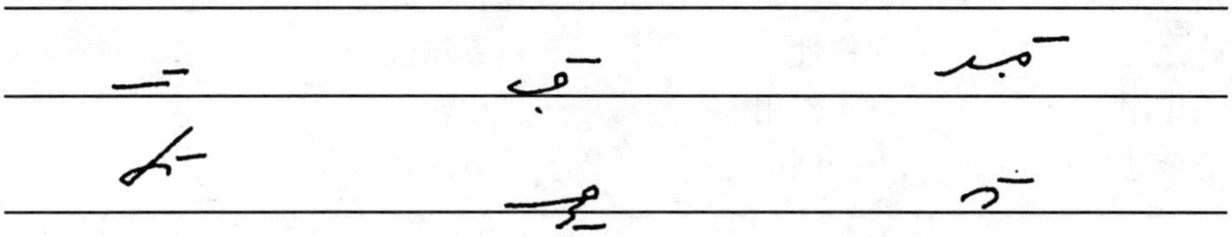

纪律性	组织性	原则性
灵活性	趣味性	优越性

（五）“ang”符上附离形成的扩大应用

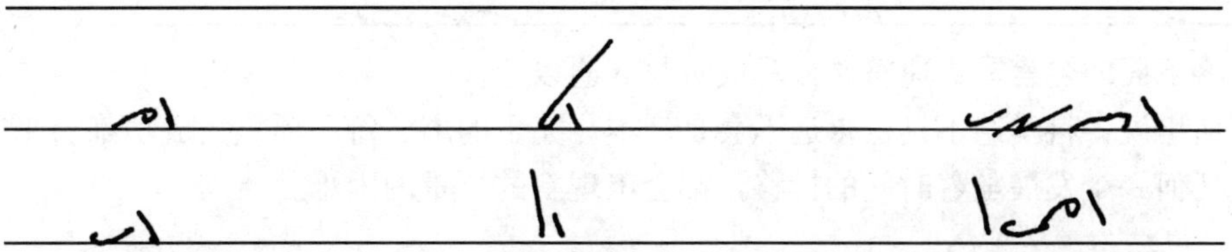

共产党	劳动党	中国国民党
中国共产党	民主党	民主致公党

（六）“ren”符上附离形成的扩大作用

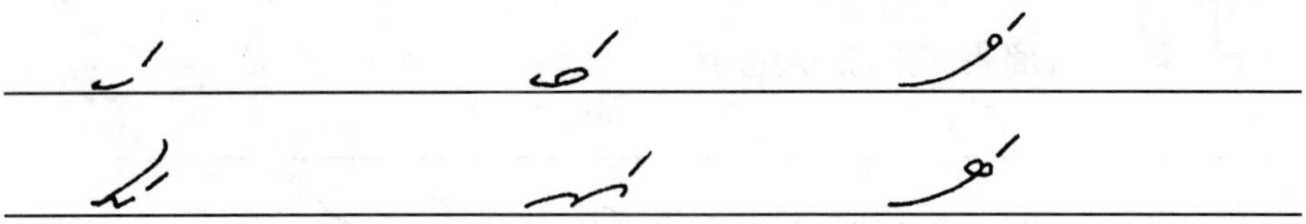

中国人民	世界人民	全世界人民
非洲人民	各国人民	全国各族人民

（七）利用“shuo”起笔处部分形成的“shuo”符下附离形成的扩大应用

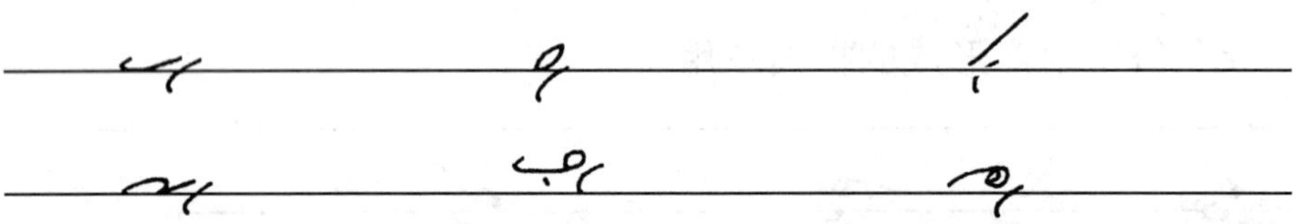

这就是说	也就是说	那就是说
换句话说	总的来说	概括起来说

四、实训

（1）多写一写、多读一读、多用一用，力求记熟上下附离略符的位置和词义。

（2）用上下附离扩大应用的方法将下列词语写成速符，并练写 3～5 遍。

准确性	多样性	系统性
推动作用	助手作用	枢纽作用
经济全球化	办公网络化	管理规范化

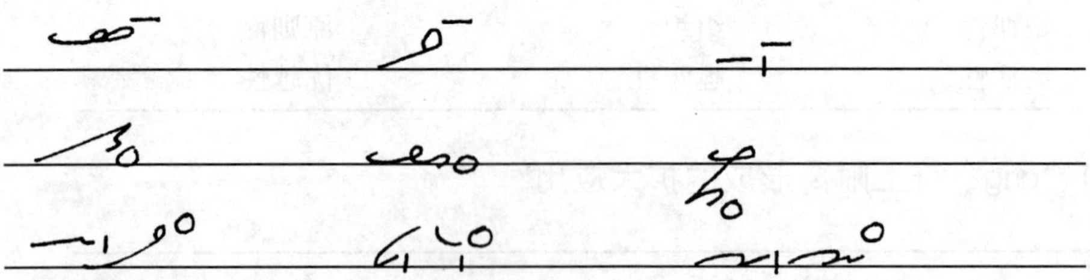

（3）将下面的名言写成速符并抄写或听写 5 遍以上。

爱因斯坦说：科学绝不是也永远不会是一本写完了的书。每一项重大成功都会带来新的问题。任何一个发展随着时间的推移，都会出现新的严重的困难。

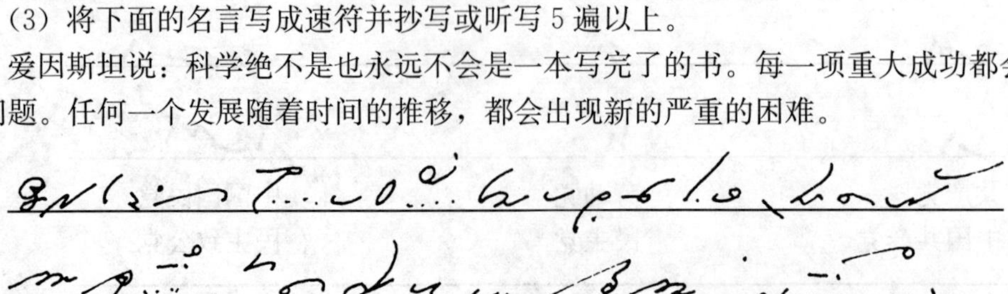

第二节　交叠略法

交叠略法是将词组中的两个或两个以上的速符互相交叉而省略其中部分符号的一种略写方法。用这种略写方法写出的速符叫做交叠略符。交叠略法以其交叠位置的不同，分为中首交叠、中中交叠、尾首交叠三种类型。例如：

	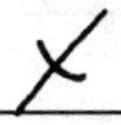	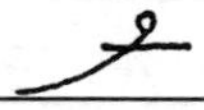
中首交叠 （请不请）	中中交叠 （来来往往）	尾首交叠 （全球经济）

所谓“首”就是速符的起笔处；所谓“尾”就是速符的收笔处；所谓“中”就是速符的中部。三种交叠略法都是省略性强、便于书写、便于认读、应用广泛的省略方法。特别是尾首交叠略法，应用范围更为广泛。为了提高书写速度，学习时，自己也可按照交叠略法的规则，创制多种多样的交叠略符。

一、中首交叠略法

中首交叠略法是用于前后两音相同，中间隔有一个或几个不同音的词或词组的略写方法。交叠时先写出词组的前符，然后把中间一个音节的首端，交叠于前符的中部。例如：

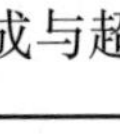	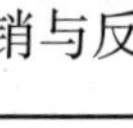	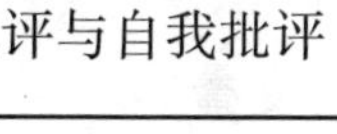
好不好	会不会	清楚不清楚
	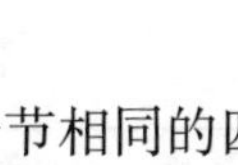	
完成与超额完成	倾销与反倾销	批评与自我批评

二、中中交叠略法

中中交叠用于前后两个音节相同的四音节形容词词组（AABB 型）的略写。依据前后符书写方向的不同，其交叠位置有两种处置方法。

（1）前后两符书写方向不同的，利用中部互相交叠。例如：

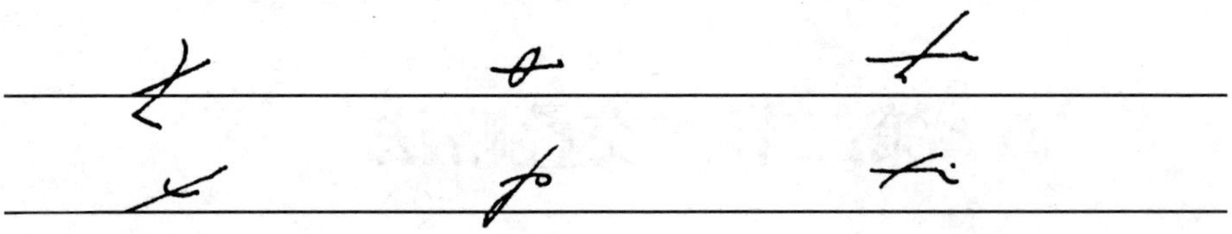

大大方方　　　兢兢业业　　　冷冷清清
踏踏实实　　　轰轰烈烈　　　干干净净

（2）前后两符书写方向相同或斜度区别较小的，用平行或并列的书写方法，以表示前后符的交叠。例如：

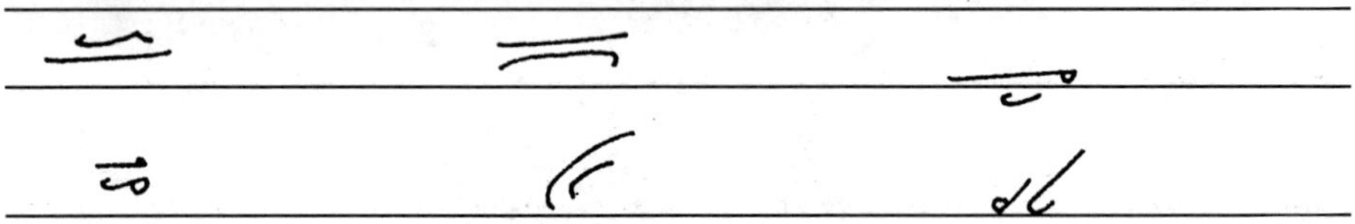

整整齐齐　　　勤勤恳恳　　　切切实实
形形色色　　　蓬蓬勃勃　　　热热闹闹

三、尾首交叠略法

在常用的四字或四字以上的词组中，把后面的主要音符的首端交叠于第一个音符的尾端，这种交叠叫“尾首交叠”。尾首交叠以其交叠位置的不同常常呈现以下几种形式。

（一）一四音节相交叠

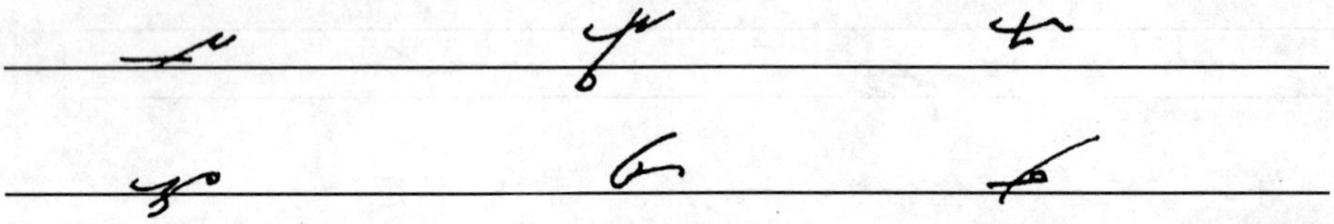

技术指导　　　增产记录　　　征服自然
水力发电　　　保卫祖国　　　举行会谈

（二）一三音节相交叠

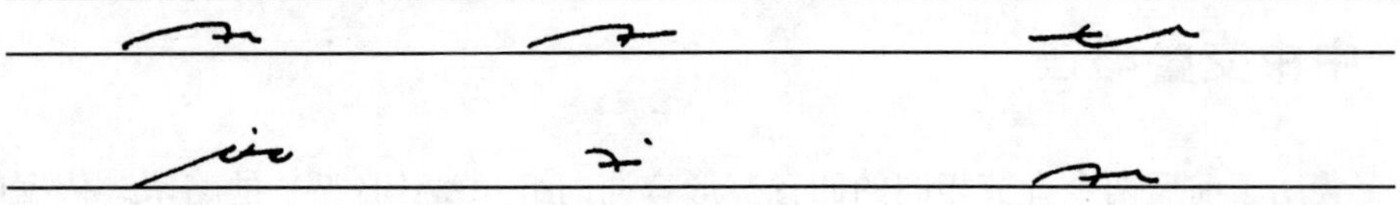

科教兴国　　　科学技术　　　技术成果
提高效率　　　网络信息　　　国民经济

（三）音节关联词相交叠

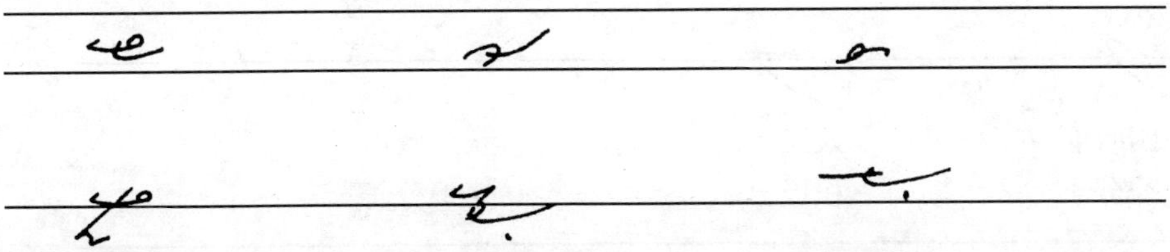

总而言之	由此可见	无论如何
诸如此类	虽然如此	尽管如此

（四）尾首固定交叠略符

尾首固定交叠略符，就是将常用词固定为交叠符。如将“水平”一词定为交叠符，应用时，凡遇到“水平”一词时，就用“水”符交叠来表示。例如：

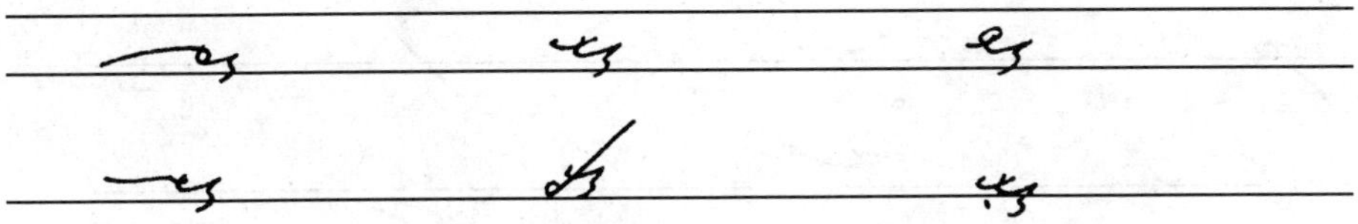

科学水平	生活水平	文化水平
经济水平	理论水平	思想水平

下列各组符号均是四个音节的固定词组。

（1）“部门”“办法”“证明”“指标”：

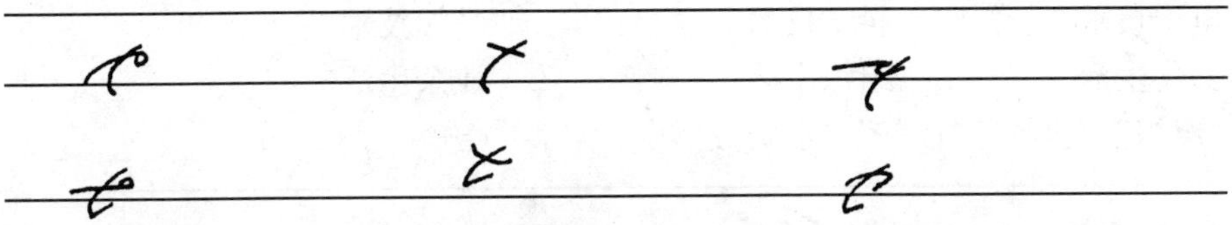

电信部门	商业部门	教育部门
具体办法	想尽办法	有效办法

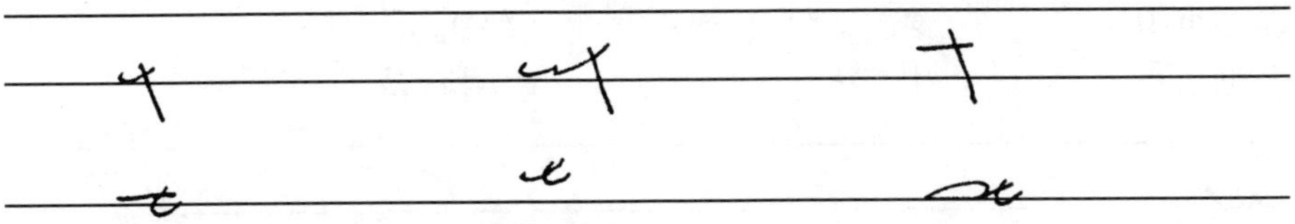

事实证明	实践证明	经验证明
计划指标	生产指标	管理指标

（2）“政府”“分子”“单位”“起来”：

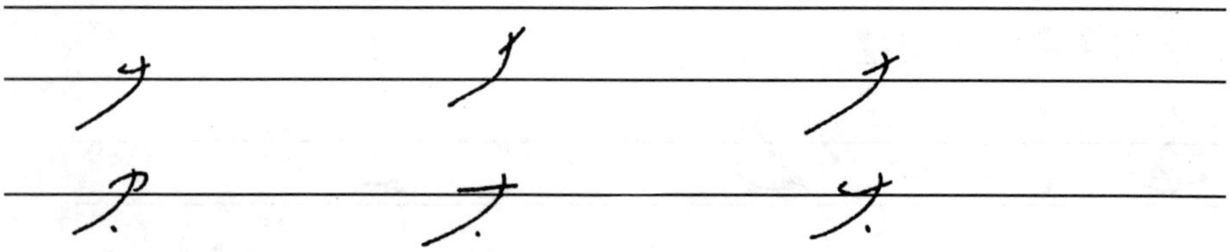

中国政府　人民政府　联合政府

优秀分子　积极分子　知识分子

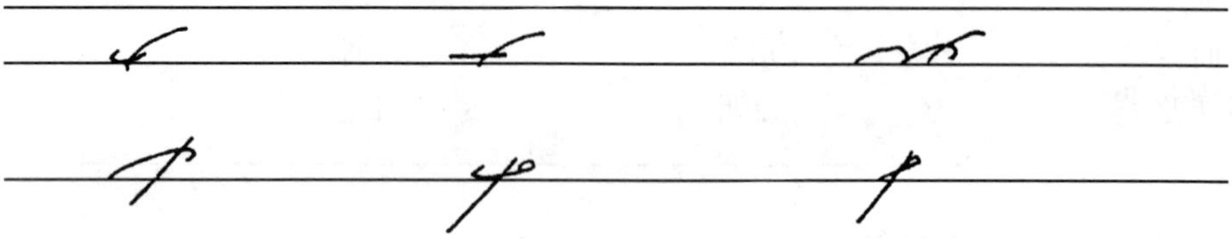

事业单位　基层单位　各个单位

团结起来　组织起来　动员起来

（3）“利益”“机关”“技术”“生活”：

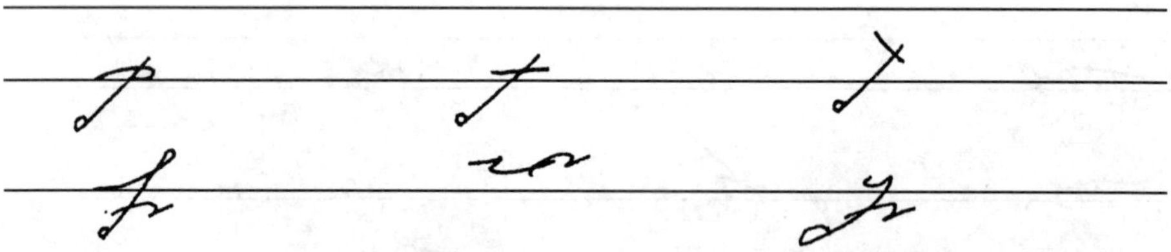

国家利益　集体利益　长远利益

权力机关　行政机关　司法机关

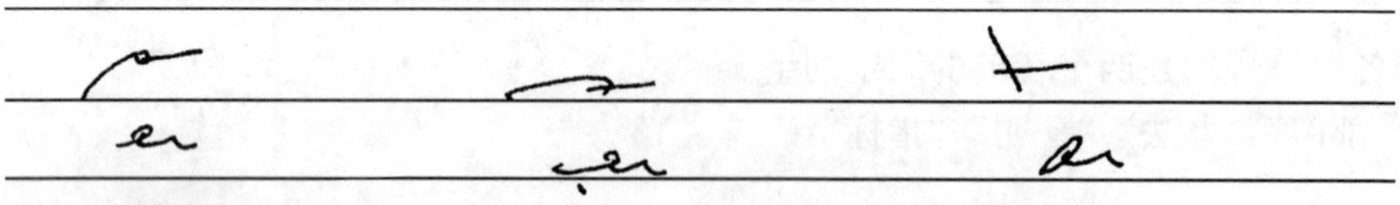

电子技术　科学技术　掌握技术

文化生活　组织生活　业余生活

（4）“组织”“执行”“任务”“素质”：

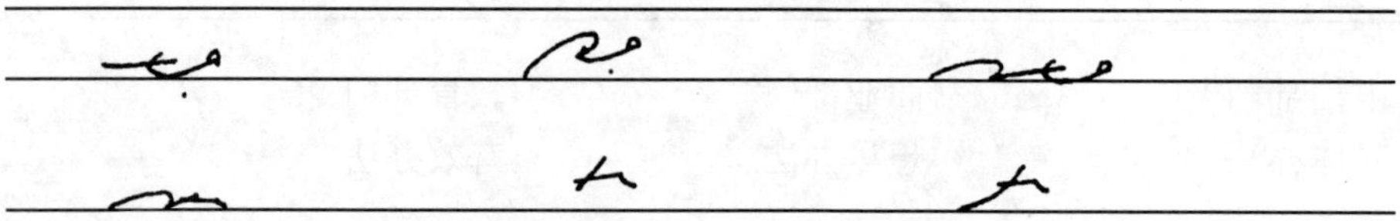

基层组织　党的组织　各级组织

贯彻执行　认真执行　坚决执行

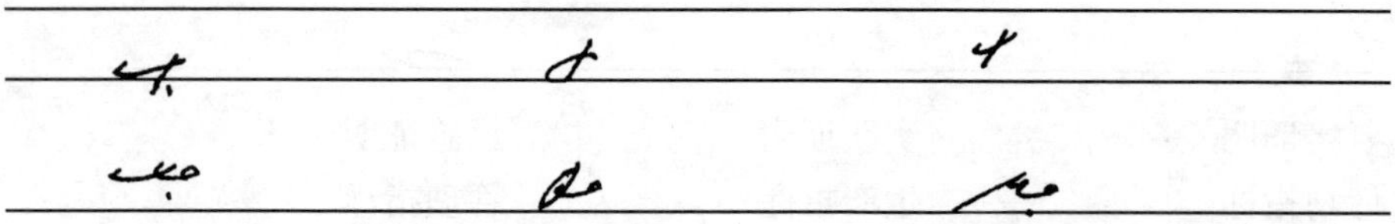

执行任务　完成任务　生产任务

政治素质　业务素质　道德素质

（五）四个音节以上的词语交叠

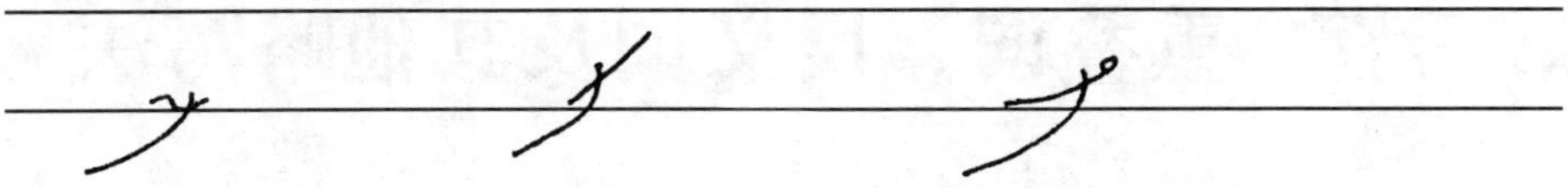

为人民服务　　为纳税人服务　　全心全意为人民服务

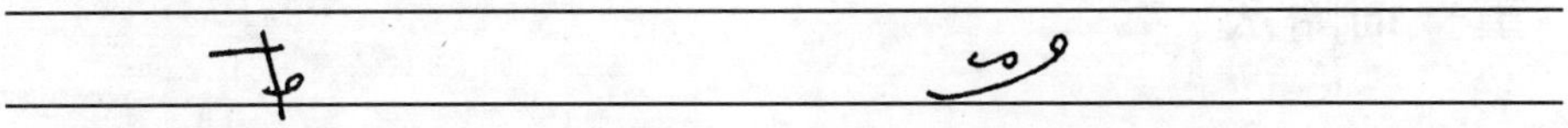

精神文明与物质文明　　全面建设小康社会

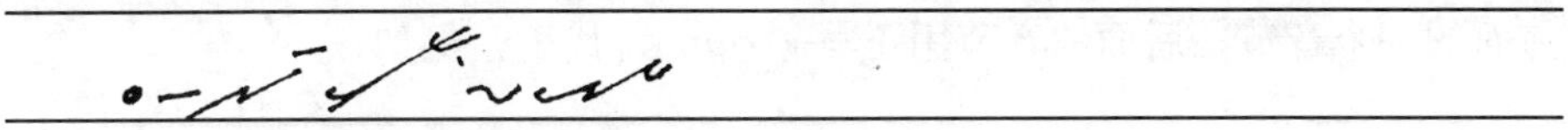

以习近平新时代中国特色社会主义思想为指导

四、实训

（1）练写上述中中交叠和尾首交叠略法举例 5 遍以上。

（2）用交叠略法练写下列词组和语句。

清清楚楚　　勤勤恳恳　　潇潇洒洒

淅淅沥沥　　市场经济　　执行任务

持续发展　　科教兴国　　社会效益

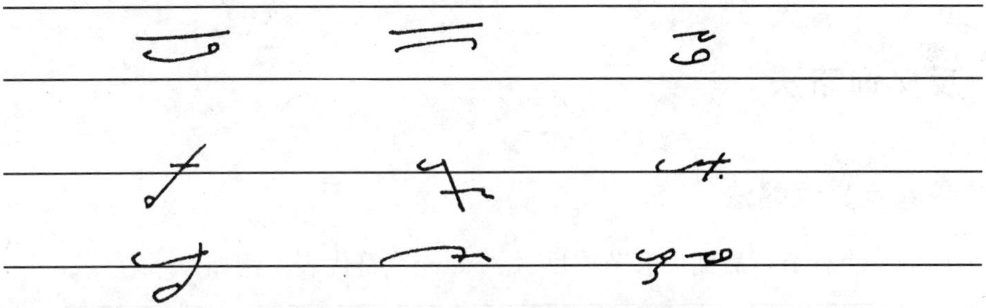

不忘初心，牢记使命　　全心全意为人民服务

科学发展观　　构建社会主义和谐社会

经济效益与社会效益　　企业利润与道德操守

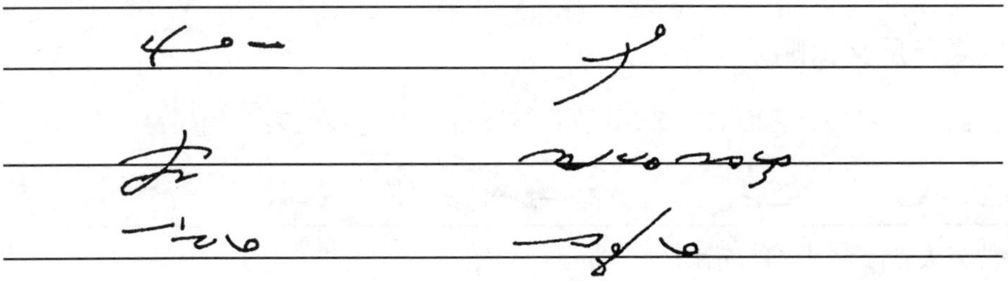

第三节　重叠词、反义词及其他略写法

一、重叠词略法

（一）单音重叠词略法

写出前面的一个音节，后面的音节用正写“xiang”代表。例如：

试试　看看　查查　亭亭　刚刚

（二）复音重叠词（ABAB型）略法

写出前面两个音节，后面两个音节用正写“xiang、i”连写代表。例如：

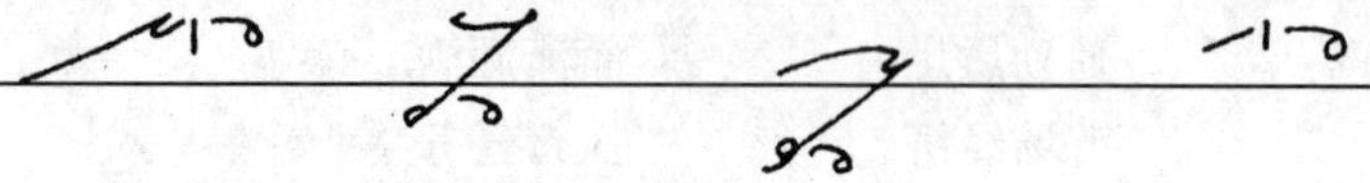

讨论讨论　整理整理　考虑考虑　研究研究

二、反义词略法

（一）单音反义词略法

写出前面的一个音节，后面的音节用反写“xiang”符代表。例如：

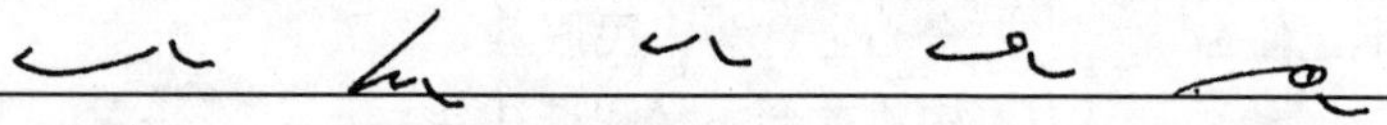

成败　内外　伸缩　尊卑　开关

（二）复音反义词略法

写出前面两个音节，后面的音节用反写“xiang、i”连写代表。例如：

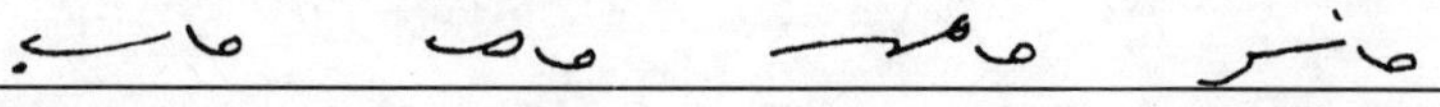

成功与失败　正确与错误　肯定与否定　先进与落后

三、重复词略法

对一个句子乃至全文前后重复出现的词，只在第一次出现时照写，后面再次出现时，用汉语拼音字母“r”代表。

例 1：

团结就是力量，团结就是大局，团结就是效益。

原写符：

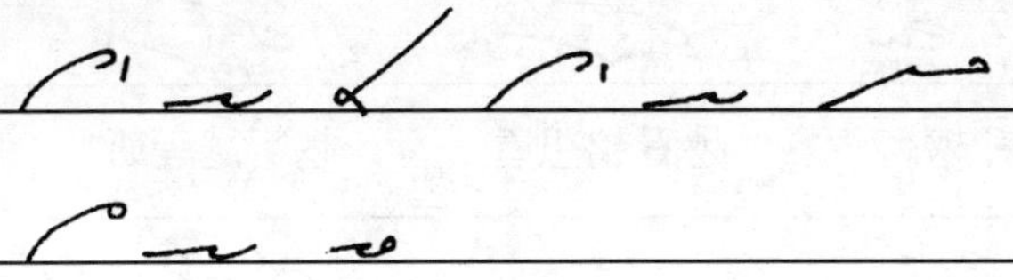

略写符：

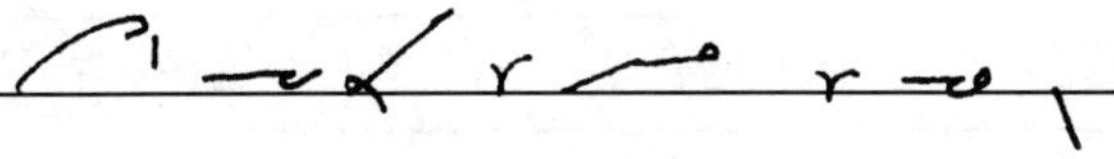

例 2：

采集信息要务求其广，务求其全，务求其详；加工信息要务求其精，务求其准，务求其实。

原写符：

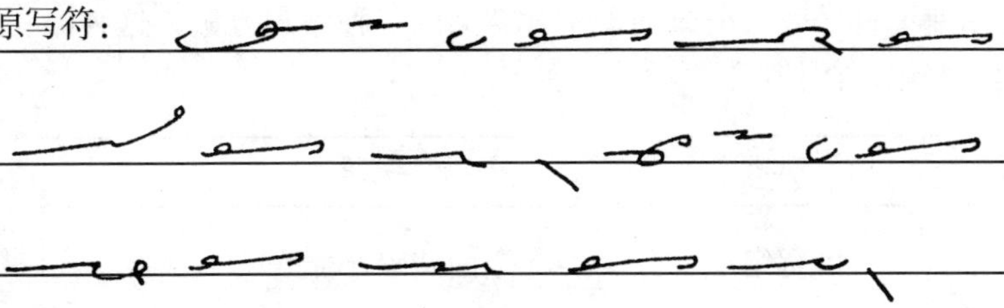

略写符：

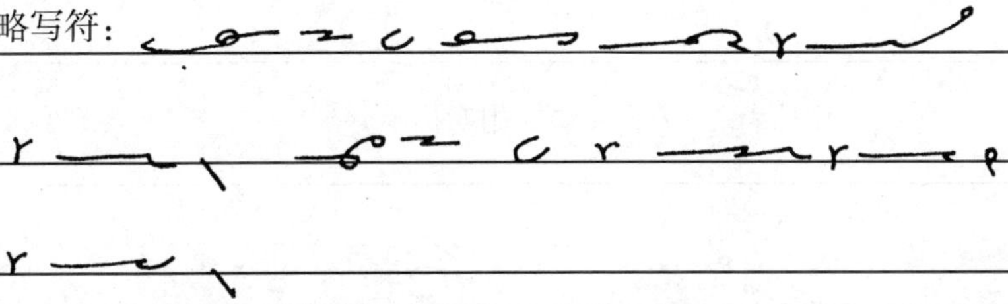

四、“越来越”略写法

（一）“越来越”

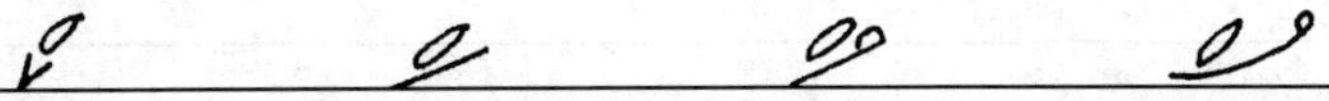

越来越好　　越来越大　　越来越多　　越来越全

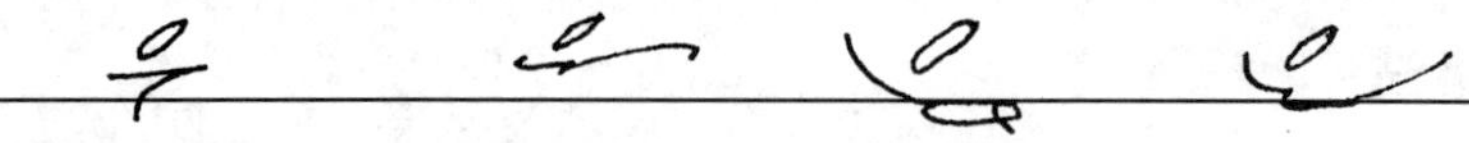

越来越进步　越来越深刻　越来越强壮　越来越往前

(二)“越……越……”

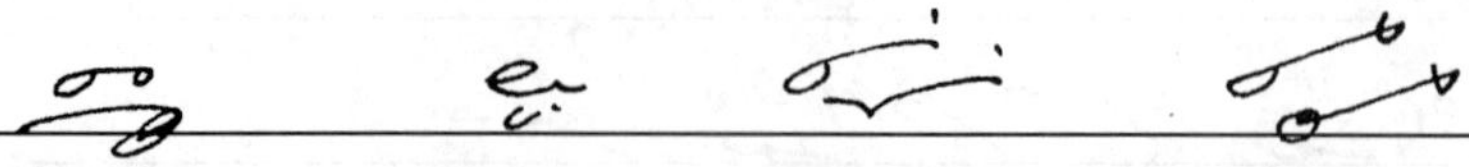

越写越快　越升越高　越看越想看　越听越爱听

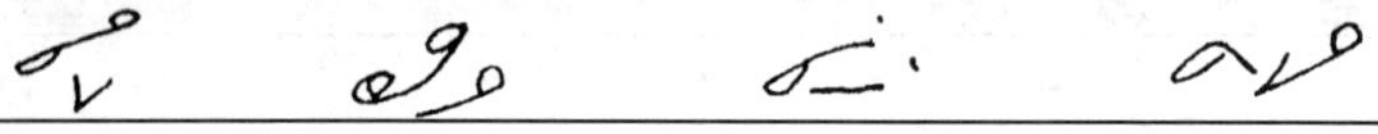

越多越好　越买越多　越干越有劲　越上人越多

五、速符会意略法

速符会意略法是用速记符号表示词或词语所含意义的一种略写方法。这种略写方法比较形象、好写、易读、好记。例如：

入世　世贸组织　全面建设小康

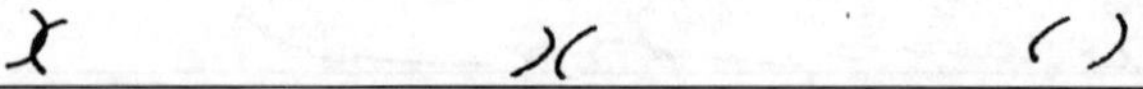

相结合　相违背　相对应

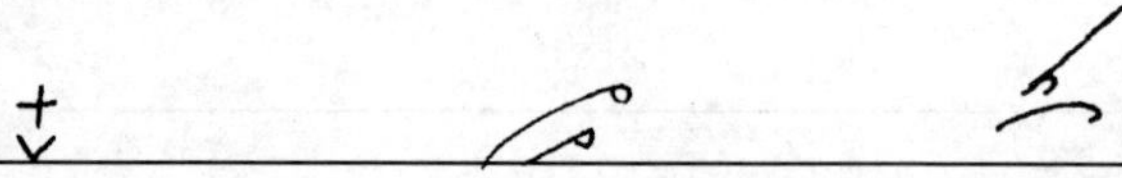

好上加好　天上地下　更上一层楼

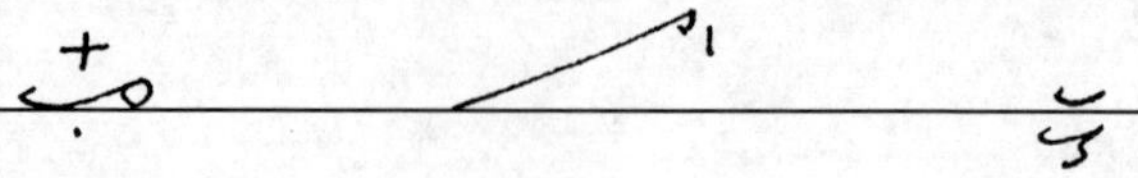

错上加错　大大提高　水落石出

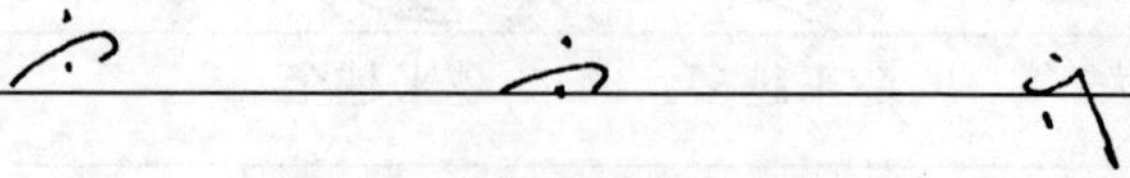

党内外　国内外　市场内外

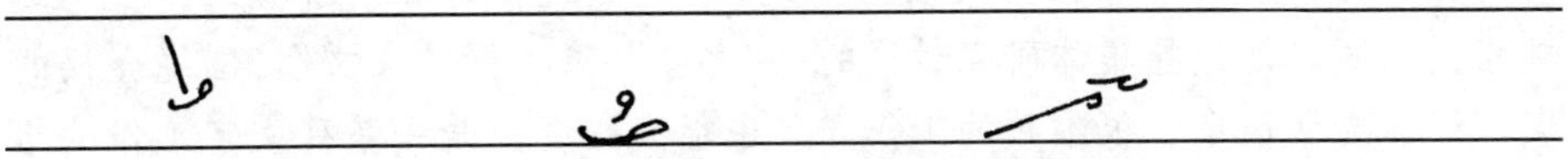

长远打算　　抓住机遇　　提高效率

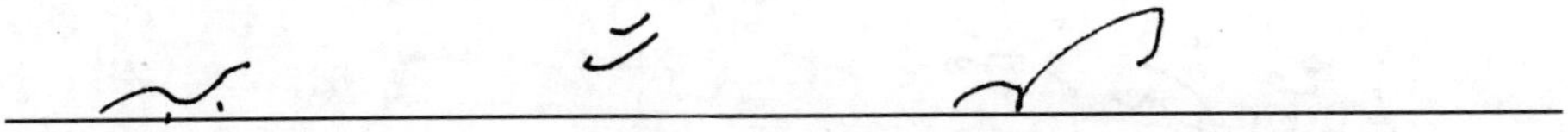

画蛇添足　　站得高看得远　　这山望着那山高

六、实训

(1) 抄写或听写尾首交叠略符举例 20 遍以上。

(2) 将下列速符写成词组，并将速符抄写或听写 20 遍以上。

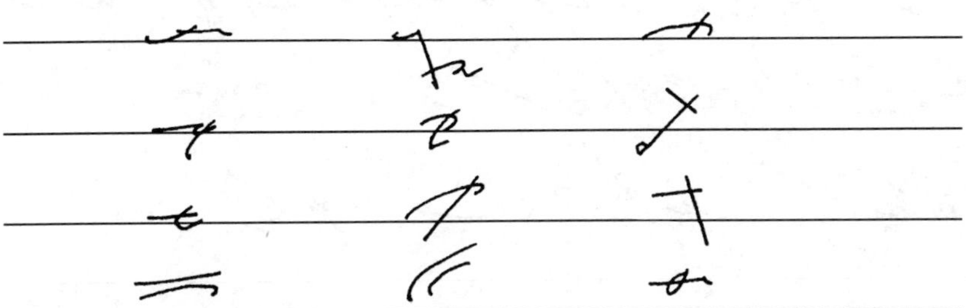

知识经济　　市场规律　　科研任务
教育部门　　有效办法　　长远利益
计划指标　　团结起来　　经验证明
勤勤恳恳　　蓬蓬勃勃　　兢兢业业

思考与练习

1. 什么是附离略符？按其与前符的位置关系附离略符可分为哪几类？
2. 简述上下附离略符与前符的位置关系。
3. 什么是附离略符的扩大应用？其在省略方法上有何特点？
4. 什么是交叠略符？按其与前符的位置关系交叠略符可分为哪几类？
5. 具体说明各类交叠略符的略写方法。
6. 举例说明重复略写法所适用的语言环境。
7. 运用略符略法抄写或听写下面短文，力求分速达到 100 字左右。

秘书“三办”的内容与相互关系

所谓秘书“三办”，是指秘书工作中的“办文”“办会”“办事”。秘书“三办”之间，既具有相对的独立性，又具有相互交叉性。“办文”是通过“办会”解决的，公文的内容与形式及其相关问题，是领导集体研究讨论的；“办会”离不开“办文”，围绕会议的筹备和组织落实，秘书要做很多、很细致的工作，其中很大程度上是一系列文字工作的组织与落实；“办事”在多数情况下是通过“办文”“办会”体现或完成的。以文书的形式或者会议的形式来交代办事意图，这是领导经常采用的交办方式。

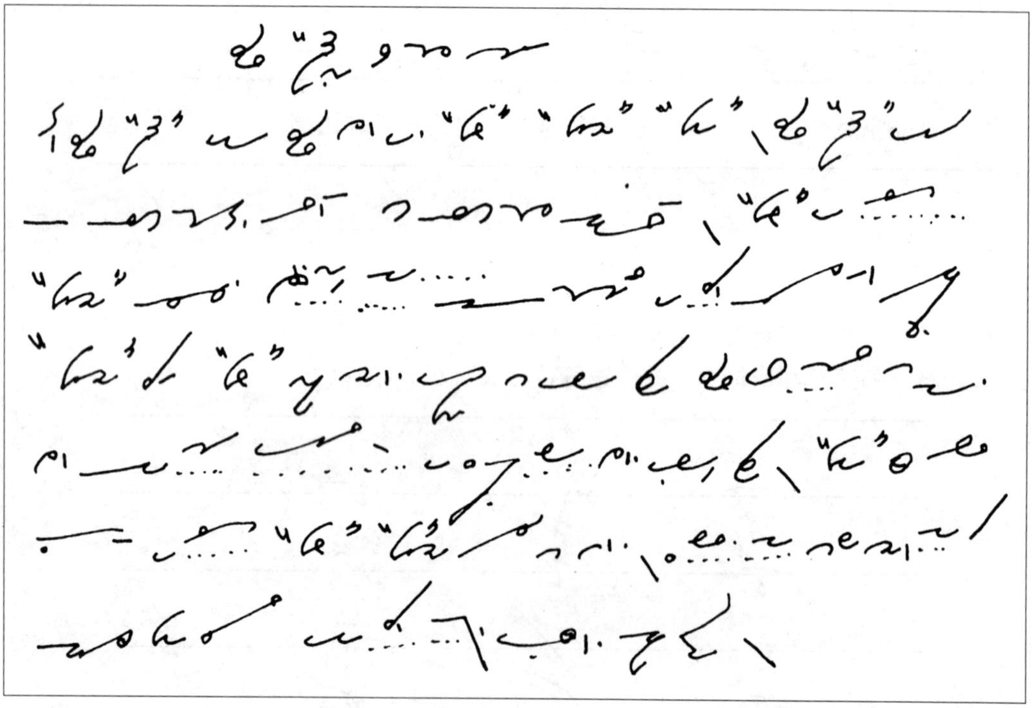

第二篇

汉字速记法

第十一章
连书快写法

连书快写法是指运用行书和草字笔法，对字、词、语句实施连绵运笔，实现快速书写的方法。它是实现快速书写的基本方法。汉字速记法中的各种略写方法，诸如字词略写法、语句语段略写法、合体字替代法等，都是以快速连书法为手段、为依托的。学习本章要了解和熟悉行草字和草字的写法，重点领会和掌握行草字、草字的快速连写法。

第一节　行草字的写法

一、行草字体

行草字是介于行书与草书之间的一种简快写法的字体。写得规矩一些，接近楷书的称作“行楷”；写得随意一些，接近草书的称作“行草”。草书笔画简略，写得较快，但不易辨认。行书笔画简于楷书，一看便知，但与草书相比写得比较慢。行草则于草书和行书的优点而兼得，笔画简略，笔势连绵，既易于书写，又易于辨认，因而是快速记录语言信息的一种实用字体。就实际应用而言，目前采用的行草字主要有以下两种字体。

（一）行书与草书之间的行草

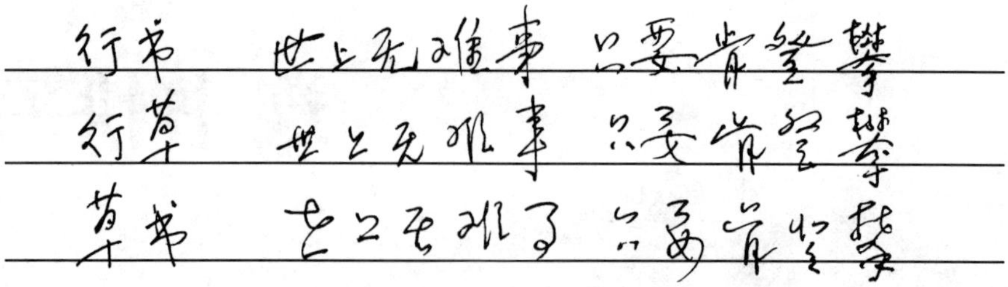

我们之所以如此举例，一是为了说明几种字体在笔法上的区别，二是提醒学习者和应用者，在快速记录的过程中，完全可以根据实际情况，寻求自己使用最为方便的字。其要旨是：

（1）草体字的特点是笔画简，快相连，是快速记录的最佳选择；

（2）如果当前对草体字尚不熟悉，那么，可以按照自己的习惯来书写，就是用我们通常所说的连笔字。尊重习惯应当是草书法的一种“通融”。例如：

草书写法：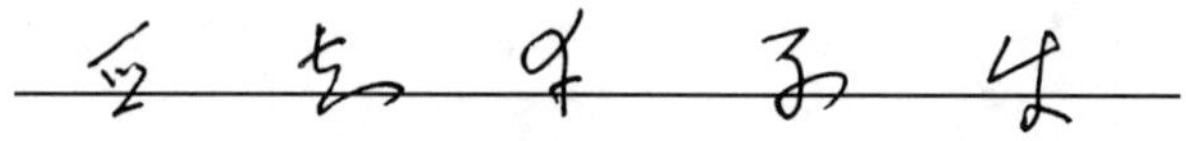

习惯写法：

这是因为，就快速记录而言，我们所追求的不是书法的章法和艺术效果，而是方法和速度。

（二）与行书写法相近的草书

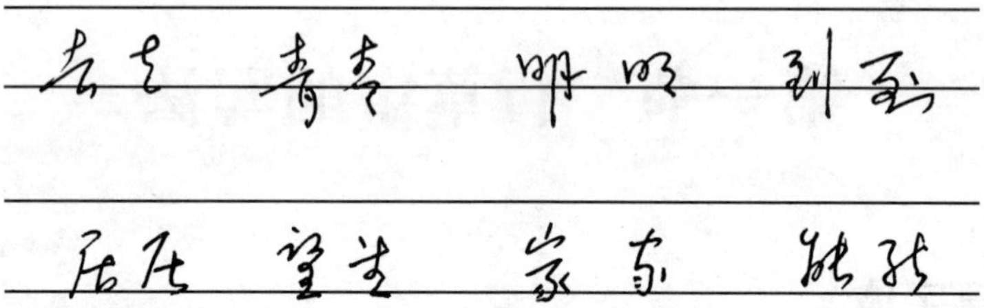

二、行草字的写法

（1）笔画繁多的字，其基本部分一般变得简单。例如：

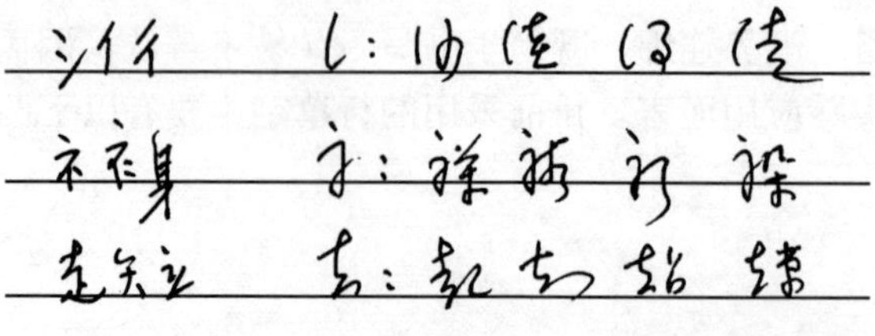

（2）有些字的某一“零件”被省略，有的内部简化或省略，只保留一个字的外廓。例如：

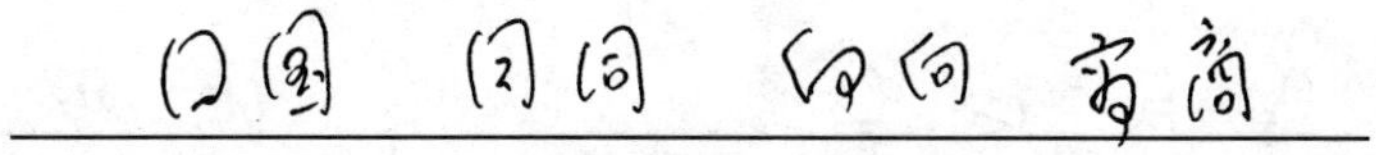

（3）用“点”来代替其他笔画。例如：

这些字用“点”来代替其他点画，起着简快的作用。

三、行草字基本部分的拼写

行草字基本部分的写法，可以代表好多行草字的基本写法。因此，把这些部分练写好，再互相拼合，就可举一反三，灵活运用，提高行草字的书写速度。例如：

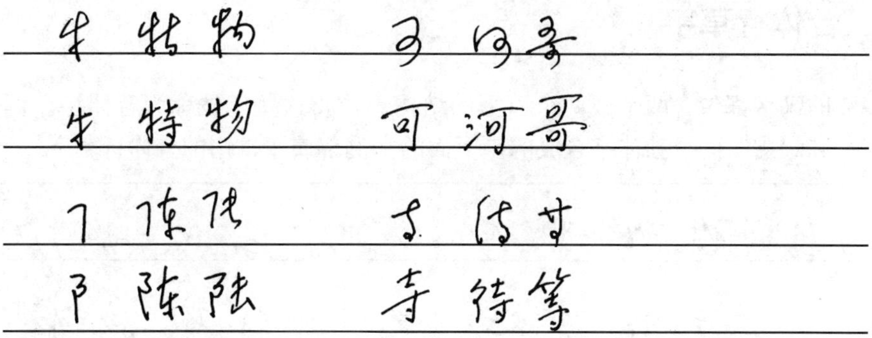

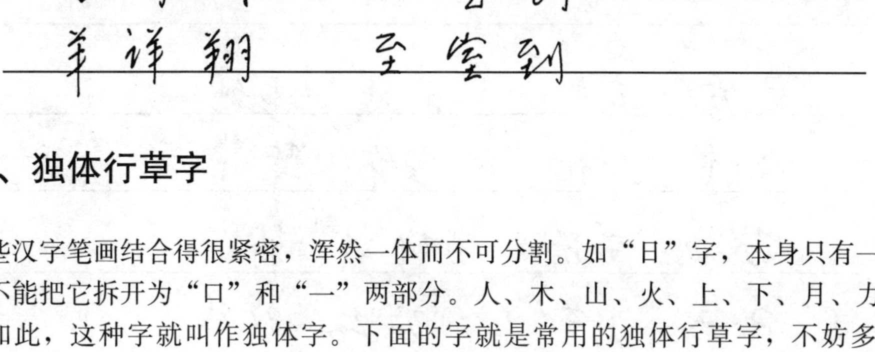

四、独体行草字

有些汉字笔画结合得很紧密，浑然一体而不可分割。如“日”字，本身只有一个结构单位，不能把它拆开为“口”和“一”两部分。人、木、山、火、上、下、月、力、刁等字也是如此，这种字就叫作独体字。下面的字就是常用的独体行草字，不妨多做一些练写。

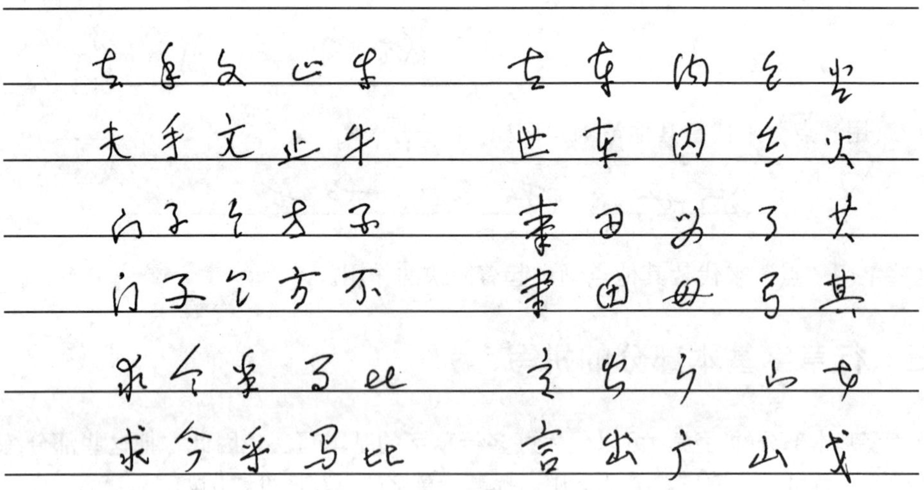

五、合体行草字

大多数的汉字都包含两个或两个以上的结构单位，这些字被称为合体字。例如“玻”字是“王”和“皮”两个独体字合成的。下面的举例都属于常用的合体行草字。

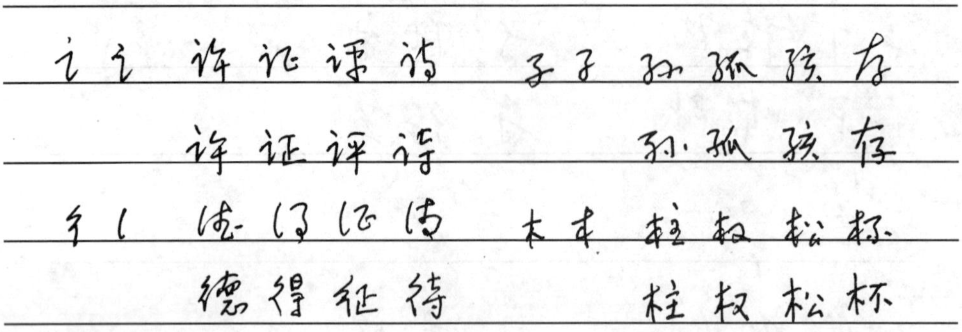

六、相似的行草字

行草字在写法上有许多笔画和结构较接近，在快速书写时应注意区别它们之间的相似部分，以避免出现误写。例如：

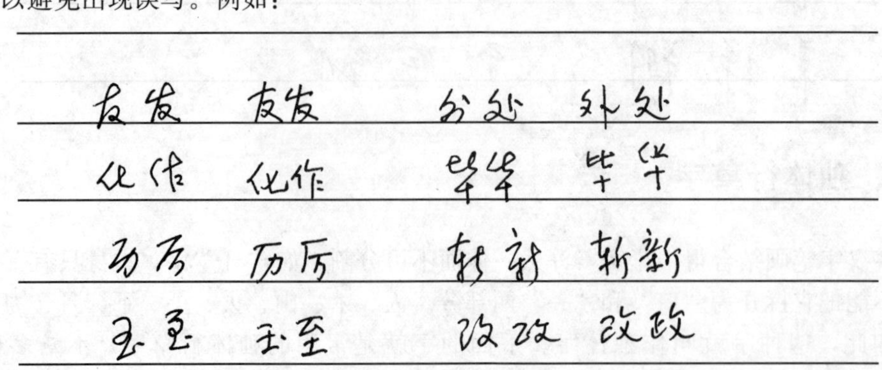

七、实训

（1）将本节的行草字举例连写 5 遍以上。

（2）用书写行草字的方法练写下列独体字（写满格）。

之	支
分	其
可	商
手	止
门	子
日	月
文	心
口	寸
弓	车
者	青

第二节　草字的写法

草字即草书，是为了书写便捷而产生的一种字体，是汉字速记法最基本、最重要的书写方法和技巧。

汉字草书，笔画简略，字体连绵，往往一笔写成一个字、一个词，乃至一个句子。虽然偶有不连，但血脉不断，笔势灵活流畅，简易快捷，素有“一笔书”的美誉。因而，有些外国人称草书是“中国的速记”，国内也有人说草书是中国的“古代速记”，对于这些我们不必去考究它。但学好、用好草体字，可以提高记录汉语的书写速度是确定无疑的。

一、草书字体

草书有三种，即章草、今草和狂草。章草是从隶书演变而来的，它的点画省略，变方形为圆形，有一定的笔画和笔法，笔势仍有隶书余痕；今草是从章草演变而来的，其笔画连绵，比章草更简约，上下或左右牵连，体势一笔而成，往往一笔连写数字，是快速书写的一种方法和技巧；狂草是在今草的基础上任意增减笔画、伸缩连写变化而成的，其笔法狂放奔纵，有些字本身或字与字之间的写法更甚于今草，一般不易识别。所以，章草和狂草已很少有人使用，一般使用的草书多为今草。例如：

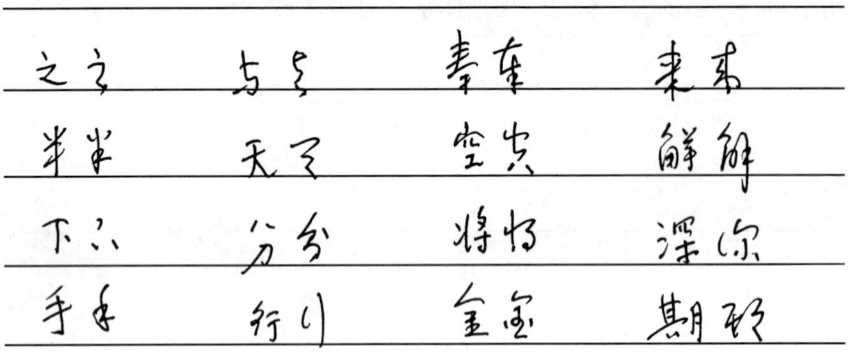

从草书的笔画结构可以看出，草字比行草更简略，书写速度更快一些。从草书中找出一些常用并容易辨认的标准草字与行草字进行组合练习，熟悉和掌握它们的笔法，可进一步提高书写速度。

二、草书的特点

草字的进步性，主要表现在简化正楷笔画和笔势的连贯性。草字对汉字形体的简化具有很大的促进作用。它的主要特点是：

（1）笔画简。即把复杂的笔画缩减为两三笔，还可以把长笔画缩为短笔画。例如：

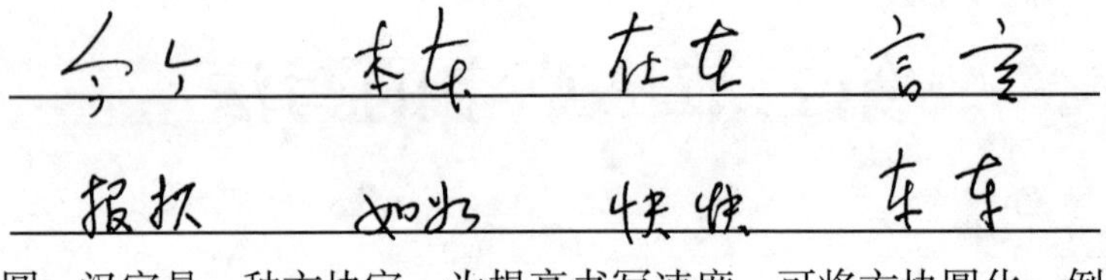

（2）方变圆。汉字是一种方块字，为提高书写速度，可将方块圆化。例如：

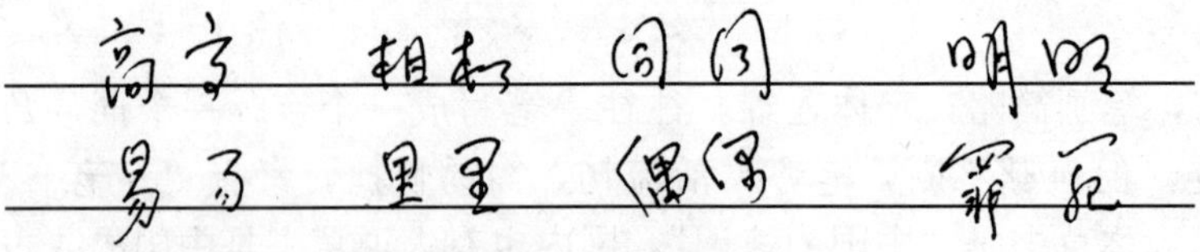

（3）并偏旁。在草书中可以将楷书的偏旁归类合并，使之用一笔代替，这是草书的笔法之一。例如：

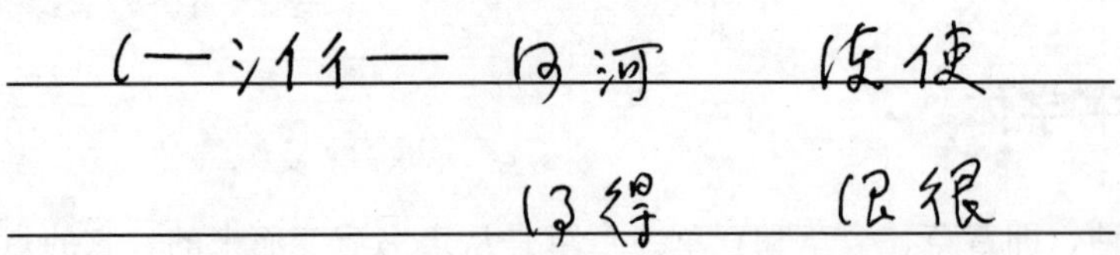

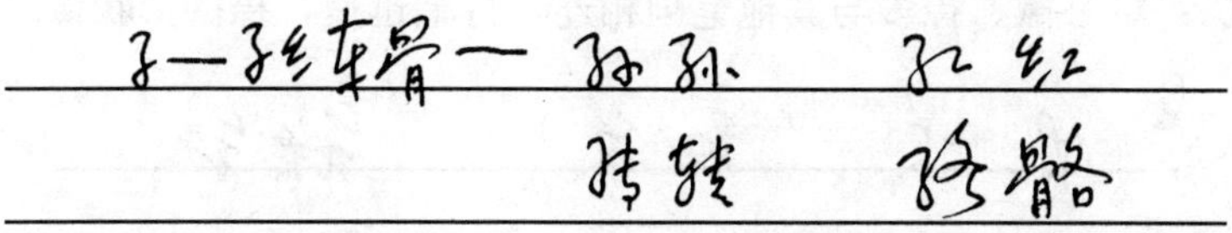

（4）快相连。笔画之间，甚至字与字之间，都可以连绵运笔，形成连绵笔势。例如：

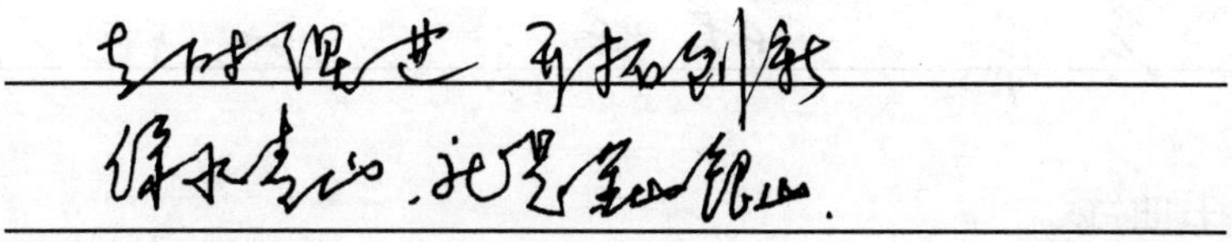

从以上四个特点可以看出，草字的书写速度比一般简化字的书写速度要快得多。草字的写法，变化较大，有些草字可能有几种不同的写法，可在练写中进行比较。此外，应当注意的是，草字虽然有许多偏旁部首可以合并，但不能全部由此类推，否则会影响认读。利用草字，主要是利用它紧缩、圆化、连笔的特点。

三、草书的写法

草字，不能认为是随便潦草的，草化的方法一般是减缩笔画，并借用偏旁和点画接连行草字的笔势。

草书是简化正楷书的写法，虽然字变形了，但是草字的笔顺和笔势基本上是一致的，例如：

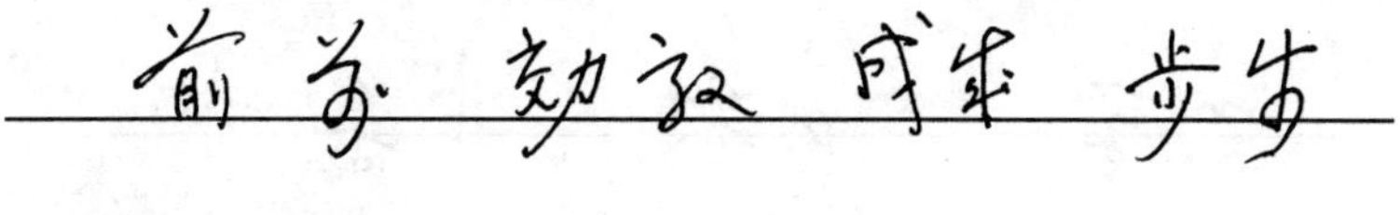

（一）草书的基本笔画

（1）点："点"与其他笔画连接，或断而若连。例如：

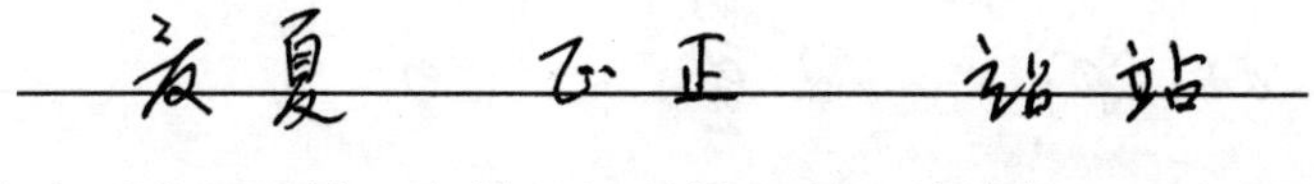

（2）横：草字有"有竖无横"之说，就是横画很少单独使用，多与其他笔画相连，或变了形。例如：

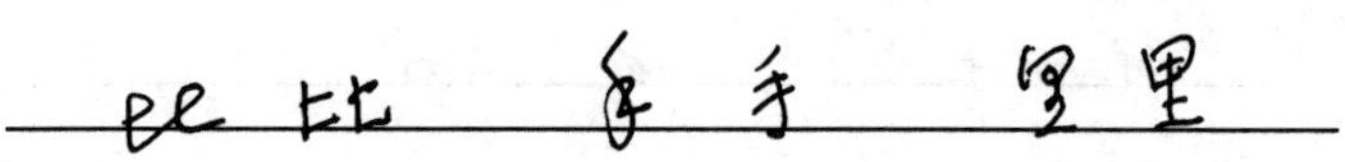

（3）竖：笔画收笔处多左勾右挑。例如：

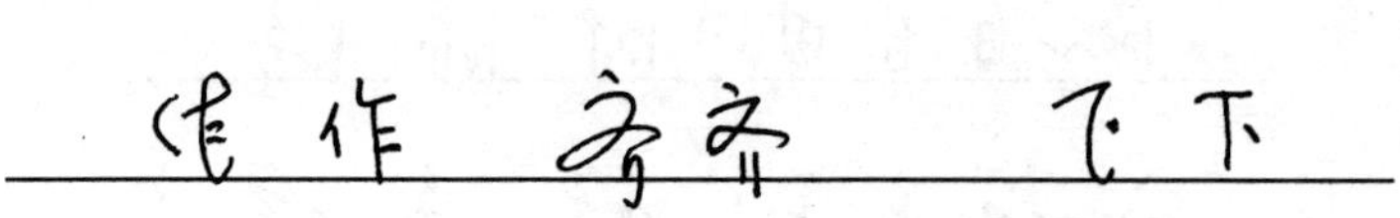

（4）撇、捺：草书撇、捺多与其他笔画相连，行笔迅速，捺的形状像“点”。例如：

（5）挑、钩：挑和钩附在竖画的向左或向右；附在横画的向上或向下。例如：

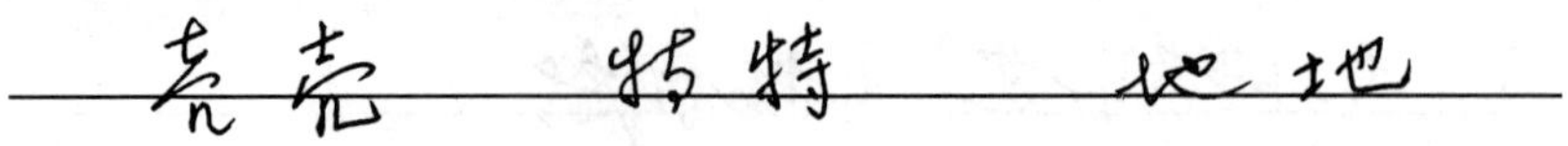

（二）草书曲线

草字的曲线原本就是千变万化的，再加上由竖写变横写以及书写速度上的要求，曲线的性能就显得特别重要。下面我们重点介绍三类较为常用的曲线，即单曲线、复曲线和环曲线。

（1）单曲线是一折曲线。例如：

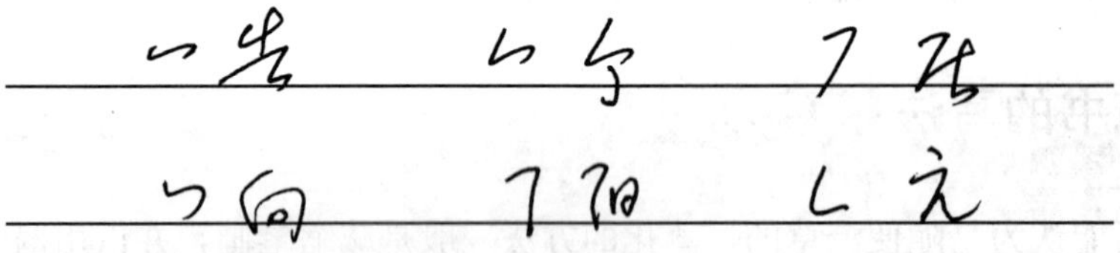

（2）复曲线由单曲线连接而成。例如：

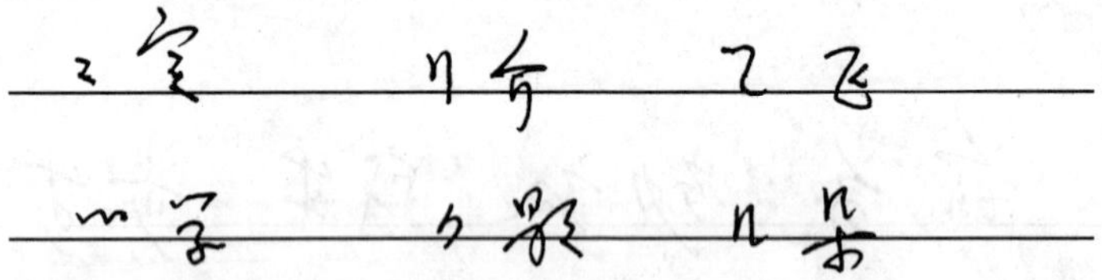

（3）环曲线由圆环组成。例如：

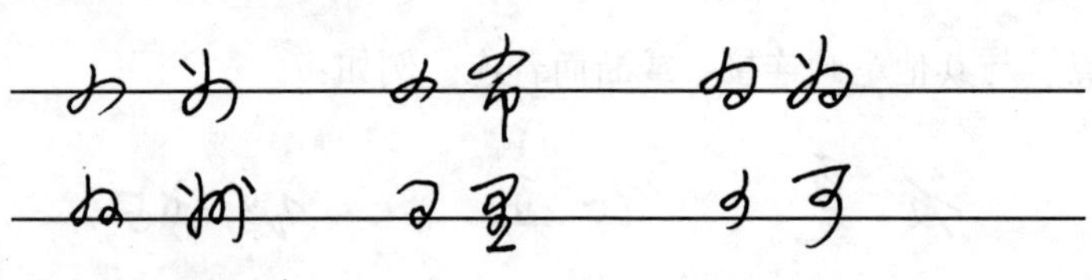

（三）通用部分的拼写

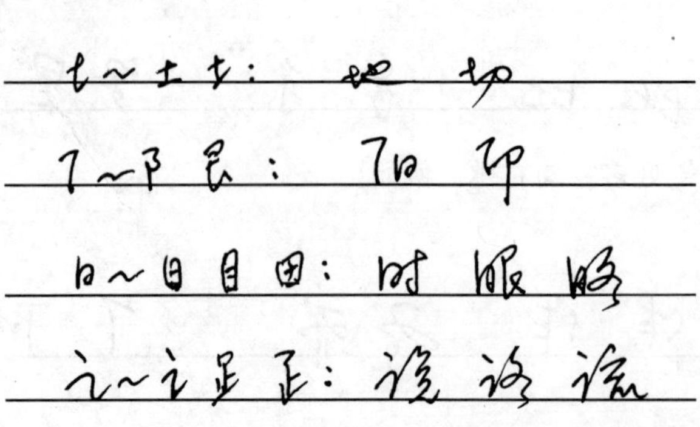

四、实训

（1）将上述草书举例抄写5遍以上。
（2）用草字方法写熟下列常用字（最好选用草书字帖练写）。

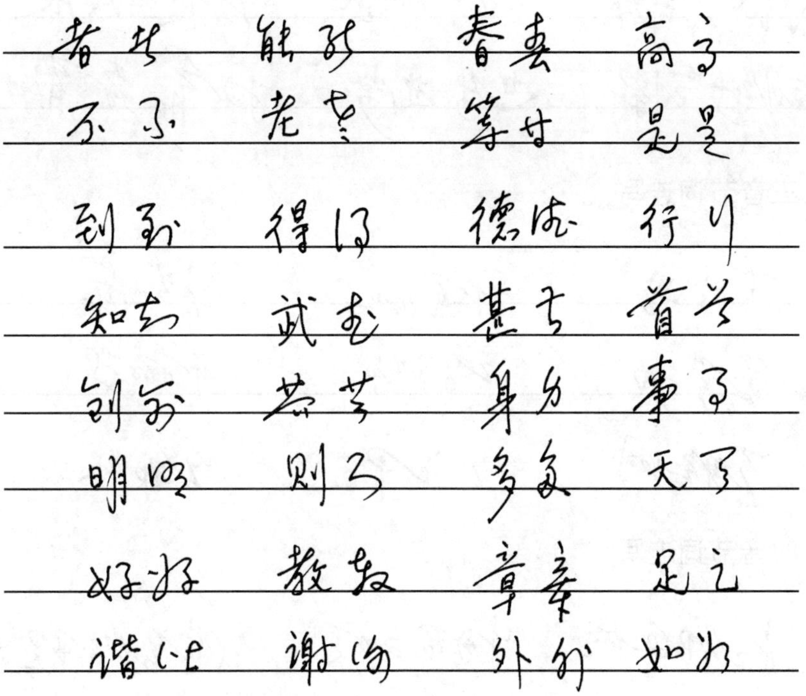

第三节 行草字快速连写

一、连写笔势及要求

行草字连写主要是指双音节词或短语、短句的连写。汉字笔画的方向上下各有不同。汉字原来是竖写，现在改为由左而右的横写。因此，汉字的笔势要随之有些变动。像拉丁字母的收笔处向右斜出，跟一个字母的收笔相连接一样，汉字的收笔也改为向右斜出，即末笔右斜。有的需要顺势加连笔线，才便于字与字之间的连写；间或虽然连写，但没有写出连笔线，这叫作“意连”，所谓“偶有不连，而血脉不断”。

汉字的连写，要以词或词语为单位，不宜连写过多的字。同时，还应注意不便连写的笔画，不要强求连写，要自然就势，合乎书写习惯。

连写字不宜过大，也不宜过小。字写得过大显得松散空旷，连笔费时；字写得过小，运不开笔，也会减缓书写速度。字体一般要比普通稿纸的格子稍小一点。例如：

（一）双音节词连写

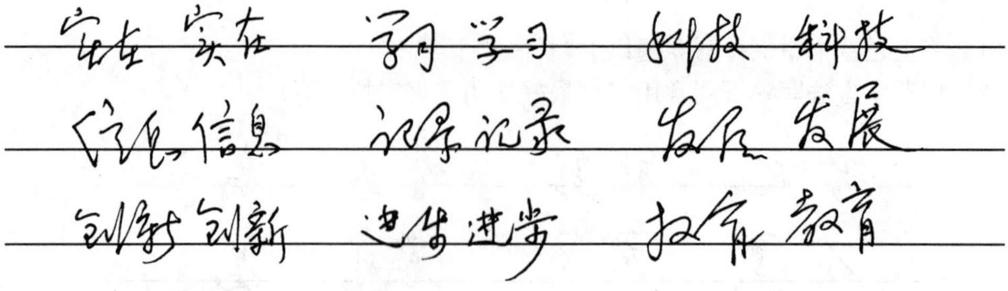

（二）三音节词连写

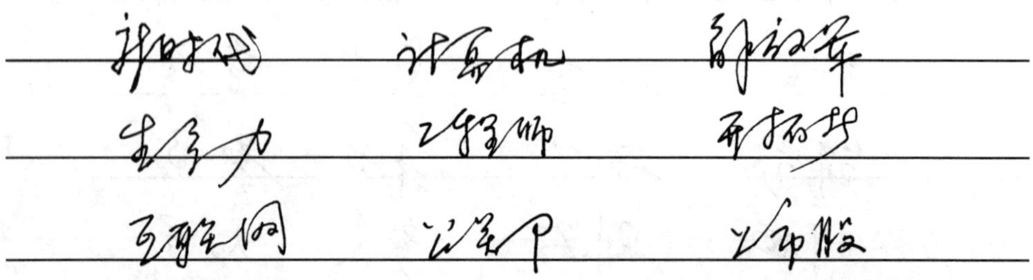

（三）四音节词连写

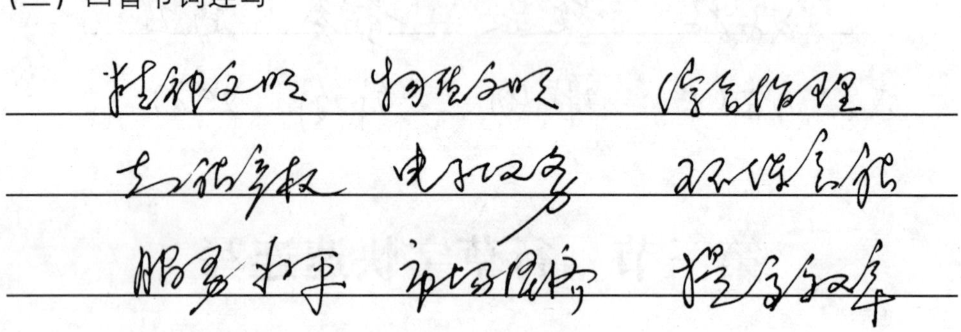

（四）多音节词组和语句连写

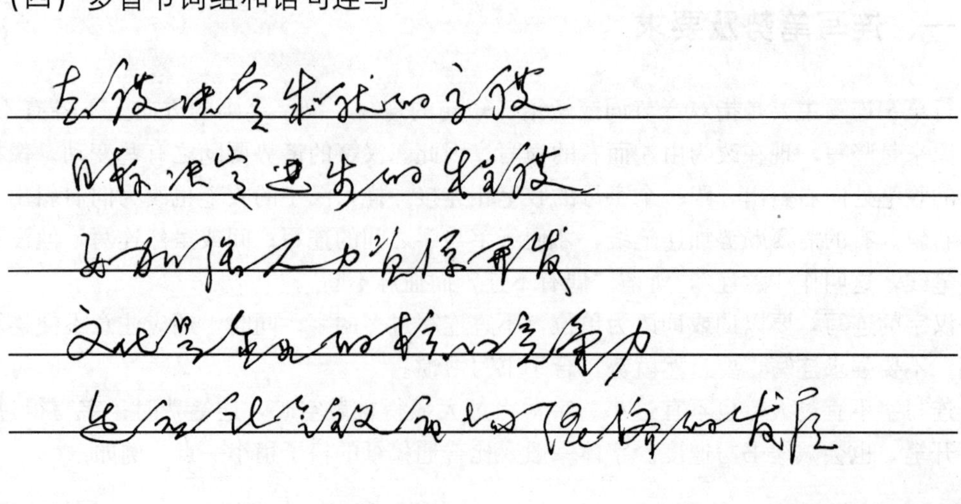

二、连写练习的方法

词语和句子，不是随便连写和任意勾连就能够连写好的。连写需要下功夫练习，所谓“功到自然成”。叶圣陶在谈到读书时说：“看一遍不如念一遍，念一遍不如写一遍，写一遍不如做一遍”“好记性不如烂笔头”。读书是这样，写字也是这样。高尔基也曾说过：学习“要掌握技巧和方法”，“只要你开始工作了，工作本身就会教导你”。练习、实践是最好的指导老师，练习连写的过程就是摸索规律、掌握技巧的过程。练写得多了，悟性就会油然而生，进入熟悉的境地，自然也就运用自如了。

如果你刚刚开始做连写练习，不妨采用下面的方法试一试。

（一）基本笔画练写

连写笔画练习，可从基本笔画开始。例如：

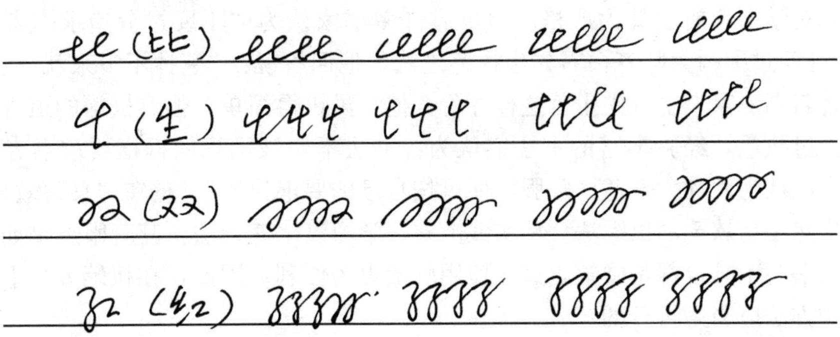

（二）词语练写

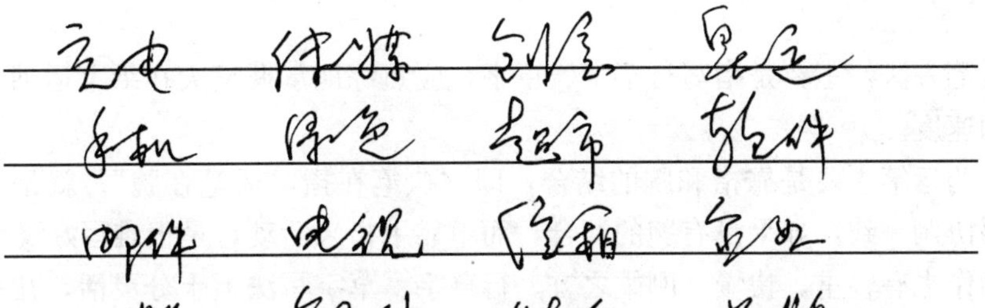

（三）词组练写

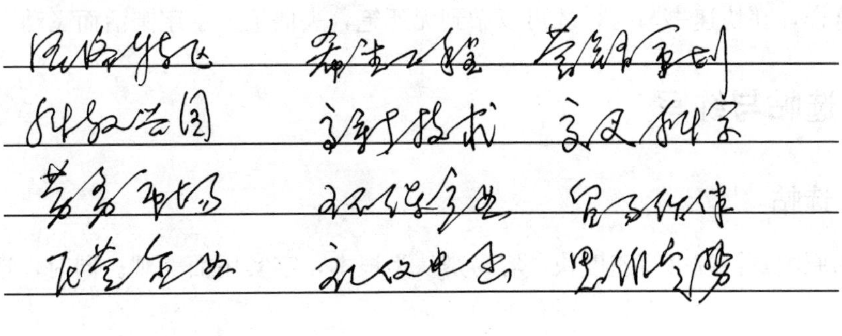

第四节　行草字与草书的练写方法

汉字的快速连写法，主要包括两个方面：一是要研究快速连写的执笔方法和运笔方法，掌握快速连写的技巧；二是要认识草书和行草字的字形规律，掌握其间架结构。这两个方面的内容就是通常所说的笔法和字形结构。

一、执笔方法

对于执笔方法，历代书家都很讲究，要求指实、掌虚、笔直，各指及腕既有分工，又互相配合，对学书者要求甚为严格。但也有许多书家认为“不要过分追求书者的执笔方法”。有人曾问过国画大师齐白石先生执笔之法，他回答说：“笔掉不下来就行。”对齐白石所说，著名书法家李书香先生曾这样评价：他“虽讲得简单，但有极深的道理。我和当代一些谈论过执笔，经验丰富的书法家认为：书法不应该用死的框框要求书者执笔的方法，只要自己认为便利、合适、舒服，便可按自己的要求执笔”，重在“书写效果”。李先生所言，当然是指软笔的执笔法。从实践上看，学习汉字速记法，其着眼点是如何快速追踪语言，且书写工具也都是硬笔，这比使用软笔更为便利。因此，在执笔方法上，按照李先生所说的方法应当是可行的。

二、运笔方法

所谓运笔方法，主要是指写行草字、草字，应熟练地掌握笔尖在纸上运动的方向、轻度、急缓和速度。

钢笔字的运笔主要是靠指和腕的结合，即“执笔在指，运笔在腕”。就是说，腕和手指的动作要协调一致，如果没有腕的配合，而单靠手指来活动，是很难写好汉字的。

运笔动作也有轻重、快慢、刚柔之方。行草字、草字写法上十分灵活，几乎是一字一笔，即所谓“一笔书”。有的字笔画虽偶有中断而意相连。因此，写行草字和草字，应以“轻”“快”“活”为主旋律。即“下笔要轻，起笔要快，行笔要活”。运笔时，不可犹豫而“顿”笔；行笔“活”而快，笔画“细”而“急”；收笔不能“提”，要向右倾斜，以便连写。唯有这样，在快速书写时，才可以做到无死笔，去僵笔，字字圆活而飞动。

三、选帖与练写

（一）选帖

选帖的原则是：以书写速度快、容易辨认为根本，字实用而美观。同时，选帖要因人而异，依据个人的基础、笔性、喜好来决定；也可听听有识者的意见，权衡利弊，再予以抉择。

现在，人们使用的书写工具大都是硬笔，诸如钢笔、圆珠笔、铅笔、书写笔等。学习和应用汉字速记法，更是非硬笔莫属。其中，又以使用钢笔最为普遍。所以，在学习钢笔行草字、草字时，以临摹这一方面的字帖为宜。由于毛笔行草字、草字字帖种类较多，且多为名家之作，易选、易用，因此，临摹毛笔行草字、草字字帖也是有益的。

（二）识字

所谓“识”字就是正确地认识字形、字体的规律。写字，必先“识”字：熟悉字的间架结构，掌握字的形象特点、笔画顺序、运笔方向等。这是写好行草字、草字的关键。如果不注意分析字形、笔画和笔顺，只顾埋头练习写字，尽管练字者十分认真，但却往往收效不佳。显然，这是不足取的。

（三）临字

（1）临写时要尽量把字帖中的字写准、写像。不能只按照自己的习惯去抄帖，而应按照行草字、草字的字形规范改造自己原有的书写习惯，做到以帖为师，吸其所长，去己之蔽。

（2）临写时要眼到、手到、心到。做到眼、手、脑并用，紧密结合。临帖之前，必先读帖，仔细分析、观察和领会字的特点，认识运笔的方法，不能写一笔看一笔地去“砌字”，要运用移笔影法，整体掌握字形。

（3）初学临字，要“各个击破”，不能囫囵吞枣地顺文直抄。要难者多临，易者少临，直到写得较好后，方能再继续临写下一字。

（4）要循序渐进，逐步提高，否则将欲速则不达。基本笔画还写不好，手不从心，笔不随意，是写不好字的。

（5）学习写字要有持之以恒和一丝不苟的精神。最好每天能抽出一点时间学习写字。锲而不舍，贵在坚持，下功夫的积累就是成功。

四、练写的步骤和方法

（一）练写的步骤

练写字的程序，可分为三个阶段：第一阶段学习基本笔法；第二阶段学习偏旁部首；第三阶段学习间架结构。

第一阶段重点学习书写技巧和方法，也就是学习笔法，包括执笔与运笔，指、腕、肘、臂的动作要领和身体的姿势等。第二、第三阶段，主要学习字的间架结构，认识字形规律，掌握形象特点。这三个阶段不能截然分开，在学习书写技巧时，必须密切结合笔画的形象，研究运笔的方法；在学习间架结构的过程中，也是在练习书写技巧。但总要有一个基本程序，这样便于循序渐进，逐步提高。

具体的学习步骤，可先读帖的中文字说明部分，然后按程序对照字样，根据各部分的具体要求练习。初学者，学习基本笔画时，先不要用带格的纸，可先在空白纸上自由练习，以领会用笔要领为目的。之后，再按格子书写，以掌握结构规律，直到熟练地写出来，再脱离格子书写。这样便于提高书写速度。字，开始可以写得大些，以认识字形规律，掌握形象特点，待熟练后，逐渐将字形缩小到以能够快速书写和容易辨认为目的。

（二）练写的方法

练写字的总原则可以用“掌握笔法，勤学精进”八个字来概括。下面是临写的具体方法：

（1）摹帖。就是描摹和描影，描影也称仿影。其方法是把字帖放在透明纸下，一个字一个字地透描。描帖最忌讳不加分析地描描画画，应分析运笔方法、笔画位置及安排的要领。

（2）临帖。就是照着字帖学写字。先要“对临”，照着帖上的各种笔画，翻来覆去地临写，直到写熟为止。点画写好了，就为写好整个字打下了基础。

全字临写，就是照着帖中的字整个临写。先要把帖上的字观察好，牢记于心，然后练写，力求写熟、写快，切忌看一画，写一画。临熟一部分字，就要默写这一部分字，这叫“背临”。“对临”是“背临”的基础。通过“背临”熟悉行草字和草字的写法。

（3）读帖。通过读帖，反复揣摩字的结构，运笔特点，章法布局，以求写快行草字和草字。

（4）空临。是不用笔而用手指或其他工具做模拟写好。例如，在桌子上、腿上、地上等地方空临，边读帖，边思索，时间久了，自然能体会到行草字、草字的快写方法。

思考与练习

1. 简述行草字和草书的基本笔法。
2. 为什么说汉字速记草书方法的运用要重点强调速度与方法?
3. 怎样理解汉字速记的草书法尊重“连笔字”书写习惯?
4. 将本章的行草字和草书常用字、词举例练写 5 遍以上。

第十二章
字、词略写法

学习本章应着重领会和掌握字、词和各类词组、语型的略写方法，做到熟记于心、自如于手，力求即学即用，提高学习或工作效率。

第一节　简化繁体字，利用简体字

汉字速记法所说的繁体字主要有两类：一类是中国文字改革委员会于 1964 年公布的《简化字总表》以前的繁体字，这一类繁体字已经废除，在快速书写时，当然不能再使用；另一类是尚未简化的繁体字，为了适应快速书写的需要，针对未简化而又常用的繁体字，可利用异体字或自创简化异体字。其主要包括下列几种情况。

一、用好简化字

简化字是我国历代劳动人民创造的文化遗产。中国文字改革委员会（现名为国家语言文字工作委员会）在深入调查研究、反复征求社会各界意见的基础上，先后公布了四批简化字，对我国文字简化和语言文字的发展起到了重要的推动作用。

简化字是国家法定的、规范化汉字的重要构成部分。在汉字速记法中最易体现简化字易学、易记、易用的特点。所以，要想用好简化字，首先，必须认真学好简化字，也就是中国文字改革委员会 1964 年公布的《简化字总表》，该表于 1986 年 10 月重新发布。该表包括三个表：第一个表收录了不作简化偏旁用的简化字 350 个；第二个表收录了可作偏旁用的简化字 132 个和不能独立成字的简化偏旁 14 个；第三个表收录了简化字 1 753 个，这部分简化字是用第二个表的简化字和简化偏旁类推出来的。学习简化字，应以第一个表和第二个表为主，特别是第二个表更重要。

在简化字中，有些字不仅常用而且字形相似，例如“径、泾、迳”“冻、栋、胨、拣”“练、炼、拣”等字。快速书写时，应以不中断记录为前提，如果来不及区分，可暂不区分，一切待整理速记稿时再予纠正。

二、利用异体字

有的字有几种不同的形状，从正字法的角度来说，其中一个字是正体字即标准字，其他的字就是异体字。

异体字有狭义和广义两种理解。狭义的异体字和正体字只是字形不同，而字音、字义和用法都相同。例如，“信”“街”“宣”“展”是正体字，其简化字就是异体字。广义的异体字是指字形不同，而字音字义部分相同的字。例如，“拦”“钻”“闲”等不少常用字都有异体字。汉字速记中的“异体字”，不属于本来意义上的异体字，它以快速追踪口语信息为前提，主要利用那些笔画简单、易写、易记，能够提高书写速度的“异体字”，就是我们通常所说的“简笔字”。这些异体字大体有如下几类。

（一）社会上广泛流行的异体字

例如：

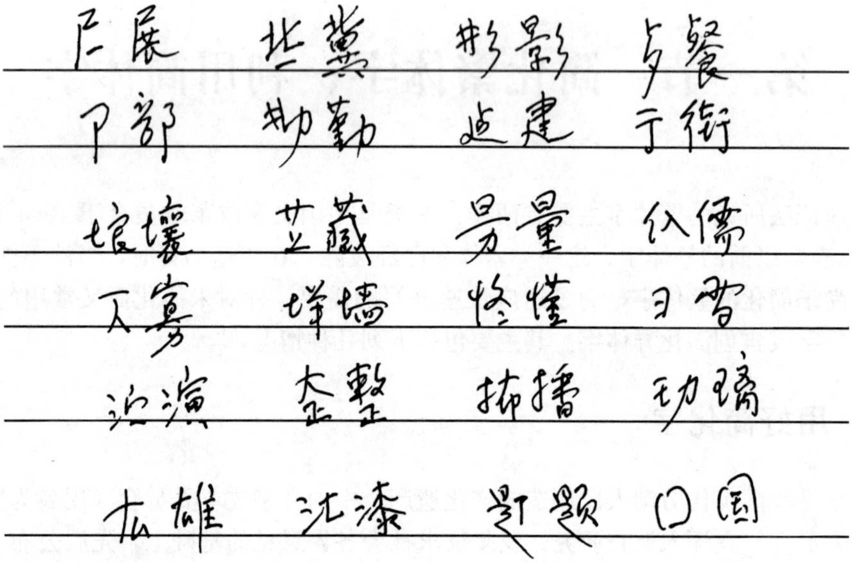

（二）自创异体字

即根据快速记录的需要自创为自己所使用的异体简化字。例如：

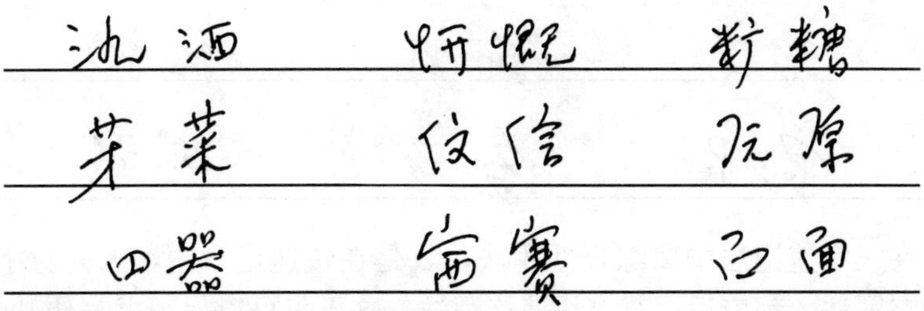

自创速记异体字绝不意味着胡编乱造，而必须遵循一定的规律和原则。概括地说，汉字简化的基本原则，就是自创速记异体字的基本原则。具体地说，自创异体字应包含下面几层意思：一要笔画简，便于学习和掌握（易学）；二要省时快捷，便于快速书写和连写（易用）；三要符合人们的记忆习惯，使应用者见而不忘（易记）；四要便于阅读，即不应低于阅读规范化汉字的速度（易读）。

（1）简化偏旁。例如：

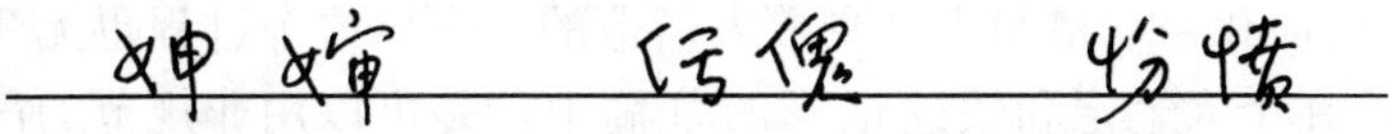

（2）更换偏旁。例如：

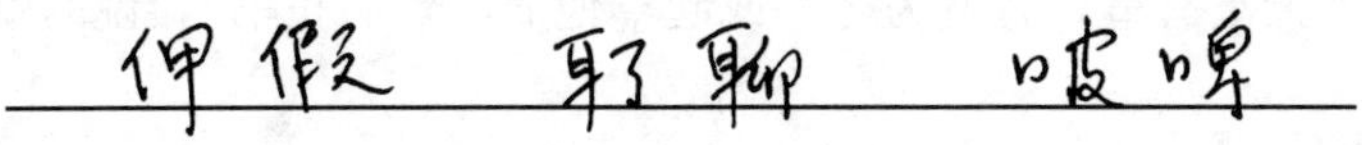

（3）抽取偏旁和符号替代。例如：

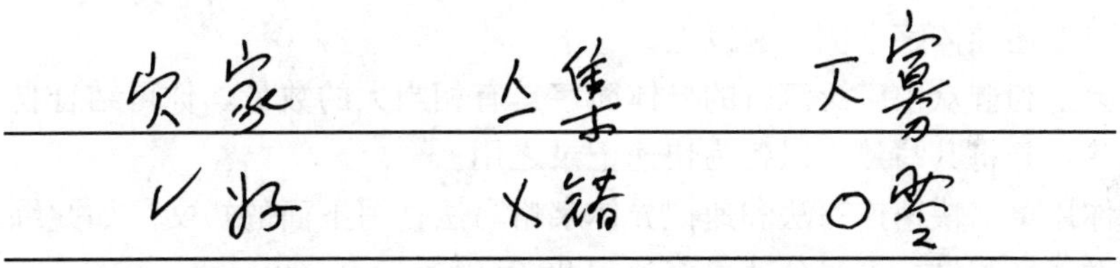

（三）同音替代

即用笔画简的字替代笔画繁的字，用自己熟悉的字替代暂时忘却的字。例如：

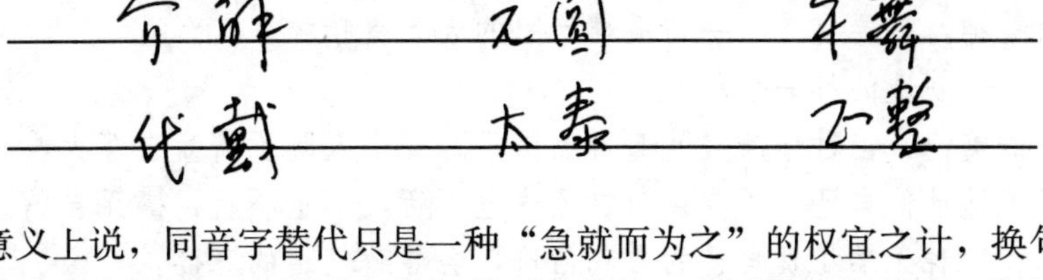

从某种意义上说，同音字替代只是一种“急就而为之”的权宜之计，换句话说，同音字替代，是在快速书写时，为了不中断记录而采取的一种“急救”措施，它虽然不会影响意思上的理解，但也必须在记录后及时予以纠正。

（四）楷书草化

即将简快的草字运用于快速记录。例如：

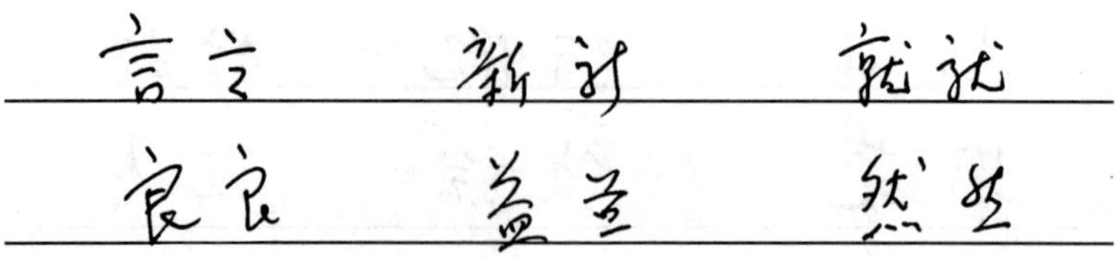

楷书草化在汉字速记法中属综合性用法，就是在快速记录中，无论对字、词、词组、语句采用何种略写法，都应运用草书快速连写法。这不仅可以保证书写便利快捷，而且也可使字体流利美观，甚至不会影响在特定范围内使用记录原稿进行交流。

综上所述，速记异体字的运用，是以快速记录稍纵即逝的口语信息为前提的。因此，在日常工作和生活中，为了便于书写，可以根据需要利用和创造新的异体字。1958年1月10日周恩来总理在全国政协会议上作的报告《当前文字改革的任务》中说："一个人记笔记，或写私信，他写的什么字，谁也无法管。但是写布告或者通知，是叫大家看的，就应当遵循统一的规范。"他还指出："这种新造简字的现象，是历来就存在的，现在大家公认了的简化字，最初也是少数人新造的，今后这个过程也无法停止，而且还要发展。"所以，在个人笔记和快速记录的草稿中，是可以用非规范的简体字即异体字的。但文稿作为正式文件使用时，就必须还原为规范化的汉字。明代赵宧光在他的《金石林论绪》中所说"天下有事，急就为之，或起草他简，然后正书"，说的就是这个意思。

三、实训

（1）练写上述异体字举例5遍以上。

（2）社会上和群众中广泛流行的异体简字具有相当大的数量，你可结合自身的实际收集和积累一些，并将其写熟，以备为快速记录之用。

（3）请你用草书快速连写法和速记异体字略写法抄写下面的短文。如此练写两三遍之后，你不妨做一做测试：书写分速可否达到80字以上。

妨碍创造的三个敌人

畏惧——创造的最危险的敌人。

哥白尼说："人的天职在勇于探索真理。"然而，科学工作者探索真理更需要勇气和知难而进的进取精神，需要有克服一切艰难险阻的大无畏精神。

过分谦虚——创造的另一个敌人。

谦虚是人的美德，但过分谦虚就变得虚伪了。一个人既不需妄自尊大，也不要妄自菲薄。要善于正确地估价自己，不要认为自己这也不行，那也不行，毫无自信。甚至常常无端地指责自己。这种无端指责自己的自我估价，会导致创造的麻痹。

懒惰——创造的第三个敌人。

创造来源于勤奋。懒人总想不花气力，或少花气力。有时甚至投机取巧，误入歧途。须知，科学成果是对艰苦劳动的赐赏，它与懒惰投机、侥幸毫无缘分。

第二节 词和词组略写法

词是语言的造句单位，任何一句话都是用词作为单位而构成的。词又是由语素构成的，因而词不是最小的语言单位，最小的语言单位是语素。有的语素可以独立成词；有的语素必须跟别的语素结合起来才能成词。

词组，也叫短语，是词和词组按照一定的语法规则组成的比词大的造句单位，例如“信息交流”“科学决策”“研究问题”“英勇而顽强”“知识经济”“起得来”“说不好”“很好”“联网”等。

按照词和词语的结构规律，在快速书写时，可以表现出多种多样的略写方法。

一、双音节词略写法

在现代汉语中，实际的造句单位大都是由两个音节构成的双音节词，不仅可以减少同音词的相混现象，而且可使语言显示出整齐、和谐的美感。这符合汉民族语言使用的习惯和心理。在当代社会，无论是生活用语还是科学用语，产生的大量新词也大多是双音节词。因此掌握好双音节词的略写方法，能大大提高书写速度。

（一）单字略写法

（1）由两个意义相同、相近或相关的词根构成的联合式合成词。在快速书写时，只写出第一个音节，第二个音节可省略不写。例如：

道路——道　语言——语　帮助——帮
停止——停　良好——良　温暖——温
燃烧——燃　裁判——裁　阅读——阅
智慧——智　形态——形　声音——声

（2）由单音节词逐步演变而来的双音节词。在快速书写时，可将其略写为单音节词。例如：

人民——民　朋友——友　相信——信
但是——但　虽然——虽　祝贺——贺
湖泊——湖　纸张——纸　其余——余
母亲——母　父亲——父　教师——师

（3）注释格偏正式双音节词的略写方法。在快速书写时，只写出被注释、被补充的词根即可。例如：

菠菜——菠　韭菜——韭　苹果——苹
鲫鱼——鲫　花朵——花　改进——改

演变——演　延伸——延　阐述——阐
车辆——车　房间——房　人口——人

（4）带后词缀双音节词略写法。词根加后词缀构成的双音节词，在现代汉语中应用较多，其后缀多由“子、儿、头”所充当，在快速书写时，后缀可省略。例如：

桌子——桌　帘子——帘　袖子——袖
稻子——稻　橘子——橘　花儿——花
盖儿——盖　尖儿——尖　甜头——甜
念头——念　想头——想　石头——石

（二）联绵词和叠音词略写法

（1）由两个音节构成的单纯词称联绵词，在快速书写时，只写出第一个音节，第二个音节可推知而出。例如：

徘徊——徘|　彷徨——彷|　踌躇——踌|
朦胧——朦|　啰唆——啰|　伶俐——伶|
烂漫——烂|　邂逅——邂|　峥嵘——峥|
扭捏——扭|　葡萄——葡|　叮咛——叮|

（2）叠音词也是双音节单纯词的一种方式，快速书写时，也可只写出第一个音节，第二个音节用一个小竖线来表示。例如：

茫茫——茫|　往往——往|　悄悄——悄|
静静——静|　天天——天|　蒙蒙——蒙|
轻轻——轻|　仅仅——仅|　渐渐——渐|
走走——走|　说说——说|　听听——听|

（三）常用双音节词略写法

常用双音节词在复音词中占有相当数量，是构成句子成分的主要支柱。在快速书写时，只写出第一个音节，第二个音节用一个右倾斜线“/”来表示。例如：

知识——知/　智力——智/　目标——目/
资质——资/　道理——道/　网络——网/
沟通——沟/　通信——通/　国家——国/
光缆——光/　建设——建/　基础——基/

（四）双音节反义词略写法

词义相反或相对所构成的双音节反义词，在快速书写时，只写出第一个音节，后面的音节用一个左倾斜线“\”来表示。例如：

成败——成\　强弱——强\　胜负——胜\
强弱——强\　进退——进\　供求——供\
伸缩——伸\　盈亏——盈\　轻重——轻\
安危——安\　远近——远\　宾主——宾\

二、三音节词略写法

（一）三音节专用词略写法

所谓三音节专用词是指以三音节表示的专用名词、专业术语、学科概念、音译外来词等。对此类专用词，在快速书写时，只写出第一个音节，后面的音节用一条小横线来表示。例如：

（1）专用名词：

计算机——计_　　紫外线——紫_

互联网——互_　　局域网——局_

商品楼——商_　　全球通——全_

邮电局——邮_　　充值卡——充_

（2）学科概念：

生产力——生_　　哲学史——哲_

相对论——相_　　绝对值——绝_

离心力——离_　　凝聚力——凝_

有机物——有_　　微积分——微_

（3）音译外来词：

托拉斯——托_　　吉尼斯——吉_

尼古丁——尼_　　威士忌——威_

芭蕾舞——芭_　　桑塔纳——桑_

巧克力——巧_　　布拉吉——布_

对多音节的外来词，可写出前面两个音节，余下的音节用一条小横线来表示。例如：

罗曼蒂克——罗曼—　　歇斯底里——歇斯—

阿尔卑斯山——阿尔—　　多米诺骨牌——多米—

（二）带虚化语素的三音节词略写法

两个有实在意义的语素加上一个虚化或半虚化的语素，即带附加成分（后缀）的三音节词，在快速书写时，可写出第一个音节，后面的音节用后缀汉语拼音的相关声母来表示。例如：

性：

科学性——科^{x}　　趣味性——趣^{x}

原则性——原^{x}　　灵活性——灵^{x}

系统性——系^{x}　　层次性——层^{x}

组织性——组^{x}　　积极性——积^{x}

化：

知识化——知^{h}　　专业化——专^{h}

科学化——科^{h}　　规范化——规^{h}

网络化——网^{h}　　数据化——数^{h}
现代化——现^{h}　　自动化——自^{h}

家：

教育家——教^{j}　　数学家——数^{j}
法学家——法^{j}　　医学家——医^{j}
革命家——革^{j}　　思想家——思^{j}
企业家——企^{j}　　科学家——科^{j}

者：

决策者——决^{z}　　领导者——领^{z}
组织者——组^{z}　　执法者——执^{z}
教育者——教^{z}　　上网者——上^{z}
志愿者——志^{z}　　传播者——传^{z}

员：

公务员——公^{y}　　指挥员——指^{y}
业务员——业^{y}　　推销员——推^{y}
服务员——服^{y}　　技术员——技^{y}
管理员——管^{y}　　采购员——采^{y}

此外，对带有后附加成分的双音节词和带后附加成分的四个音节以上的词语也可采用此种方法。例如：

党性——党^{x}　　韧性——韧^{x}　　惯性——惯^{x}
绿化——绿^{h}　　进化——进^{h}　　画家——画^{j}
作家——作^{j}　　作者——作^{z}　　记者——记^{z}
使者——使^{z}　　演员——演^{y}　　会员——会^{y}
方式多样性——方^{x}　　办公自动化——办^{h}
经济学家——经^{j}　　社会活动家——社^{j}
唯物主义者——唯^{z}　　新闻工作者——新^{z}

（三）尾首音节相同的三音节词略写法

（1）尾首音节相同，中间嵌有“一”字的三音节词，在快速书写时，写出第一个音节，后面的音节用小横线来表示。例如：

做一做——做_　　看一看——看_
读一读——读_　　讲一讲——讲_
提一提——提_　　试一试——试_
查一查——查_　　穿一穿——穿_

（2）尾首两个音节相同，中间嵌有“的”字的三音节词，在快速书写时，只写出第一个音节，后面的音节用拼音字母“d”来表示。例如：

说的说——说$_{d}$　　听的听——听$_{d}$
做的做——做$_{d}$　　写的写——写$_{d}$
挑的挑——挑$_{d}$　　买的买——买$_{d}$

试的试——$试_d$　　翻的翻——$翻_d$

(四) 补语型三音节词略写法

(1) 前两个音节相叠式合成词（AAB 型），快速书写时，可写出第一个音节，后面的音节用最后一个音节的拼音字母（声母）来表示。例如：

毛毛雨——$毛^y$　　啦啦队——$啦^d$

比比看——$比^k$　　试试瞧——$试^q$

论论理——$论^l$　　碰碰船——$碰^c$

争争气——$争^q$　　走走看——$走^k$

(2) 后两个音节相叠式合成词（ABB），快速书写时，也可写出第一个音节，后两个音节用相应的声母来表示。例如：

黄灿灿——$黄^c$　　绿油油——$绿^y$

蓝莹莹——$蓝^y$　　雨茫茫——$雨^m$

水灵灵——$水^l$　　气冲冲——$气^c$

暖融融——$暖^r$　　急匆匆——$急^c$

(五) 补语型三音节词语略写法

(1) 肯定性补语型三音节词，在快速书写时，写出第一个音节，后面的音节用拼音字母“d”书写在前一个音节的右下方来表示。例如：

经得起——$经_d$　　推得动——$推_d$

起得来——$起_d$　　搬得动——$搬_d$

说得好——$说_d$　　写得快——$写_d$

离得开——$离_d$　　晒得干——$晒_d$

(2) 否定性补语型三音节词，在快速书写时，写出第一个音节，后面的音节用汉语拼音字母“b”书写在前一个音节的右下方来表示。例如：

经不起——$经_b$　　办不到——$办_b$

差不多——$差_b$　　抬不动——$抬_b$

写不好——$写_b$　　买不起——$买_b$

通不过——$通_b$　　记不住——$记_b$

三、词组略写法

(一) 错位略写法

常用四个音节词组或短语，在快速书写时，正位写出第一个音节，第三个音节变小向下错位写在前一个音节的右下方。例如：

经济：

知识经济——$知_{经}$　　网络经济——$网_{经}$

商业经济——$商_{经}$　　国民经济——$国_{经}$

工业经济——工$_{\text{经}}$　　市场经济——市$_{\text{经}}$

信息：

人才信息——人$_{\text{信}}$　　采集信息——采$_{\text{信}}$
科技信息——科$_{\text{信}}$　　交流信息——交$_{\text{信}}$
网络信息——网$_{\text{信}}$　　社会信息——社$_{\text{信}}$

国家：

发达国家——发$_{\text{国}}$　　亚洲国家——亚$_{\text{国}}$
建设国家——建$_{\text{国}}$　　保卫国家——保$_{\text{国}}$

人民：

中国人民——中$_{\text{人}}$　　美国人民——美$_{\text{人}}$
拉美人民——拉$_{\text{人}}$　　非洲人民——非$_{\text{人}}$
全国人民——全$_{\text{人}}$　　世界人民——世$_{\text{人}}$

政策：

党的政策——党$_{\text{政}}$　　制定政策——制$_{\text{政}}$
执行政策——执$_{\text{政}}$　　符合政策——符$_{\text{政}}$
经济政策——经$_{\text{政}}$　　卫生政策——卫$_{\text{政}}$

主义：

社会主义——社$_{\text{主}}$　　爱国主义——爱$_{\text{主}}$
国际主义——国$_{\text{主}}$　　集体主义——集$_{\text{主}}$
拜金主义——拜$_{\text{主}}$　　资本主义——资$_{\text{主}}$

部门：

商业部门——商$_{\text{部}}$　　秘书部门——秘$_{\text{部}}$
教育部门——教$_{\text{部}}$　　政府部门——政$_{\text{部}}$
通信部门——通$_{\text{部}}$　　主管部门——主$_{\text{部}}$

交流：

信息交流——信$_{\text{交}}$　　学术交流——学$_{\text{交}}$
人才交流——人$_{\text{交}}$　　国际交流——国$_{\text{交}}$
思想交流——思$_{\text{交}}$　　会议交流——会$_{\text{交}}$

利益：

国家利益——国$_{\text{利}}$　　集体利益——集$_{\text{利}}$
根本利益——根$_{\text{利}}$　　群众利益——群$_{\text{利}}$
全局利益——全$_{\text{利}}$　　个人利益——个$_{\text{利}}$

建设：

经济建设——经$_{\text{建}}$　　业务建设——业$_{\text{建}}$
法制建设——法$_{\text{建}}$　　组织建设——组$_{\text{建}}$
学科建设——学$_{\text{建}}$　　基本建设——基$_{\text{建}}$

上面仅是举例，在实际应用中，凡是常用词组或短语都可以采用此种略写方法。例如：

立体交通——立$_{\text{交}}$　　信息网络——信$_{\text{网}}$

文化水平——文$_{\text{水}}$　　实践证明——实$_{\text{证}}$
新型产业——新$_{\text{产}}$　　商务谈判——商$_{\text{谈}}$
电子技术——电$_{\text{技}}$　　职业培训——职$_{\text{培}}$

(二) 简称略写法

简称又叫略语，是指运用抽取某些字节的方法而构成的词组或短语。由于简称可以缩短说话和书写时间，使语言明确，有利于提高交际效率，因而，它是日常工作、学习和生活中使用频率较高的语型之一。

(1) 抽取一三音节构成的略语。例如：

科学技术——科技　　达到标准——达标
科学普及——科普　　交通管理——交管
旅行游览——旅游　　审查稿件——审稿
公共关系——公关　　科学研究——科研

(2) 抽取一四音节构成的略语。例如：

电子通信——电信　　考试试卷——考卷
职业学校——职校　　编制之外——编外
外交部长——外长　　整顿作风——整风
扫除文盲——扫盲　　高等院校——高校

(3) 抽取代表性音节构成的略语。例如：

中国共产党中央委员会——中共中央
联合国安全理事会——安理会
加入世界贸易组织——入世
奥林匹克委员会——奥委会

(4) 抽取一个相同的语素，加上相应数码构成标数略语。例如：

有理想、有道德、有文化、有纪律——四有
身体好、学习好、工作好——三好
农业、农村、农民——三农
无厂名、无厂址、无生产日期——三无

(5) 省略一个同音字，构成一三音节词。例如：

工业、农业——工农业
工业、商业——工商业
房产、地产——房地产
军属、烈属——军烈属

(三) 反义词组略写法

一二音节的词义与四五音节的词义相反或相对，中间嵌有连词“与”字构成的词组，在快速书写时，写出第一个音节，其余音节用左倾双斜线来表示。例如：

肯定与否定——肯 \\　　赞成与反对——赞 \\
正确与错误——正 \\　　成功与失败——成 \\

城市与农村——城 \\ 集体与个人——集 \\
约束与放纵——约 \\ 合唱与独唱——合 \\

（四）相叠式结构词组略写法

（1）一二音节、三四音节相重叠（AABB）型的词组，在快速书写时，写出第一个音节，余下的音节用右倾双斜线来表示。例如：

兢兢业业——兢// 风风雨雨——风//
熙熙攘攘——熙// 恭恭敬敬——恭//
清清楚楚——清// 仔仔细细——仔//
认认真真——认// 干干净净——干//

（2）同一个双音节词前后重叠（ABAB）型的四个音节词组，写出前面的一个双音节词，后面的音节用“/<”来表示。例如：

调查调查——调/< 研究研究——研/<
考虑考虑——考/< 斟酌斟酌——斟/<
掂量掂量——掂/< 整理整理——整/<
学习学习——学/< 讨论讨论——讨/<

四、并列式结构词组略写法

（一）单音节并列词组略写法

（1）单音节并列，在快速书写时，写出第一个音节，其余音节用相应数字来表示。例如：

真善美——真^3 假恶丑——假^3
产供销——产^3 责权利——责^3
医护技——医^3 工农兵——工^3
初中高——初^3 海陆空——海^3

（2）四个音节和四个音节以上单音节词并列举例。

轻重缓急——轻^4 多快好省——多^4
假冒伪劣——假^4 青红皂白——青^4
工农兵学商——工^5 东西南北中——东^5
温良恭俭让——温^5 车钳刨铣磨——车^5

（二）双音节和双音节以上并列词组略写法

这类双音节和双音节以上的并列词组，只写出第一个词或词组，后面的音节用相应数字来表示。例如：

稳增长、促改革、调结构、防风险、保稳定——稳_5
富强、民主、文明、和谐——富/^{4}
规范化、制度化、科学化——规^{h3}
尊重人、关心人、理解人——尊^{r_3}

五、实训

(1) 多看、多写，展开想，力求将词组略写法记熟并在实际中应用。

(2) 参照上述各种略写方法，结合个人情况，再自选一些新词和词组，并练写 3～5 遍。

第三节 熟语略写法

熟语是指常用而又定型的词语或语句，它具有内容丰富与形式精练的特点。

一、成语略写法

成语多以四字为基本格，在快速书写时，可写出前面两个音节，后面的音节用一个小横线“一”来表示。按其组合形式略写举例如下：

(1) 列组合型。

乘风破浪——乘风一　　石破天惊——石破一
铺天盖地——铺天一　　势如破竹——势如一
丰功伟绩——丰功一　　日新风异——日新一
同甘共苦——同甘一　　风雨同舟——风雨一

(2) 一三音节重叠型。

轻手轻脚——轻手一　　毕恭毕敬——毕恭一
冷言冷语——冷言一　　不伦不类——不伦一
无穷无尽——无穷一　　屡战屡败——屡战一
尽善尽美——尽善一　　半信半疑——半信一

(3) 一二音节重叠型。

息息相关——息息一　　欣欣向荣——欣欣一
津津乐道——津津一　　蒸蒸日上——蒸蒸一
循循善诱——循循一　　心心相印——心心一
姗姗来迟——姗姗一　　夸夸其谈——夸夸一

(4) 三四音节重叠型。

生机勃勃——生机一　　神采奕奕——神采一
众目睽睽——众目一　　文质彬彬——文质一
忠心耿耿——忠心一　　想入非非——想入一
顾虑重重——顾虑一　　风尘仆仆——风尘一

(5) 二四音节重叠型。

就事论事——就事一　　心服口服——心服一

讨价还价——讨价–　　应有尽有——应有–
爱理不理——爱理–　　将计就计——将计–
以毒攻毒——以毒–　　将错就错——将错–

（6）一二音节和三四音节各相重叠型。

形形色色——形形–　　兢兢业业——兢兢–
忙忙碌碌——忙忙–　　熙熙攘攘——熙熙–
唯唯诺诺——唯唯–　　鬼鬼祟祟——鬼鬼–
三三两两——三三–　　沸沸扬扬——沸沸–

（7）一四音节相重叠型。

仁者见仁——仁者–　　智者见智——智者–
痛定思痛——痛定–　　山外有山——山外–
防不胜防——防不–　　数不胜数——数不–
举不胜举——举不–　　话里有话——话里–

（8）八个字的对仗型成语。

前四个音节按四个音节成语略写，后四个音节用稍长一些的横线“——”来表示；五个音节以上的长短句成语，可参照此种方法略写。例如：

例1：

百花齐放，百家争鸣——百花– ——
独立自主，自力更生——独立– ——
流水不腐，户枢不蠹——流水– ——
城门失火，殃及池鱼——城门– ——

例2：

万变不离其宗——万变– ——
一而再，再而三——一而再– ——
冒天下之大不韪——冒天下– ——
燕雀安知鸿鹄之志乎——燕雀安– ——

二、格言略写法

格言，也称警句。一般出自名人之手，富有深刻的教育意义，因而在群众中广泛流传。快速书写时，其略写方法与成语略写法相似。例如：

知识就是力量——知识——
学如逆水行舟，不进则退——学如——
少壮不努力，老大徒伤悲——少壮——
人生自古谁无死，留取丹心照汗青——人生——

三、谚语略写法

谚语是人民群众口头流传的简练、通俗、含义深刻的定型语。它是劳动人民长期劳动和生活经验的总结，富有深刻的哲理和科学道理。快速书写时，写出前面的相关音节，余下的音节用波浪线表示。字数较多的谚语，可用加长的波浪线表示。例如：

（1）农业谚语：

瑞雪兆丰年——瑞雪~

春雨贵如油——春雨~

清明前后，栽瓜种豆——清明~~

地是黄金板，人勤地不懒——地是~~

（2）气象谚语：

风是雨的头——风是~

风声大，雨点小——风声~

早看东南，晚看西北——早看~~

水缸穿裙，大雨淋淋——大雨~~

（3）生活谚语：

家家流水，户户重阳——家家~

人无远虑，必有近忧——人无~

实践出真知，勤奋出才干——实践~~

聪明在于勤奋，知识在于积累——聪明~~

四、歇后语略写法

歇后语一般由两个部分组成：前一部分是比喻或隐语，后一部分是对前一部分内涵的解释。它是在人民群众中广泛流传的口头上的一种定型的语句。在快速书写时，前面的部分用成语略写法，后而的部分用“∧”符号来表示。例如：

（1）寓意型歇后语：

芝麻开花——节节高——芝麻_∧

吃了秤砣——铁了心——吃了_∧

水中捞月——一场空——水中_∧

煮熟的鸭子——肉烂嘴还硬——煮熟_∧

（2）谐音型歇后语：

和尚打伞——无法（发）无天——和尚_∧

小葱拌豆腐——一清（青）二白——小葱_∧

绱鞋不用锥子——真（针）棒——绱鞋_∧

只打雷不下雨——光想（响）有何用——只打雷_∧

五、惯用语略写法

惯用语是口语中短小的习惯用语，简明生动，通俗易懂，多含贬义。惯用语与成语有一定的相似性。其区别在于，惯用语多为三音节，口语色彩浓；且具有一定的可变性，即可以拆开来用。如“碰钉子”可扩充为“碰了钉子”“碰了大钉子”“碰了个软钉子”等。而成语一般为四个音节，书面色彩浓，结构严谨，一般不能拆开用。对三个音节的惯用语，可写出第一个音节，后面的音节用一个小竖线来表示，例如：

踢皮球——踢｜　　扯后腿——扯｜
泼冷水——泼｜　　唱高调——唱｜
吹牛皮——吹｜　　放大炮——放｜
开后门——开｜　　铁饭碗——铁｜

六、实训

(1) 可用汉字快写法写笔记、记日记、起草文件，在应用中体会各种略写方法的特点，增强反应能力，提高书写速度，力求得心应手。

(2) 依据自己的实际情况选择性地练写第二、三节的略写方法举例。

思考与练习

1. 什么是汉字速记异体字？自创异体字的基本方法有哪些？
2. 词和词组略写法有哪几种类型？各有什么特点？
3. 用已学过的略写方法练习快速书写下列词、词语和语段。

互联网	计算机	充值卡	收录机
企业家	数学家	制度化	特殊性
离得开	做得了	放得下	写不好

法律法规	经济建设	立体交通	规章制度
熙熙攘攘	风风雨雨	详详细细	踏踏实实
研究研究	商量商量	掂量掂量	斟酌斟酌
适可而止	石破天惊	孜孜不倦	日新月异

城门失火，殃及池鱼　　明修栈道，暗度陈仓
两耳不闻窗外事，一心只读圣贤书
纸上得来终觉浅，绝知此事需躬行
时不分古今，地不分内外，级不分上下，类不分主次，质不分正反。
形象素雅端正，工作兢兢业业，品质诚实守信，操守两袖清风。
非礼勿视，非礼勿听，非礼勿言，非礼勿动。

4. 用已经学过的略写方法练写下面的短文，在反复练写的基础上，分速力求达到 100 字左右。

五位一体总体布局

随着中国经济发展步入多元复合转型的重要战略机遇期，经济社会面临诸多矛盾叠加、风险隐患加剧，以习近平同志为核心的党中央统筹推进经济建设、政治建设、文化建设、社会建设、生态建设。“五位一体”的总体布局是一个有机整体，其中经济建设是根本，政治建设是保证，文化建设是灵魂，社会建设是条件，生态文明建设是基础。坚持“五位一体”建设全面推进、协调发展，才能形成经济富裕、政治民主、文化繁荣、社会公平、生态良好的发展格局，把中国建设成为富强民主文明和谐的社会主义现代化国家。

党的纪律

党的纪律是党的各级组织和全体党员必须遵守的行为规则，是维护党的团结统一、完成党的任务的保证。党组织必须严格执行和维护党的纪律，共产党员必须自觉接受党的纪律的约束。

党的纪律主要包括政治纪律、组织纪律、廉洁纪律、群众纪律、工作纪律、生活纪律。

坚持惩前毖后、治病救人，执纪必严、违纪必究，抓早抓小、防微杜渐，按照错误性质和情节轻重，给予批评教育直至纪律处分……

…………

（节选《中国共产党章程》第七章　第三十九条、第四十条）

第十三章
语句略写法

句子是语言的基本交际单位，它在一定的语言环境中表示一个相对完整的意思。汉字速记法的词略法，在一定意义上就是语句略写的基本条件。各种词略法的综合运用、相促互动、融会贯通，也基本上是以句子的略写为前提和基础的。学习本章要着重领会和掌握单句略写法、复句略写法和句群（句段）略写法。

第一节　单句和复句略写法

一、单句略写法

单句略写法又叫句子基本成分提炼法。汉语句子一般由主语、谓语、宾语三个基本成分和定语、状语、补语三个附加成分所构成。在快速书写时，就是将句子的基本成分提炼出来，将附加成分予以省略，也就是变长句为短句。同时，也可将前面所学过的各种略写方法运用于此，以进一步提高书写速度。如：

例 1：

原句：科技人员在宽敞明亮的学术报告厅认真地听学术报告。

略写：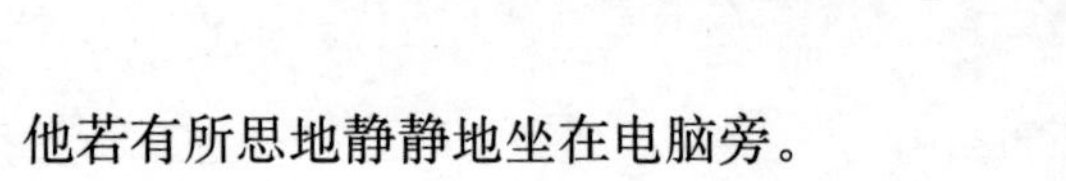

例 2：

原句：他若有所思地静静地坐在电脑旁。

略写：

例 3：

原句：秘书李凡正全神贯注地查询网上信息。

略写：

例 4：

原句：在空气清新的街心花园里到处都有参加晨练的人。

略写：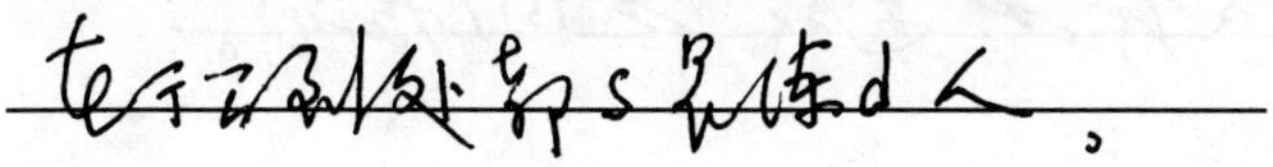

值得注意的是，在汉字速记中“s”代表“是”，“h”代表“和”，“d”代表“的、地、得”。

二、复句略写法

复句是由两个或几个意义上密切联系、结构上互相包含的单句形式组成的句子。复句有两种组合方式：一种是借助关联词语把各个分句组成复句的关联组合，也叫“形合法”；另一种是依靠语序和内在的意义关系，把各个分句组成复句的直接组合，也叫“意合法”。由于不同的复句使用不同的关联词语（或“意合法”），因此，可以将这些关联词语制成代号，以此简化复句的写法。正因为如此，复句略写法也称为“关联排除法”。

（一）并列复句略写

并列复句常用的关联词语有“又……又……”“既……又（也）……”“不但……而且……”“一方面……另一方面……”等。但有些并列复句往往不用关联词。在快速书写时，有关联词语的，用并列竖写的双直线“‖”来表示；没有关联词语的，可省略句子中的附加成分。如：

例 1：

原句：他既是一位医技高超的外科医生，又是一位造诣很深的外科学教授。

略写：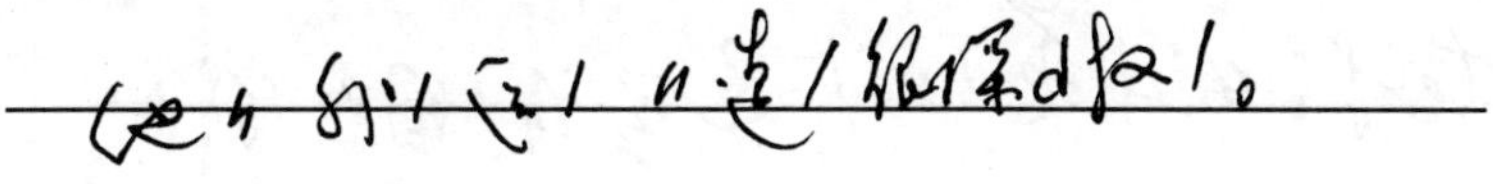

例 2：

原句：虚心使人进步，骄傲使人落后。

略写：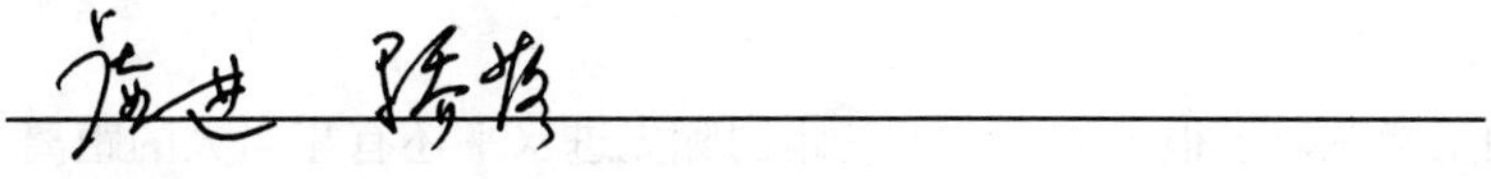

（二）递进复句

递进复句常用的关联词语有“不但……还（也）”“不但……甚至……”“不仅（不只、不光、不单、不但）……而且（并且）……”等，快速书写时，关联词语可用交叠连写的成 20°～25°角的两条横写的斜线“//”来表示。如：

例 1：

原句：鲁迅不仅珍惜自己的时间，而且也很珍惜别人的时间。

略写：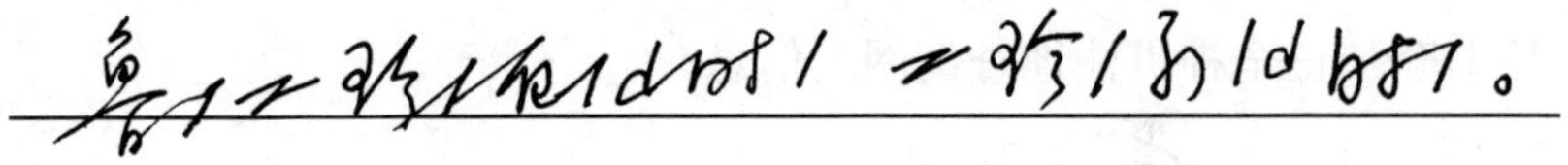

例 2：

原句：这座学术报告厅不仅造型新颖，而且内部设施也很先进。

略写：

（三）因果复句

因果复句常用的关联词语有“因为……所以（因此、因而）……”“由于……所以……”“既然……就……”等。在快速书写时，前面的关联词语可用“∵”号来表示，后面的关联词语可用“∴”来表示。如：

例 1：

原句：由于李明同学很讲究学习方法，所以，他每次考试都能取得好成绩。

略写：

例 2：

原句：既然你很忙，就不要管那么多闲事了。

略写：

（四）转折复句

转折复句常用的关联词语有“尽管……可是（然而）……”“虽然……但是（却、可、不过、但）……”等，在快速书写时，关联词语可用字母“L”来表示。如：

例 1：

原句：在持续发展的道路上，尽管还有许多困难，但是我们却不能有一丝一毫的却步。

略写：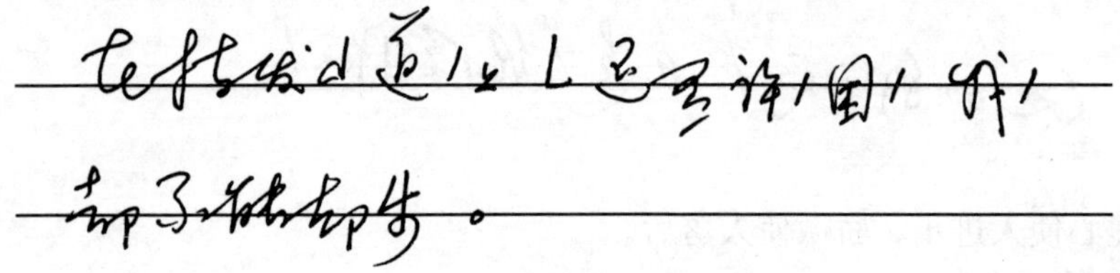

例 2：

原句：我们虽然取得了很大成绩，但是距国际先进水平还有相当大的距离。

略写：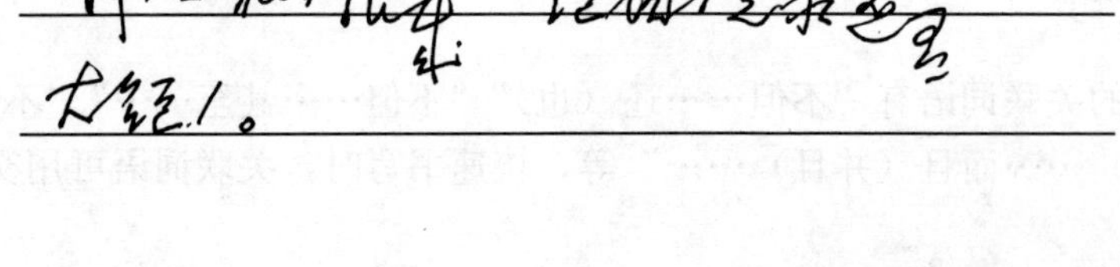

(五) 选择复句

选择复句常用的关联词语有“或者（也许）……或者……”“或者……还是”“或……或……”“要么……要么”“不是……就是”“与其……不如”等。在快速书写时，关联词语可用“～”符号来表示。例如：

例 1：

原句：他一回到家，不是在书房里看书，就是坐在电脑旁上网。

略写：

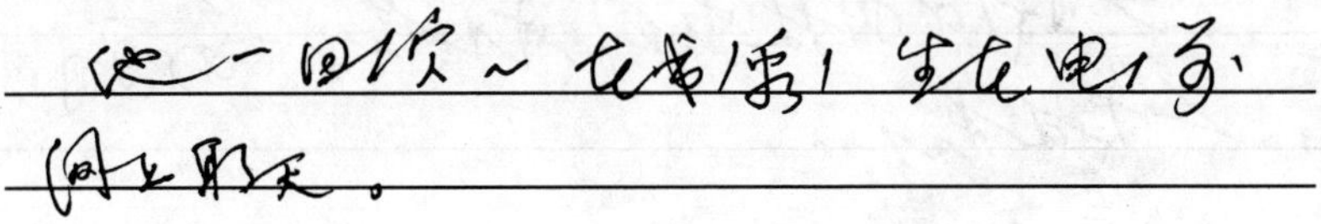

例 2：

原句：明天的签字仪式要么董事长到场，要么总经理到场。

略写：

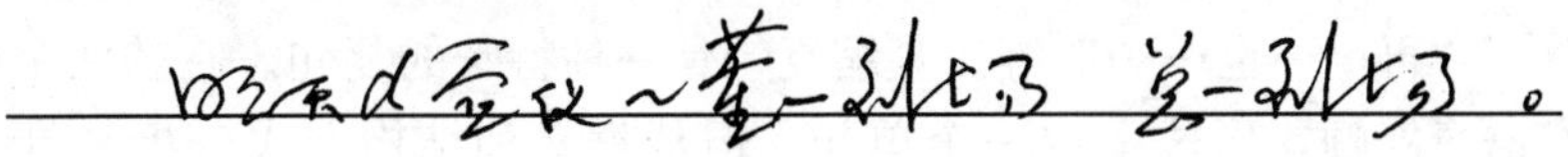

(六) 条件复句

条件复句常用的关联词语有“只有……才……”“只要……就……”“不管……都（也）……”“除非……才……”等。在快速书写时，关联词语用“<”符号来表示。例如：

例 1：

原句：作为商务秘书，只有不断补充和更新知识，才能跟上时代前进的步伐，也才能当好领导的参谋助手。

略写：

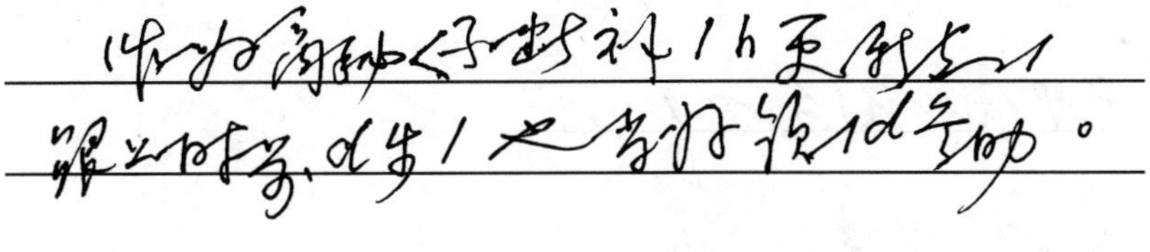

例 2：

原句：只有登上长城的人，才能领略到长城内外的壮丽景色。

略写：

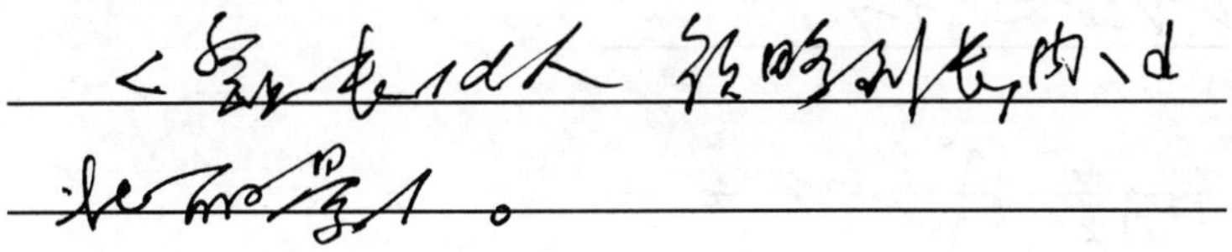

(七) 假设复句

假设复句常用的关联词语有“如果（假如、假设、倘若、要不是、要是）……就（那么）……”“即使（纵然、就算、就是、就说、尽管）……也是（也）……”等。在快速书写时，关联词语用“>”符号来表示，例如：

例 1：

原句：假如语言能生产财富的话，那么夸夸其谈的人就会成为世界上最富有的人了。

略写：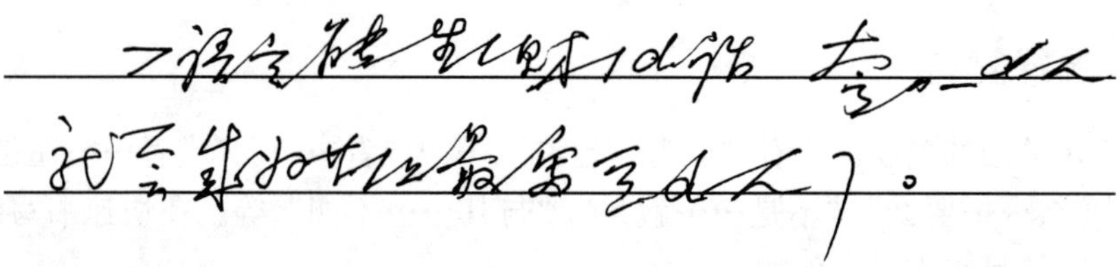

例 2：

原句：即使我们的科学技术赶上了世界先进水平，也还要学习人家的长处。

略写：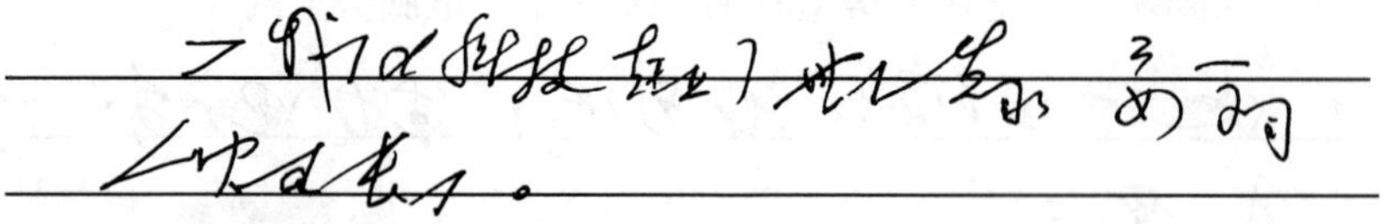

（八）紧缩复句

紧缩复句常用的关联词语有“一……就……”“非……不……”“越……越……”“不……不……”“再……也……”等。紧缩复句是一种特殊的复句。它的两个分句紧密相连，中间没有语音停顿，形式上像一个单句；但从意义和结构上去分析又具有复句的特点，也因此叫做复句。在快速书写时，关联词语可用相关声符来表示。例如：

原句：

（1）大家一商量就能有解决问题的办法。

（2）越想心里越亮堂。

（3）工作再忙也得学习。

（4）你不说我也知道。

（5）就是下雨也得让他去医院。

略写：

（1）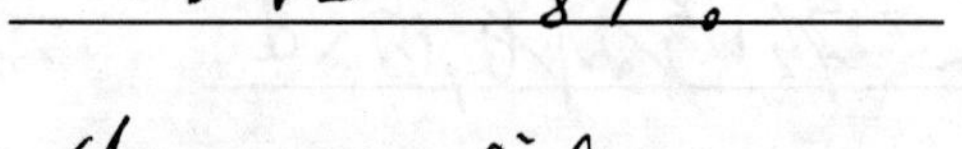

（2）

（3）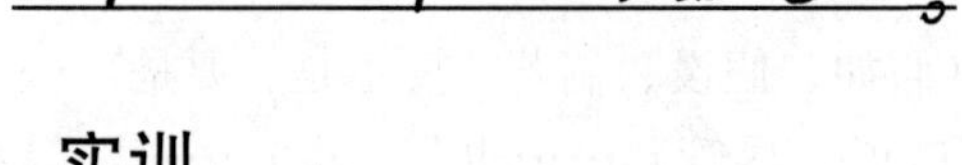

（4）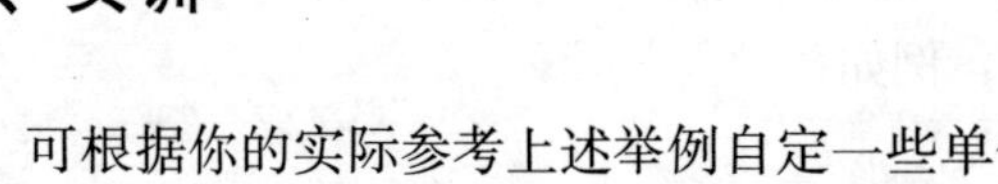

（5）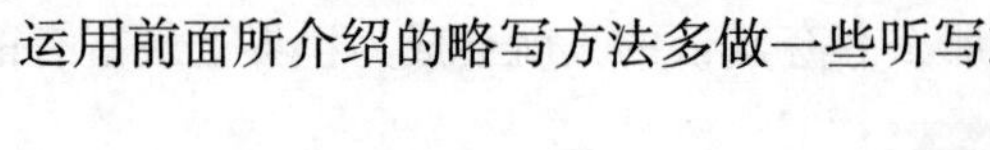

三、实训

（1）可根据你的实际参考上述举例自定一些单句和复句进行练写。

（2）运用前面所介绍的略写方法多做一些听写或抄写短文练习。

第二节　句群略写法

句群又叫句组、语段，它是由两个或几个在意义上有密切联系、结构上各自独立的单句或复句所构成的语言交际单位。句群略写法主要是通过省略句子的某些成分和缩略修辞格来达到略写目的的。

一、排比句式略写法

把结构相同或相似、语气一致、意思密切关联的句子或句子成分连用排列，使语言产生节奏感、旋律美，从而增强语势、加深情感的修辞方式叫排比句。快速书写时，可省略句子的某些成分，将被修饰、被强调的对象用横线“—”来表示。例如：

例 1：

原句：赶超，关键是时间，时间就是生命，时间就是速度，时间就是力量。

略写：

例 2：

原句：这是革命的春天，这是人民的春天，这是科学的春天，让我们张开双臂，热烈地拥抱这个春天吧！

略写：

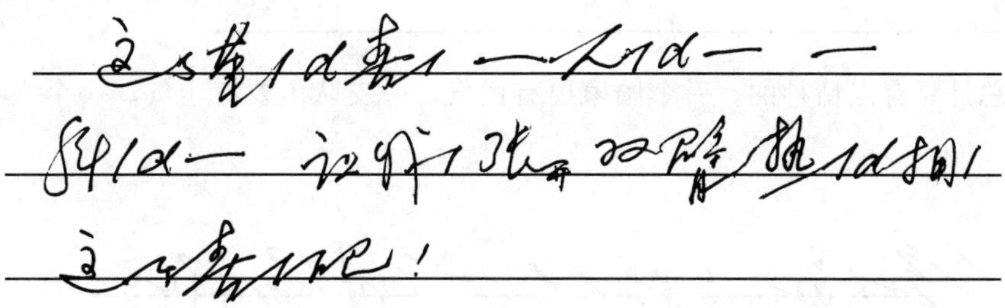

二、层递句式略写法

根据事物的逻辑关系，连用结构相似、内容上递升或递降的语句，表达层层递进的事理，这种修辞方式（词格）叫层递。

层递，按内容表达的顺序分为两种：一种是递升也叫顺递，层次顺序从小到大、从少到多、先轻后重、由浅入深（如例 1）；另一种是递降也叫倒层递，层次顺序从大到小、从多到少、先重后轻、由深入浅（如例 2）。不论是递升还是递降，其表达的效果是一致的，凭借步步推进，使人们的思想认识层层深化，对所表达的事理产生强烈的印象。快速书写时，其略写方法与排比句略写法相同。

例 1：

原句：这种作风，拿来律己，则害了自己，拿来律人，则害了别人，拿来指导革命，则害了革命。

略写：

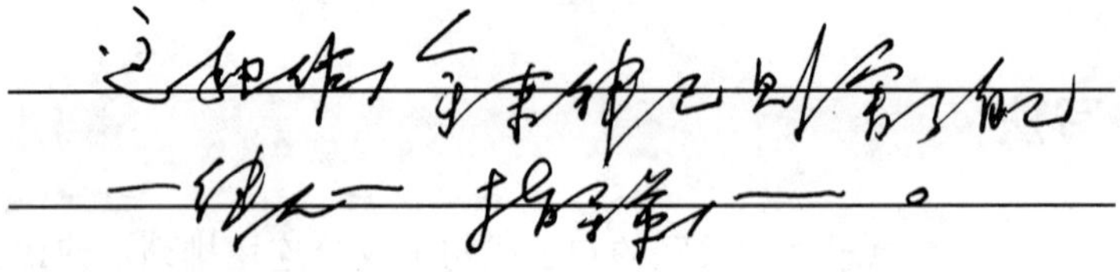

原句：创新，是一个企业、一个民族、一个国家的灵魂。

略写：

例 2：

原句：这是一个专门报时的人。她每一天、每点钟、每分钟，都注视着时钟上的指针。

略写：

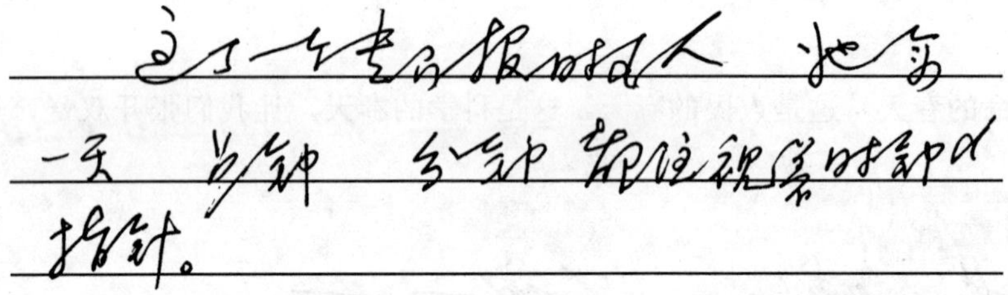

原句：人总是要有点精神的。一个国家要有民气，一支队伍要有士气，一个人要有志气。

略写：

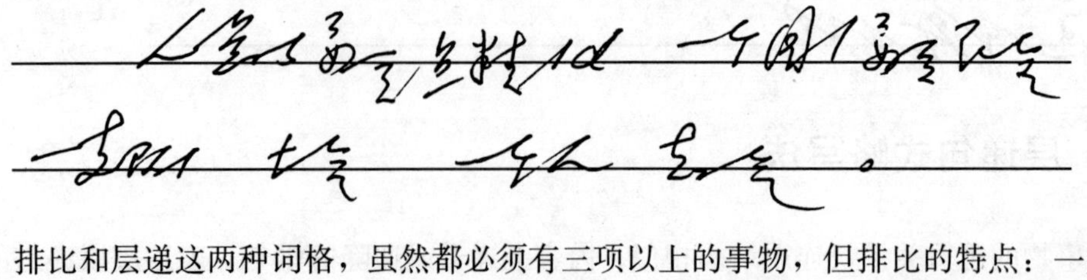

排比和层递这两种词格，虽然都必须有三项以上的事物，但排比的特点：一是从形式上看，其结构必须相同或相似，不相似的要用提示语串联起来；二是从内容上看，排比所叙述或说明的问题，必须是一个问题的几个方面，它们之间的关系是平行的。而层递在结

构上并不强调相同，也无须用提示语，在多项事物的关系上，它不是平列而是有等级的，在内容表达上是有阶梯性的。但各种词格的兼用，也是一种常用的修辞方式，其表达效果更为突出。在快速书写时，着眼点是速度、是准确，无须严格区分。其略写方法是相通的，即相同的词语或句子用横线“—”来表示。

三、反复句略写法

为了突出某个意思，强调某种感情，有意识地重复某个词语或句子，这种修辞方式叫做反复。

反复分为连续反复和间隔反复两种。其略写方法相同。

（一）连续反复

连续反复是接连反复相同的词语或句子，中间没有其他词语间隔。例如：

原句：少顷，看见大路上黄尘滚滚，一辆摩托车驶过；少顷，又是一辆，又是一辆，少顷，又是一辆，又是一辆……

略写：

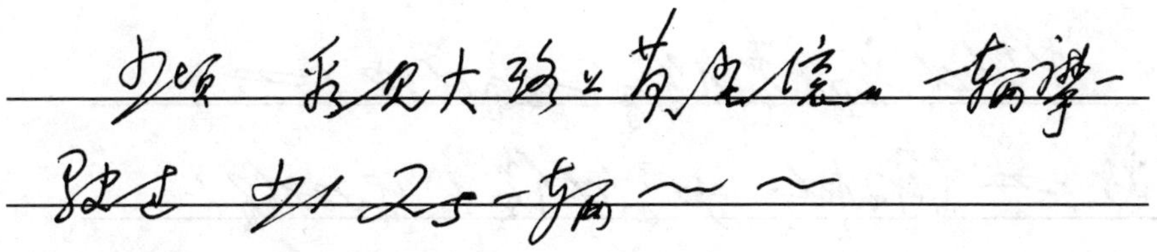

（二）间隔反复

间隔反复是相同词语或句式的间隔出现，即用别的词语将句子隔开。例如：

原句：风雪一天比一天大，人们的干劲一天比一天猛，砍下的毛竹一天比一天堆得高，为竹滑道修的架在两座山之间的竹桥，也一天比一天往上长。

略写：

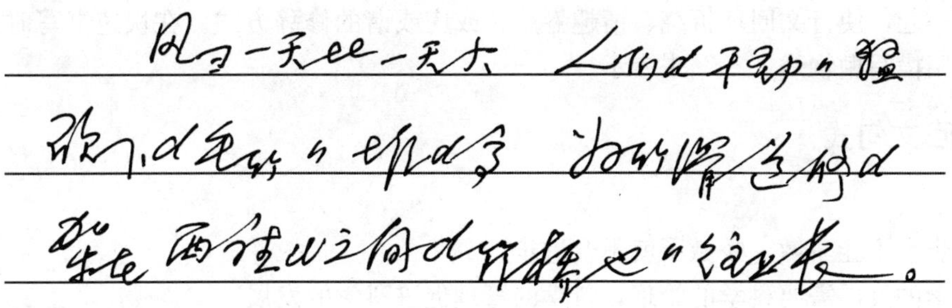

四、顶针句式略写法

顶针是把前一句结尾的词语用作下一句的开头，使邻近的句子首尾蝉联，上递下接的一种修辞方式。

顶针又叫蝉联、联珠、顶针连麻。按顶针的成分来划分，有词语顶针、句子顶针两类。快速书写时，其相同部分用双横线“═”来表示。如：

（一）词语顶针

原句：在处理突发事件时，秘书作为领导的参谋助手，应做到：“召之即来，来之能战，战之能胜”。

略写：

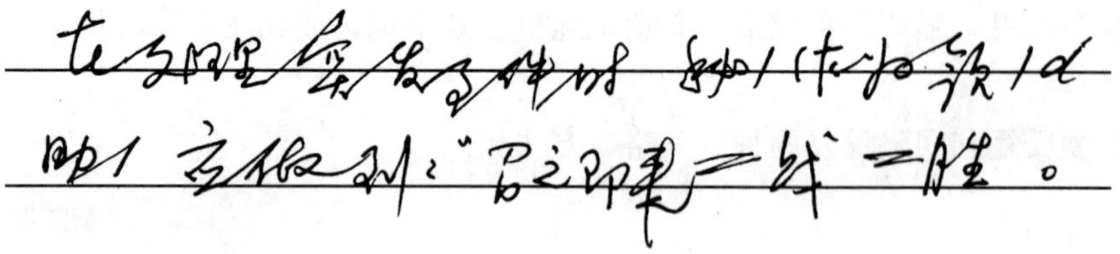

（二）句子顶针

原句：指挥员的部署来源于正确的决心，正确的决心来源于正确的判断，正确的判断来源于周到的、必要的侦察和对侦察材料连贯起来的思索。

略写：

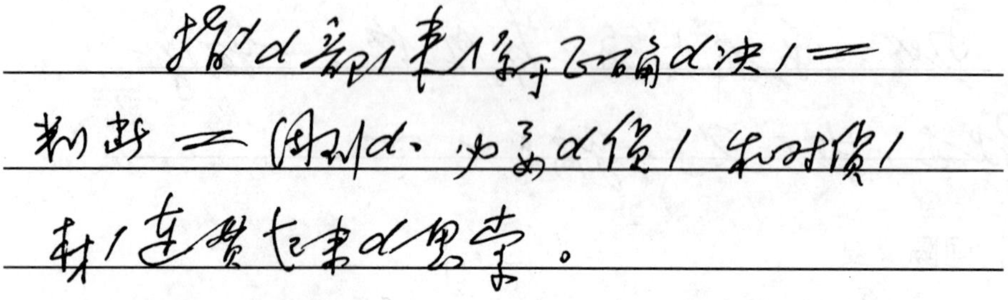

五、回文句式略写法

回文又叫回环，是采用变换次序的方法，把两个词语相同排列顺序不同的语言片段，紧紧连接在一起，使行文回环折绕、情趣盎然、或庄或谐的修辞方式。在快速书写时，相同的部分可用横写抛物线“⌒”来表示。

（一）回文句式

原句：

（1）进步了不能骄傲，骄傲了就不会进步。

（2）科学的发展需要科学的管理，科学的管理促进科学的发展。

（3）邻里之间要互谅互让，讲究礼貌，不能你埋怨我，我埋怨你，你不让我，我不让你。

略写：

（1）

（2）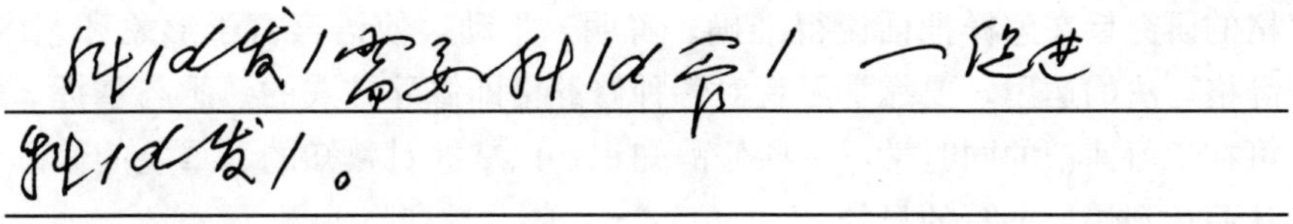

（3）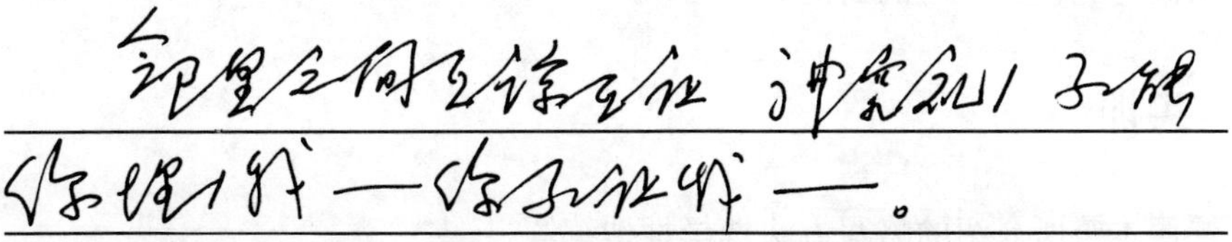

（二）回文语段

原句：对历史要如实写出，光明就是光明，黑暗就是黑暗；对人物要如实评价，功就是功，过就是过；对工作要如实总结，成绩就是成绩，错误就是错误。

略写：

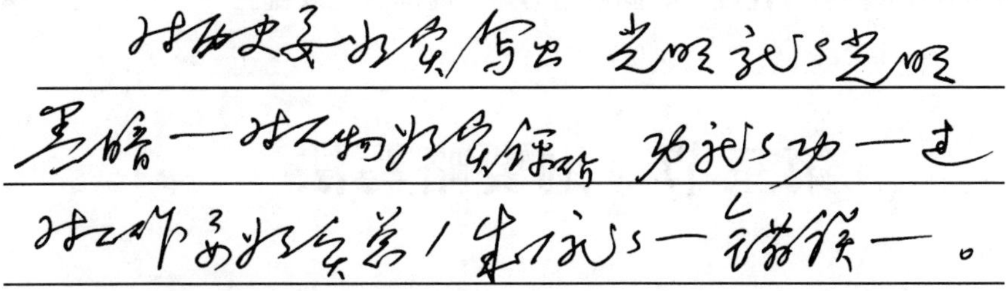

六、熟知语略写法

在修辞格中，有些语句是经常见到的熟知语或名言名句，讲话或写文章也经常引用。例如：

横眉冷对千夫指，俯首甘为孺子牛（鲁迅：《自嘲》）

冷眼向洋看世界，热风吹雨洒江天（毛泽东：《七律·登庐山》）

这两个例句都是脍炙人口的名句，采用的是对偶修辞格，即用意义相反的词或词组，对称地组织在一起。它们在内容上是相对立的统一，语意表达得鲜明突出。快速书写时，可采用两种写法：

例 1：

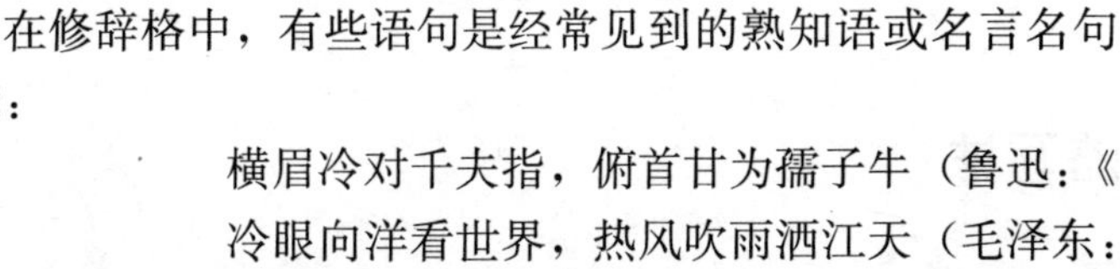

例 2：

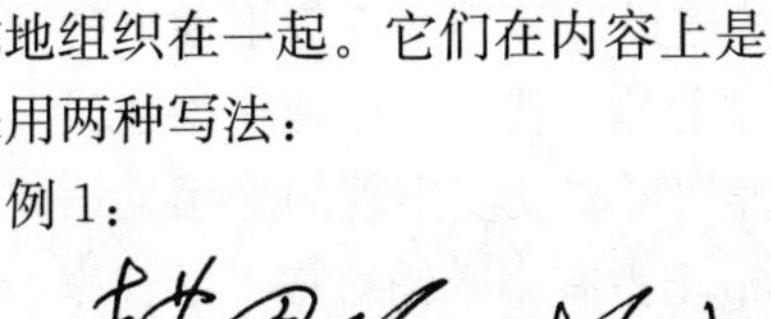

修辞格的研究旨在怎样把话说得准确、鲜明、生动，使语言富于形象和艺术感染力。因此，修辞格写法的运用，要靠学习者对各种修辞格即修辞方式的熟悉与掌握。暂时不够熟悉的，可在学习速记的同时学习一些修辞知识，以掌握对熟知的、重叠的修辞句式的略写方法，从而达到快速书写的目的。

七、实训

（1）参照本节所介绍的略写方法选择性地练写。

（2）练写下面的语段。

民主选举，民主决策，民主管理，民主监督。

采集信息要务求其全，务求其广，务求其详，所谓“多多益善”。

加工信息要务求其精，务求其准，务求其实，所谓“精益求精”。

时间就是生命，时间就是速度，时间就是力量，时间就是效益。

第三节　纲要略写法

纲要略写法简称“纲略法”，是指摘取重点、要点，对次要的、重复的、杂乱的或不必要的语句可不记，或暂时省略，待需要或整理时再予还原。纲略法常用的方法有以下几种。

一、推知性语句的略写法

是从讲题中完全可以推知，而且在讲话时还将加以展开的略写语。如讲题是“职业道德建设问题”，便可以推知“职业道德”和“职业道德建设”等词会反复出现，为了提高书写速度，可用“职”字代替“职业道德”一词，用“职建”代替“职业道德建设”一词等。如果讲题是“关于产品市场预测的方法”，除了推知可能反复出现的专用词语，从而确定略写语外，还应推知可能多次出现的产品名称、市场占有率、销售率、增长率、同比指标增或减等行业用语，以确定最简便的“纲要略记”的方法。例如下面的这段文字中“市场预测”一词出现多次，就可用“市____”来代替。

原文：市场预测是运用现代市场预测理论和现代化手段，对市场商品的供求趋势以及其相联系的各种因素的变化，进行调查、分析、预计、预算和判断的活动。准确的市场预测对于企业经营决策和企业生存与发展具有重要作用。企业秘书不仅是市场预测的参加者，而且往往是市场预测报告的撰写者。

略写：

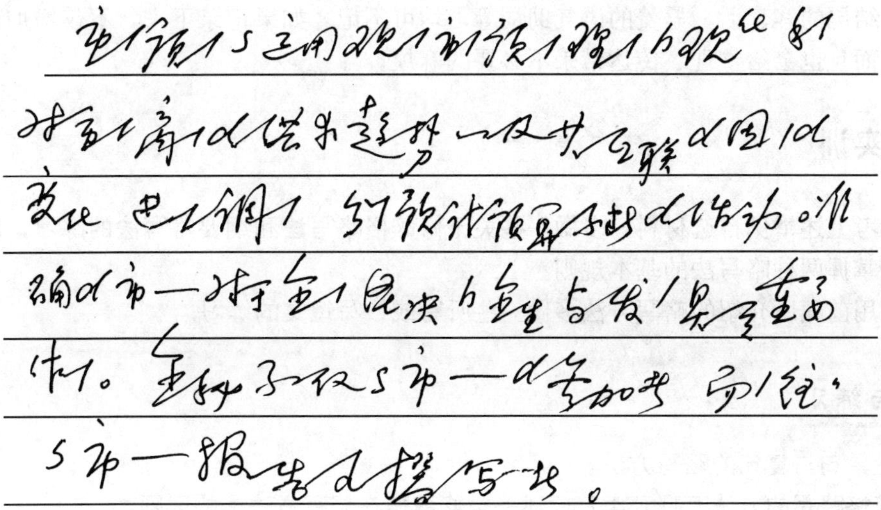

二、可查阅资料的略写法

对讲话者在讲话中引用的名句名段或在文献资料中容易查到的句子，为了节省书写时间，只记起始句即可。例如：

原句：钉子有两个长处，一个是挤劲，一个是钻劲。我们在学习上也要提倡“钉子”精神，善于挤和善于钻。

略写：

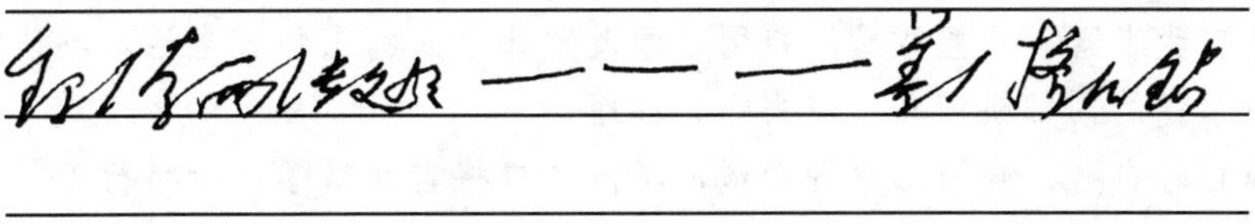

三、可补充修饰语句的略写法

即在快速书写时，省略语言中的某些成分，待记录结束后再予补充和修饰。如“很白的雪”“很快地跑”“很多的群众”“可持续发展”“双方签约”等。讲话中很容易出现这类词语，快速书写时，只记下“雪”“跑”“群众”“发展”“签约”即可。

四、可追记事项的略写法

对于讲话者为说明问题所举的例子或故事性较强的事例，以及自己所熟知的人和事，快速书写时，或省略，或只记关键词，待整理文稿时，再凭记忆追记补充上去。

五、可删除话语的略写法

对于讲话中的一些枝节问题、不必要的举例，临时解答的问题，与讲话无关的内容，讲话开头和结尾的客套话，累赘的语气助词等，均可不记。如果记录下来，不仅增加记录的劳动量，而且也会给整理、传达带来不必要的麻烦。

六、实训

（1）参考上述举例自选材料，多做一些关于修辞格略写法和纲要略写法的练习，以便从中领会和掌握两种略写法的基本规则。

（2）运用前面所介绍的略写方法多做一些听写或抄写短文的练习。

思考与练习

1. 简述单句与复句的略写方法。
2. 修辞格略写的方法有哪几类？简述各类修辞格在略写方法上的区别。
3. 综合各章所介绍的略写方法练写下面的短文，分速力求达到百字。

秘书的特殊性工作，光有埋头苦干的精神还是不够的。就我个人体会，秘书在加强自身修养中，还要特别注意培养良好的工作作风，注意生活小节，即要努力做到“五不”：

一不自恃。不能认为“机关牌子大、领导靠山硬”而有所依仗、有恃无恐，更不允许滥用领导和办公室的名义谋取个人私利。

二不自负。要克服优越感，坚决防止对基层干部群众盛气凌人、态度傲慢、颐指气使、发号施令的现象。

三不自诩。防止自我表露、吹嘘炫耀，特别是涉及领导个人的工作和生活，不能随意张扬，妄加评论；对于党的内部机密，更应当守口如瓶。

四不自卑。克服自轻自贱、自惭形秽的心理，不能“口将言而嗫嚅，步将行而趑趄”，防止唯唯诺诺，没有个人主见的现象。

五不自以为是。不能想当然，随意删节、更改或补充领导的指示，防止粗心大意、敷衍塞责、玩忽职守的现象。

总之，秘书人员要经常检查自己思想、工作“到位”情况，不能“离位”，更不能“越位”。在处理同领导的关系中，力求做到“参与而不干预、协助而不越权、服从而不盲从”。我想只要把握好这个“度”，就能成为一个合格的称职的秘书。

（选自：习近平．秘书工作的风范——与地县办公室干部谈心//习近平．摆脱贫困．福州：福建人民出版社，1992：54-55.）

第十四章 替代略写法

替代略写法，简称替代法，是指运用合体字、相关学科符号和某些简单图形及符号代替字、词、语句的快写方法。学习本章要着重理解和熟悉各种替代略写法的特点和规则，掌握各种替代法的功能与用法，并能举一反三，灵活运用。

第一节　合体字替代法

“合体字”古称“合文”。在汉字速记法中，合体字是指依据汉字的结构方法，将某些相关的汉字或某些相关的偏旁部首及符号合写在一个字体里，使其表示一个词、一个概念、一个语句的略写方法。

应当注意的是，与汉字速记的其他方法一样，这种合体字只能供自己快速书写时使用。速记稿的内容用于社会交际时，应还原为规范化的汉字。

一、双音节词合体字

方针—[illegible]	政治—[illegible]	立场—[illegible]
市场—[illegible]	观点—[illegible]	积极—[illegible]
改革—[illegible]	互助—[illegible]	秘书—[illegible]
服务—[illegible]	城市—[illegible]	精神—[illegible]
工作—[illegible]	农村—[illegible]	群众—[illegible]
知识—[illegible]	超市—[illegible]	培训—[illegible]
社会—[illegible]	科技—[illegible]	资格—[illegible]
正确—[illegible]	学习—[illegible]	理论—[illegible]
永远—[illegible]	前进—[illegible]	方法—[illegible]

二、三音节词组合体字

人生观—[illegible]	多媒体—[illegible]	发展史—[illegible]
价值观—[illegible]	购买力—[illegible]	电视机—[illegible]
辩证法—[illegible]	联合国—[illegible]	立交桥—[illegible]
生产力—[illegible]	图书馆—[illegible]	处理器—[illegible]
计算机—[illegible]	人民币—[illegible]	座谈会—[illegible]

三、四音节词组合体字

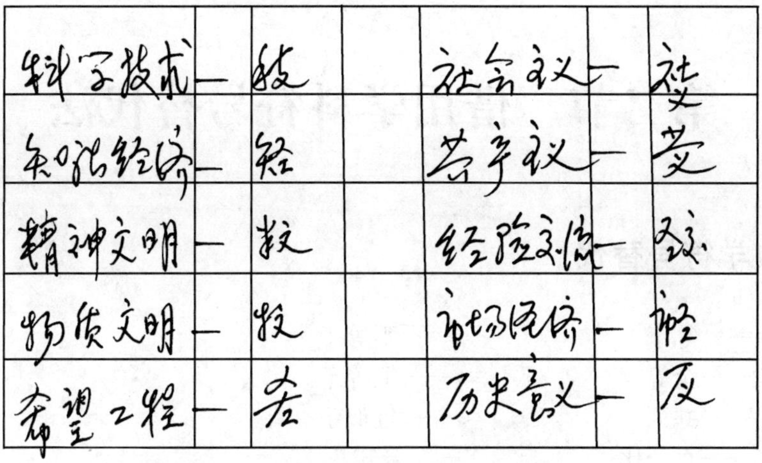

此外，五个音节以上的词语，利用偏旁部首合理组合也可以构成合体字。例如：

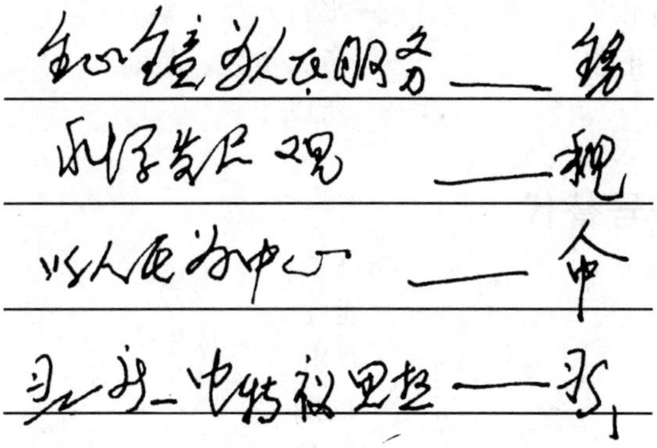

四、实训

（1）练写上述合体字举例 3～5 遍，并从中体会合体字的创制方法，也可以根据自己快速记录的需要，创制一些适合自己使用的合体字。

（2）将下列词语简化为合体字：

知识　经济　市场　智力　方针
正确　进步　解决　预防　积极
立场　观点　培训　社会　谈判

立交桥　计算机　价值观　档案馆
生产力　报告会　扫描仪　人生观
多媒体　运动会　电视剧　辩证法

知识经济　经济建设　学术交流
见义勇为　中华民族　知识产权
希望工程　移动电话　物质文明

第二节　借用学科符号替代法

一、数学符号替代

=——等于	≠——不等于
≌——全等	≡——恒等于
‖——并列	≈——近似于
%——百分比	X——未知数
>——大于	<——小于
△——三角形	//——平行
+——正、正数	-——负、负数、负面
∵——因为	∴——所以

二、物理学符号替代

t——时间	v——速度
L——长度	s——面积
f——频率	T——周期
p——功率	h——高度
V——电压	C——电容
R——电阻	P——压强
m——质量	η——效率
ρ——密度	a——加速
B——亮度	Q——热量

三、逻辑学符号替代

A：肯定判断。可表示凡是、所有、一切……都是。
E：否定判断。可表示凡是、所有、一切……都不是。
I：肯定判断。可表示有、有的、有些……是。
O：否定判断。可表示有、有的、有些……不是。
=：等位。可表示相等、价值相等。
◎：属种关系。可表示从属、包含、包括……

四、拼音字母替代

(一) 常用双音节词拼音缩写替代

汉字	全拼	缩写	汉字	全拼	缩写
经济	jingji	jj	政治	zhengzhi	zz
建设	jianshe	js	生产	shengchan	sc
物质	wuzhi	wz	精神	jingshen	js

(二) 常用字拼音字母替代

o——我	n——你	t——他（她、它）
s——是	h——和	d——的、地、得
z——在	b——不	f——发、法、方
l——来	c——才	m——没、每、满

随着现代社会的发展，科学文化的普及，人们的知识面扩大了。许多专业术语也为全民所使用，为全面语汇所吸收，已成为普遍应用的词。如“飞碟”“录像”“能源”“卫星”“视频”等。这类专门性逐渐减低的语汇，也可用汉语拼音字母来书写。

五、实训

（1）练写本节的略写方法举例 5 遍以上。

（2）用汉语拼音略写法练写下列词语，并进行反复练写，直至写熟，以求达到对该略写方法的迅速反应。

经济	建设	资格	联系	治理
保险	物业	管理	商品	超市
原油	签约	纪要	词典	致辞

信息传播	网络编辑	职业培训
思维方式	数码相机	结构复杂
学术交流	谈判策略	形象设计

第三节 同音字替代法和形意替代法

一、同音字替代法

同音字替代略写法是指在快速记录时，因有一时忘记的字，或遇有生疏的字而书写受阻时，为不中断记录，可按照以简代繁、以熟代生、以易代难的书写规则，用自己熟知的同音字来代替。例如：

凡═翻、繁、番、返、贩、犯、泛、范

千═谦、遣、潜、钎、浅、歉、签、浅、牵

干═尴、肝、敢、橄、感、杆、赶

元═圆、原、愿、援、园、源、怨、冤

交═骄、矫、缴、焦、教、浇、胶、搅、绞

肖═萧、消、削、销、晓、霄、淆、箫

正═整、争、睁、挣、蒸、徵、诤

井═惊、静、经、镜、净、警、境、靖

可═棵、颗、渴、坷、柯

开═概、揩、凯、忾、锴

户═湖、胡、糊、护、弧、狐

才═裁、采、材、睬

边═编、鞭、遍、扁、辩

江═将、姜、将、疆、僵、缰、礓、奖、犟、酱、绛

太═泰、胎、酞、汰、态

同音字替代，由于受上下文意的制约，在速记稿中不会产生歧义。但将速记稿整理为正式文稿时，必须将替代字纠正过来，这是同音字替代的一个基本原则。

二、形意替代法

形意替代法是象形替代法和会意替代法的合称，就是指运用象形、会意的图形、符号表示一定意义的快写方法。

形意替代法的特点主要表现为以形示意、书写随意、语意固定、表意清晰。

根据这些特点，平时可以勤观察、勤思考，创制一些形意略符，以应用于速记实践中，这对不断提高书写速度是很有意义的。

（一）象形略符替代法

象形略符替代法，就是通过描画事物的形状来制定书写符号，并用以代替词语名的略写方法。例如：

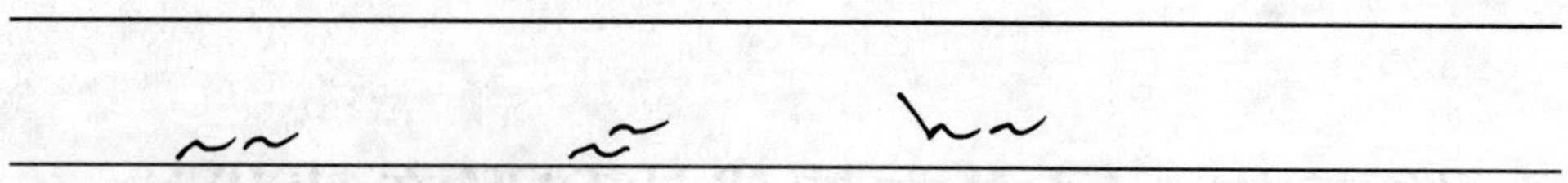

一浪接一浪　　一浪高过一浪　　长江后浪推前浪

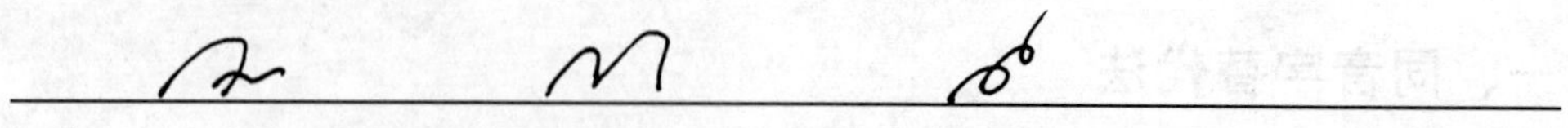

山河　　这山望着那山高　　螺旋式上升

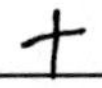		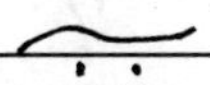
十字架	兜圈子	画蛇添足

闪电；电闪雷鸣； 闪电般的速度	灯塔； 照耀我们前进的灯塔

(二) 指事略符替代法

指事略符替代法，就是用象征性符号，或在象征性符号上加写一定标志，用以代替某一词语的略写方法。例如：

		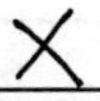
好、对、正确	好上加好	错、错误、不正确

错上加错	相等、完全、全部	有所提高

有所下降	大大提高	直线上升
		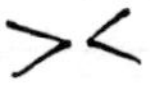
结合、相结合	对应、相对应	相违背、相矛盾

(三) 会意略符替代法

会意略符替代法，就是用两个具有联合意义的符号组合成一个整体，并用以代表一定意义的词或词语的略写方法。例如：

通得过	通不过	行不通

提高警惕　　解决问题　　一竿子插到底

此地无银三百两　　早晨、太阳出来了

傍晚、太阳落山了　　一个中心两个基本点

此外，汉字与某些符号或拼音速记符号结合，也可以组成许多知识性、趣味性很强的替代性词语。例如：

形而上学　　天上地下　　摇摆不定

左右摇摆　　上行下效　　雪上加霜

前怕狼，后怕虎　　上梁不正下梁歪

三、数字替代法

（一）常用数标词和数标句式替代法

例如：

四个全面　　三个面向　　十三五规划

1·2 ~5.3

一国两制 职代会五届三次会议

2~2 7~5

两手抓两手都要硬 从星期一到星期五

'29 '10.5

第 29 届奥林匹克运动会 第十个五年计划

(二) 数字替代节日（纪念日）略写法

用数字替代节日或纪念日，可在月与日之间加点“·”写在基线上表示。例如：

3·8 5·1 5·4

“三八”国际妇女节 “五一”国际劳动节 “五四”青年节

5·12 6·1 7·1

“五·一二”护士节 “六一”儿童节 “七一”党的诞生纪念日

8·1 9.10 9·9

“八一”建军节 教师节 “九九”重阳节（农历）

10.1 3、12 6·5

“十一”国庆节 三月十二日植树节 “六五”世界环境日

（三）数字成语略写法

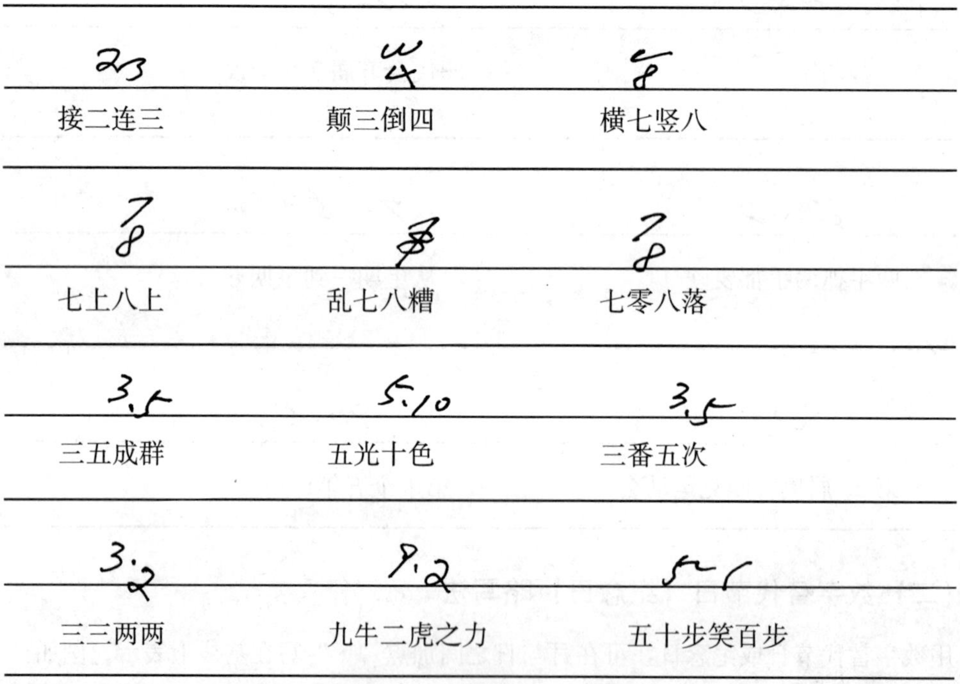

替代略写法笔画简略，书写便利，形象生动，内涵丰富，具有开发性、创新性，它不仅有助于提高书写速度，而且有助于开发智力，促进思维敏捷。因此，我们可以结合自己平时工作和学习的实际，不断创造、积累更多的简体字、图形和符号，制定一些常用的略写方法，这对提高书写速度无疑是很有意义的。

四、实训

（1）参照本书所介绍的形意略写法自选一些材料进行练写，从中体会该类略写方法的规则和特点，以利于自行创制和运用。

（2）用形意略写法练写下面的词语。

此地无银三百两
九牛二虎之力
一个国家两种制度
三严三实
坚持依法治国，坚持改革开放
奥林匹克运动会

思考与练习

1. 什么是替代略写法？替代略写法有哪几种类型？各有什么特点和作用？

2. 简述各类学科符号替代法。

3. 用双式速记对照法练写下面的短文。练写时，建议你采用下述方法：（1）先读文，边熟悉语言环境，边确定略符略法；（2）用速符抄写短文，要边写边记，反复练写，直至写熟，以增强对速符的反应能力；（3）用速符听写短文，要特别注意运用各种略写方法，力求分速达到 130 字左右；（4）多一些自主性、创新性，用你认为最简便的方法练写，短文之下所列拼音速记稿和汉字速记稿，仅供练习时参考。

学习科学技术和不断创新是职工应具备的道德品质

中国特色社会主义市场经济是极为重要的科技经济，它要求人们不断更新知识、学习科学技术，这就增强了人们学习创新的道德观念。在自然经济和计划经济条件下，没有市场竞争，产品多少年不更新。所以，人们墨守成规，学习科学技术的积极性没有得到应有的发挥。在市场经济条件下，市场就是战场，商品生产者和经营者要想在竞争中求生存、求发展，立于不败之地，就必须努力学习现代科学文化知识，学习先进技术和经营管理方法，努力提高自己的职业素质。

科学技术是第一生产力，生产的现代化和经营管理的科学化，都依赖于先进的科学技术。要掌握科学文化知识，在科学技术上有所创新，就必须具有勇于标新立异、开拓创新的精神。创新，是一个国家、一个民族、一个企业、一个人的灵魂，一个国家、民族、企业和个人进步的不竭动力，是市场经济条件下职工应具备的道德品质。

◎汉字速记稿

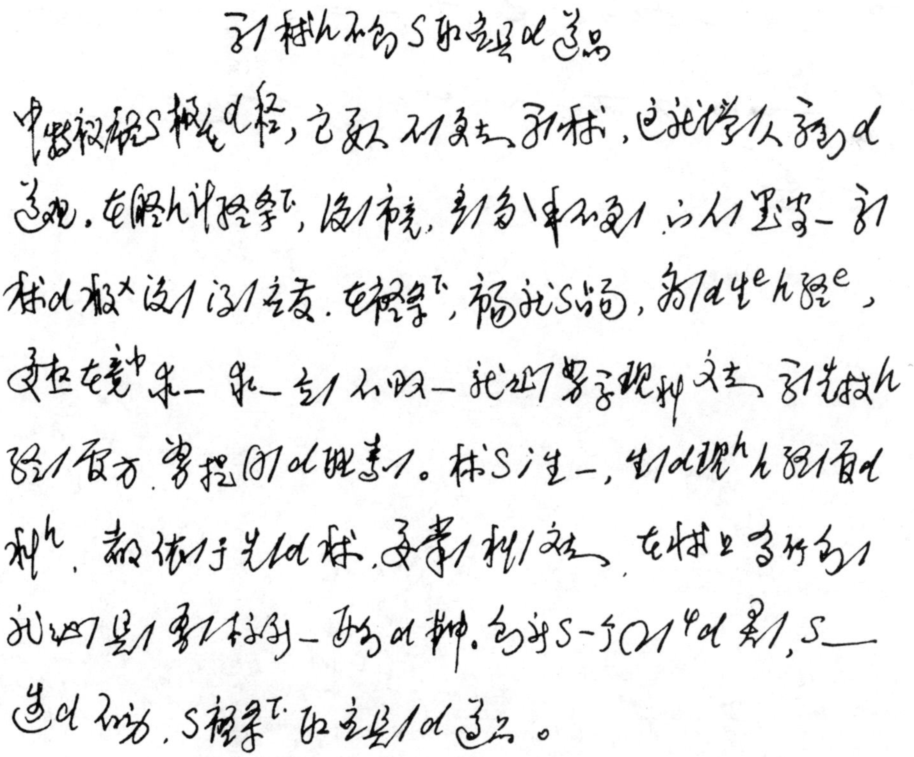

◎拼音速记稿

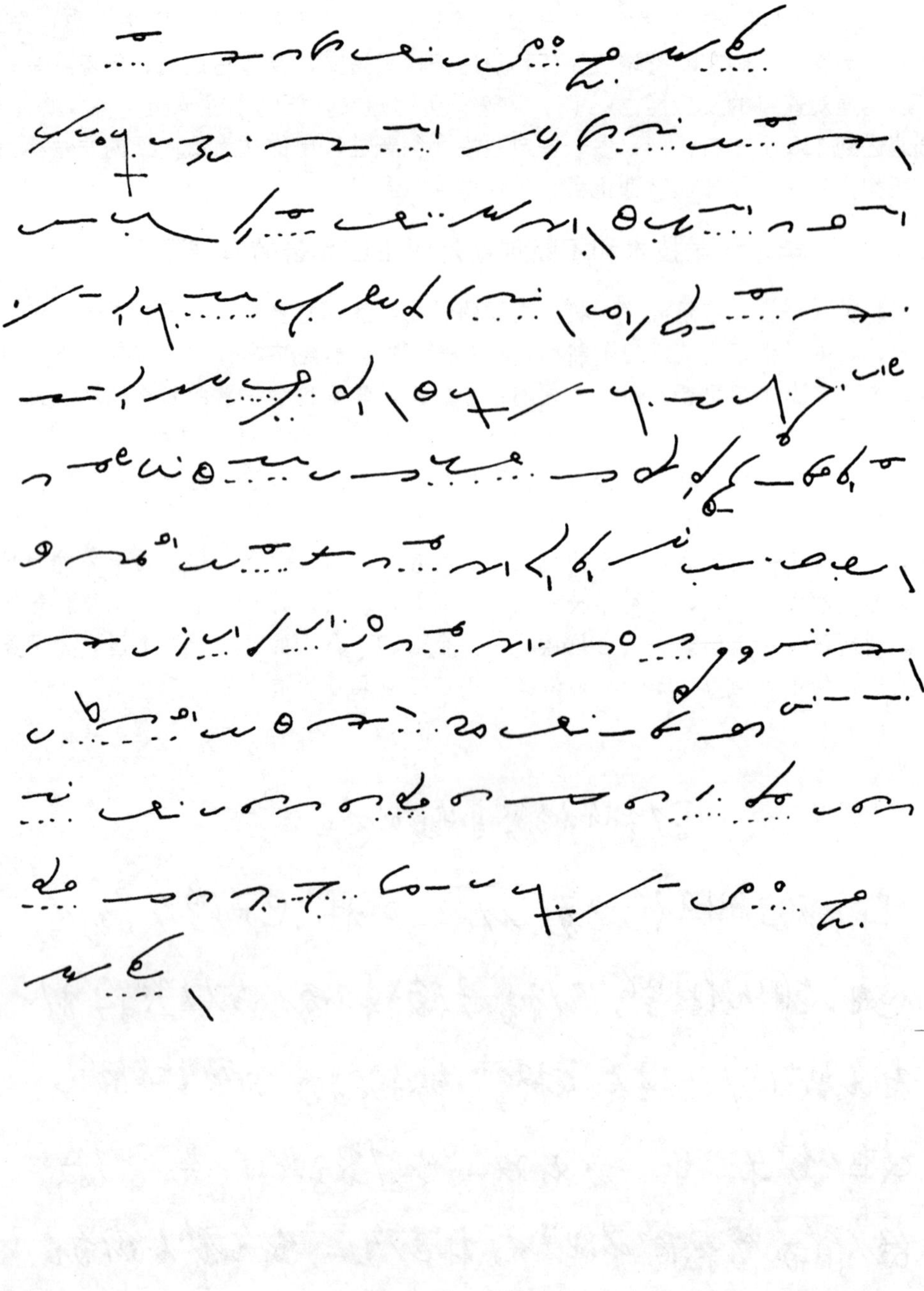

第三篇

速记应用与训练

第十五章
速记应用概述

或许你已经学完了“双式速记”的全部课程，或许你已经学过了“双式速记”的某一种方式，或许你已经学过了其中任何方式的某一部分。不管是哪种情况，接下来的问题，都应是速记的应用问题了。本章着重介绍速记应用的含义和特点；速记应用的范围；速记应用的作用与要求。

第一节　速记应用的含义和特点

速记应用，是指运用现代速记技能将听到的话语和所经办的事项，迅速而准确地再现于书面或承载于其他介质的记录活动。其含义有广义和狭义之分。广义的记录包括对有声语言的记录、无声语言的记录、事项的记录、场景行为的记录和科学实验记录等。从技术手段的应用来说，有手写记录、电脑记录、音像记录等。狭义的记录则专指运用速记技能将发话者的口头语言记录下来，进而转换为书面语言的书写活动，这是一种不断行进的动态过程。本书所言速记应用是以后者为对象的，它具有下面几个显著特点。

一、思维成果的转换性

思维成果的转换性，包含两层意思：一是就记录者而言，表现为思维成果记录的非己性；二是就发话者而言，表现为语言介质形式的另存性。从某种层面来说，速记的应用，就是记录者运用速记技能，将他人的思维成果（如领导讲话、各类报告、大会发言、新闻发布、学术交流等）或思维的原始材料（如来访者、调查对象、被采访者的发言等）记录下来，进行整理、加工、校核及润色，以书面形式及时、全面、准确地留存下来，传播开去，使之产生效益的活动。从这个特定层面来说，发话者永远是主动者，记录者永远是被动者。这就要求记录人员必须具有较强的速记技能、较深厚的文化积淀、较强的心理素质和注意力。在记录现场，全神贯注，始终把握一个“快”字，将听、看、想、记、写紧紧扣在一起，保持与发话者的语速同步，做到话落字出，把稍纵即逝的语言迅速地再现出来。

二、时间要求的紧迫性

所谓时间要求的紧迫性，一是指记录对象本身在时限要求上的速办性，二是指对记录者工作效率要求的特殊性。后者是由前者决定的。一般而言，记录者所从事的记录活动多为公务活动。其中有些记录所承载的信息甚至关乎一个地区、一个机关、一个企业的前途和命运。例如，会议记录是会议信息传播的重要手段，是会议精神形成的基础和依据，一般都必须及时进行整理，或形成会议决议，或编写会议纪要，或整理成会议快报；领导人的重要讲话，大会的专题发言，更需要及时整理出来，以便迅速进行传达和贯彻；某些重要信息的采集，其价值往往与时间密切相关，再好的信息如果错过了时机，就失去了自身的价值。特别是紧急信息的报送更要及时迅速，一分钟也不能延误。这是因为，紧急信息与其他信息相比，具有发生快、影响大、扩散广、需要及时处理的特点，一旦时机延误，将会造成不堪设想的严重后果；一个重要的电话记录，有些时候，不是传来领导的紧急指示，就是关系着群众的切身利益，或是系之于社会的稳定，或是报来重要事件的突发。因而，必须迅速做出反应。至于领导的口授指示，在时间上则更具临时性、紧迫性的特点，也必须立即办理。所有这些，都要求记录者必须做到：记录时要紧紧“追踪”发话人的语音，记下他所发出的语言信息；记录后要及时甚至是立即进行整理，并按照文书处理程序，在记录后的第一时间，尽快完成各类记录信息的处置与传递。

三、语言记录的原始性

所谓语言记录的原始性，是指记录者在记录活动中必须记录原话愿意，不得随意增删，更不能凭空推测和想象。记录者的基本任务是“把讲话者的口头语言转化为书面语言”，是“记录”，而不是写作，更不是文学创作。这就要求记录者在从事记录活动时，对其所记录的内容必须做到准确无误。其要义是：一要忠实于发话者讲话的原意，力求保持原话、原貌，包括讲话时的手势、语调和插话等，不得随意“缩水”“添加”，力保讲话的“原汁原味”。二要反映发话者的语言特点，包括辞格运用、表达方式等，充分体现发话者的讲话风格，使人看到讲话稿，就如身临其境，如见其人，如闻其声。三要进行必要的技术加工，在不影响发话者讲话原意的前提下，记录者可从语法修辞、逻辑关系、层次段落、书写格式、标点符号等方面进行必要的修改、调整和润色，使记录稿语言畅达、层次清晰，更易体现发话者的讲话原意。

第二节 速记应用的范围

速记是一种有效的快速书写工具，其应用范围，广而言之，可以涉及社会活动的各个领域，可以记录和传递方方面面的信息。概括地说，它既可以记录和传递有声语言，即动态性信息，又可以记录和传递无声语言，即静态性信息；既可以用来记录和转换别人的话语，又可以用来记录和表达自己的思维活动。本节着重从这两个方面介绍速记的用途。

一、记录有声语言

记录和传递有声语言，是速记应用最基本的功能，是记录活动最集中、最大量、最直接、最具体的体现，也是人们对记录活动最直观的认识和理解。因此，我们将其作为重点来阐述。

(一) 会议记录

会议记录是会议全貌的反映，是起草决定、决议、纪要等会议文件的直接依据，也是研究、查考历史的真实凭证。无论何种会议，例如报告会、研讨会、座谈会、议事会、汇报会、会见与会谈等，都离不开快速记录。

(二) 领导口授指示记录

在日常工作中，领导经常不断地向秘书下达口授指示。这些指示一般说来时间都很紧迫，运用快速记录的方法可以保证文稿及时拟就，及时打印，及时发出。在国外虽然早已有口授机问世并被许多企业所采用，但领导当面向秘书口授意图，由秘书快速记录下来，仍是日常事务处理中一种惯用的做法。

(三) 领导讲话记录

领导在参加各种会议、会见、会谈，以及外出视察、调研，或到基层现场办公时，一般都需要讲话或对某种发言加以插话，甚至当场作出某种必要的决定。对此，不论领导是否有讲稿，秘书都应视领导讲话的具体情况认真进行记录。如果领导有讲稿，可适当记录讲话的要点，对于讲稿的补充和展开的部分，则应详细加以记录。领导的即兴讲话或发言，大都是针对某些特殊问题有感而发，往往会提出一些新的观点、新的方法。因此，要尽量做到有言必录，包括语气、情感和现场的反应等。

(四) 学术报告记录

现在的学术报告多用现代化手段，诸如 PPT 课件、图片、字幕、投影等，动静结合，形式多样。运用快速记录的方法，可以记得详细、完整、精确。有时由于报告媒体的不断变换，还可能给记录者留下较多的可运用的空间，从而能把发言形式和内容完整地记录下来。

（五）谈判记录

谈判是人们为了改变相互之间的关系、交换意见、取得一致、实现一定目的和各自的需要所进行的协商活动。及时、完整、准确地记录谈判的内容、谈判方略和谈判过程，对于深度分析对方的谈判意图，制定谈判策略，增进互谅，促进双方合作或买卖成交具有重要意义。

（六）调查研究记录

调查研究是领导实施管理活动的重要方法之一，也是秘书和秘书部门的常规性工作之一。它对于获取前沿信息、辅助领导决策、协助领导管理具有极为重要的意义。秘书在调查活动中，虽然记录的方法较多，但由于调查对象在职业、学识、阅历、居住地、思想状态、接受调查的态度等方面存在着差异以及受调查内容、调查环境和调查方式所制约，因此，不是所有的记录方法都可以采用，都可以被调查对象所接受，而只有运用手中的纸和笔，才更便于快速而精确地做好调查记录。

（七）电话记录

接打电话是秘书传达领导指示、沟通内外信息、联络各方工作的重要方式和手段，具有快速、便捷、省时的特点。其所传递的信息对日常事务处理，乃至领导决策都具有较高的价值含量。因此，及时、准确地将一瞬即逝的通话信息记录下来，就显得非常重要。

（八）值班记录

值班工作是秘书部门和秘书日常性的程序化工作之一。认真做好值班工作记录，对于保证机关或单位的信息沟通、来访接待、应急事务处理和保持工作的连续性等，无不具有重要作用。为了如实地反映值班情况，准确地记载值班事项，将快速记录的方法应用于值班记录、书写值班日志，也是很必要的。

（九）来访记录

接待来访也是秘书和秘书部门日常性的程序化工作之一。对待来访的各方宾客，一方面要做到彬彬有礼，以诚相待；另一方面更要特别关注来访者的来访意图，对于他们所反映的情况，提出的建议或要求，尤其是对于事关重大的焦点、热点和难点等问题，一定要认真做好记录，以便呈请有关领导或相关部门处理。

（十）新闻采访记录

新闻是最近发生的、重要的报道和述评，是广大群众应知或欲知而未知的事实，具有迅速、明了、简短的特点，采访时自然需要快速记录。秘书虽然不是新闻记者，但类似新闻采访的工作常常有之，例如机关或单位内部工作简报、会议快报的编写，新人新事、重要事项或突发事件的调查等。因此，掌握新闻采访的记录方法，是秘书快速记录的重要组成部分。

（十一）听课记录

秘书要与时俱进，适应时代和领导管理活动的要求，做“创新型秘书”，首先就要做“学习型秘书”，不断补充和更新知识。在当今社会，广大秘书人员竞相走进课堂，报名参加各种学习，早已成为一种新的渴求、新的时尚。因此，掌握快速记录的方法，做好听课笔记，对于秘书来说也是十分必要的。

二、记录无声语言

用速记记录无声语言，是速记应用的一个重要方面，它主要用于以下几点。

（一）摘抄资料

资料是日常工作中的软成果，是存储起来备用的信息。摘抄资料就是将他人的思维成果“为我所用”的一种有效手段，是人们在工作和学习中必为的一项工作。它可以帮助我们学习新的知识，积累新的信息，弥补记忆无法达到或难以达到的境界。同时，速记也可以用于文献调研，借用他山之石，为领导决策提供理论依据和经验依据。

（二）记事备忘

运用备忘录，即通常所说的工作“秘本”，指点自己的公务活动，是一种十分有效的工作方法和技巧。在日常工作中用速记的方法，把自己所见、所闻、所想和经办事项、拟办事项、领导交办事项，以及相关数据、紧急情况等记录下来，并用相关符号把办毕、拟办、急办、缓办事项和不清楚、不明白的问题加以标识，可以做到随用随查，随办随记，信手拈来，既方便快捷，又帮助记忆；使工作既井然有序，又有助于保密。

（三）记读书笔记

记读书笔记是学习者、从事写作和科研工作人员的基本功。例如，用速记摘录自己最为欣赏、感受最深的语句、句段、重要论点以及名言名句等。再例如，用速记写读后感、心得体会等。读书笔记与资料摘抄不同，它是一种欣赏，一种学有所得，是读者创造性思维的具体体现，读书札记就属于此类。恩格斯的《自然辩证法》、列宁的《哲学笔记》就是以读书札记的形式闻名于世的。经常写读书笔记，不仅可以帮助人们获取系统的知识，有利于研究新问题，增强自身修养，而且还可以锻炼人们的思考能力和写作能力。

（四）起草文稿

运用速记起草文稿，适用于任何文字工作领域，例如用速记起草公文，撰写学术论文、毕业论文，拟发言提纲，进行文艺创作等。就秘书工作而言，其文稿起草任务是较为繁重的，例如法定公文、事务类公文、经济类公文、礼仪类公文、新闻发布稿、领导讲话稿、启事、广告等。这些文稿，除了它们自身所具有的作者地位的法定性、语言的规范性、格式的确定性、写作过程的程序性等特点之外，其在周期上的重要特点就是时间上的限定性，其中不乏“急就篇”，所以，时间要求也更加强烈。运用速记起草文稿，可以帮助我们迅速构思，迅速拟就提纲，迅速捕捉灵感，可以迅速按照领导意图，尽快完成写作任务。

第三节 速记应用的作用与要求

一、速记应用的作用

（一）为领导决策与管理提供信息

从本质上说，速记应用的过程就是通过各种渠道为领导决策和管理采集方方面面信息的过程。例如，通过会议记录，可以及时了解上级领导机关的决定、决议或相关精神，为领导决策和管理提供指导性信息；通过记录下属单位的工作汇报和情况反映，可以较全面地了解所属单位的生产、经营和生活情况，以及员工最关心、最直接、最现实的根本利益问题，为领导决策和管理提供依据性信息；通过记录宾客接待的情况以及与合作单位的洽谈情况，可以为领导决策和管理提供参考性信息；通过学术会议记录和文献调查，可以较为广泛地及时了解新思想、新理论、新技术、新经验，为领导决策和管理提供科技方面的前沿信息；通过记录调查研究、接听电话、来信来访的情况，可以获取更多的相关信息，诸如党政信息、社会信息、人才信息、市场信息、公众信息、客户信息等。

（二）秘书发挥参谋作用的基本途径

领导工作的基本任务是了解情况，掌握政策和制定决策，秘书和秘书部门要为领导活动做好服务工作，就必须及时、准确、全面地向领导提供情况和可供选择的意见和建议，当好领导的“耳目”和参谋。而这些情况和建议不是从天上“掉下来的”，或凭空想出来的，而是靠调查研究，靠对实际情况的透彻了解、科学分析和系统研究得出来的。秘书参加的多种多样的记录活动，从某种层面来说，就是十分有效的调研活动，是秘书发挥参谋助手作用的基本途径。因此，秘书通过记录活动为领导工作提供的各类信息，对人们的感悟和启示不应当是平面的，而应当是立体的；不应当是初始的，而应当是精确提炼的。其特点主要表现在：第一，中心点突出。领导工作的方法从来都不是并列平推的，总是围绕中心，突出重点，追求效益（利润）的最大化。就本单位而言，其着力点总是紧紧围绕内部的主体业务（产品）而展开；就全局而言，每一个阶段总要突出一个中心，追求社会与公众需求的最大满意度。因此，秘书和秘书部门获取信息的记录活动，也必然要随着领导工作的重心而转移，随着领导活动的安排而展开。第二，针对性突出。信息作为一种资源，具有使用价值，即有用性。因此，同一条信息，对于不同的对象，其价值也会有所不同，对需要者有用，对不需要者则无用。这就要求秘书通过记录活动给领导提供的信息，必须紧紧把握领导者的工作思路，区分不同部门、不同层次的领导者对信息的不同需求，从而做到有的放矢地提供信息。第三，真实性突出。真实准确是信息的生命，这是信息提供最基本的要求。因此，秘书通过记录活动所获取的信息，必须经过由此及彼、由表及里、去粗取精、去伪存真地加工提炼，并要反复校核，精心推敲，切实做到准确无误，才能作为建议提供领导做参考。如果获取信息不突出重点，提供信息缺乏针对性，信息不真实不准确，就不可能引起领导的重视，更不可能帮助领导决策，那么，信息的获取与提供也就失去了存在的意义，从某种层面而言，秘书的参谋助手作用也就无从谈起了。

（三）锻炼秘书工作能力的重要方法

记录者即秘书，经常随从领导参加各种会议，出入各种场合，能有机会接触来自各个岗位、学识精深、阅历丰富、见闻博广的领导人、专家学者、著名企业家，其中也不乏外国专家。他们的发言和交谈内容往往从古到今，从国内到国外，从政治到经济，从科学到文化，几乎无所不谈。记录者通过记录活动，不仅可以从他们身上学到从书本上难以学到的知识，而且可以“迫使”自己去努力读书学习，不然就很难胜任各种各样快速记录的任务。我们可以看到，记录者即秘书人才的进步，除了要不断学习、不断更新和补充知识之外，更重要的是在实践中的培养和修炼。而在各种记录活动中，记录者除了经常接触上述人员外，更多的是对社会的接触，同本级领导的接触，同与本系统、本单位密切相关的公众接触。因此，记录活动是记录者向领导学习，向公众学习，向专家学者学习，集中公众智慧，熟悉领导思维方式，学习领导管理方略和处事风格的极好机会。因此，快速记录是开发智力，锻炼才智，提升文字水平和管理能力的一种途径。从某种意义上来说，记录活动也是秘书即记录者走向成功的有效之路。

二、速记应用的要求

速记的基本功能就是将发话者的口头语言转化为书面语言。这就要求记录者在记录时，能与发话者的语速同步，做到“音落字出”，即讲话者的话音一落，记录的文字或符号就能脱手而出，跃然纸上，这里强调的是“快”，只有“记”得快才能留住一瞬即逝的语言，这是速记应用的前提和基础；在阅读速记稿时，能够像阅读其他文稿那样，做到“开卷即得”，即记录者一看到自己书写的略写方法或速符，就能上下贯通，熟知其意，口诵心惟，顺利地进行整理，较快地提供使用，这里强调的是“准”，只有写得准才能读得出，这是速记应用的关键环节；在将速记稿整理成正式文稿时，做到“文通理顺”，即整理出的文稿，应在符合讲话者原意和讲话风格的前提下，做到主题突出，观点鲜明，结构严谨，语言畅达，文字规范，这里强调的是“法”，只有符合文法，才能做到“文质相称，言无旁溢”。

可以说“音落字出”“开卷即得”“文通理顺”，既是速记应用“记录、口诵、整理”三个阶段的基本要求，又是速记应用的一种境界。进入这样一种境界，虽然不是一件难事，但也并非一日之功，需要经过一定时间的学习和不懈的练写。从学识上来说，也并非只懂得速记一门就能成就，而是多学科知识的积淀与运用。它直接涉及记录者的文化底蕴、理论修养、生活阅历、情感积累，心理素养，以及临席应对的能力。

思考与练习

1. 简述速记应用的含义和特点。
2. 简述速记应用的范围。
3. 音落字出、开卷即得、文通理顺表述的内容各是什么？

第十六章 速记应用的过程与方法

速记应用即快速记录，是一个不断行进的动态过程，是记录者将发话者的口语信息转化为书面信息的过程，一般包括记录前的准备、记录行为的实施、记录后文稿的整理与审定三个阶段。它是记录者文字能力和思维能力的综合反映。

第一节　速记应用的准备

速记应用的准备，是指记录者在进入记录状态前为记录工作所作的安排、筹划和铺垫。它包括经常性准备和临席准备两大方面。

一、经常性准备

（一）思想准备

思想准备，就是依据速记应用的不同时间、不同地点，面对不同对象和记录内容，而事前确定的记录目的和方向，以使自己的心理状态能够适应所处的工作环境，使记录过程达到最佳效果。这种准备包括：

（1）不断学习党和国家的方针、政策、法律、法令和法规，尤其是有关本行业和本专业的适用的法律、法令和法规。

（2）要努力学习马克思主义基本理论，经常学习时事政治和中央领导人的重要讲话，增强理论和政治修养。

（3）要学好语言知识，熟知汉语特别是现代汉语的结构规律、语法规则和修辞方式。要较好地掌握一门外语尤其是英语。

（4）要娴熟地掌握和运用快速记录的书写技能；要跟上时代的发展，就要不断地学习新理论、新思想、新经验和新方法，不断补充和更新知识。

（5）要熟知自己所在部门的专业知识、专业术语和自己所在系统的行业知识、行业术语；也要熟悉讲话者的思维方式和讲话内容，以便能够面对随时可能发生的各种复杂情况。

（6）心理准备。就是在平时的工作中，有意识地锻炼自己的意志力，在工作紧张和复杂的环境中，注意培养自己处变不惊、从容不迫的处世理念和处事风格，不断增强心理的承受能力。

（二）技能积累

技能积累，也称“功夫”积累，就是使自己在长期的训练和实践中，练就速记应用的过硬本领，以使自己随时能够应对各种复杂的记录环境，顺利完成记录任务。

速记技能的熟练应用，是一种久经训练和实践的最终体现。要想登上速记应用的顶峰，必须具有坚强的意志和锲而不舍的精神，做到不停地练写、不停地实践、不停地积累经验，这是成功掌握速记技能的根本途径。俄国作家契诃夫在谈到写作能否有成就时，曾经说过：“头一个条件是必须写得多”，写得多“总会有成就的”。他又说：“必须写、写、写。一篇小说没有发表，那你就写第二篇、第三篇，总有一天会发表”，“只有不屈不挠地、顽强地写……”才可能成功。这个道理也是适用于学习速记的。

用契诃夫这段话来说明速记的训练和实践，应当说是恰如其分的。速记应用的过程也一再说明，不断地训练和实践，就是一种积累。平时读书看报、接听电话、接待来访、值班、调查研究，都可运用快速记录的方法做记录。这是练写的过程，也是应用的过程。平时练写多了，悟性自然就会增强，摸清规律与技巧，快速记录的技能也就会越来越高，速记技能的应用也会逐渐走向成熟。

二、临席准备

临席准备，是指记录前针对记录工作的需要所做的筹划工作。临席准备包括下述几个方面：

（1）文具准备。即准备好纸和笔。纸要备足，首页最好使用专用纸。为了便于书写和存档，纸张的韧度、亮度和不透明度要适宜，使之不浸透，禁得住磨损。笔，以钢笔为好，用前墨水要打足，或再有一支备用。圆珠笔、书写笔也可采用，但要选择质量较好的。

（2）座位选择。这有两层意思：一是指记录者座位的选择，既要注意光线的射入，又要注意能够听得清晰。一般说来，以坐在主席台前或左前方为佳。记录座谈会的发言时，位置的选择一般以距主持人较近的地方为宜，以便观察会场动态和发言者的表情。桌椅要平稳，高低要适中，以保证记录时手腕运动的持久性。二是指对与会者的识别，即对不熟识的与会者，可画出他们的座位图，然后请主持人或熟悉情况的人标出每个座位上的姓名，或由会务人员画出与会人员座次图，这样便可熟悉每一位与会者。

(3) 信息准备。这主要包括三个方面：一是要了解会议的内容，最好能够找到本次会议的有关材料。二是要根据会议的内容，在会前制定一些适用的略写方法，供记录时使用。三是要尽量了解讲话人或发言人的相关信息。例如讲话或发言的内容、表达风格，讲话者的居住地、口音，讲话或发言的手段，尽量在会前排除可能发生的障碍。

(4) 特殊准备。即设计必要的物质“板块”，以方便记录。有些会议，特别是学术报告会、各种汇报会和经验交流会等，讲话人或发言人在讲话时，往往使用辅助性手段，例如投影仪、电脑，打出字幕或图表。针对这些情况，记录者可在会前设计较为简易的记录“板块”(图或表)，以便快速记录。

(5) 要素准备。所谓“要素”是指会议的基本情况。例如，会议的时间、地点、主持人、参加人；因公、因事或因病而缺席的法定参加人、列席者、特邀人员；会议议题以及记录人等。无论何种会议，在会前都应将这些基本要素写在记录本上或记录纸上。如果是报告会，还要写明主讲人及其报告的题目等，使会议一开始就迅速进入工作（记录）状态。

第二节　速记应用的方法

速记应用，是一种耳、眼、脑、手同时并用，边听、边看、边想、边写，一气呵成的快速书写活动。它是将口头语言转化为书面语言的第一步，记录质量的优与劣，对记录后的文稿整理往往具有基础性的作用。因此，它除了要求记录者有娴熟的书写技能和以平静的心态从容应对外，学会和掌握正确的记录方法是至关重要的。

一、基础记录法

讲话的类型多种多样，有工作报告、学术报告、领导讲话、会议发言、商务谈判、会见与会谈讲话等。讲话方式也各有不同，有用讲稿或用提纲发言的讲话和即兴讲话；有交谈、磋商等对话方式的讲话；有广播、电视讲话和投影字幕式讲话等。由于讲话人的职位、职业、学识、修养、视野和讲话着眼点不同，所以，其语言运用、表达方式和表达效果也会有较大的差别。

依据讲话类型、讲话场合、表达方式和记录目的、承担任务、讲话内容传播范围的不同，其记录方法也不尽相同。一般说来，常用的记录法主要有以下几种：

(1) 完全记录法。就是有言必录，不能提纲挈领，不能只记重点或结论，更不能增删取舍。特别是重要会议的报告、领导的重要讲话、中外会见与会谈、重要的商务谈判、有真知灼见的个人发言等，一般都需要完整记录。

(2) 精详记录法。就是根据需要和要求，只详细记录讲话的精华部分。过多的解释和不必要的举例，可有可无的语句均可省略不记，使记录既精且详。这种方法较适用于各种报告会和基层领导办公会的发言记录。

（3）精要记录法。又称扼要记录法。就是抓住讲话的脉络，记录发言的主要内容、重点或典型事例。这种方法较适用于研讨会、座谈会等会议的发言记录。

此外，对一些不受时间、地点、对象限制的讲话或谈话，例如调查采访等，应用精要记录法，较易抓住问题的中心，事后便于迅速成稿。

（4）摘要记录法。就是摘取发言人的发言重点、要点，可使相关人员提纲挈领地了解相关事项。这种方法适用于研究处理日常事务的会议。因为：一是记录者一般对发言人和发言所涉问题都较熟悉，记录只是为了备忘；二是这类发言除非必要，一般不保存归档。此外，摘要记录法也较适用于记录领导的口授指示，接待来访记录等。

摘要记录法只是对文字的压缩，而不是记录人的主观归纳。因而，运用这种记录法应注意下列几个问题：

1）要充分地把握会议所议问题的轻重缓急、发言人意图和发言内容的价值；

2）记录要精确，不能割裂和歪曲讲话者的原意，更不能断章取义；

3）所记内容不能上言不接下语或遗漏讲话人的主要观点，更不能使发言内容面目全非。

（5）补充记录法。这种方法主要适用于有讲稿的讲话记录。如果讲稿很详细，可以直接提供利用或保存的，就可不必全记。只记录讲话人脱离讲稿时，所穿插的补充说明或事例。通常情况下，对这种记录的要求是：既要周详，又要精练；既要保持原意，又要文理清楚。

（6）追踪记录法。有些会议的某些与会者出于某种原因，有时不愿意或者不让记录，而他的发言又很重要；还有的来访者反映的情况很有价值，但他只许听不许记。对这两种情况，记录者一是要专心听，二是要认真记在脑子里，事后立即进行追记。这种追记的方法，也是补充记录法的运用。

二、快速记录的书写方法

（1）轻——下笔要轻：起笔要快，运笔要活，落笔要稳。

（2）快——书写要快：起笔快，书写快，记录快。

（3）省——笔画要简：笔画简，长变短，符号代，简替繁。

（4）连——字体要连：即采用草书法，字、词、词组的连写。

（5）斜——纸质斜放：记录载体同人体保持适当斜度。

（6）要——抓住要点：议题讨论、领导讲话、观点、论据、结论、争议焦点、人名、地名、数字、决议、决定、定办事项等。

（7）问——求问不明：重要观点、决定等事项要问明白，做到准确无误。

（8）述——复述核实：决定、决议、议定事项复述核实。

（9）索——索取讲稿：向相关人员索取稿件、提纲、图表。

（10）补——及时补正：第一时间弥补和纠正误漏之处。

三、具体项目记录法

（一）会议的记录方法

会议记录，在秘书文字工作中具有典型的、概念性的意义。人们一提到记录必然会想到会议，一提到会议必然会想到记录。真实地记载会议情况，客观地反映会议的内容和进程，可以为日后分析研究会议精神提供依据。

1. 会议记录的内容

（1）基本情况。包括：会议名称、会议形式；会议目的和议题；开会时间：年、月、日、时；具体时段：上午、下午还是晚上；会议地点：具体房间、会议室名称及编号；会议主持人的姓名与职务；出席人、列席人；缺席人姓名及缺席原因；记录人。

（2）会议进程。包括：主持人的开场白，例如对拟议议题的说明、议题研究的程序、注意事项等；与会者的发言、建议、意见、领导插话，与会者相互间的协商、交流、插话乃至辩论情况等；会议作出的决定、决议或定办事项；会议主持人在会议结束时所作的总结发言，以及对会议定办事项的执行要求等。

2. 记录的方法与要求

（1）详细记录。诸如领导办公会，或其他决策性会议对重要议题讨论、研究的过程，领导者的重要讲话，会议作出的决定、决议、定办事项及执行措施，有新意、有见地的发言等，都应原原本本地记录。对有些发言，虽然无须有言必录，但也应原话原记，不能只记重点和结论，更不能提纲挈领，随意取舍。

（2）要点记录。即对发言者提出的意见、建议，或其他言论，要从整体上去把握，做到合理取舍，画龙点睛，用字简约，抓住重点，精当归纳，记下发言者的主要观点和论据。特别是对于不同意见或有争议的问题，既不能遗漏发言者的基本观点，更不能曲解发言者的原意。

（3）抓住环节。即抓住发言者在讲话的开头、转题、结构过渡等环节上使用的提示性语句和语段。可以说，这是即席讲话者为了引起与会者的注意常常运用的一种发言方式，记录者也可以此把握和推断发言者的思路、线索、层次，以及可能使用的语言。这是记录领导者即席讲话常常使用的一种技巧。

（4）索取讲稿。即对自拟讲稿或自拟提纲的发言，记录者应尽量向发言者讨要，或借用过来复印。这不仅有利于保持发言者讲话的原话原意，也有利于会后资料的整理和归档。

（5）复述修正。对某些会议（如领导办公会）作出的决定，或定办事项，记录后，应在会上予以复述，不可出现一丝一毫的误记。对漏记、错记或不清楚的其他发言，也应在会议结束时，及时向有关人员核对，进行必要的修正和补充。

（二）领导口授指示的记录方法

由于秘书位于领导近身，在中枢机构中工作，直接为领导和领导工作服务，所以，领导会经常以口授的方式向秘书下达指示、布置工作：或由秘书直接办理，或向相关部门转办，或向相关人员传达。无论哪种情况，秘书都应做好记录工作。其记录方法和注意事项是：

(1) 要立即停下手中办理的其他事项，随手带上放在手边的装有纸和笔的书写夹，迅速走到领导身旁，敬候领导吩咐。

(2) 要悉心聆听，迅速、准确地记录口授内容，切忌插嘴和提问，打断领导的讲话，干扰领导的思路。

(3) 对领导的口授指示，要边听边记，疑问之处可随手做上标记，以备记完之后询问，改记或补记。

(4) 口授结束后，要将记录内容向领导复述，并要特别注意领导对某些措辞的修正，或对秘书误记的纠正。迅速修改后，如有必要可再复述。

(5) 对某些交给记录者直办，而又不便记录在案的事项，秘书则应用“心”记录，牢牢“印”在脑子里，并当场复述，必要时应“追记”在自己的保密本上。

(6) 对领导的口授指示，凡由秘书和秘书部门办理的，办理结果应直接向口授者反馈；凡向相关部门转办或传达的事项，应适时催办，并向口授者反馈。

(三) 领导讲话的记录方法

在日常业务和管理活动工作中，领导经常主持或参加各种会议、洽商约见、会见会谈、外出考察、谈判、调研等活动，常常要讲话、发言或插话。为此，不论领导是否有讲稿，秘书都应区别不同情况做好记录工作。

(1) 领导利用讲稿讲话时，一般只做要点记录，但对领导脱稿展开或补充的部分，特别是临场发挥的精彩语段、事例和说明，则应“有言必录”。

(2) 领导利用提纲的重要讲话和就某一事项的即席讲话，一般都具有很强的针对性和指导性。对此，记录者应采用完全记录法或详细记录法。

(3) 会见会谈、洽谈约见时的讲话，双方的发言都应详细记录，必要时，经过双方同意，可采用录音与手写并用的方式进行记录。

(4) 对领导在考察或汇报会、座谈会上的插话，记录者除了要记录领导者的插话内容外，还应记录领导插话的背景和语境，以保持领导讲话的完整性、系统性和针对性。

(四) 接听电话的记录方法

接听电话是秘书和秘书部门工作量最大、内容最繁杂的项目之一。虽然并非所有的接听电话都需做记录，但对上级领导机关通过电话所作的指示，下级单位所汇报的紧急和重要事项，合作单位询问、答复或商洽的事项，社会公众所反映的重要问题和建议，秘书必须做好记录。其记录方法和注意事项主要为：

(1) 接听。电话铃声响后，秘书应迅速作出反应，左手持机，右手持笔，备好电话记录单。

(2) 记录。记录的内容包括：1) 来电时间：年、月、日、时；2) 来电单位、来电人、电话号码；3) 来电内容；4) 要求办理的方向和时限。

(3) 重点。在电话记录中，来电内容是记录的主体、核心，应悉心记录，切不可有一丝一毫的疏忽，记录要快、要准，字迹要工整。

(4) 询问。对于内容比较简短的电话，不明之处，可在接听结束后询问；对于来电内容比较复杂，通话时间较长的电话，则应边接边询问，切不可误记。

(5) 复述。完成记录并经询问确认无误后，应向来电者复述。同时，核对对方的电话号码或其他联系方式。

(6) 补单。由于拿起话机只是一刹那，电话单中的某些因素有时未必能在接听之前填写齐全，比如时间。所以，接听者应在接听结束后予以补填。

(五) 来访的记录方法

无论任何单位，来访者一般都有两种情况，即有约来访和无约来访。有约来访是指来访者事先与单位领导或有关部门有约定的来访；无约来访是指事先没有任何约定的突访。就接待者而言，"来者都是客"，都应给予同样的尊重，对其来访事由都应认真记录。

(1) 记录内容，一般有两种情况：

1) 基本情况。包括：来访者姓名、性别、年龄、职业、所在单位、地址、联系方式；来访时间（年、月、日、时）；接待部门和接待人。

2) 来访内容。包括：来访目的、主要问题；办理要求（如办理方向、方式、时限）；来访者的情绪、态度等。

(2) 记录方法。由于来访者所反映问题的情况不同，其记录方法也应有所区别。

1) 下属单位来访。可根据来访者的目的、问题的性质，直接接待，做好记录；或转办于相关部门，嘱其做好记录；如领导亲自接待，秘书则应陪同做好记录；对汇报工作或请示问题者，则应请其留下材料，这既可减轻记录者的负担，又便于事后办理。

2) 对外部来访者。接待过程中，接待者应集中精力，灵敏反应，态度谦和，按照一听、二记、三问、四看、五分析的程序，边听边记，随问随记。

(3) 记录要求。无论是有约来访还是无约来访，无论是下属单位来访还是外部公众来访，都应热情接待，详细记录，做到准确无误；记录结束后，一般应请来访者过目，或向来访者复述，必要时应请对方在记录上签字。

(六) 值班工作的记录方法

值班记录一般有三种形式，即电话记录、接待记录、值班日志。其中电话记录和接待记录与平时的电话记录和接待记录的方法相同，从略。此处重点说值班日志。

(1) 值班日志的内容。包括值班时间、值班人员、记录内容、办理情况、交班情况。

(2) 日志的单元时间。值班日志一般以一天或一个班为记录的单元时间，记录一天或一个班上所遇到的情况、办理事项的经历和结果。它是值班室内部的记事册。

(3) 记录值班日志的方法和要求。每事一记，随办随记；及时准确，清楚简明。

(七) 调查工作的记录方法

"调查研究"是秘书和秘书部门的基本功。"调查"与"研究"是两个内涵不同，工作有先有后而又紧密联系的概念和阶段。调查是研究的前提和基础，研究是调查的发展和升华。显而易见，只有进行深入细致的调查，才能充分地占有材料，也只有进行深入细致的调查，才能为研究提供可靠的依据。而要搞好调查，则必须做好记录。

（1）全面记录，提出重点。所谓全面记录，就是全面采集某一事件、某一情况发生的原因、过程、结果，以及社会群众对此事件的正负反应和看法等全方位的素材，切忌以偏概全，随意取舍。所谓重点，是指并非每闻必记，主要是记事件（事项）发生的时间、地点、人物；事件（事项）的主要起因、发展变化的主要环节、典型事例、基本数据以及数据的变化和对比，不能“捡到篮子里的都是菜”。

（2）适度提问，答记同步。在调查过程中常常会有问有答，调查者必须抓紧时间，做到随问随记，音落字出，答与记同速同步。如果记录跟不上调查对象的讲话速度，就必然会出现反复提问的状况，如果屡屡让对方回答其已经回答过的问题，不仅容易打断对方的思路，还可能引起对方的反感。因此，提问要适度，要以选题为依据，以快速记录为前提，切不可频繁提问，更不能把“提问”变成“审问”。

（3）准确记录，及时整理。对调查材料要反复核实，若有必要，每次调查结束之前，都应将笔录向调查对象复述一遍，与被调查人认真核对，确保事实完整，数据无误。同时，对调查内容最好在当天进行整理，对其作必要的摘要、分类和归纳，进行初步总结。可以说，这是记忆的最佳期，容易理出头绪，也便于及时发现问题，及时进行补充、修正。

（4）强记于心，事后追记。遇有特殊情况和某些调查对象，不便在现场做笔录时，调查者应保持清醒头脑，强化记忆，牢牢把握关键问题，强记重要情节和事件的来龙去脉。事后立即进行追记。

（八）课堂的记录方法

在课堂上，学生的基本任务是听讲、思考和记忆。课堂笔记虽然可以增强记忆，便于课后复习，但绝不能不假思索地把精力全部放在记笔记上。否则往往会造成笔记记了一大本，问题仍然一大堆的被动局面。因此，课堂笔记要得当，所记内容要适量，使课堂笔记真正发挥助学习、助记忆和提纲挈领的作用。记课堂笔记的方法，通常有如下几种：

（1）记线索。即按章节顺序，着重记每章每节的中心思路和重点，包括概念、知识点和结论。这样便可留下足够的时间进行听讲和思索。

（2）跟思路。教师上讲台都是有备而来的。他们的授课思路一般都带有启发性、提示性，对理解教科书的主旨、重点和难点，往往具有“捅窗户纸”的作用。因此，随着教师的授课思路记笔记，有时可以使自己“恍然大悟”。

（3）记板书。教师在课堂上的板书大都是教师对教科书的重点、难点和疑点进行解释的对象或是要点、知识点和结论的关键词、关键句。这时自己可以趁教师写板书的空间，用速记的方法记下来，然后可边听边思考。

（4）做旁注。这种方法包括两层意思：一是将教师对重点、难点的解释和个人的理解写在教科书的边页上，以作提示之用。二是用标记把书上的相关点标识下来。例如横直线“——”表示一般知识点；横曲线“~~~”表示重点；三角“△△△”表示特别重点；问号“?”表示疑点等。这也是一种速记方法。这样标识重点突出，看起来醒目，便于记忆和复习。

（5）摘重点。这种记笔记的方法，一般应在课下做，是指对所记内容要有选择。要从学习的实际出发，不可盲目乱记。上课前，应尽量做好必要的听课准备，多做一些预习，将重点、难点、疑点摘抄下来，做到心中有数，在课堂上有的放矢地去听、去记；课前未作摘抄，下课后再作补记，切不可在课堂上摘记，以免影响听讲。

（6）暂存疑。就是将听时遇到的一时不能完全听懂的问题暂时放下来，并画上标记。待课后再思考、再核准。切不可因遇到一时不能理解的问题就中断记笔记甚至听课。这样做的结果是难点越积越多，给学习带来更大的难度和压力。

四、相关表格示例

为了便于记录，许多机关或单位大都根据实际需要，自行设计了会议记录首页纸、领导口授意见专用记录纸、电话记录表、值班记录表、来访登记表等。现将各表样式分别列出（见表 16－1～表 16－6），学习者可根据学习进展情况，参照此种样式适当做一做情景性练习。各表所用纸型均为国际标准型即通常所说的 A4 型。做练习时最好按标准纸型还原，以便练习时更贴近实际。

表 16－1　　××大学校长办公会记录首页（样式）

会议名称		年度会次	
会议时间		会议地点	
出　　席			
缺席及原因			
列　　席			
主 持 人		记 录 人	
会议议题及所在页数			

表 16-2　××大学领导口授意见办理记录表（样式）

事　　由		往发方向	
授 意 人		授意地点	
授意时间		拟结时间	
承 办 人		办结时间	
口授内容			
签　发　人（签字）			

表 16-3　××大学接收电话记录表（样式）

来电单位		来电时间	
来 电 人		电话号码	
收 电 人		承 办 人	
来电内容			
拟办意见			
领导批示			
办理结果		接办人签字	

表 16-4 ××大学发出电话记录（样式）

<table>
<tr><td>发话单位</td><td></td><td>发往单位</td><td></td></tr>
<tr><td>发话时间</td><td></td><td>发话人</td><td></td></tr>
<tr><td>收电人</td><td></td><td>电话号码</td><td></td></tr>
<tr><td>电话内容</td><td colspan="3"></td></tr>
<tr><td>办理结果</td><td></td><td>交办人签字</td><td></td></tr>
</table>

表 16-5 ××大学值班记录表（样式）

<table>
<tr><td>值班时间</td><td></td><td>值班人</td><td></td></tr>
<tr><td>拟办事项</td><td colspan="3"></td></tr>
<tr><td>办结事项</td><td colspan="3"></td></tr>
<tr><td>领导意见</td><td colspan="3"></td></tr>
<tr><td>处理结果</td><td></td><td>接班人签字</td><td></td></tr>
</table>

表 16-6　　××大学来访登记表（样式）

来访人		性别		年龄		职业	
所在单位				地址			
来访时间				接待人			
承办单位				承办人			
来访内容							
拟办意见							
领导批示							
办理结果							

第三节　速记稿的整理

记录稿的整理，从某种意义上来说，就是将记录者在记录阶段所获取的口语信息进行再加工，使其转化为终结性成果的劳动过程。因此，作为记录者，了解和掌握记录稿整理的要求、步骤和方法等是十分必要的。

一、整理记录稿的必要性

通常情况下，记录稿除直接存档和用于记录个人的事项外，绝大多数都必须经过整理，才能作为社会交际而使用。这是因为：

（1）记录者在现场记录，由于时间稍纵即逝，没有多大的空间进行选择、推敲，对讲话的取舍、加工只是在瞬息之间，这就必然会给记录稿留下较多的问题，必须在记录后加以解决。

（2）讲话人特别是即席讲话人，在发言时，往往都带有一定程度的随意性，使得讲话在某些方面，或逻辑关系不清，或“意到言未到”，或附加语、重复语过多，加上方言俚语和地方语音现象，也会给记录者留下一些必须解决的问题。即便是经验丰富、即席应对能力较强的高级秘书，可以作出质量较高的文字记录，达到较高的记录境界，但在记录现场也难以把所有问题全部解决。

(3) 更重要的是，记录后的文稿要作为文件下发，例如简报要在一定范围内传递，新闻稿要在媒体上发表，调查材料也要经过研究综合形成调查报告，使其在决策管理和社会交际方面发挥作用。

(4) 快速记录所使用的符号和省略记号必须还原为规范化的汉字，所以记录稿的整理一直是记录后必为的工作。

有一位速记界的老前辈曾经说过，“古代诗词讲的是‘信’‘达’‘雅’，速记也要讲究‘信’‘达’‘雅’”。

所谓“信”，就是准确、真实。速记只“记”是不够的，其中还要有一个加工整理的过程。“整理”首先要绝对维护讲话的原意，这就是“真实”，就是“信”。“信”是保证速记应用质量的基础。

所谓“达”，就是整理后的文稿，语言要通达、流畅，符合语法规则。所以，整理速记稿时，要删繁就简、弥补缺陷、更正错误，力求使文稿实现“尽善”。“达”与“善”是保证速记应用质量的重要前提。

所谓“雅”，就是语言通俗、精练。要保持讲话者的口语化，读其文如见其人，如听其言，做到雅俗共赏。“雅”就是语言的美。“雅”与“美”是保证速记应用质量的必要条件。

二、整理记录稿的要求

将记录稿整理为正式文稿，依据其所承担的任务和需要的不同，对其要求也不尽相同。比如，有的会议要求把大会的发言或分组发言重点整理而出简报；有的会议（办公会、座谈会等）要求把定办事项综合写成纪要；有的记录则不需整理，只作为备忘录存档；更多的情况下，是要求详细记录，精确整理，形成保留讲话全貌的文字材料，作为正式文件印发等。但对记录稿整理在思想和技术上的要求与注意事项基本上是相同的。

(1) 忠实原讲话，保持其语言风格。这既是对整理记录稿的基本要求，也是整理记录稿时必须遵循的一个基本原则。整理记录稿，常常需要删繁就简、增补遗漏，但其最终目的是更加确切地再现发话者的讲话意思，丝毫不意味着对讲话内容的随意篡改。因此，对个别没有记全或没有听清楚的地方，切不可随意下判断，要尽可能向讲话人或当时在场的其他人询问清楚。必要时可送讲话人确认或审稿人审定。对原讲话人的辞格运用和表达方式，除对语法上存在的某些语病、用词缺陷做必要的修改、弥补、调整和润色外，一般不应做更大的改动，以保持讲话人的语言特色和讲话风格。

(2) 内容准确，语句通顺。所谓内容准确，是指整理稿所记录的讲话要义应完整、确切、无误，符合逻辑。

所谓语句通顺是指整理后的文稿，语言要流畅，条理要清楚，前后要连贯，层次要分明。整理篇幅较长的记录稿，最好依据记录的内容拟写若干简明、醒目的小标题，放在有关段落之首，以便起到提示作用。记录稿整理完成后，还应通篇阅读，改正错别字和增补遗漏。

(3) 及时送审，按程序发文。记录稿整理后，应送讲话人、发言人审核确认。讨论性的发言，除了送发言人审阅外，还应送会议负责人或主持人审阅；会议简报要送会议的组织者审定。文稿送审，一方面可使讲话人、发言人、主持人和会议负责人对自己的讲话做某些必要的修改；另一方面又可避免因记录上的失误和整理者水平所限而出现的错误。送审既是对讲话人、发言人和负责人的尊重，更是工作上的必要程序。如整理后的文稿需要作为正式文件印发的，则必须按照发文程序办理。涉密性文稿应按密级和保密期限加注保密标识。疏漏任何一个环节都有可能贻误工作。

三、记录稿整理的基本内容

（一）删繁就简

就是在整理记录稿的过程中，删除烦琐的、不需要或无关紧要的文字或语句，使文稿趋于简练。例如，重复的语句和与讲话内容无关的口头语、附加语；开始讲话时毫无必要的开场白、客套话，结束讲话时的自谦语；因插话而引出的题外话，为使别人听明白所做的过多的解释、说明，过多的举例；一般讲话对会场气氛的记述，如，“（笑声）”“（鼓掌）”“（哗然）”等（如果需要则另当别论）。同时，对内部讲话中暂时不宜公开的材料也应删除。

（二）增补还原

所谓“增补”不是对讲话内容的增加（增加内容不是记录者应做的事），这里强调的是“补”。例如，口语表达中经常会遇到因省略不当或表达不完整而造成的“意到而言未到”的话。这些话出现在书面上，就会影响表达效果。整理时，就要根据上下文意进行恰当的补充和调整。同时，对某些讲话，特别是没有讲稿的讲话和重要的即席发言等，要根据讲话的内容、情感的表达、语句结构和指代对象等，把握主旨和理清思路，加上适当的标题和标点符号。

所谓“还原”，就是将记录时运用略写方法所略代的词语、句子、语段，被省略的引文、事例及其相关内容等，根据“讲话”的中心内容，按照发话人的讲话原话、原意，原原本本地恢复过来。

（三）修改调整

所谓“修改”，主要是指修改语病。语病在口语表达中常会出现，主要表现在：

（1）用词不当。通常多表现在两个方面：一是词义混淆。讲话人常把一些意义相近而差别细微的词混杂在一起。这是对词义的概念理解模糊而造成的用词不当。二是词类误用。每一类词义都有它本身的特点和特定的语法功能。整理记录稿时，要注意讲话人因分不清词类而造成的用词不当。

（2）句子语病，即通常所说的病句。常表现为：一是成分残缺，是指由于句子缺少不应该省略的主要成分（主、谓、宾）而造成句子结构不完整的语病。讲话人讲话时，因有语言环境，有手势、表情的帮助，可以省略很多字、词。但要把口头语言转换为书面语言，就得使语句完整。二是搭配不当，是指因句子里的词语或相关成分之间相互不能搭配而造成的语病。主要表现为主谓、动宾、连带成分与中心词之间的搭配不当。三是重复累赘，这是口语表达中经常出现的语病。修改的方法，一般是删去不必要的修饰词。修饰词过多，往往会使句子拖泥带水，影响表述效果。

（3）逻辑语病。就是句子在逻辑关系方面出现的问题。常表现为：一是词序颠倒，即因词序排列颠倒而造成的语病。讲话人讲话时，往往忽视词语的位置及其先后顺序的排列。二是分类不当，是指分类列举各项事物时，由于没有同一标准而产生混乱的语病。这也属于逻辑概念的混淆问题。三是自相矛盾。由于讲话人没有把想说的意思弄清楚，因此，既这样讲，又那样讲，或先肯定后否定，前后说法不一致，这是不合逻辑、不合事理的语病。纠正这类语病，往往产生二者必留其一的结果。所以留哪一种意思妥当，要根据讲话人的意图来决定。

修改上述语病的具体方法有删、补、换、移等。“删”，就是删除多余的或错误的词语，使句子简明；“补”，就是补上句子的残缺成分，使句子完整；“换”，就是替换使用不当的词语，使句子用词得当；“移”，就是调整词语的位置，该前移的前移，该后挪的后挪，使词序正确。修改记录稿的语病，与通常说的修改语病有所不同，修改记录稿的语病，只要求把语病改正确、改通顺，不要求改具体、改生动，只改正那些构成语病的错误地方，对于句子的其他成分一律保持原状，要采取“多就少动”的原则，避免大砍大删，力求保持讲话人的语言风格。

所谓“调整”，除了调整语句上的不恰当之处外，还应耐心仔细地理清讲话人的思路、脉络，弄清材料之间的逻辑关系，对某些段落进行必要的适当调整，使主题更加突出，结构更加严谨，层次更加分明。

（四）核实送审

核实，就是在记录稿整理前，或整理后，对讲话中的人名、地名、数字、引文及其他重要依据、重大事件的关键情节、外文及外文缩写字母、中译名等，向相关人员进一步核对，以纠正记录时有可能误记或讲话人口误而讲错的地方，务必使其确凿无误，这也是整理工作的一项重要内容。在此基础上，将整理后的文稿送讲话人、发言人或负责人、主持人审阅、确认。如需正式发文，要严格按照发文程序办理。

四、整理记录稿的步骤和方法

（一）整理记录稿的步骤

从步骤安排上来说，依据实际情况有以下几种方法可供选择：

（1）先读后理。在整理前先通读记录稿，系统地理解讲话内容，较好地把握讲话的脉络和重点，并将略记部分做好标记，为其成文打下基础；然后再用电脑进行整理并打印出来，形成送审文稿。运用这种方法虽然便于了解讲话的全貌和重点，但比较费时，整理过程较长。一般只适用于初做记录工作的人或整理完成时间要求较缓的记录稿。

（2）读理结合。在阅读记录稿的过程中删去繁芜，修改病句，润色文字，理清层次段落。然后，按照整理后的记录稿，输入电脑打印出送审稿。由于对记录稿先行整理加工，内容眉目清楚，前后连贯，打印时不需做大的改动，因此，整理成文的速度较快。

（3）边记边理。就是在记录时，边记边对讲话内容进行整理，完成去粗取精的工作。记录后，一般情况下，无须再逐句逐段地推敲，就可直接上机，及时打印成文，送相关人员审阅。这种方法可使记、理、印一气呵成，效率较高。但此种方法一般只适用于发话人的讲话有一定间歇，记录者有一定思考空间的记录场合（如有翻译的讲话和打出字幕、图表的讲话或吐字频率较低的讲话等），而且记录者需要具有较丰富的记录经验和较强的临席应对能力。

（二）整理记录稿的方法

从人员安排上来说，依据工作环境有以下几种方法可供选择：

（1）双人合作。记录者记录后，先对记录稿进行初步的加工整理。然后由记录者念稿，请专业打字员打字，或请写字较快的人帮助抄写，以便较快地形成文稿，及时送审，及时印发。这是专业记录人员长期采用的一种传统的记理方法。该方法较适用于讲话时间不长、文字较少、现代化办公设备尚不完备的小型企事业单位。

（2）交替记理。即对时间要求紧迫的重要讲话，可由几个人分工记录，分别整理。每个人记录一段时间，记完后即刻离开现场去整理，并用电脑打印出来。讲话稿全部整理完成后进行会稿，最后由一人统稿。这样，在讲话人结束讲话时，送审稿也几乎同步完成，便于及时提供利用。目前，中高级机关的重要活动大都采用这种记录方法。

（3）流水作业。对时间要求特别紧迫的讲话整理工作，可与“交替记理”的方法结合起来，实行“记录—整理—打印—校对—审核—印制”一条龙的流水作业。这种方法记录快、整理快、印制快、发文快。几乎可与某个会议、某些活动的进程保持同步。许多会议的重要“简报”“快报”和领导的重要讲话，就是采用这种方法完成记录整理工作的。

思考与练习

1. 简述临席准备的主要内容。
2. 基本记录法有哪几种类型？请简要说明各类型的适用范围。
3. 简述各种具体项目记录法的应用及方法。
4. 速记稿为何要整理？简述其程序、要求和方法。
5. 记录稿整理的基本内容是什么？
6. 记录稿中常见的语病有哪些？如何进行调整和修改？

第十七章 速记应用的训练

学习速记的目的在于应用，熟练的应用在于实践。而实践前的铺垫则在于不懈的自我训练。一般说来，任何一门技能，都要经历从不会到会、从会到熟、从熟到得心应手三个阶段。从不会到会，要靠人引路或自己潜心探索；从会到熟，必须经过反复的实践，所谓“工作是最好的指导老师”；从熟到得心应手，更要在反复实践的基础上不懈训练，潜心钻研，其“功”在于刻苦。本章从速记应用的实际出发，除简要地介绍练写方法和要求外，以实例着重安排了短文练写及模拟练写两种方式。

第一节　练写的方法及要求

速记是一种有效的快速书写技能，其最基本也是最有效的方法：一是要多练写速符和略写方法，把“速符”写熟、写懂，做到敏捷反应，出笔迅速；二是要多阅读“速符”，要读熟、读懂，做到口诵心知，深明其意。

一、练写方法及要求

（一）逐级练写法

所谓逐级练写法，是指在速记应用训练的初始阶段，较宜采取从词到句，从句到文，由简到繁，从易到难，一步融通一步的练写方法。这是由古及今人们执笔为文的一个基本法则。

南朝杰出的文学理论批评家刘勰在他的《文心雕龙》一书中说：“夫人之立言，因字而成句，积句而成章，积章而成篇。”意思是说，人们写文章，就是将字构成词，词构成句，句构成章，章连接而构成篇。著名现代文学家茅盾也曾经说过：“缀字而成句，积句而成章，连章而成篇。”可以说，这是文章的基本结构规律。任何一篇文章，都是以字、词、句、段的生发、积累而精心排列，组织起来的语言所构成的。我们运用速记技能记录别人的语言，本质上就是凭借他人的思维写文章。因此，对速记的初学者而言，也应按照“由字而词，由词而句，由句而文”这样一个基本规律进行训练。本章就是本着这一思路进行编排的。这种方法易学、易写、易记，如果我们能够认真实践，在经过一段训练之后，是完全可以掌握和胜任这一工作的。

（二）“简”“连”结合法

汉字速记法的书写特点可用六个字来概括，即“笔画简、快相连”。所谓笔画简，就是通过对字、词、句、段的简化，尽量减轻汉字书写的繁、难度，也就是以尽量少的笔画，记录尽量多的内容，达到尽量快的书写效果。汉字速记法所采用各类异体字，特别是所运用的各种略写方法，其核心就在一个“简”字。这是追求汉字快速书写的前提和基础。但要想取得既准且快的最佳书写效果，仅仅满足于一个“简”字是远远不够的，还必须与快速连写相结合。这就需要采用草书“快相连”的书写方法，实现词与词，乃至句与句之间的快速连写，例如：

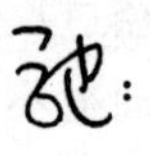：学科建设　　：全心全意为人民服务

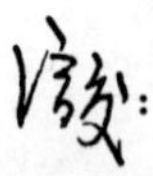：信息交流　　：构建全球经济一体化

应当说明的是，所谓采用草书法，我们强调的重点是“方法”，并非要求把所有的汉字或略写方法都用草书来书写。这是因为，草书虽然也是重要的速记方式，但它作为一种书法艺术，有其特定的笔法和章法，要想学好它并非一日之功，不经过长期的修炼是难以掌握的。而速记强调的是快，强调的是书写速度与语速的同步。因此，在快速书写时，有些字可以写草书，有些字可以从习惯，也就是平时人们所说的写“连笔字”。

（三）速汉结合法

速汉结合法，也称汉速结合法，是指在速记过程的某些时段上，拼音速记法与汉字速记法的兼用，主要表现为：

（1）以一种速记方式为主。就是在记录过程中，或以拼音速记为主，兼用汉字速记的某些略写方法；或以汉字速记为主，兼用拼音速记的某些略符略法。最好不同时并用，以保证思维活动的连续性和手写活动的贯通性。

（2）在关键词、关键句或分段过渡中使用。如果是以拼音速记为主，可在词语、句子或段落的开头音节加用汉字速记某种相关的略写方法，以使其起到提示的作用；如果是以

用汉字速记为主，对笔画较多的字或较长的句子，可以加用拼音速记的某种略符略法，以使其起到书写加速和联想的作用。例如：

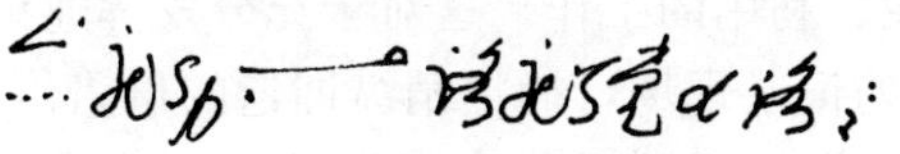：人心就是力量——群众路线就是党的路线

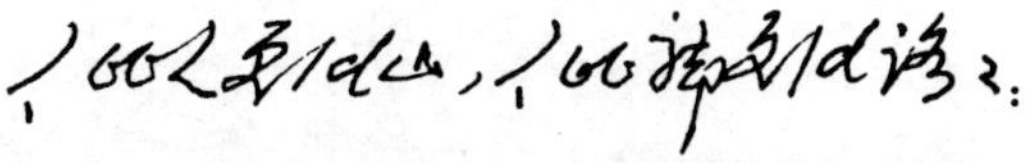：没有比人更高的山，没有比脚更长的路

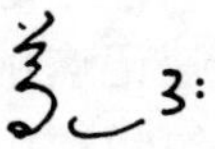：尊重知识、尊重人才、尊重创造

（3）在思维发生障碍时使用。即在记录过程中，对某一速符或某一汉字一时忘记时，就要当机立断，毫不犹豫地运用自己最熟悉的汉字略写法或拼音速记的略符略法予以替代，切不可中止记录。可以说，这是速汉结合的基本之点。

概括地说，运用速汉结合法记录讲活，既可迅速排除记忆障碍，有益于快速书写，又有助于提高速度效率。

（四）综合训练法

所谓综合训练法，是指各种练写方法的综合运用。包括：

（1）看稿练写。即先选定语段或短文，依稿为本，边看边写，边写边看，如此反复数次，直到写准写熟，从中领会各种略写方法的具体运用和效果，并牢记于心，历练于手，由此及彼，举一反三，锻炼思维的快速反应，为实现快速记录的目标做铺垫，打基础。

（2）读稿听写。即先选定短文，确定语速，然后听写。其中有两种方法可供选择：一是自己录音，边听边写；二是请人代读，聆听练写。两种方法，都应反复多次，并逐步加速，直至将短文写熟。甚至可将短文背得烂熟，能够按照自己的思路独自进行快速书写。这是练写的过程，也是熟悉略写方法、体验速记应用的预演过程。

（3）审视练写。即在反复阅读自己速记稿的基础上，再针对实际情况进行重点练写的方法。这种练写方法，既有利于审视自己略写方法和速符书写得正确与否，及时总结经验和问题；又可熟悉自己的书写习惯和特点，逐步探索出适合自身情况的书写规律，从而加快书写速度。

（4）模拟练写法。即在接听电话、接待来访、调查研究，或小型会议上，都可作为自己的“记录现场”，模拟承担记录任务，运用快速记录的方法做好各种记录。这是练写的过程，也是应用的过程。平时练写多了，熟练性自然就会增强，摸清规律与技巧，快速记录的技能也就会提高，快速记录方法的应用也会逐渐走向成熟。

二、随时储备，增加积累

速记应用，是记录者在各种场合进行记录、整理、传递、存储和利用信息的一系列活动的总和，也就是记录者不断采集和获取信息、加工和传递信息、存储和利用信息的活动

过程。所谓“随时储备，增加积累”，就是随着这个连续的、循环往复的过程，不断将与速记应用相关的、有用的各种知识、材料、方法，加以鉴别、定性、分类、归纳，存储起来，以形成自己的“速记数据库”，以备随时查找、利用的工作。这对于充分发挥速记的作用，不断增强自己的速记技能，应对复杂多变的记录现场，捕捉稍纵即逝的口语信息，适时为领导决策和管理活动提供有针对性的、可作依据的或作参考的信息都是十分有益的。

（一）储备内容

（1）积累略写方法。首先要熟知本书介绍的各种略写方法。同时，每个速记应用者也都可以根据自己快速记录的需要，将本专业或本行业的常用词、常用语句和常用句式，配置相应的略写方法，并将其写熟、记牢、存储于脑，或建立自己的“词语数据库”，做到广集专存，厚积薄发，快速反应，“即用即取”。

（2）积累新词汇。随着科学技术的突飞猛进和知识经济的不断发展，全球网络化、全球经济的一体化和全球文化圈的逐步形成，人类语言必然会产生许多新的词汇。据有关部门的统计资料显示，汉语每年大约出现 1 000 多个新词语，这些词语大多比较鲜活，在报刊上频频出现，在人们的口语表达中也频频运用，毫无疑问，快速记录也同样离不开这些内容。因此，不间断地收集和积累这些新词汇，对速记的应用也是一种很强劲的助力。

（3）注意总结经验。要反复阅读自己的记录稿和回读以前的记录稿，熟悉本人的书写习惯和略写方法。对即兴采用的快写方法，及时加以总结和归纳，将一时的灵感上升为理性的、规范的应用范畴。这对提高书写速度、整理记录文稿是非常有益的。

（二）积累方式

做好翔实的信息储备，即翔实的信息积累，一是要讲究方法，二是要讲究质量，其具体做法是：

（1）机储式。即将信息资料或略写方法扫进或录入电脑，并建立相关检索，这是一种极为便利的存储信息的方法，查阅、引用也很方便。同时，可将重要的资料或略写方法进行拷贝，以软件的方式保存起来。资料较多时，也可录制成光盘储存。

（2）卡片式。即将略写方法或相关信息资料抄写在卡片上，一类一卡，一条一卡，内容单一，便于分类、保存和利用。要随时抄写，随时归类，随时编目，放入卡片箱，按类别保存。

（3）活页式。即将略写方法或相关信息资料抄写在活页笔记本上，定期进行分类和编目，此种方法与卡片式相似，便于查阅和利用。

（4）书本式。即将记录资料信息以及略写方法写在笔记本上。运用这种方式，不仅可以抄写原稿，而且还可以用速记写心得，做评注，做修改。编目后也很便于查找和利用。

（5）剪报式。即将有价值的信息资料从报纸上剪下来，直接粘贴在笔记本上或废旧纸上。信息资料上可以用速记加评注。经过一定时间，也应进行分类，并注明出处。而且可以将其装订成册，自制“剪报书”，藏于自己的书架上。既便于查找、利用，又可自娱自乐。

（6）文件式。即将重要的记录资料和内部信息（如一个事件、一条经验、一项新技术的应用、领导的重要讲话等），诸如报告、简报、专题总结、市场调研等，随时分类，汇编成册，放于案头，也可分类编目，输入计算机，以备随时调用。

（三）积累要求

（1）定向。即积累方法和资料要有特定的目标和方向，力求与自己的记录活动和公文拟稿或有关业务相一致。做到既博且专，既全且精。

（2）选优。即积累资料要善于沙里淘金，特别是对于在调查记录中得来的原始材料，一定要精心加工，去粗取精，去伪存真，使信息资料经得起检验。

（3）随时。即在平时的工作中，对相关的略写方法、记录资料或随手收集，或立即摘抄，日积月累，使其日臻完备。

（4）求准。即对所积累的信息资料，一定要真实、准确、无误。对存有疑点的务必进行核查，不留后患于用时。

（5）求新。即积累信息资料和记录资料要有超前意识，善于捕捉闪光点。储存过去的资料固然重要，但也不应忽视工作和生活中出现的新动向、新观点、新趋向。

（6）全面。即对信息资料的积累应纵横融会，统筹兼顾。积累内容做到“时不分古今，地不分内外，类不分主次，级不分上下，质不分正反”，凡与记录和业务紧密联系的资料和方法，都应加以鉴别、留存，以备使用。

（7）完整。即对所积累的记录资料或其他信息，要保持其内在的联系性。例如，对一个事件要力求反映它的全过程，时、地、人、事、因、果，缺一不可；对相互关联的文件也应保证其完整性，不能残缺不全。

（8）系统。即对储存积累的记录资料或其他资料，应进行科学分类，使其纳入一定系统，并沟通各系统之间的相互联系；对新词语、新方法，做到“零存整取”，切不可零敲碎打。

（9）便利。即建立资料检索，以便于日后迅速查考、利用。摘抄资料要注明文稿或报刊的名称、页码、作者、出版社、出版日期、版次等；对收集得来的资料要注明来源，诸如提供者的姓名、职业、身份等。

（10）持久。即资料积累要持之以恒，切不可一曝十寒，更不能浅尝辄止。只有长期坚持才能取得成效。

第二节　短文练写

一、论述性短文练写

用汉字速记法或汉速结合法，对照练写下面的短文。练写时，建议你采用下述方法：（1）熟读短文。边熟悉语言环境，边理顺略符略法。（2）抄写引文。要边抄写边记忆，如此反复多次，直到写熟；开始练写时，不要刻求速度，主要是熟悉略写法和增强对略写法的反应能力。(3) 听写短文，要特别注意对各种略写法的运用，力求分速达到140字左右。(4) 强调自主性、创新性。用你认为最简便的方法练写。短文之下所列速记稿，仅供练写时参考。

【引文1】

中国梦必须依靠人民来实现

实现中国梦必须凝聚中国力量。这就是中国各族人民大团结的力量。中国梦是民族的梦，也是每个中国人的梦。只要我们紧密团结，万众一心，为实现共同梦想而奋斗，实现梦想的力量就无比强大，我们每个人为实现自己梦想的努力就拥有广阔的空间。生活在我们伟大祖国和伟大时代的中国人民，共同享有人生出彩的机会，共同享有梦想成真的机会，共同享有同祖国和时代一起成长与进步的机会。有梦想，有机会，有奋斗，一切美好的东西都能够创造出来。全国各族人民一定要牢记使命，心往一处想，劲往一处使，用13亿人的智慧和力量汇集起不可战胜的磅礴力量。中国梦归根到底是人民的梦，必须紧紧依靠人民来实现，必须不断为人民造福。

◉汉字速记稿

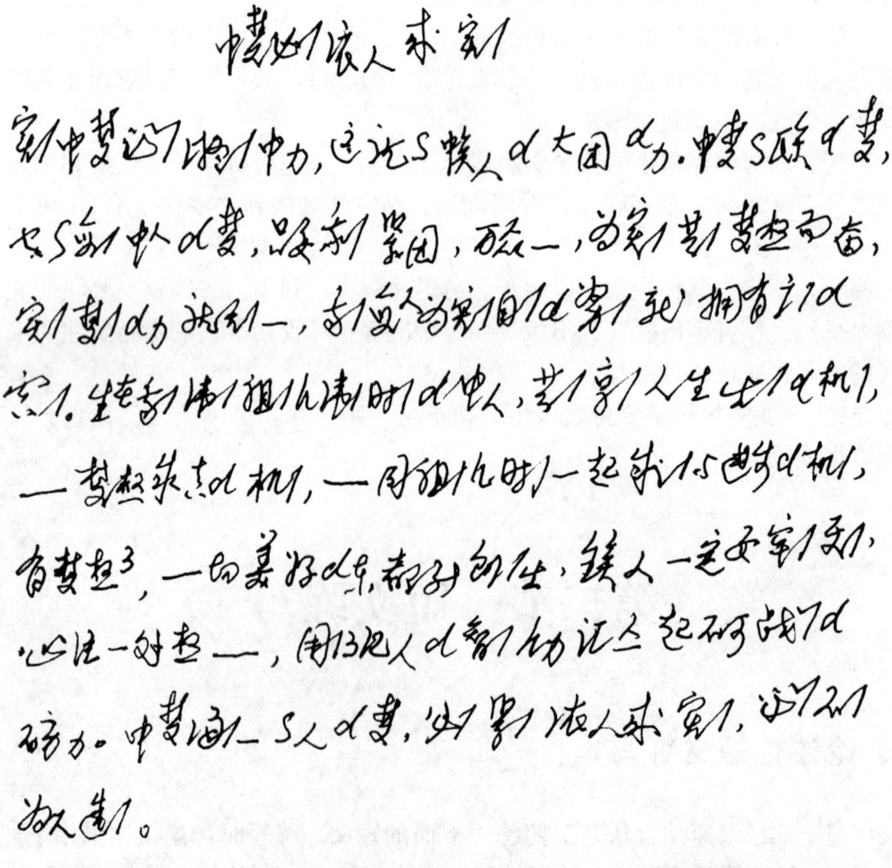

◉拼音速记稿

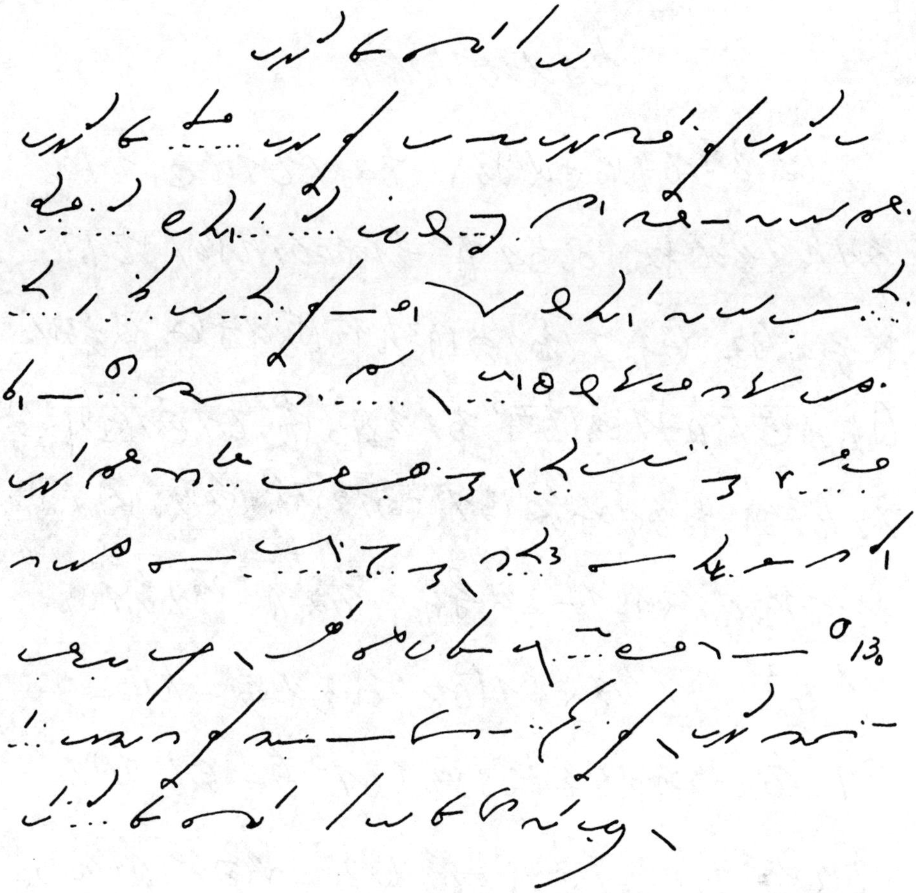

【引文 2】

企业文化的功能和价值

企业文化贯穿于企业生产经营过程的始终，它对于企业的进步，企业的发展和企业员工积极性、主动性和创造性的发挥具有重要的功能价值。它有利于提高员工的自律意识，保证企业不偏离为消费者和社会服务的方向，使员工能够自觉克制和避免有可能给消费者、给社会和员工自身带来危害的行为；有利于企业通过经营行为、广告宣传和产品销售等活动，把企业的价值观传递、辐射到社会的各个层面。因而，可以对社会的价值观起到一定的导向作用。企业文化有利于增强员工们的整体意识、集体归属感和集体责任感，协调企业关系、及时消除分歧，提高企业的凝聚力和向心力；同时，企业文化价值理念的本身就是强调尊重、关心、爱护每一个员工。因此，企业文化有利于员工树立远大理想和正确的人生观、价值观，从而能有效地激发员工的积极性、主动性和创造性。

◉汉字速记稿

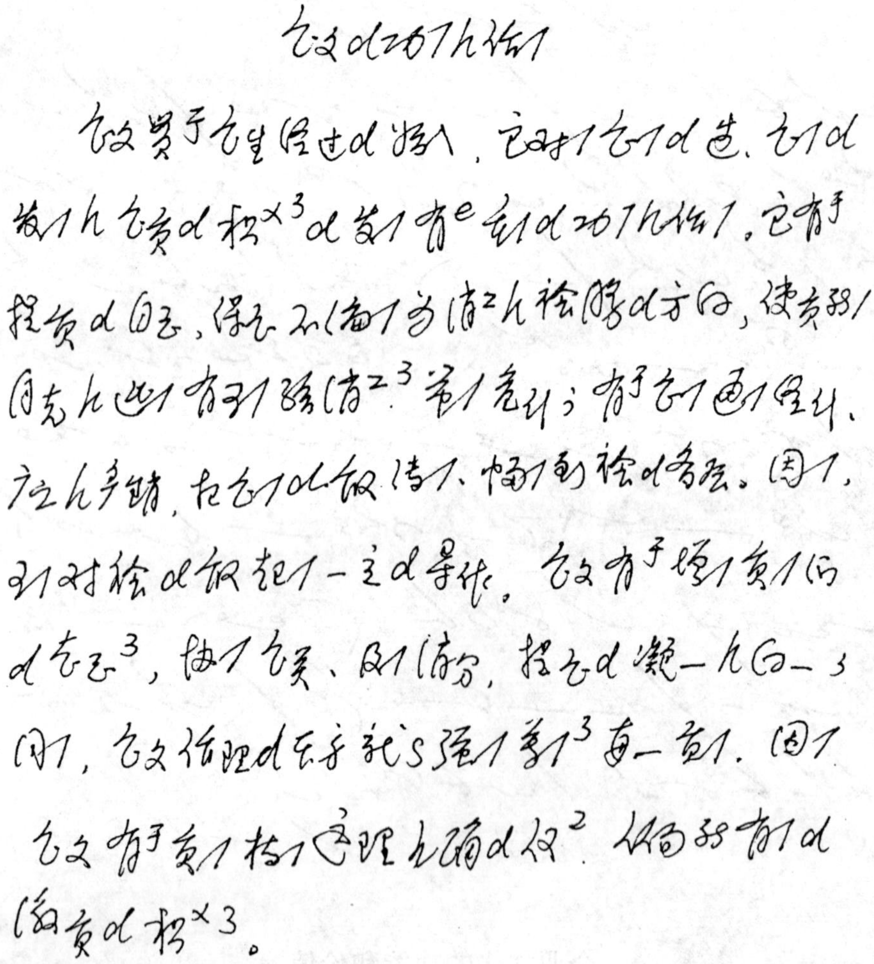

◉拼音速记稿

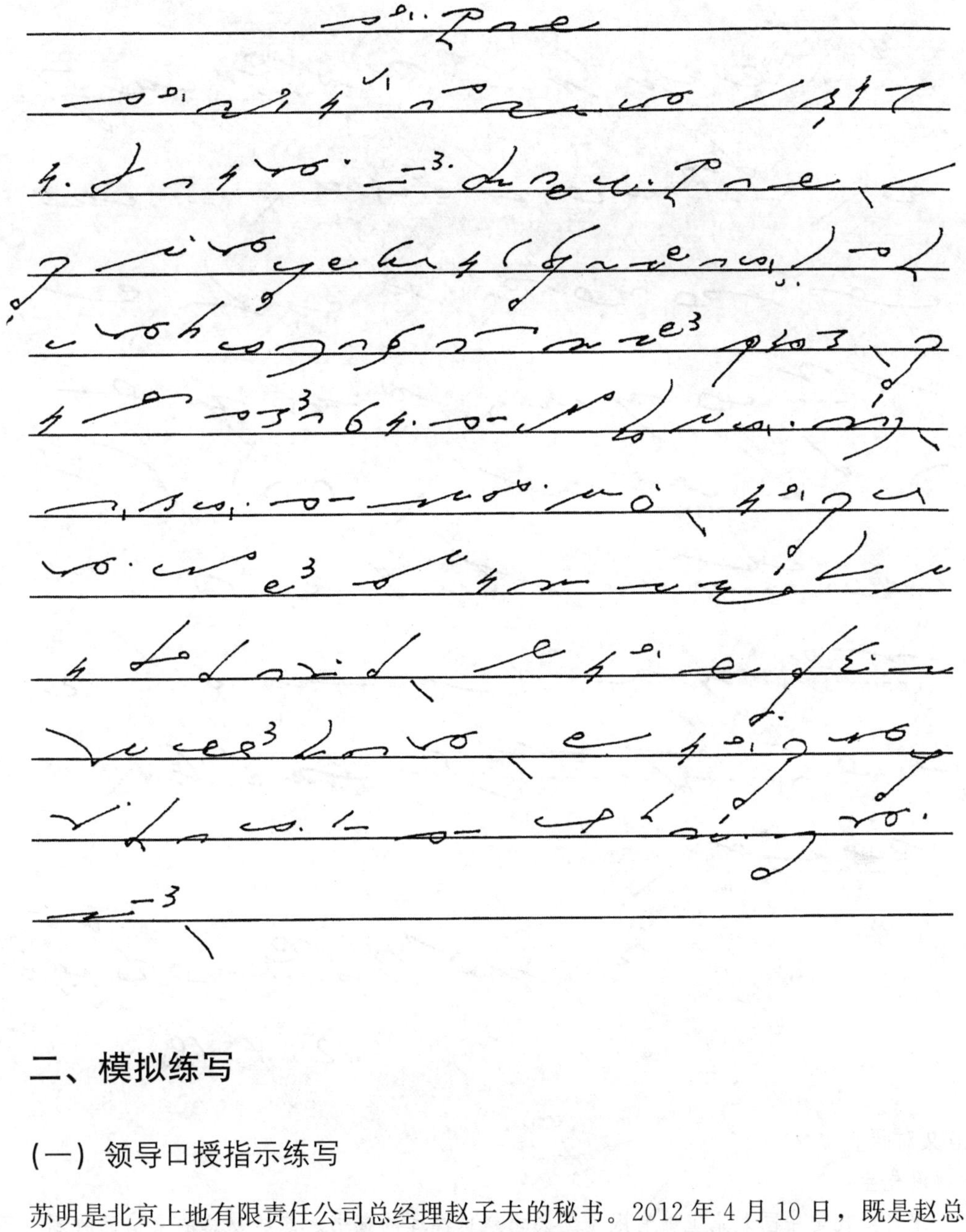

二、模拟练写

（一）领导口授指示练写

苏明是北京上地有限责任公司总经理赵子夫的秘书。2012 年 4 月 10 日，既是赵总在生意上的合作伙伴又是其好朋友的×国×公司总裁汤姆逊给赵总来了一封信。恰在此时，赵总已到国外考察，大约一周后才能回来。苏明担心信中可能有要事办理，因此，特意打电话向赵总请示。赵总说：“你暂不要拆信，可以你的名义给汤姆逊写封回信。”接着，赵总在电话中口授了回信的内容，苏明立即做了如下记录。现在，请你按照苏明的记录，帮助他将此信整理、打印，交苏明签字后发出。

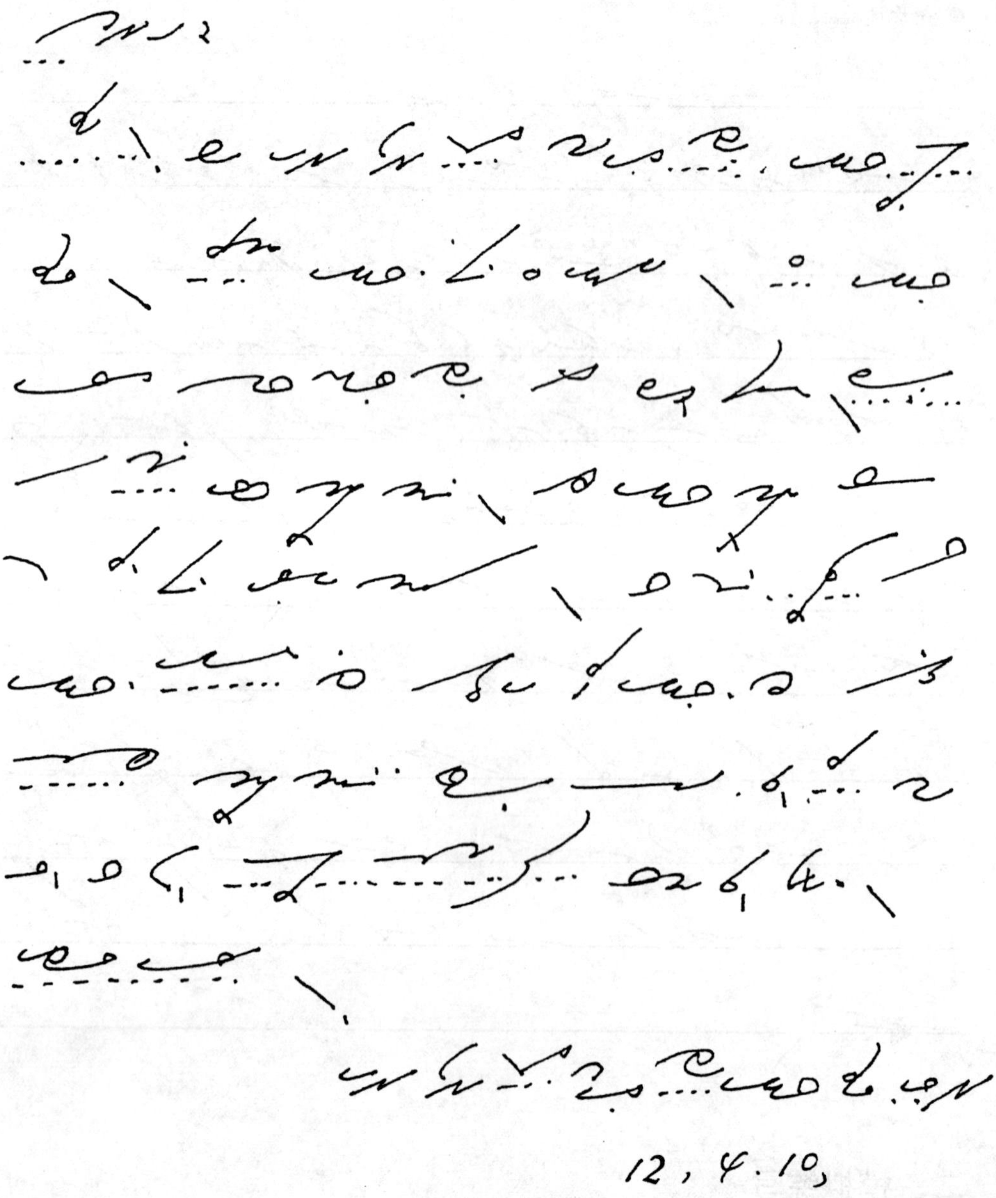

［范文对照］

汤姆逊先生：

您好！我是中国北京上地有限责任公司赵总经理的秘书。您给赵总的来信已收到。因赵总出国考察，未在公司，大约一周后才能返京。因此，特留言嘱我给您回信。待赵总回来后，我即将您的来信转交给他。我相信，凭您同赵总的真诚合作，特别是您与赵总的友谊，他会尽快给您回信的。在此期间，如果您有事需要我帮忙，请您尽管吩咐，我会努力办好的。

顺致春安！

中国·北京·上地有限责任公司总经理秘书　苏明

二〇一二年四月十日

（二）练习用速记法起草公文

附在下面的这份公文属请示性公文，请你反复练写，直至写熟，从中体会用速记起草公文的方法。

××集团公司第一分公司关于翻建食品冷藏库的请示

××集团公司：

我公司现用食品冷藏库位于本市北京路与香港路的交会处，使用面积×××平方米。建于20世纪70年代初，当时属于临建项目。因年久失修，经有关部门鉴定已被确定为危房。且该房地处市中心繁华地段，门面破旧，影响市容，有碍观瞻。特别是近年来市场需求的不断扩大，各类食品生产量也在成倍递增，今年的生产量是70年代的近百倍，是上年同期的1.2倍，现用冷藏库早已远远不能适应生产需要。因此，一直在外租用冷库，致使产品成本增加，削弱了我公司的市场竞争力。

鉴于上述，我公司拟对现冷藏库在原址进行翻建，初拟地下两层，地上三层，总面积为××××米。总造价××××万元，建议从该楼预翻建的筹备资金中支付。不足部分，由我司自筹。待集团公司原则同意后，再求准于本市国土资源局审批。

妥否

请批复

附件：1. 冷藏库所在位置平面图1份

2. 冷藏库翻建设计图1套，共××张

3. 冷藏库翻建资金预算表

××市××集团公司第一分公司

201×年××月××日

（联系人：×××；电话：6789××××）

（三）自选择材料练写

学习者可根据自己的实际情况选取练写材料，以不断熟悉自己所处的语言环境。

思考与练习

1. 简述速记应用的训练方法和要求。
2. 简述积累资料和略写方法的内容、方式和要求。
3. 按要求反复练写本章所提供的练写资料，直到默写能详。
4. 适时总结，探索规律，找出适合自己运用的速记方式和方法。

附录　汉字速记草书法通用偏旁及常用字举例

草体偏旁	正体偏旁	单用写法	常用字举例			草体偏旁	正体偏旁	单用写法	常用字举例		
	冫	△					子				
			次	冷	准			子	孩	孙	孤
	氵	△					纟	△			
			流	深	涉				红	维	约
	亻	△					车				
			使	便	信			车	轻	转	辆
	彳	△					⿱厶月	△			
			得	彼	德				能	熊	
	廴	△					歹				
			建	廷	延			歹	殊	列	烈
	辶	△					糸				
			道	逐	退			系	丝	素	紧
	礻	△					禾				
			视	神	祝			禾	科	稼	和
	衤	△					委				
			初	被	袍			委	魏		
	耳						扌	△			
		耳	聆	聊	耶				推	握	持
	身						手				
		身	躬	躺	射			手	拜		
	月						厂				
		月	服	脑	股			厂	原	辰	夏
							尸				
			胖	腾	腔			尸	局	居	屋
	舟						戶				
		舟	船	般	航			户	扁	扇	房

续前表

草体偏旁	正体偏旁	单用写法	常用字举例		
	日	日	晴	晦	映
	目	目	眼	眠	盼
	田	田	畔	略	畦
	白	白	魄	的	皓
	走	走	起	超	赴
	矢	矢	知	矩	短
	夫	夫	规	替	
	立	立	站	竭	端
	阝	△	随	障	陆
	弓	弓	强	张	弹
	贝	贝	财	购	赠
	⻊	足	路	践	跳
	讠	言	谁	语	训
	米	米	精	粮	料
	半	半	判	叛	
	采	采	彩	释	
	京	京	就		
	享	享	孰	敦	
	卓	卓	朝	韩	
	首	首	（馗）		
	酋	酋	猷	遒	尊
	谷	谷	欲	容	裕
	号	号		△	
	忄	△	性	快	情
	丬	△	将	状	壮
	丩	△	收		

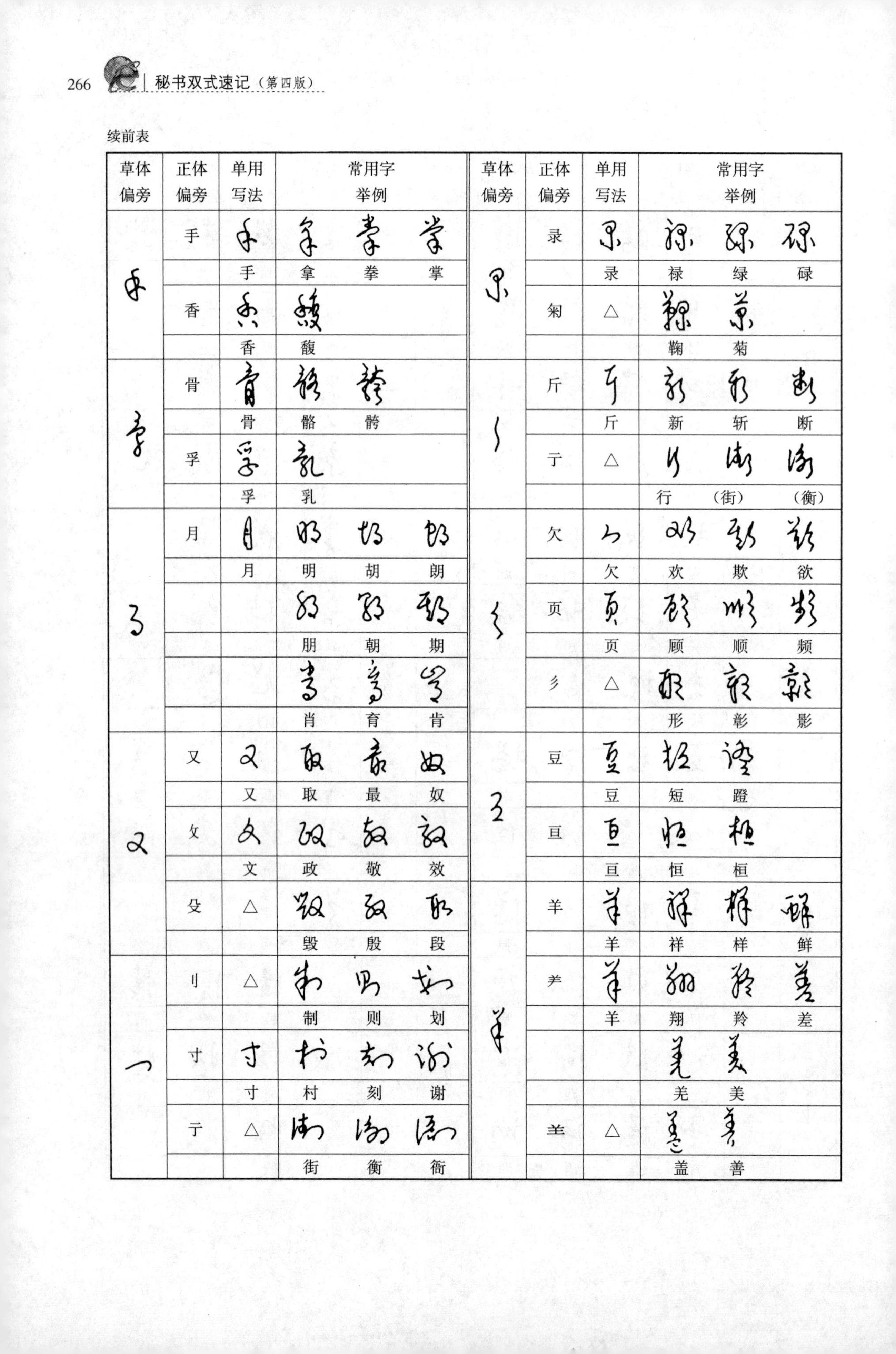

续前表

草体偏旁	正体偏旁	单用写法	常用字举例			草体偏旁	正体偏旁	单用写法	常用字举例		
	手	手	拿	拳	掌		录	录	禄	绿	碌
	香	香	馥				匊	△	鞠	菊	
	骨	骨	骼	髂			斤	斤	新	斩	断
	孚	孚	乳				亍	△	行	（街）	（衡）
	月	月	明	胡	朗		欠	欠	欢	欺	欲
			朋	朝	期		页	页	顾	顺	频
			肖	育	肯		彡	△	形	彰	影
	又	又	取	最	奴		豆	豆	短	蹬	
	攵	文	政	敬	效		亘	亘	恒	桓	
	殳	△	毁	殷	段		羊	羊	祥	样	鲜
	刂	△	制	则	划		⺷	羊	翔	羚	差
	寸	寸	村	刻	谢				羌	美	
	亍	△	街	衡	衙		𦍌	△	盖	善	

续前表

草体偏旁	正体偏旁	单用写法	常用字举例	草体偏旁	正体偏旁	单用写法	常用字举例
	武	武	斌 赋 （鹉）		耂	△	老 孝 教
	番	番	翻		世	世	谍 碟 喋
	青	青	静		希	△	希 稀
	德	△	（德）		戈	戈	尧 戎 我
	圭	圭	桂 硅 鞋		叒	△	桑 嗓 搡
	两	两	辆 俩		尞	尞	撩 璙 僚
	㒼	△	满 瞒 螨		臼	臼	毁 舅 鼠
	里	里	理 狸 野		山	山	岸 岗 巍
	黑	黑	墨 默 黔		卯	△	留 贸
	坚	△	坚 贤 竖		曰	曰	最 量 晨
	望	△	望		日	日	早 显 昆
	雨	雨	露 霜 需		⺮	△	答 简 签
	虍	△	虎 彪 虞		艹	△	草 落 燕

续前表

草体偏旁	正体偏旁	单用写法	常用字举例		
	心	心	忠	想	惠
	灬	△	然	焦	照
	口	口	呵	吸	啤
			加	如	别
			品	器	哲
	西	西	配	酬	酗
	良	良	既	即	良
	臣	臣	卧	熙	
	其	其	期	欺	棋
	甚	甚	斟	勘	湛
	角	角	解	触	觔
	是	是	题	踶	（提）
	革	革	靶	鞭	（鞠）

草体偏旁	正体偏旁	单用写法	常用字举例		
	土	土	地	增	培
	木	木	树	相	核
	钅	金	铃	铁	钢
	火	火	烧	炒	烦
	石	石	研	硬	碍
	饣	食	饮	饷	（飨）
	歹	歹	（殊）	殆	殖
	予	予	矛	矜	柔
	女	女	好	妇	（如）
	广	广	康	廉	底
	至	至	致	室	到
	马	马	骑	驰	驻
	夹	夹	侠	峡	狭

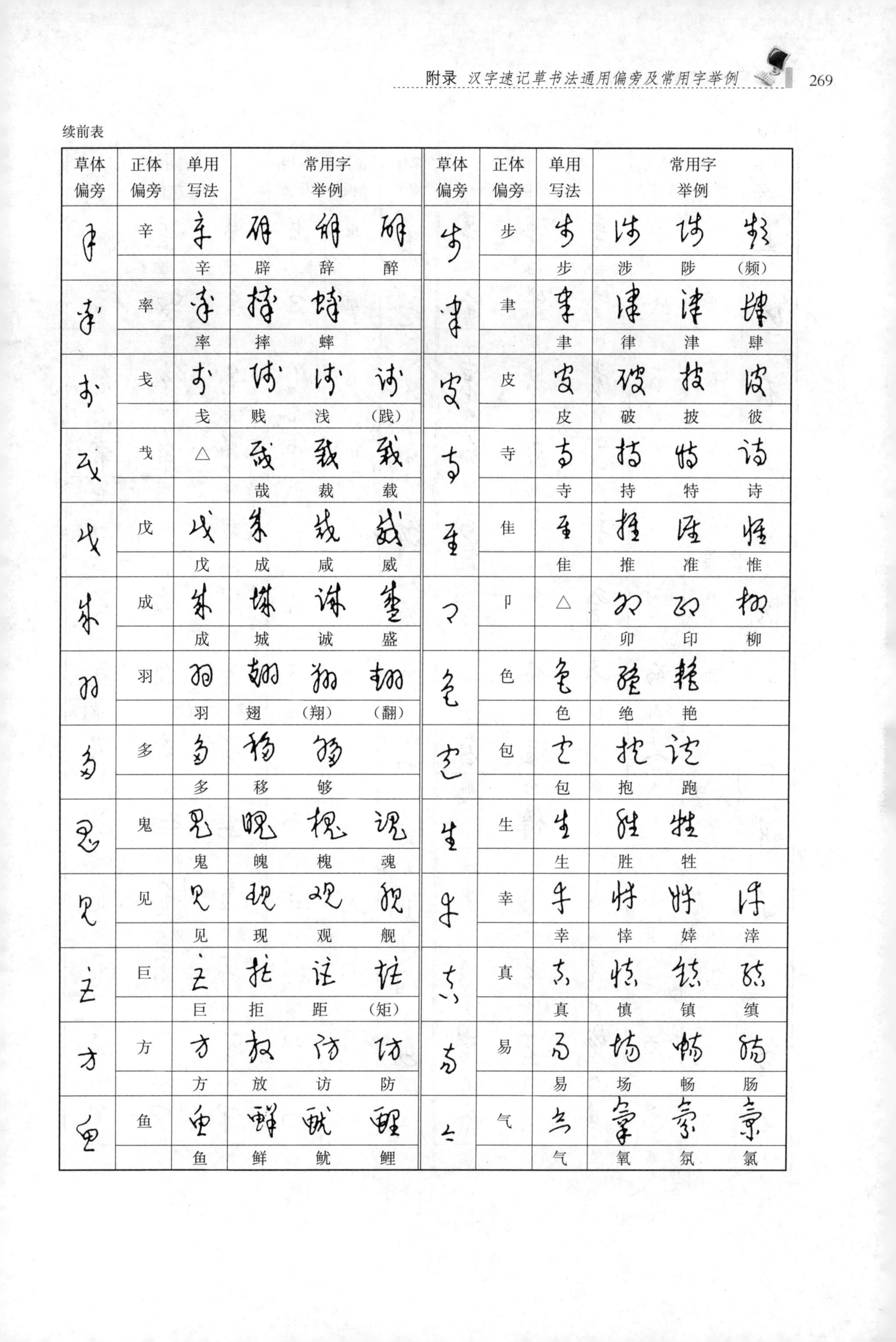

续前表

草体偏旁	正体偏旁	单用写法	常用字举例			草体偏旁	正体偏旁	单用写法	常用字举例		
	辛	辛	辟	辞	醉		步	步	涉	陟	（频）
	率	率	摔	蟀			聿	聿	律	津	肆
	戋	戋	贱	浅	（践）		皮	皮	破	披	彼
	𢦏	△	哉	裁	载		寺	寺	持	特	诗
	戊	戊	成	咸	威		隹	隹	推	准	惟
	成	成	城	诚	盛		卩	△	卯	印	柳
	羽	羽	翅	（翔）	（翻）		色	色	绝	艳	
	多	多	移	够			包	包	抱	跑	
	鬼	鬼	魄	槐	魂		生	生	胜	牲	
	见	见	现	观	舰		幸	幸	悻	婞	涬
	巨	巨	拒	距	（矩）		真	真	慎	镇	缜
	方	方	放	访	防		易	易	场	畅	肠
	鱼	鱼	鲜	鱿	鲤		气	气	氧	氛	氯

续前表

草体偏旁	正体偏旁	单用写法	常用字举例			草体偏旁	正体偏旁	单用写法	常用字举例		
	龹	△	券	卷	誊		虫	虫	蜇	蛊	
	此	此	些	紫	柴		皿	皿	益	盟	盈
	衣	衣	裳	装	襄		儿	儿	先	充	克
	亠	△	高	离	商		巾	巾	带	幕	帝
	丷	△	单	并	前		舛	△	舜		
	癶	△	（登）	祭			贝	贝	资	贺	贸
	西	西	要	腰			各	各	客	（格）	（落）
	人	人	命	全	俞		宀	△	寄	空	家
	𡗗	△	奉	棒			而	而	需	（耐）	（要）
	⺌（小）	小	当	常	尖		且	且	直	（置）	（值）
	八	△	共	兵	丢		口	国	因	团	困
	力	力	努	劳	势		母	母	每	贯	（海）
	系	系	素	索	紊		门	门	闲	问	闻

图书在版编目（CIP）数据

秘书双式速记/吴士健，耿凤华主编．—4版．—北京：中国人民大学出版社，2019.4
21世纪高职高专精品教材．现代秘书系列
ISBN 978-7-300-26675-6

Ⅰ.①秘… Ⅱ.①吴… ②耿… Ⅲ.①汉字-速记-高等职业教育-教材 Ⅳ.①H126.1

中国版本图书馆CIP数据核字（2019）第028182号

普通高等教育“十一五”国家级规划教材
21世纪高职高专精品教材·现代秘书系列
总主编　范立荣
秘书双式速记（第四版）
主编　吴士健　耿凤华
Mishu Shuangshi Suji

出版发行	中国人民大学出版社		
社　　址	北京中关村大街31号	**邮政编码**	100080
电　　话	010－62511242（总编室）		010－62511770（质管部）
	010－82501766（邮购部）		010－62514148（门市部）
	010－62515195（发行公司）		010－62515275（盗版举报）
网　　址	http://www.crup.com.cn		
经　　销	新华书店		
印　　刷	北京昌联印刷有限公司	**版　　次**	2005年2月第1版
开　　本	787 mm×1092 mm　1/16		2019年4月第4版
印　　张	17.5	**印　　次**	2023年8月第2次印刷
字　　数	420 000	**定　　价**	39.00元